紫图图书 出品

★ 二战史诗三部曲 ★

THE LAST BATTLE
THE FINAL DAYS OF THE NAZI GERMANY

最后一役

1945纳粹帝国的末日与悲鸣

[美] 科尼利厄斯·瑞恩 (Cornelius Ryan) / 著

黄文范 / 译

1945

中华工商联合出版社

本书为了纪念彼得·费奇（Peter Fechter），一个生于第二次世界大战（以下简称二战）最后几个月时的孩子。1962年，他被自己的同胞以机关枪击中，躺在盟国胜利最悲惨的纪念物柏林围墙边血流至死。

关于战争,我不敢以任何没有足够事实根据的资料,或者只凭自己的想法来写。我只以本身亲眼目击,或者是经过对别人最仔细的询问所得而加以叙述。这项工作极为辛劳,因为目睹同一件事情发生的人们,会依照自己记忆所得或者因为所关注的事项,只是其中一面或者反面,而提供不同的叙述。本人严格的历史叙述,很可能会使听到的人失望。但如果有人期冀过去发生的事情,能以真像在眼前呈现……会宣布说在下的所为很有用处,那么我就满足了。

修昔底德,《伯罗奔尼撒战争》第一卷
公元前 400 年

前言

A日，
1945年4月16日，星期一

柏林战役，攻击希特勒第三帝国的最后一次攻势，或者西方盟国所称的A日，在1945年4月16日星期一凌晨4点准时开始。就在那一刻，德国首都东方不到61公里外，河水高涨的奥得河（Oder）上，夜空中爆开红色信号弹，引发惊天动地的炮兵弹幕射击，展开苏军对柏林的攻击。

大约同一时间，美国陆军第9集团军的各部队却调头离开柏林，朝西后退，沿着易北河（Elbe），在唐格明德（Tangermunde）与巴尔比（Barby）两地间占领新的阵地。同年4月14日，艾森豪威尔将军已经决定，停止英美军横扫德境的行动。他说道："柏林已不再是一处军事目标了。"当美军部队收到他的命令时，有些队伍距柏林仅有72公里而已。

攻击开始时,柏林人在市区轰炸后的废墟中等待,吓呆到动弹不得,固守着目前所恃的唯一手段求生存的手段。吃的比爱情更重要,藏起来比战斗更有尊严。在军事上,挺下去远比打胜仗更为正确。

以下的内容便是这最后一役——攻击及占领柏林的故事。虽然本书包括了作战的叙述,但不是一份作战报告。或者说,这是普通人的故事,包括了军人和老百姓,他们身陷在绝望、挫折、恐怖以及战败与战胜双方的恣肆抢掠之中。

目　录

1　｜　第一部　作为目标的柏林

53　｜　第二部　接手的总指挥

89　｜　第三部　谁先赢得柏林

151　｜　第四部　决意战到底

295　｜　第五部　激烈的血战

483　｜　伤亡数字

485　｜　致谢

第一部

作为目标的柏林

PART ONE
THE CITY

1

北方,破晓来得早,当轰炸机群刚刚掉头离开柏林,东方就露出了曙光。安静的凌晨,巨大的黑烟柱笼罩着潘科区(Pankow)、魏森塞区(Weissensee)和利希滕贝格区(Lichtenberg),低矮的云层上,很难区分下方柔和的晨曦和柏林爆炸后熊熊火起的反光。

随着浓烟慢慢飘过废墟,德国炸得最惨的都市,露出荒凉、恐怖的气息,全市被烟熏得乌漆墨黑。废墟中充斥着扭曲的梁柱,密密麻麻布满了成千上万个弹坑。一整个街区的公寓大楼化为乌有,首都市中心已经夷平。这片废地当中,一度宽敞的大街小巷,现在堆积了如山的断瓦残砖,坑坑洼洼的小径在其中弯来绕去。放眼望去,空空如也的建筑比比皆是,没有窗户,也没有屋顶,向天空张开大口。

紧跟在空袭过去后,细细的烟灰如雨而降,在颓垣废墟上又涂上一层,在粉碎的砖堆与承受着扭压的钢架之下的巨大峡谷的下方,除了涌起的尘埃之外,没有任何动静。尘土沿着菩提树大街(Unter den Linden)广阔的路面旋转。而今,那些著名的菩提树变得光秃秃,枝桠都挂着干枯的叶苞。在这条素有盛名的林荫大道上,两排的银行、图书馆和雅致的商店,差不多都被炸毁了。可是在大道的西端,柏林最有名的地标 8 层楼高的勃兰登堡门(Brandenburg Gate)虽然伤迹斑斑,但胜利女神维多利亚依然屹立在 12 根雄伟的多立克柱式巨柱上。

附近的威廉大街(Wilhelmstrasse),放眼望去都是政府大厦和昔日的宫殿，几千扇窗户的玻璃碎片，在瓦砾堆中闪闪发光。73号那座漂亮的小王宫，在第三帝国以前，是德国历任总统的官邸，已经被一把火烧得空空如也。这里一度被人们形容为小凡尔赛宫。竖立在前院、华美喷水池中的海上女神像，也支离破碎地倒了下来，抵靠着双柱的进口大门，沿着因为弹片而百孔千疮的屋脊，那对莱茵河少女铜像，头已不知去向，躺在一地狼籍的邸院里。

一街之隔的77号，虽然弹痕累累，却还屹立如故。这栋成直角形的3层楼房，四周全是瓦砾堆，它那棕黄色的外墙凹凸不平，每一扇门上耀眼的金鹰国徽，鹰爪中抓住花环的卍字，也都坑坑洼洼受了重创。突出在屋顶上的，便是那座显眼的阳台，这里就是希特勒的总理府，依然还屹立在原处。

选帝侯大街（Kurfürstendamm）——柏林市的"第五大道"——在它一片狼藉的尽头，是一度大名鼎鼎的"威廉皇帝纪念教堂"，巨大的结构扭曲、变形。烧焦了的教堂大钟，指针正停在7点30分，自从1942年起，就一直停在那里。那时，也就是11月的某个晚上，柏林有近4平方公里被炸弹夷为平地。

30米外如今是一片废墟丛林，那里是国际凤有盛名的柏林动物园。水族馆被完全毁弃，爬虫馆、河马馆、袋鼠馆、猛虎馆和大象馆，连同几十座其他建筑，都受到严重的损毁。动物园四周，占地2.6平方公里的公园——"蒂尔加滕公园"（Tiergarten），布满许多宛如房间大小的弹坑，园湖中填满了瓦砾，大象馆也有一部分毁掉了。公园曾经是一片郁苍的天然林；而今，大部分树木都在焚烧，有的成了丑陋的树墩。

蒂尔加滕公园的东北角，矗立着柏林最为壮观的废墟，这倒不是毁于盟军的炸弹，而是毁于德国人的政治。

这是雄伟的德国议会，国会的所在地。1933年被纳粹故意纵火烧掉并把这一次失火归咎于共产党。这么一来，也就给了希特勒借口，夺取整个独裁大权。在这6根高柱的议会大门口，从上面崩塌的门廊，可以俯瞰大规模的瓦砾堆几乎淹没了整栋建筑。门廊上可见凿出的黑色字句："奉献给德国人民"（DEM DEUTSCHEN VOLKE）。

在德国议会的前面曾经竖立着的许多铜像几乎都毁掉了，只有一座铜像尚存。在雄伟的柱廊基座上，矗立着61米高，由暗红色花岗岩和青铜铸造的巨柱。1933年大火以后，希特勒下令把它迁走，现在它矗峙在大约1.6公里外的夏洛滕堡大道（Charlottenburger Chaussée），靠近东西轴心路（East-West Axis）的中心。东西轴心路是一连串连接的道路，横越市区，大致上西起哈弗尔河（Havel），东到菩提树大街的尽头为止。

在这个3月的清晨，太阳升起，曙光照射在柱顶的金像上：一个有翼的人像，一只手拿着月桂花圈，另一只手上有铁十字的旗帜。它在废墟中峨然矗立，在轰炸中安然无恙，这就是柏林细长、优美的纪念碑胜利纪念柱。

* * * *

这个受尽苦难的城市上空，响起"警报解除"的声响。盟军对柏林的第314次轰炸结束了。二战前几年，空袭一直都是间歇性的。可是现在，首都几乎在连续不断的轰炸下——美机白天轰炸，皇家空军则是夜间前来。摧毁的统计数字，差不多每小时都在增加。到了现在，这些数字更令人大为吃惊。在高楼栉比的地区，有超26平方公里被炸弹夷为平地，十倍于德国空军在伦敦所摧毁的地区，偏地的瓦砾达30亿立方米——足以堆成一座高达上千米的瓦砾山堆。柏林1,562,000栋民宅,几乎有一半遭受了相当程度的损坏,每三户便有一户不是全毁便是无法住人。伤亡人数之高,根本不可能有真正的记录,但至少有52,000人死亡,两倍于这个数字的人员重伤——比起轰炸伦敦的死亡与重伤人数高了五倍。柏林已成为第二座迦太基城——而最后的痛苦还没有来临。

在满目荒凉的瓦砾堆中,惊人的是居然有人还能活下来——哪怕生活是在残垣断壁中以疯狂与理智相交织的状态持续下去的。12,000名警察依然在值勤,邮递员在送信,报纸每天送到,电话与电报运作如常,垃圾也有人收。一些剧院、电影院照常营业,甚至已经被摧毁的动物园也有一部分开放。柏林交响乐团正完成表演季,百货公司举行特别大减价。饮食店和面包店每天早上开放,而洗衣店、干洗店和美容院生意很好。地下铁与地面铁道照常通车,少数几家没有挨炸的酒吧与餐厅依然高朋满座。而柏林有名的花贩卖花叫卖声,如同太平时期在街道中回响。

或许最值得一提的是,柏林依然有65%以上的大工厂多少还在开工。差不多有60万人就业——可是现在要到工厂却是个大问题,常常要耗上好几个小时,交通堵塞、绕道行驶、行车速度慢,还有车辆抛锚。因此,柏林人选择早起,人人都想及时上工,因为美国人也是起得很早的,通常上午9点就飞到柏林上空来了。

柏林市区广袤,一共分成20个行政区。现在的柏林人像新石器时代的穴居人,从地下铁出来,从公共建筑物的防空洞里出来,从他们支离破碎的家中地下室、地窖出来,不管他们怀着是希望或者畏惧,不管他们是忠诚不二或者政治信仰是什么,大多数柏林人的共同点便是:这些又活过了一晚的人,决心要再活一天。

国家本身可以说也是如此。在第二次世界大战的第六年,希特勒统治下的德国,正在拼命奋斗以求生存。要延续千年的帝国,已经遭受到东面与西面的入侵,英美大军正横扫壮丽的莱茵河,在雷马根(Remagen)突破过河,正向柏林长驱直进。而在奥得河的东岸,一项更为紧急,也更为无限恐怖的威胁正在形成,那里摆开了苏联的大军,距离不到88.5公里远。

1945年3月21日,星期三——春季的头一天。这天早上,柏林人在收音机中听到了最近的一首热门歌曲:《大地之歌》(*This Will Be a Spring Without End*)。

2

柏林人对威胁着他们的这些危险,反应各自不同:有些人顽固地不理会这种劫难,希望它会远离;有些人迎接危难;有些人的反应或是愤怒,或是害怕;还有些人已经无路可走,带着听天由命的心理,准备勇敢地面对迎头而来的命运。

柏林西南边的采伦多夫区(Zehlendorf),送牛奶工人里夏德·波甘诺夫斯卡(Richard Poganowska)像往常般,天一亮就起床。过去这些年,他的日常例行工作常显得单调。而现在他却感谢这份工作了。他在采伦多夫区新郊区达勒姆(Dahlem),一家有300年历史的达勒姆杜曼农场(Domane Dahlem)工作。这里离市中心只有几公里。在任何都市,普遍认为牧场的位置很偏远,可是柏林并非如此。柏林有五分之一是湖泊、水圳及溪流围绕的公园与森林。但是波甘诺夫斯卡以及杜曼牧场的很多员工,巴不得牧场在别的地方——市区外,远离危险和经常、持续不断的轰炸。

波甘诺夫斯卡和太太莉丝贝特（Lisbeth）以及三个儿女，已经在路易丝王后路（Königin-Luise Strasse）一栋建筑的地下室又过了一夜。由于轰隆隆的防空炮射击声，以及炸弹的爆炸声，几乎没法睡。跟其他柏林人一样，39 岁的大块头牛奶工人，这些日子经常觉得很累。

他不知道晚上的时候炸弹会落在什么地方，但认为不会有炸弹丢到杜曼牧场那些大牛棚的附近。宝贵的乳牛都很安全。几乎没有什么事情会烦扰这 200 头乳牛，在炸弹爆炸与防空炮火的雷鸣中，它们悠哉地站在栏内，平静地咀嚼反刍的饲料，而且奇迹的是，它们持续产乳，从来没有停止过。波甘诺夫斯卡为此感到惊奇。

他睡眼惺忪地把老旧的棕色牛奶车和拖车装满牛奶，再把两匹马栓上。两匹狐色挽马，分别是莉萨和汉斯。他的灰色丝毛狗波尔蒂就放在自己座位边，然后他出发去送牛奶。车声辘辘越过圆石铺地的院子，向右转到帕采里路（Pacelli Allee），向北往施马根多夫区（Schmargendorf）驶去。这时是早上 6 点，这一趟送完，就会到晚上 9 点了。

波甘诺夫斯卡筋疲力尽，极想睡上一觉，但还没有失去他那生硬但又快活的态度。对他的 1,200 名牛奶订户来说，他已经成了提振士气的人。他走的这条路，在三个区的边缘：采伦多夫区、舍讷贝格区（Schoneberg），还有维尔默斯多夫区（Wilmersdorf）。这三个区都被炸得很惨，舍讷贝格区与维尔默斯多夫区最靠近市中心，差不多被夷平了。光以维尔默斯多夫区来说，有 36,000 多户住宅炸毁，在 34 万居民当中，几乎有一半无家可归。在这种情况之下，一张高高兴兴的脸孔，是很难得也很受欢迎的景象。

即使在这么早的时刻，波甘诺夫斯卡发现每一处十字路口，都有

第一部 作为目标的柏林　　7

送奶工里夏德·波甘诺夫斯卡的马车和两匹马——莉萨和汉斯。每一天,波甘诺夫斯卡都留意送奶途中的某些特定的迹象,这使他不会那么感到沮丧。

人在等他。这些日子，到处都大排长龙，等着买肉、买面包，甚至在大水管被炸坏了时，还要排队等水。即使牛奶订户早已排成了一排排，波甘诺夫斯卡也还是挥着一个大牛铃，宣告他的到来。在白天轰炸增加的那一年，不可能挨家挨户送牛奶，他就在年初开始了清早送奶。对牛奶订户和波甘诺夫斯卡本人，牛铃声成了一种象征。

这天早上没什么不同。波甘诺夫斯卡向他的订户打招呼，把配给的牛奶数量和奶制品发放给他们。有些订户跟他认识都快十年了，他们也知道，不时可以指望他多来一点点额外的数量。每逢欢庆喜事，像是孩子命名、结婚，波甘诺夫斯卡在配给证上动动手脚，通常可以多给一些牛奶或者奶油。当然，这么做违法，也很冒险，可是这年头，所有的柏林人都要面对风险。

波甘诺夫斯卡的主顾，似乎越来越疲惫、紧张和心不在焉。几乎没有几个人再谈到战争，没有人知道战况进行得如何，也没有人能为战争做些什么事。何况，已经有太多光说不练的人了。波甘诺夫斯卡也不会加入他们谈论新闻。他专心做上每天15个小时的工作，对战争根本不去多想。他，也像成千上万的柏林人，已经不再去过问了。

每天，波甘诺夫斯卡留意某些特定的迹象，这使他不会沮丧。至少，道路依然畅通，大街没有设路障，没有挖防坦克壕。既没有大炮，也没有掘壕据守的坦克，关键位置也没有士兵把守。毫无迹象显示当局害怕苏联军队的进攻，或柏林正遭受围攻的威胁。

但有个微不足道，却显得很重要的线索。每天早上，波甘诺夫斯卡赶着牛奶车，来到住有几名显赫的客户所在的弗里德瑙分区（Friedenau）。他瞧了瞧一位很有名的纳粹党员的家，他是柏林邮政部的重要官员。从敞开的起居室窗户，他见到那幅厚框大照片、神情狂妄花俏的希特勒肖像依然还在那里。波甘诺夫斯卡知道第三帝国这些做官的人的行径，如果情况真的危急，元首圣坛现在就会消失不见了。

他轻轻叱唤两匹马，继续自己的行程。不管什么情况，他所见到的，都没有理由令他过分惊慌。

* * * *

全市没有一处地方能够完全逃过轰炸的命运。唯有施潘道（Spandau）——柏林市第二大也是最西边的地区躲过了人们最害怕的攻击方式：饱和轰炸。夜复一夜，居民都在担心这种攻击，却从没有发生过，这使他们深感惊讶，因为施潘道区是柏林规模最大的兵工业中心。

比起柏林市中心的各个区（它们的损毁程度约一半到七成半），施潘道区的房屋只损失了一成。虽然这代表有 1,000 多栋房屋不是被摧毁了，便是无法住人，但对挨炸已经习以为常的柏林人来说，这只不过是跳蚤咬咬罢了。市中心各区被炸弹熏黑了的废墟荒原，流行着一句苦涩嘲讽的话：施潘道区的小子最后才会步入棺材。

施潘道区的最西边，宁静而有田园气息的施塔肯分区（Staaken），罗伯特·科尔布（Robert Kolb）和英格博格·科尔布（Ingeborg Kolb）对于住在这么偏远的地方而心存感念。掉下来、靠得最近的炸弹，是偏离附近的机场而来的，而且损害很轻微。这户两层楼由橙色与棕色构成的灰泥住宅，有玻璃密封的走廊，四周有草地和花园，依然没有任何受损。可以说，在正常过日子——除了 54 岁的罗伯特，他是一家印刷厂的技术部主任，发现到市中心去上班的这条路走起来越来越费力。白天都要暴露空袭之中，这让英格博格得经常担心。

科尔布家位于施潘道分区的住宅，科尔布告诉太太："战争会绕过我们的。"然而第一个出现的迹象显示并非如此，德军的野战炊事车就停在了他家大门前。

这一晚，科尔布家像往常般收听英国BBC的德语广播。实际上这是严禁已久的事。他们一直收听消息并且了解盟军在东线与西线的进展。目前，红军位置在柏林东郊，仅有巴士行驶的距离而已。然而，由于他们四周平静的田野环境，若要说柏林市已经受到立即威胁，是难以想象的事。战争距离这么遥远，不像是真的。罗伯特·科尔布相信自己很安全，英格博格也认为先生一向都是对的。毕竟，他是第一次世界大战的老兵。"这场战争，"罗伯特要她放心，"会绕过我们的。"

科尔布家很笃定，不论发生什么情况，他们都不会卷进去，沉着地展望未来。现在春天来了，罗伯特在想，要在花园的什么地方挂上吊床。英格博格也有自己的事情待做。她打算种菠菜、荷兰芹菜、蒿苣，还有第一季的马铃薯。只是有个大问题：该在4月上旬就种第一季马铃薯呢，还是到5月份春天更为稳定的时候再种？

* * * *

离奥得河40公里的兰茨贝格（Landsberg）郊外，一栋灰泥的3楼总部里，苏俄的格奥尔吉·康斯坦丁诺维奇·朱可夫元帅（Georgi K. Zhukov）坐在办公桌前，正细细考虑自己的一些计划。墙上挂着大型的柏林地图，仔细显示他计划要拿下这座城市的攻击方案。办公桌上有三部野战电话，一部供一般情况使用；第二部与他的同僚相连：南北两翼两个庞大的集团军司令，北翼为康斯坦丁·康斯坦丁诺维奇·罗科索夫斯基元帅（Marshals Konstantin Rokossovskii），南翼为伊万·斯捷潘诺维奇·科涅夫元帅（Ivan Stepanovich Koniev）；第三部电话直通莫斯科与最高统帅——斯大林。虎背熊腰、年方49岁的白俄罗斯第一方面军总司令,每天晚上11点会与斯大林通话,报告当天战事的进展。现在,朱可夫纳闷,不知道斯大林会多快下达命令攻下柏林,他希望还能有点时间。必要时,他是可以一举拿下柏林,但他还没有做好万全的准备。他暂时计划攻击订在4月底前后。他认为,如果运气好,就能在10天或12天以内攻抵柏林,消灭所有抵抗。德军定会寸土必争——这一点他也料得到。或许他们会在柏林西郊边缘进行猛烈的战斗。就他看来,只有在这里,才有一条明显可供德国守军突围的路线。但他计划在德军打算突围时,两面夹击。他预料在5月份的第一个星期,就会在施潘道区来一次彻底的歼灭战。

* * * *

卡尔·约翰·维贝格卡尔·维贝格(Carl Johann Wiberg)在维尔默斯多夫区一栋公寓大楼的2楼,推开起居室落地式百叶窗,走上小阳台,瞧瞧这一天的天气。跟他一起的是两只形影不离的狗伴,一只叫"奥图叔叔",另一只叫"爱菲阿姨",两只蹒跚行走、浑身赤褐色的德国腊肠狗,它们若有所思地抬头看着他,等着早上这一趟的出门溜狗时间。

这段日子以来,溜狗是维贝格用来打发时间的方式。附近邻居人人都喜欢这个49岁的瑞典生意人。他们认为与其说他是瑞典人,还不如说他是个"好柏林人"。他像许多外侨一样,从轰炸柏林开始,就没有离开过这里。特别的是,虽然维贝格从来没有对自己的苦难发过牢骚,但邻居们都知道,他的身家几乎都没有了。他太太死于1939年。他的黏着剂工厂被炸得关门大吉。在柏林做了30年的小生意以后,现在他什么也没有留下,除了两只狗和一户公寓大楼。部分邻居认为，他比很多的德国人还要爱德国。

维贝格低头看着奥图叔叔和爱菲阿姨，说："是时候出去了。"他关上窗户，穿过客厅，走向短小的走廊，穿上剪裁合身的长大衣，戴上小心刷过的汉堡帽，打开擦得亮亮的桃花心木大桌子的抽屉，取出小山羊皮的手套，站了一会儿，注视着放在抽屉里的一幅装框的石版画。

这画色彩鲜艳，显现一名全身盔甲的骑士，骑着一匹用后腿站立、意气风发的白马，骑士的长矛上，有一面飘扬的旗帜。从钢盔敞开的盔檐下，骑士正凶狠地朝外注视。他前额上垂着一扎头发，眼神锐利，留着一撮小小的黑色胡子。在飘扬的矛旗上，写着"旗手"（Der Bannerträger）。

维贝格缓缓把抽屉关上，他把这幅画埋藏在深处，因为全德国都禁止这种嘲弄希特勒的讽刺文图。不过，维贝格并不想把它丢掉，这幅图太有趣了，他舍不得丢掉。

他替两只狗扣上皮带，小心地锁好身后大门，走下两层楼梯，步入街上的瓦砾堆里。公寓大楼附近，维贝格向一些邻居脱帽打招呼。在两条狗领头下，他来到街上，小心绕过路面的洼地。末日看来近了之时，不知道"旗手"在什么地方？慕尼黑（Munich）吗？贝希特斯加登（Berchtesgaden）山上的"鹰巢"里吗？或者，就在这里——柏林？似乎没有人知道——虽然这并不令人意外，希特勒置身何方一向都是个大秘密。

这天上午，维贝格决心到自己喜欢的酒吧去。那是在内斯托街七号（Nestorstrasse）的哈里·罗斯酒吧（Harry Rosse）——是柏林这一区很少几家还在营业的其中一家。酒吧里各种人都有：纳粹党要员、军官以及少数生意人。店里一向都是相谈甚欢，还可以听到最新的消息——昨晚炸弹落在什么地方，哪些工厂遭空袭，柏林如此还是屹立不摇等。维贝格喜欢在这种陶然自得的气氛下和老朋友见面，他对战争的任何方面都很关心，尤其是轰炸的结果和德国的民心士气。他最想知道希特勒藏在什么地方。过街时，他又一次摇了摇帽子，向一个熟识的人打招呼，尽管心里充满了问题，且有少数几件维贝格所知道的事情，足以使邻居们大吃一惊。因为这个瑞典佬，是美国最隐密的机构，战略情报局（Office of Strategic Services，OSS）的一员。他是盟国的间谍。

梅兰希通教堂（Melanchthon Church）的福音派本堂牧师阿图尔·莱克沙伊特（Dr. Arthur Leckscheidt），在克罗依茨贝格区（Kreuzberg）他所住那栋公寓大楼的一楼，满怀忧伤和绝望，他那座双塔尖的哥德式教堂已经被毁了，教友也已经星散。通过窗户他还可以见到教堂的残垣。几星期以前，教堂被一枚炸弹直接命中。几分钟以后，燃烧弹又使得教堂陷入火海。他每看一次着教堂，就加深一分自己的哀伤。在空袭最厉害之时，莱克沙伊特牧师忘了自己的安全，冲进大火熊熊的教堂。教堂的后面和那具壮观的管风琴还依然无恙。他三步并作两步踏上管风琴阁楼的窄梯，心中只有一念：向他热爱的管风琴和教堂道别。莱克沙伊特牧师泪水盈眶，轻声唱歌，弹奏着他的骊歌。同一时间，炸弹一批批在克罗依茨贝格区遍地爆炸，附近的乌尔班医院（Urban Hospital）中的病人和躲在附近地窖的人，简直不敢相信自己的耳朵。他们听见梅兰希通教堂的管风琴，隆隆奏起一首古老的赞美诗，《从深处我向主呼求》（*From Deepest Need I Cry to Thee*）。

这是莱克沙伊特牧师在用另一种方式道别。办公桌上摆着一份他要寄给离开柏林或者在军中服役教友的信件草稿。"即使在东方与西方的战斗,使得我们紧张,"他写道,"德国首都经常是空袭的重心……亲爱的朋友,你们可以想象得到,死神有了丰厚的斩获,连棺材都难找了。有个女性告诉我,她用1.59千克的蜂蜜换来一口棺材,好安葬死去的丈夫。"

莱克沙伊特也很生气,"空袭遇难的人下葬,并不一定请我们圣职人员去,"他写道,"时常由纳粹来举行下葬,没有牧师……也没有天主的祝福。"他信中一再提到柏林的灾难。"你们无法想象柏林现在是什么样子,最漂亮的建筑物都已成废墟……我们时常没有瓦斯,没有灯光或者水。天主没有让我们饿死,黑市的货品要价高得可怕。"他在信末的语气透露出悲观。"这或许是接下来很长一段时间都不会再有的最后一封信了。不久,各种的通信渠道都将切断。我们会不会再见面?这一切都交到天主手中。"

* * * *

另外一位教士伯恩哈德·哈皮希神父(Bernhard Happich)骑着自行车,故意穿过满地狼藉的达勒姆区街道,决定照自己的方式来处理事情。有一个需要小心处理的问题让他烦恼了好几个星期。每晚他祈祷天主的指引,冥想出自己应该采取的行动方案。现在,他下定了行动的决心。

所有神职人员都十分忙碌,哈皮希神父尤其如此。55岁的他,身份证上写着"耶稣会教士,不宜服兵役"(这是纳粹加诸于他的戳记,正如给犹太人以及没用的不受欢迎人物的戳记)。他也是医术高明的医师。除了繁重的职务外,也是耶稣圣心修女会创办的孤儿院、产科医院、弃儿之家的负责人,以及达勒姆区的主教。由于女修道院院长库内贡德斯（Cunegundes）和她的修女们，提及这个问题，他为此做出决定。

哈皮希神父对纳粹党以及战争会如何结束，并没有什么期待。他很早以前便断定希特勒以及他那残酷的新秩序在劫难逃。而现在，危机正逼近了，柏林已经被困住了，在征服者的眼里，它只是一只黯然无光的圣杯而已。达勒姆之家（Haus Dahlem）还有它那些善良而超凡的修女们会遭遇什么状况？

满脸严肃的哈皮希神父，在达勒姆之家只有建筑表面有点损伤的外头停下车。修女们都深信，她们的祈祷很灵验。哈皮希神父并非不同意她们，不过他是个实际的人，知道这是由于她们运气够好，还有投弹的技术不够好才会有这样的结果。

通过进门的大厅时，他仰望着身披蓝、金色衣服，高擎宝剑的圣米迦勒（Saint Michael）巨型雕像——"为天主扫荡一切罪恶的战斗骑士"。修女信仰圣米迦勒很可以理解，但哈皮希神父也一样，他很高兴自己作了决定。他和许多人一样，从苏联推进大军前头逃出来的难民那里听说到了许多恐怖的事情，其中很多说法很夸张，但有一些他相信是千真万确的。哈皮希神父决定向修女提出警告。现在他认为已经是最适当的时刻来告诉她们。他得使用恰当的字眼。哈皮希神父对这种事很担心，对 60 位修女和在俗修女，要如何说她们会有遭受强暴的危险呢？

3

对性攻击的害怕，就像件棺衣覆罩了整个柏林市，因为经过几近六年的战争，全市目前成了一个以女人为主的都市了。

1939年战争初启时，德国首都有居民4,321,000人。但是战争的大量死伤，男女的征召入伍，以及1943年到1944年，自愿疏散了100万平民到比较安全的乡下，使市民的数字削减了三分之一。目前留在市区的男性，多数是18岁以下的孩子和60岁以上的老人。18岁到30岁的男性，总共还不到10万人，而且大多数是免服兵役或者伤残的人士。1945年1月，据估计柏林市人口为290万人，可是到了现在——1945年3月中旬，这个数字一定是高估了。过去不到11个星期，来了85次空袭，以及濒临围城的威胁，成千上万的居民已经逃离了。军方判断，柏林居民目前大约为270万人，其中有200万为妇女——而这种数字，也仅仅只是稍有根据的猜测而已。

要得到人口的准确数字之所以这样费力，是因为有来自德国东部各省在苏俄军队占领下大量逃亡的难民，有些人认为难民数字高达50万人。他们离乡背井，把自己的家当肩挑手提，或者载在马拉的大车、手推的推车上，还赶着家畜，阻塞到柏林的各个道路，这样的情况已经有好几个月了。大多数难民并没有待在柏林市内，而是继续向西逃亡。可是在他们走后，却留下了一大堆恶梦般的故事，这些身历其境的转述，就像瘟疫一般散播到整个柏林，使得很多市民惊恐万分。

难民们说苏军宛如征服者，存心报复、凶猛非常，而且贪得无厌。远从波兰，或者东普鲁士的占领区、波美拉尼亚（Pomerania）、西里西亚（Silesia）跋涉长途来的人，作出惨痛的陈述，说明敌人绝不宽容。难民们说，苏俄的宣传事实上便是叫红军不要放过任何一个人。他们说有一份公告，是苏俄最高宣传官员伊利亚·格里戈里耶维奇·爱伦堡（Ilya Ehrenburg）所撰写，公告不但通过电台广播，而且印成小册子分发给红军:"杀!杀!"通告上这么说:"德国人这种民族,不是魔鬼,就是坏东西……遵从斯大林同志的训示,就在老窝里踩死这些法西斯禽兽,一了百了!对付这些德国女人,使用武力,打破她们的种族骄傲,把她们当成你们合法的战利品!杀!勇往迈进!杀!英勇的红军弟兄们! ①"

难民回报说,作为先锋的第一线部队不论是纪律或行为都很良好,但紧跟在后面来的第二线部队,都是毫无组织的乌合之众。在那些酗酒狂欢的脱序状态下,红军官兵谋杀、抢劫和强暴。难民们说,似乎很多苏军指挥官都纵容部下的这些行动,至少他们没有尽力去阻止。从农夫到绅士所叙述的都一致,到处有如潮水的难民群中,都会有许多妇女诉说令人悚然的残忍暴行——强迫脱去衣服,然后屈从一

---

① 我没有见过爱伦堡的这本小册子,但我访问过的民众,很多人都见过。而且在德军官方文件、作战日志与回忆录都一再提到。最完整的版本,参阅德国海军上将卡尔·邓尼茨(Karl Dönitz)《回忆录》(*Memoirs: Ten Years and Twenty Days*)第179页。关于这小册子的存在,我很肯定。不过我却对上述版本有疑问,因为从俄文译为德文,内容经常失真是众所皆知的。爱伦堡也写过其他的宣传书刊,任何人都可以看得出他的文笔很糟,尤其是大战期间苏联以英文刊出由官方发行的书刊《苏维埃战争新闻》(*Soviet War News*),1941至1945年第一至八卷。他的"杀德国人"的话题一再被重复——而且显然得到了斯大林十足的支持。1945年4月15日,苏联《红星》(*Red Star*)军报有一篇从未有过的社论,爱伦堡遭受宣传部长亚历山大洛夫(Alexandrov)的公开谴责:"爱伦堡同志太夸大了……我们不是与德国人民作战,而只与全球的希特勒们作战。"要是任何其他的苏俄作者遭受这种批驳那代表大祸临头了,可是对爱伦堡却不是如此,他还持续着"杀德国人"的宣传,仿佛什么都没有发生一样——斯大林对此事视而不见。在他1963年于莫斯科出版的回忆录《人民、岁月与生活》(*People, Years and Life*)第五卷中,爱伦堡刻意忽视自己在战争期间所写的内容。他在第126页写着:"在几十篇文章中,我强调我们务必不可,也确实不可去追杀老百姓——我们毕竟是苏联人,不是法西斯。"可以这么说,无论爱伦堡写些什么,都不比德国宣传部长约瑟夫·戈培尔所发布的消息要好——而这项事实,却被很多德国人都故意忽视了。

再的强暴。

究竟有多少是幻想？有多少是事实？柏林人没把握，那些知道党卫军曾经在苏联犯下暴行以及大规模屠杀的人——有成千上万人——都很害怕这些叙述是真的。那些清楚知道集中营的犹太人遭遇了什么事的人——这是纳粹主义还不为自由世界当时所知的新恐怖——也相信难民的话。这些比较见过世面的柏林人，更十分肯定加害者现正成了被害者，因果不爽，正加速奉还。很多人因为知道第三帝国干过的恐怖事情，更是对此不抱任何希望。高地位的官员们和纳粹党的高级首领，都已经悄悄地将家人搬出柏林，或正在进行搬家计划。

狂热分子选择留下。一般柏林人消息既不灵通，对真实情况又浑然不知，也都在市内待着，他们没法走，也不会离开。"啊，德国，德国，我的祖国，"65 岁的家庭主妇埃纳·萨恩格尔（Erna Saenger）是 6 个孩子的妈。她在日记中写着："信任带来了失望，忠诚与相信意味着愚蠢和盲目，……可是……我们还会留在柏林。每一个人都像你的邻居那样离开的话，敌人就可以予取予求了。不——我们不要这种方式的败仗。"

然而，没有几个柏林人还能说自己不明白这种危险的可怕性。几乎每个人都听到这些故事了。胡戈·诺伊曼（Hugo Neumann）与妻子伊迪丝·诺伊曼（Edith Neumann）住在克罗依茨贝格区，确实从电话里接收过这些消息。一些住在苏军占领区的亲人，在所有通信要断绝以前，冒着生命危险警告过诺伊曼，战胜的苏军正在强奸、杀人、抢劫，毫无约束。然而，诺伊曼夫妇还是留下来不走，诺伊曼的电器行被炸了。现在就此放弃，是件无法想象的事。

基于是宣传手段的关系，其他人都排斥了这些故事，不管是难民散播的也好，或出自政府之手，对他们可以说，没有，甚至毫无意义。自从1941年希特勒下令入侵苏联起，所有的德国人都见识过许许多多仇视苏联的宣传，形容苏联人民为未开化的次人类。到了情势逆转，苏联各战线的德军被迫后退时，第三帝国的跛脚宣传部长戈培尔博士就加强了宣传——尤其是针对柏林。

戈培尔的秘书维尔纳·瑙曼博士（Dr. Werner Naumann）私底下承认，"关于苏联人是什么样子，关于苏联人将对柏林人怎么处置等，我们的宣传是非常成功的，结果使得柏林人陷入了绝对的恐怖状态。"到了1944年底，瑙曼觉得"我们做得太过火了——反而受到这些宣传所害。"

而现在宣传的方向改变了。正当希特勒的帝国一块块失去，柏林市逐条街遭到摧毁，戈培尔已经开始从贩卖恐怖的贩子变成安定民心的救星。这时他告诉老百姓，胜利在望。戈培尔这么做，倒是成功地在见多识广的柏林人之中，产生了可笑、可怕的黑色幽默。这种幽默采取了大规模、集体的嘲笑方式，大伙自我嘲笑、嘲笑领袖和这个世界。柏林人很快就把戈培尔的标语给改了，"元首下令，我们遵从"改成"元首下令，后果我们担承"。宣传部长承诺的最后胜利，这些不在乎的人都一本正经地敦促大家"在打仗中找乐子吧，和平太恐怖了。"

难民的陈述造成了濒临恐慌的气氛，谣言取而代之，事实和理性都遭到扭曲。全市各地传遍了各种不同的暴行谣传。把苏联人形容成斜眼睛的凶狠人，见到妇孺就杀。还有他们会用火焰喷射器将教士活活烧死，还传说修女遭到强暴，然后强迫她们赤身裸体在街上游街。又说如何把女人当成军妓，男人送到西伯利亚去做奴工。甚至有电台广播说，俄国人用钉子把受害人的舌头钉在桌子上。比较不受别人影响的人，觉得这些谣传离谱得令人难以置信。

第一部　作为目标的柏林　21

有些人则是严峻地意识到后果将会发生什么事情。安妮-玛丽·杜兰德-韦弗医师（Dr. Anne-Marie Durand-Wever）虽然人在舍讷贝格区的私人诊所里，却知道事实的真相。韦弗毕业于芝加哥大学，是欧洲最有名的妇产科医师之一。55 岁的她以反对纳粹党的观点而知名（她的著作，拥护女权、性别平等和生育控制——全都遭禁）。她敦促自己的病人离开柏林。她曾经检查过众多的难民妇女后有了结论：如果要说实话的话，那些有关强暴奸淫的叙述远比实际情况少得多。

韦弗医师本人打算留在柏林，但现在她不论到什么地方，都随身带着小小一颗氰化钾胶囊。当过这么多年的医师以后，她不敢保证自己能够自杀，但她把这颗药丸放在手提包里——如果苏俄军队攻下柏林，她认为从 8 岁到 80 岁的每一个女人都会遭到强暴。

玛戈·绍尔布鲁赫医师（Dr. Margot Sauerbruch）也作了最坏的打算。她与先生一起工作，她的丈夫费迪南德·绍尔布鲁赫教授（Ferdinand Sauerbruch）同时也是德国最有名的外科医师。绍尔布鲁赫教授来自米特区（Mitte）的夏洛特大学附属医院（Charité），这是柏林最古早也是规模最大的医院。由于医院大，位置又靠近火车总站，接收过情况最惨重的难民。由于玛戈医师检查过这些病患，她对红军的胆大妄为，并不存疑。她确实知道红军强奸妇女并不是宣传。

企图自杀的难民那么多，也使玛戈大为震惊——企图自杀的几十个妇女，并没有受到糟蹋或凌辱，只是因为所见所闻使她们心生恐怖。很多人割腕，有些女性甚至想把子女杀死。这种自行了断的做法有多少人做到了无从得知——玛戈医师只见到没有死成的人——很明显，如果苏军占领了德国首都，柏林将会发生一股自杀潮。

大多数医师显然也同意这种观点。维尔默斯多夫区的外科医师京特·兰普雷希特（Günther Lamprecht）在日记中写着，"主要的话题——甚至在医师彼此之间——都是跟自杀有关的技巧,这一类的谈话真令人受不了。"

这并不只是光纸上谈兵而已,死亡计划已经在进行当中。每一区的医师都受到病患与朋友的包围,打听要如何死得快的信息,请求开出毒药的药单。医师不肯帮这个忙时,大家便去找药师。成千上万置身在这一阵惊恐浪潮当中的柏林人心神错乱,宁可用尽任何方法去死,也不落入红军手里。

"我只要见到第一个苏联军人就会自杀。"20 岁的克丽斯塔·莫尼尔(Christa Meunier)如此对她的朋友尤利亚妮·博赫尼克(Juliane Bochnik)吐露心声。她已经弄到了毒药,博赫尼克的朋友罗茜·霍夫曼(Rosie Hoffman),以及她的双亲也是如此。霍夫曼家人极其沮丧,预料苏联军队不会手下留情。博赫尼克当时并不知道,霍夫曼家与海因里希·希姆莱(Heinrich Himmler)有亲戚关系。而希姆莱是德国盖世太保与党卫军的头子,他也是执行各地集中营几百万人集体屠杀的负责人。

服毒——尤其是氰化钾——是自裁的人愿意使用的方式。称为 KCB 的氰化钾胶囊尤其供不应求,这种浓缩的氢氰酸混合剂毒性极强,几乎可以立刻致人于死地——甚至它的蒸气也能致命。一些政府机构,基于日耳曼人的先见之明,已经在柏林大量储备。

纳粹党官员、高级官员、政府各部门首长,以及位阶较低的人,几乎随便就能为自己、家人以及朋友取得这种毒物的供应。医师、牙医师、药剂师以及化验师,也有门道弄到这种毒药。有些人甚至改进了毒药的药效。柏林大学的病理学家鲁道夫·许克尔教授(Dr. Rudolf Hückel),是柏林市鼎鼎大名的癌症病理学家,他为自己及太太的氢氰酸胶囊里再加上乙酸。他要太太放心,如果他们用得到毒药的话,乙酸将会使药效发挥更快。

有些柏林人无法取得快速的氢氰酸，便储藏巴比妥或氰化钾的衍生物。时常被人称为"德国丹尼·凯"（Danny Kaye）的谐星海因茨·吕曼（Heinz Rühmann），对自己的美艳明星太太赫塔·法伊勒（Hertha Feiler）以及幼子的未来感到忧心。他已经在花盆里藏了一罐老鼠药，以备不时之需。德国前驻西班牙大使、退休的威廉·福佩尔中将（Wilhelm Faupel），计划用过量的药品毒死自己和太太。由于他的心脏衰弱，每逢心脏病发，便服含有毛地黄的强心剂。福佩尔知道，服食过量会造成心跳停止，事情结束得快。他甚至还存下了足够的数量供应给朋友。

有些人则认为枪弹是最好、最勇敢的结束。可是有许多女性，大多数是中年人，数量多得惊人，却选择了最为血淋淋的方式——剃刀。在夏洛滕堡区（Charlottenburg）的克茨勒（Ketzler）家里，42岁的格特鲁德（Gertrud），平时是个愉快的女人，而今却在自己的手提包里带了刀片——她妹妹以及婆婆也都是如此。格特鲁德的朋友英格·吕林（Inge Ruhling），也有准备刀片。她们两人担忧地讨论哪一种方式死得最有效，横切手腕呢，还是纵割动脉？

总有可能不必采取这么激烈的手段。大多数的柏林人，依然有最后的一丝希望。面对红军的恐怖，绝大多数居民尤其是女性，这时都迫不及待地期待英美盟军早些来攻占柏林。

* * * *

差不多中午了，在苏军战线后方的布洛姆贝格市（Bromberg），谢尔盖·伊万诺维奇·戈尔博夫上尉（Sergei Ivanovich Golbov）和苏联红军另外两名记者，刚刚"解放"了一栋三楼公寓，他瞪大眼看着里面借大的豪华客厅。戈尔博夫和两个朋友酒喝得很痛快。每天，他们都要从布洛姆贝格的总部，开上145公里的路程上前线去采访新闻，可是这段期间一切都很平静，除非柏林攻势开始，否则没什么可以报导的。历经好几个月的前线采访之后，25岁脸目俊秀的戈尔博夫便趁机找点乐子。

他一只手握着酒瓶，站着欣赏那些昂贵的装饰，他可从来没有见过这样的豪宅：四墙有华美金框的大幅油画，窗户都是羽缎衬里的帷幔，绵缎织料装饰的家具，地板上是厚厚的土耳其地毯，客厅与邻接的餐厅，都吊着大型吊灯。戈尔博夫确定这户公寓的主人，一定是纳粹党的要员。

客厅的一端有一扇小门。戈尔博夫把门推开，发现是间浴室，墙上钩子垂下一根绳子，底下是一具服装整齐的纳粹官员尸体。戈尔博夫只稍微瞥了一下，他见过成千上万具德军尸体，但这具自缢的死尸看起来真愚蠢。戈尔博夫喊那两个朋友，可是餐厅里有太多的乐子让他们无暇回答，他们正在把德国与威尼斯制的水晶器皿往吊灯上砸——还彼此砸来砸去。

戈尔博夫走回到客厅，发现一张长长的沙发，打算坐下来——不过这时却发现那上面早已有人了，直挺挺躺着一具女尸，身穿一件希腊式长袍，腰间扎着垂穗腰绳带。她很年轻，死前还仔细准备了一番，头发结成了辫子垂在两肩，两手交握在胸脯上。戈尔博夫抓住酒瓶，坐在扶手椅上看着她。在他身后，餐厅里的嘻哈大笑声与玻璃砸碎声持续不断。这女孩约莫20来岁，以她嘴唇泛紫的痕迹来看，或许是服了毒。

在女尸躺着的沙发后面有一张桌子，上面放着许多银框的照片——微笑的孩子和年轻的一对男女，或许是他们的父母吧，还有一对老年人夫妇。戈尔博夫想起了自己的家庭，列宁格勒（Leningrad）被围时，他的爸妈饿得半死，想用一种工业用油做汤，结果两个人都毒死了。他的一个哥哥，战争初期就被打死了，还有另一个哥哥，34岁的米哈伊尔（Mikhail）是个游击队长，被德国党卫军抓到，结果被绑在柱子上活活烧死。他想，这女生躺在沙发上，倒是死得挺安详的。他就着瓶口咕噜噜喝了一大口，走到沙发前，抬起死去的女孩走到关闭的窗户前，身后是狂笑的啸叫声，餐厅里的吊灯一声响亮的哗啦啦砸碎在地面，戈尔博夫把女尸直直地朝窗外抛出去，自己也砸碎了好多玻璃。

4

柏林人几乎每天都对着轰炸机群挥舞拳头。经常为了家人、亲人，或者朋友死在空袭或者军中而感到悲伤。而目前却兴致勃勃地谈着英军和美军，称他们的"征服"为"解放"。这种态度与心理上极其不寻常的扭转，产生了奇妙的结果。

夏洛滕堡的玛丽亚·科克勒（Maria Köckler），不愿相信美军和英军会让柏林落在苏联手里，她甚至决定要协助西方盟国。这位45岁头发灰白的家庭主妇告诉朋友们说，她"准备出去作战，挡住苏联红军，直到美国大兵来到。"

很多柏林人靠收听英国BBC的广播，来战胜自己的恐惧。他们留意崩溃的西线战事的每一个阶段的发展——仿佛是在追随着德国陆军的胜利，急急进军来为柏林解围。玛格丽特·施瓦茨（Margarete

Schwarz）是个会计，经历多次的空袭，每一夜都跟邻居在一起，仔细标出英美大军越过德国西部的进展情势。他们每进展1.6公里，对她来说就像朝解放又前进了一步。莉泽-洛特·拉文内（Liese-Lotte Ravené）也是这种看法。位于滕佩尔霍夫区（Tempelhof）那装满书籍的公寓，她的时间都耗在那里。在一幅大地图上，她仔细把美军最近的进展都用铅笔画出来，急切盼望美国大兵的推进。拉文内太太不敢想象，如果苏军先到柏林会发生什么情形。她算是半残，她的臀部围着钢制的矫正架，矫正架一直延伸到她的右腿。

成千上万的人深信美军会先到柏林，他们的信念可说是太天真了——不具体又不真实。安娜玛丽·许克尔太太（Annemaria Huckel）的先生是个医师，她开始把纳粹党旗撕开来当作绷带，她料到美军抵达那一天会有一场大战。位于夏洛滕堡区的布丽吉特·韦伯（Brigitte Weber），结婚才三个月的20岁新娘子。她几乎确定美军快要来了，认为自己知道他们打算要住在什么地方，布丽吉特听说美国兵享受高水平的生活方式，喜欢生活中的美好事物。她准备要跟人打赌说，美军已经仔细地选择了富裕的住宅区尼克拉塞湖区（Nikolassee），那里一枚炸弹都没有被丢过。

还有些人一边怀着美好的希望，一边做最坏的准备。头脑清醒的皮娅·范赫芬（Pia van Hoeven）和她的朋友埃伯哈德·博格曼（Eberhard Borgmann）和鲁比·博格曼夫妇（Ruby Borgmann），勉强得出一个结论。那就是唯有奇迹才能阻止苏军不领先进入柏林。就这样，他们欣然答应了愉快、圆脸的好友海因里希·舍勒（Heinrich Schelle）的邀请，一等柏林战役开始，便去和他以及他的家人待在一起。舍勒就在博格曼家楼下的一楼经营全柏林最有名的酒庄与餐厅之一格鲁本-苏谢（Gruban-Souchay）。他把其中一个地窖改装成华丽的

第一部 作为目标的柏林 27

防空洞，准备了东方地毯、帷幔以及粮食，可以熬过围城的时日。吃的东西不多，只有马铃薯和金枪鱼罐头。但在隔壁的地窖，却有大量稀有的、最香醇的德国与法国葡萄酒再加上轩尼诗干邑白兰地酒，和一箱箱的香槟酒。"我们这样等待，天知道会出什么事情，我们倒不如活得舒服一些，"然后他又补充一句，"如果我们的水用光了，至少还有香槟。"

有两个年幼女儿的41岁的比迪·容米塔格（Biddy Jungmittag）认为，所有关于英美军到来的说法，简直胡说八道。这个出生在英国的德国太太，她对纳粹党认识得太透彻了。她先生由于被怀疑是一个德国反抗团体的一分子，五个月以前遭到处决。她认为，德军会像抵抗苏军般猛烈抵抗西方盟军，只要在地图上看一眼，便明白形势不利于英美军队先到柏林。但是苏联红军早晚将到来这件事，并没有使她过分恐慌，他们不敢碰她的。她会以英国人的睿智应付第一批到达的苏军。她会把自己的旧英国护照拿给他们看。

* * * *

但还有些人，他们觉得并不需要什么文件来保护自己。他们不但盼望苏军，而且还迫不及待。到那时，可真是他们大半生努力、追求的梦想终于实现了。在盖世太保与刑警无时无刻都在搜捕、骚扰下，德国共产党只剩下寥寥无几的死硬核心分子设法生存下来。他们和同情分子都热切等待东方救世主的到来。

柏林的共产党员虽然献身于推翻希特勒主义，可是他们的力量太分散了，以致于他们的努力——再怎么说对西方盟国有利——却微不足道。的确有一个组织松散的地下共产党存在，但只接受莫斯科的命令，完全只替苏联间谍网工作。

1929年到1932年，希尔德加德·拉杜施（Hildegard Radusch）是柏林市议会的共产党议员，可以说就只靠忠诚这一点而得势。她饿得半死、冻得半死，和少数几名共产党员，藏匿在柏林东南边缘的普里罗斯村（Prieros）附近，和她的女友埃尔泽·"埃迪"·克洛普奇（Else "Eddy" Kloptsch）住在一口放在水泥洞、用来装大型机器用的宽3米、高2米的板条箱里。箱内没有瓦斯，没有电力，没有饮水，也没有卫生设备。不过对身体结实，42岁的拉杜施来说（她自称是"屋子里的男人"），这却是完美的避难所。

自从1939年起，拉杜施便和克洛普奇在一起生活了。她们藏身在普里罗斯村差不多有10个月的时间。拉杜施名列纳粹的通缉名单，但是她能一再骗过盖世太保。她和附近的其他共产党员同样最大的难题就是食物的取得。她会因申请配给卡暴露身份而被捕。幸运的是，克洛普奇虽然是个同情分子，却不是被通缉的共产党员，每周有配给。可是所配给的那一点点东西，根本不够一个人吃。纳粹党报《人民观察家报》（*Völkischer Beobachter*）曾经刊出过，每一周成人的配给额：1928克面包、907克肉与香肠、57克油脂、142克糖。每三个星期配2.25块干酪和99克代用咖啡。偶尔这两个女人，还能谨慎地在黑市上买点东西补充不足，可是价钱太贵——光是咖啡，每克就要100到200马克不等。

拉杜施心里经常想到的两件事：食物、苏联红军的解放。可是等待很难熬，光是要活下去就一个月比一个月困难——这些她都有条不紊地记载在她的日记。1945年2月13日，她写道：

"应该是苏军来的时候了……这些狗还没有抓到我。"

2月18日：自2月7日起，就不再有来自朱可夫有关柏林战线的报导，我们等待他们来是急得要死。来吧，同志们，你们来得越快，战争结束得越快。

2月24日：今天去柏林，喝到暖壶倒出来的咖啡，一片干面包。当时，有三个男人用猜疑的眼神看着我，知道克洛普奇就在我身边，真是安心多了。到处都找不到任何东西可吃。克洛普奇去这一趟，用黑市买到的配给卡去买香烟——卡上有十根香烟到期可配了。店里什么也没有，所以她换了五根雪茄。她原希望用一件绸衣和两双长袜换点可吃的东西，却什么也没办到，也没有黑市的面包。

2月25日：三根雪茄都抽完了，依然没有来自朱可夫的公告，科涅夫的公告也没有。

2月27日：一直在等待，搞得我神经分分。困在这里，对一个想要做事的人来说，简直是灾难。

3月19日：中午这一顿好极了——马铃薯加盐巴。晚上用鱼肝油煎马铃薯烤饼，味道并不太腥。

现在已经来到春季的第一天，拉杜施依然在等待。日记上写着："为了找些东西吃，人都差一点疯了。"苏军战线方面毫无消息。她能找到可写的事情只有"风刮走了田野与草地的隆冬，球根雪花草盛开，太阳闪耀，空气暖暖的，例行的空袭……依爆炸判断，机群正靠近我们飞来。"后来，她注意到西方盟军兵临莱茵河，根据她的推想，可以在"20天内到柏林"。她心情低落记载着，"柏林人宁可有资本主义国家的兵来。"她希望苏军快一些到，期待朱可夫在复活节时进攻。

普里罗斯村正北方大约40公里处，柏林东方边缘的诺因哈根（Neuenhagen），另有共产党组织也充斥阴冷等待的气氛。共产党员们经常生活在逮捕与死亡的恐惧之中。比起普里罗斯的同志,他们较为强悍、有组织,运气也好些。他们离奥得河不到56公里,预计他们所在位置将会是各个柏林郊区当中最早被占领的其中一区。

他们这一组人,就在极为接近盖世太保的地方一夜复一夜地草拟着解放那一天的大计划。他们知道本区每一个纳粹党员、党卫军以及盖世太保官员的姓名与行踪,也知道这些人谁会合作、谁不会。有些人做了注记,要立即加以逮捕,有些人要予以清算。这一组人有很完善的组织,甚至为管理本区的未来行政,拟定了详细的计划。

该组的共产党员,都焦急地等待苏军到来,并且非常笃定他们的建议会被接受,却没有一个人像布鲁诺·扎日茨基(Bruno Zarzycki)等得那么焦急。他有严重的胃溃疡,万分痛苦,连东西都吃不下。但总是说,苏联红军到达的时候,他的胃溃疡就会消失,他是确信这一点的。

遍布整座柏林市窄小的卧室、密室,潮湿的地窖,以及空气不流通的阁楼,在所有纳粹党的受害人当中,最受痛恨、备受迫害的少数人,不可思议地过着凄惨生活的他们,等待着可以从藏身处现身的那一天的到来。他们并不在乎谁先到达,但求有人来,而且要来得快。有些是几个人住在一起,有些是全家在一块,有些人则是群居在一处。大多数的朋友都以为他们死了。就某方面来说,他们确实已经死了。有些人有好几年没见过阳光,或者在柏林的街道上散步。他们不能生病,一旦病了就得去看医师,就立刻会被询问,很可能就此泄露身份。即使在轰炸得最严重的时候,他们还是待在藏身处。只要一进入防空洞,立刻就会被别人认出来。他们保持着铁一般的冷静,因为很久以前,他们便学到了绝不要惊慌。他们自己的命,全系在个人的情感自制的能力上。他们在希特勒帝国的首都经过6年的战争,以及

1945年，埃尔娜·森格尔和他的儿媳及孙辈们在一起。"诚心诚意地去相信，就意味着愚昧、盲目……但是……我们要待在柏林。要是每个人都像邻居们那样逃走的话，敌人就会得到他想要的东西。"

布鲁诺·扎日茨基（左二），与进入村子的苏联人在一起。他患有严重的胃溃疡，几乎不能吃饭，但他老是说苏联红军到来的那天他的病就会痊愈，他很确信这一点。

及几近 13 年的恐惧和骚扰，大约有 3,000 人还活着。他们的存活，证明了这个都市里大多数的基督徒足智多谋、坚强不屈。这些基督徒没有人因为这个义行而获得适当的表扬：他们保护了在新秩序下备受轻视、作为替罪羔羊的犹太人。

西格蒙德·韦尔特林格尔（Siegmund Weltlinger）与妻子玛格丽特·韦尔特林格尔（Margarete Weltlinger）都五十好几了，他们藏身在潘科区一栋公寓一楼小小的一户里。基督教科学派的默林夫妇（Möhrings），冒着生命危险收容了他们。默林夫妇和两个女儿，再加上韦尔特林格尔夫妇，一起住在这户两房的公寓里。但是默林总是把所领的配给，以及每一样东西和韦尔特林格尔夫妇共享，从来没有怨言。在这段期间，仅有一次韦尔特林格尔夫妇冒险出门去。由于牙疼，他们只得冒险去看牙医把牙拔掉。医师接受了韦尔特林格尔太太的解释，说是来作客的表姐。

直到 1943 年为止，他们的运气都还不赖。虽然韦尔特林格尔在 1938 年被证券交易所赶出来，但没有多久，又请他担任柏林市犹太社区局（Jewish Community Bureau）的专责工作。那段时期，在海因里希·斯塔尔局长（Heinrich Stahl）领导下，专门负责登记犹太人财产的工作。后来该局又与纳粹交涉，以减轻集中营犹太人的痛苦。斯塔尔与韦尔特林格尔都知道，社区局迟早是要被裁撤的——但他们还是勇敢地继续为犹太人的福祉而努力。到了 1943 年 2 月 28 日，盖世太保把犹太社区局给关闭了。斯塔尔消逝在特莱西恩施塔特集中营（Theresienstadt），韦尔特林格尔一家则奉令搬到赖尼肯多夫区（Reinickendorf）住了 60 户的"犹太屋"里去。韦尔特林格尔夫妇在那里待到天黑，然后把身上的犹太人标志"大卫星"拆下来，在夜色中溜之大吉。打从那以后，他们便住在默林家。

两年来，他们所见到的外面世界，就只有房子框出的一方天空——再加上一棵生长在阴郁天井、正对着公寓厨房窗户的孤树。这棵树成了他们困处室内的日历。韦尔特林格尔太太向先生说："我们已经两次看见这棵栗树白雪满枝，两次树叶变黄，现在它又开花了。"她十分沮丧，他们还要再藏上一年吗？"说不定，"韦尔特林格尔太太对先生说，"上帝已经抛弃我们了。"

韦尔特林格尔安慰她、告诉她，他们还要为了好多事情而活下去，两个孩子——17岁的女儿和15岁的儿子——都在英国。自从1938年韦尔特林格尔安排把他们送出德国以后便没见过了。他翻开圣经，看着"诗篇"第91首，慢慢念道："有千人倒毙在你左边，有万人横尸在你右边，祸患也不至于临到你。"他们所能做的便是等待了，"上帝与我们同在，"他告诉太太，"相信我，解救的日子就在眼前了。"

过去这一年，盖世太保在柏林街头逮捕了4,000多名犹太人。这些被捕的人当中，有很多人之所以被发现，是因为他们再也无法忍受不自由的生活，选择偶尔冒险出来透透气。

20岁的汉斯·罗森塔尔（Hans Rosenthal）依然躲藏在利希滕贝格区，他下定决心要熬下去。他在一间1.8米长、1.5米宽的小隔间里度过了26个月。其实那只是一个连在屋子后面的小小工具棚，是妈妈的朋友的房子，他住到现在一直都很危险。他在16岁父母双亡后被送进劳工营。1943年3月，他从那里逃了出来，身上没有证件，偷偷搭上火车来到柏林，躲在妈妈朋友的家中。他藏身的小窝，没水没电，唯一有的便溺设施是一个老式的尿罐。唯有在夜间空袭时，他才敢离开藏身处出来把尿罐倒干净。小棚里除了一条窄长椅之外，别无他物。但罗森塔尔有一本圣经，一台小收音机，墙上还有幅细心标示的地图。他很期盼西方的盟军，但他认为苏军会占领柏林。这点令他很担心，尽管这也代表着自己会得到解救。但他自我安慰要放下心来，一再说："我是个犹太人，活得过纳粹，也会活得过斯大林。"

同一区，位于卡尔斯霍斯特分区（Karlshorst）的一处地窖里，约阿希姆·利普希茨（Joachim Lipschitz）在奥托·克吕格尔（Otto Krüger）的保护下生活。整体来说，克吕格尔的地窖十分安静，但利普希茨有时却认为听到了远处苏军的隆隆炮声。那声音低沉而轻微，就像已经厌烦的听众，戴着手套在鼓掌。他以为这是自己的想象——苏军还离得远。但他对苏军的炮声很熟悉，他担任医师的父亲是犹太人，母亲是非犹太人。他曾征召进入德国国防军。1941年他在东线，失去了一条手臂，可是为德国服兵役，并没有挽救他免于身为半犹太人血统的罪过。1944年4月他被列入了囚禁集中营的名单。从那时起，他便东躲西藏起来。

27岁的利普希茨好奇，现在战争已经来最后阶段，还可能发生怎样的事情。每天晚上，克吕格尔的大女儿埃莉诺（Eleanore）会来到地下室与其讨论前景。打从1942年起，他们便心心相印了，而埃莉诺也不把他们的友谊当作秘密，以致不够资格上大学，因为她和一个"不匹配"的人往来。而今，他们期望着有一天能结婚。埃莉诺心里认为纳粹在军事上已经破产，崩溃指日可待。利普希茨的想法不同，德军一定会死战到底，柏林一定会成为战场——或许成为另一个凡尔登。哪一国大军会攻占柏林，他们有不同的意见。利普希茨推估是苏军，埃莉诺则认为是英军及美军。但是利普希茨认为两个人应该对任何结局都要有心理准备，所以埃莉诺在念英语——而利普希茨则专攻俄语。

在等待柏林陷落的人，没有人比莱奥·施特恩费尔德（Leo

Sternfeld)、他太太阿格内斯（Agnes）以及23岁的女儿安娜玛丽（Annemarie）更为痛苦的了。施特恩费尔德一家人是新教徒，并没有躲藏起来，可是施特恩费尔德的妈妈是犹太人，所以纳粹视他为半犹太人。如此，他和家人在战争期间，一直生活在惴惴不安当中。盖世太保像猫捉耗子般耍玩，准许他们按照个别意愿在任何地方居住，但其实在他们头上，始终有随时可能被逮捕的威胁。

战争越来越近，危险也变得越来越大，施特恩费尔德竭力维持妻女的士气。前一晚，一枚炸弹毁了附近的邮局，施特恩费尔德还能对这件事开玩笑，"你以后再也不必走远路寄信了，"他告诉太太，"邮局就摆开在阶梯上。"

施特恩费尔德在这个3月中的一天早晨，离开了自己在滕佩尔霍夫区的家。这位生意人，现在被盖世太保征召去当垃圾收运工，他过去延后自己的计划，如今已为时太晚了。他们没法离开柏林，也没时间躲藏起来。如果柏林不在几星期内被攻占，他们就会大劫难逃。施特恩费尔德得到消息，盖世太保计划在5月19日那一天，把所有身上流有一滴犹太血液的人全都一网打尽。

* * * *

西线方面，在荷兰边境瓦尔贝克市（Walbeck）的英军第2集团军司令部，军医处长休·卢埃林·格林·休斯准将（Hugh Glyn Hughes），推测在今后几个星期，尤其是在兵抵柏林以后，他也许会遇到些卫生方面的问题。他心里很担心斑疹、伤寒的传染爆发。

已经有少数难民越过了前线，他的医官报告说，他们带来了各种传染病。休斯准将也像盟军战场上其他的医官，极为注意这种发展，来上一个严重的传染病，那可就灾情惨重了。他手摸着胡子，心中思量该如何应对点滴汇成洪流的难民；还有成千上万的盟军战俘。一旦柏林兵临城下，天晓得他们还会发现什么事物。

军医处长也关心另外一个相关的问题：集中营与劳工营，透过中立国家，他们对相关营区有一些数据，但没有人知道它们是如何管理，拘禁了多少人，或者情况如何。目前看来，英军第2集团军会是第一支占领其中一个集中营的部队。他的办公桌上有一份报告说，在汉诺威（Hanover）以北，有一座集中营就在他们的前进路线上。但是对该集中营却几乎没有什么更进一步的情报。休斯处长好奇到时他们会有什么发现。他希望在医务上，德方展现了他们通常做事认真彻底的态度，卫生条件都能予以控制。他以前从没听说过这个名叫作贝尔森（Belsen）的地方。

5

苏联战场老兵、25岁的赫尔穆特·科茨上尉（Helmuth Cords），是一位因作战勇敢而奉颁铁十字勋章的德军官兵。他也是关在柏林的囚犯，八成无法活着见到战争的结束。8个月以前，1944年7月20日，一次企图暗杀希特勒的行动中，有7,000名德国人遭到牵连逮捕。他就是精英团体中小部分还活着的人之一。

希特勒的报仇行动野蛮且毫无节制。几乎有5,000人因为被断定参与此事而遭到处决。不论有罪无罪都一样看待，全家全户的人遭到杀害，只要与阴谋人士稍有关联，就会被逮捕，经常是立即处决。处死他们的方式，依照希特勒本人的命令，"一定要把他们通通像野猫一样吊死。"主犯确实是照这种方法处以绞刑——吊在肉钩上，大多数人都不是用绞绳而是用钢琴弦吊死。

这时，在星形结构的莱尔特街监狱（Lehrterstrasse Prison）B区，最后一批定罪的阴谋分子在等待着。他们有保守派，也有共产党员。职业则是陆军军官、医师、牧师、大学教授、作家、前政坛人士，普通的工人与农人都有。有些人根本不知为什么会身陷囹圄，政府从来没有对他们提起过公诉。少数人经过审讯，在等着再审，有些人其实已经获判无罪，却依然关在牢里。没有人确切知道B区关了多少犯人——上一个月可能有200人，有人认为少于100人，但也无法清点。每一天都有犯人被带出去，就再也没有见过人了。这一切全取决于某个人的心血来潮——盖世太保头子党卫军中将海因里希·米勒（Heinrich Muller）。关在牢里的犯人不能指望他会手下留情，即使英军已经攻到了监狱大门，他们相信米勒还会是持续屠杀行动。

科茨便是无辜人士之一。1944年7月，他被派任做后备军参谋长克劳斯·冯·施陶芬贝格上校（Claus Graf von Stauffenberg）手下的一名初阶军官，驻在本德勒路（Bendlerstrasse）。事后证明，这项任命只有一件事情不甚理想。面貌英俊、36岁的施陶芬贝格——只有一条手臂，左眼戴着黑眼罩——7月20日暗杀案的主角，他自动请缨要去刺杀希特勒。

当时，希特勒在东普鲁士的拉斯滕堡（Rastenburg），举行着冗长的军事会议。就在元首的总部里，施陶芬贝格把一个内装定时炸弹的公文包，放在靠近希特勒所站位置——一张长形地图桌下方。施陶芬贝格溜出室外，启程回柏林的几分钟以后，炸弹爆炸了，希特勒却奇迹似地幸免于难。几个小时过后，施陶芬贝格和这次密谋案中的其他三名主角，就在本德勒大楼总部庭院里，未经正式审判就枪决，只与他有一点点关系的人，也遭到逮捕——包括科茨在内。

科茨的未婚妻尤塔·佐尔格（Jutta Sorge），是德国前总理及外交部长古斯塔夫·施特莱斯曼（Gustav Stresemann）的外孙女，她也被捕下狱，她的父母也是如此。这一家人再加上科茨，自从抓进来后就未经审判，一直被拘留在监狱。

赫伯特·科斯奈伊中士（Herbert Kosney），他对7月20日的事件比科茨知道得更少，也被关在这里。他是不经意被牵连进来的。身为共产党抵抗小组的一分子，他被指控事件当中，运送一个不知名的人从利希特费尔德（Lichterfelde）到万塞（Wannsee）。

科斯奈伊虽然不是共产党员，但自从1940年以后，便一直游走在好几个外围的共产党地下组织。1942年11月，他在柏林休假，从1931年起便是共产党员的弟弟库尔特（Kurt），极力不要他回去前线，更用步枪打断了科斯奈伊的手臂，带他到军医院，说他发现一个受伤的士兵躺在一条沟里。

这一招很管用，科斯奈伊再也没有回到前线，而是被派往驻柏林的补充兵营，每三个月由阿尔贝特·奥尔贝茨医官（Dr. Albert Olbertz）开一张证明，让他执行"非繁重的业务"。医官凑巧也是共产党抵抗组织的成员。

科斯奈伊因奥尔贝茨而下狱。在企图行刺希特勒事件后几天，奥尔贝茨要科斯奈伊担任紧急运输工作。他们开了一辆军用救护车，接了一个科斯奈伊不认识的人——一位高阶的盖世太保官员，通缉在案的刑警局局长阿图尔·内贝将军（Artur Nebe）。不久后内贝遭到逮捕，奥尔贝茨与科斯奈伊也受到牵连。奥尔贝茨自杀，内贝被处决，科斯奈伊由民事法庭审讯，判处死刑定案，但因为他人在军中，必须由军法再审一次。科斯奈伊知道这只是个过场但对盖世太保头子米勒来说，这种形式毫无作用。科斯奈伊从狱窗向外望，不知道自己什么时候会遭到处决。

不远处，有一个人坐着在想自己的未来——他就是科斯奈伊的弟弟库尔特。他曾被盖世太保一再讯问，但到现在为止，他一点都没有把共产党的活动供出来。当然也没有透露过任何事情，他只为科斯奈伊感到担心：他现在人怎么样了？在什么地方？两兄弟间仅仅隔了几间囚室，但彼此不知道对方就在同一栋牢房。

* * * *

还有一批人，他们住在柏林，虽然没有被关在牢房，却形同囚犯。他们妻离子散、被迫迁离自己的家乡，他们只有一个愿望——像其他许多人一般——联军快快前来解救，任何人都好。他们都是奴工，来自纳粹所蹂躏的每一个国家中的人们，波兰人、捷克人、挪威人、丹麦人、荷兰人、比利时人、卢森堡人、法国人、南斯拉夫人和俄国人。

整体而言，纳粹强征几近700万人——差不多等于纽约市的人口总数——在德国的家庭和企业工作。有些国家几乎人都要被运光了，小小的荷兰有10,956,000人，竟被运出了50万人。人口不多的卢森堡（296,000人），被运走了6,000人。光以柏林一市来说，外国劳工——多数是法国人与俄国人——就有10多万人。

外国劳工从事的工作，只要是想象得出来的都有人在做。很多纳粹要员家中都以俄国女孩当侍女。从事战争相关工程的建筑商，办公室里用的都是年轻的外籍绘图员；重工业都用俘虏，以补充配额所需的电工、铁工、铸模工、机械工以及不熟练的劳工。瓦斯、供水以及交通等公营事业，都"雇佣"了成千上万额外的员工——实际上却分文不付。甚至在本德勒大楼的德军总部，也有外劳的配额。法国人雷蒙德·勒加蒂热勒加蒂热（Raymond Legathière）就在这里担任专职玻璃工，每当炸弹震破玻璃窗，他便立刻换上新的玻璃。

柏林的人力短缺情况极为严重，以致纳粹公然对日内瓦公约置之不顾。利用外劳以外，也利用战俘担任与战争相关的重要工作。因为苏俄不是日内瓦公约签约国，便把苏联红军战俘用来担任德国人认为任何合适的工作。在这时刻，事实上战俘与外劳几乎没有什么区别。由于战况一天比一天恶化，战俘便被用来修筑防空洞，协助重建被炸的军营，甚至在工业电厂中加煤。而今，这两个团体的唯一区别，就是外劳比较自由一些——这一点也要看工作的地区与种类而定。

外国劳工住在工厂附近，或者工厂内用木材架起兵营似的"市区"之内。他们吃大锅饭，佩戴识别章。在柏林市，有些管理员对规定睁一只眼闭一只眼，容许外籍工人住在工厂以外的住所。很多外劳可以自由在市区闲逛，看看电影，或到别的娱乐场所去，只要他们遵守严格的宵禁[①]。

有些警卫见到了厄运临头的预兆，便放松了态度，很多外国工人——有时甚至包括战俘——发现自己偶尔可以翘翘班。有一个负责管理25名法国人的警卫（这批法国人每天都坐地下铁通车到柏林市上班），现在态度放软了。工人下了火车，他不再清点人头。他不介意有人在过程中"迷路"，只要每一个人都在晚上6点到波茨坦广场

[①] 还有另外一类劳工志愿外劳。成千上万的欧洲人，有些是狂热的纳粹同情分子，有些人自认在协助对抗共产党。而大部分的人都是愤世嫉俗的机会主义者因为德国报纸刊登的广告，追求第三帝国的高薪工作而来。这些人被允许以相对自由的方式住在工作地点附近。

（Potsdam）地铁站集合回营即可。

并不是所有的外国工人都有这么好的运气，成千上万的工人受到严格的控制，实际上连一点自由都没有，在柏林市营或国营工厂中尤其如此。在柏林南边马林多夫分区（Marienfelde）瓦斯公司工作的法国人，能享有的权利屈指可数。伙食比起私营工厂的工人更是差得多，但比做同样工作的俄国人好些。法国人安德烈·布尔多（Andre Bourdeau），在日记中写说警卫队长费斯勒（Fesler）"从没把任何人送进去过集中营"。在某个星期天，为了补助配给的不足，"我们到田里去捡一两个马铃薯"。布尔多很高兴自己不是来自东方的人，他写道，俄国人的营区"挤得要死……大多数时候，伙食都难以下咽"。而在别的地方，一些私营工厂，俄国工人过的日子则和西方人过的一样。

在柏林各地工作的西方工人，注意到俄国工人的改变，觉得好奇：他们几乎每过一天便会改变一些。夏洛滕堡区先灵化工厂（Schering chemical plant）的俄国人，人们以为他们会对情势的发展感到高兴；事实却刚好相反，他们变得极为沮丧，尤其是来自乌克兰与白俄罗斯的女人，她们对柏林可能被同胞攻占下来这件事，显得惴惴不安。

这些女人在两三年前来到时，都是穿着朴素的农家服装。渐渐地，她们变了，在衣着与姿态上都多彩多姿起来。很多女性头一遭学会用化妆品，头发和服装的式样改变得很显著——这些俄国女孩仿效她们周遭的法国或者德国女性。这时候，旁人注意到这些女性差不多一夜之间，又都换回了农家人的衣服。很多人认为，她们会受到苏联红军的报复即使她们并非自愿被运出自己的国家。显然，这些女性会受到惩处，因为她们变得太西方化了。

环视整个柏林，西方工人的士气十分高昂。在鲁勒本（Ruhleben

的阿尔克特工厂（Alkett plant），有法国、比利时、波兰与荷兰各国的2,500名工人负责生产坦克，除了德国警卫以外，每个人都在为自己的未来作打算。他们晚上都在大谈特谈，脚一踏进法国，就要吃上多少顿丰盛大餐，还唱些流行歌曲，像莫里斯·舍瓦利耶（Maurice Chevalier）的《我就是我》（*Ma Pomme*）和《繁华》（*Prospère*）是最受欢迎的。

来自巴黎，21岁的机械员让·布坦（Jean Boutin），就特别觉得愉快。他知道自己正在进行使德军垮台的工作。他和一些荷兰工人多年来一直在进行破坏坦克零件的事情。德国领班一再威胁，要把搞破坏的人送去集中营，却从来没有这样做过，这有很多原因。工人严重缺乏：这家工厂差不多全靠外国工人，布坦认为这种情况真逗，他制造的钢珠轴承零件，应该在54分钟做完，他却设法在24小时内交不出一件成品——而交出去的通常都有瑕疵。在阿尔克特工厂，这些强迫的劳工都有一个基本原则，只要有一件不堪用的零件能逃过领班的法眼，他们就朝胜利与攻占柏林更进一步。

到目前为止，还没有人被抓包过。

6

尽管轰炸不断，尽管苏联红军陈兵奥得河畔，尽管盟国大军从东、西两线紧紧迫近，德军阵地逐渐缩小，必然还是有些人顽固地拒绝考虑有大难临头的可能。他们就是纳粹的狂热分子，大多数似乎都接受眼前的磨难，把它当成一种炼狱用来考验、强化他们对纳粹主义与目标的奉献精神。只要他们展现自己的忠贞不二，所有事情定就会至当不移。他们认定,不但柏林不会陷落,而且胜利一定属于第三帝国。

纳粹党员在日常的都市生活当中,享有特殊的地位。柏林人从来就没有完全接受过希特勒或者他的福音。他们一向精明老到,会在表面上摆出四海一家的态度。事实上,柏林人爱挖苦的特性,政治上的愤世嫉俗,以及对元首的新秩序完全缺乏热忱,长久以来都困扰着纳粹党。纳粹要让世界所有人留下深刻印象而在柏林举行的火炬游行或者示威,都得从慕尼黑运来成千上万的突击队员以加强游行的声势。"在新闻影片上,他们看起来比我们好看多了,"柏林人俏皮地说,"而且他们的脚掌也大得多。"

希特勒费尽力气,也无法争取到柏林人的心。早在盟机摧毁柏林以前,由于备受挫折与气愤难消,希特勒也已经在策划,要以适合纳粹形象的方式重建柏林,甚至要改称日耳曼尼亚(Germania)。他丝毫没有忘记在20世纪30年代举行的每一次自由选举,柏林人都抵制了他。1932年那次至关紧要的大选中,希特勒自信会推翻兴登堡(Hindenburg),柏林人投给他的选票却是最低的——只有23%。而今,市民当中的狂热分子决心要把这个德国境内最不纳粹化的城市——柏林——改造成纳粹主义最后的堡垒。虽然他们只是少数,却依然握有大权。

成千上万的狂热分子都只是青少年,就像他们那一代的大多数人,心中只有一个神——希特勒。打从孩童时代起,希特勒就向他们灌输国家社会主义的目标与意识型态。还有很多青少年受过武装训练,以捍卫主义永垂不朽。使用的武器,从步枪到称为"铁拳"(Panzerfauste)的反装甲榴弹发射器都有。克劳斯·屈斯特(Klaus Kuster)便是青少年中典型的一个,他是希特勒青年团(Hitler Youth)

保卫柏林的"士兵",年龄在 12～15 岁,这是他们被俘后的留影,照片是苏联人提供给本书作者的。

这是由苏联拍摄并提供给作者的。图为德国的国民突击队员,他们之中很多人都已经是届龄七十岁的人士。

第一部 作为目标的柏林

的成员（柏林有 1,000 多名团员）。他的专长是在 55 米外击溃一辆坦克，他还未满 16 岁。

在所有人当中，最效忠的军事机器，便是党卫军成员。他们深信最后会获得胜利，且对希特勒忠贞不二。对别的德国人来说，他们的心理态度几乎难以理解。其狂热坚强的程度，仿佛已经成为下意识。当绍尔布鲁赫医师在夏洛特医院为一名刚从奥得河前线送来的重伤党卫军进行麻醉时，他有一度整个人楞住了。在安静的手术室里，这名深度麻醉的党卫军开口说话了。声音虽小却很清楚，他一再地说："希特勒万岁……希特勒万岁……希特勒万岁！"

这些人是真正的极端分子，但有几十万军民也好不到哪去。有些人就表现得像极自由世界那些讽刺漫画当中的狂热纳粹分子的模样。其中一人便是 47 岁的戈特哈德·卡尔（Gotthard Carl），他虽然只是个基层公务员——在德国空军担任临时会计，却穿上一身刷亮的蓝色空军制服。得意傲慢，宛如王牌战斗机飞行员。每当晚上下班进入公寓时，都会脚后跟秤一声靠拢，右手向前一挥，大呼一声："希特勒万岁！"他如此展现已经行之多年。

太太格尔达（Gerda）对先生的这种狂热感到厌倦。可是她更烦恼的是要如何跟他讨论让两人活下去的计划。她指出，苏联大军离柏林很近了，卡尔一句话就给顶回去："谣言！"他火气冲天地说："谣言！敌人故意散播的谣言！"在他心中，每一件事情都依照计划在进行，苏联军队并没有兵临城下，希特勒必定胜利。

还有一些人极其热衷且容易受人影响——他们从没有想过德军可能会失败。就像埃纳·舒尔策（Erna Schultze），她是海军总司令部的秘书，41 岁，这个职位实现了她一生的雄心壮志，刚当上海军将领的秘书，今天是她头一天去上班。

海军总部所在地的贝壳大厦（Shell-Haus），过去48小时受到惨烈的轰炸。但是，灰尘与断瓦残垣并没有使舒尔策心烦——一项命令刚被送到她的办公桌。她很镇定。命令上说，所有列为"最高机密"的档案，都要焚毁。可是更令她伤心的是，在这个新工作的第一天，在快下班的时候她被通知，她和其他员工可以"无限休假"，政府会把她们的支票送到家。

舒尔策依然毫不动摇，她的信念极其坚强，当战争失败的报导传来时，她不相信官方的公报。她认为，整个柏林的士气高昂，第三帝国的胜利只是时间问题而已。即使到了现在，到她离开总部大厦时，她的心中还是十分笃定，几天内海军会找她回来的。

还有些人，与纳粹机构的高级官员相互信任，也关系匪浅，他们很少想到战争，或者战争的结果。置身在使人迷惑的气氛，以及特权地位的魅力当中，由于盲目崇拜希特勒，他们觉得安全可靠。其中这么一位便是蓝眸动人的克特·赖斯·霍伊泽尔曼（Käthe Reiss Heusermann）。

在选帝侯大街213号上班的克特，35岁，一头金发、活泼。全心全意投入她作为纳粹首领高级牙医师胡戈·约翰尼斯·布拉施克教授（Hugo J. Blaschke）助理的工作。布拉施克自从1934年以来，就是希特勒及其亲信的牙医，拥有党卫军准将的官阶，也是柏林市党卫军医务中心的牙科主任。布拉施克是一名狂热的纳粹党员，利用自己和希特勒的关系，建立了柏林市最大，也最赚钱的私人诊所。现在他打算再赌上一把。不像克特，他清楚见到情势岌岌可危——他打算一有机会就离开柏林。假如他留下来，自己的党卫军军阶与地位，也许会是个麻烦；到了苏联人手里，今天的尊荣就会成为明天的负担。

克特·霍伊泽尔曼却几乎完全忘记了战事。她太忙了，从清晨到深夜，她都在忙，协助布拉施克的几家诊所、各总部，或者在选帝侯大街的私人诊所工作。她能力强，又讨人喜欢，也充分受到纳粹精英的信任，曾经为希特勒身边的人看牙——有一次，还替元首看牙。

这一次她达到了一生事业的顶点。1944年11月，她和布拉施克紧急应召到东普鲁士拉斯滕堡的元首总部去。他们到了以后，发现希特勒异常牙痛，"他的脸，尤其是右颊，肿得可怕，"她后来回忆时说，"他有一口烂牙齿。他一共有三个牙桥，上排牙仅只有八颗是原来的牙齿，而且这些牙齿都填了金粉来支撑。他的上部牙齿，已经有了一个牙桥，靠现在的几颗牙齿把它固定，其中一颗，右侧的智齿，已经严重感染。"

布拉施克只看了一下那颗牙齿，便告诉希特勒得拔掉，他没办法救了。他解释说，需要拔掉两颗牙，除了牙桥后面的那颗假牙以外，还要拔掉另外受到感染的一颗。也就是说，要在那颗假牙前面的一点，绕过瓷牙桥和金牙桥切割，这项程序需要相当多的钻孔和锯开的工作。拔完最后一颗牙以后，然后再挑一天，不是装一个崭新的牙桥，就是把旧牙桥装回去。

布拉施克对这项手术紧张万分。手术很复杂，很难说希特勒会有什么反应。更难的事，就是希特勒不喜欢麻醉。克特还记得，希特勒告诉布拉施克，"只肯接受最少"的剂量。克特和布拉施克都知道，那他就会极为痛楚，尤其这项手术也许要长达30到45分钟。可却又没有别的办法可想。

布拉施克替希特勒在上颚注射了一针，便开始动手术，克特站在元首的一边，一只手把他的面颊向后拉，另一只手拿一面镜子，布拉施克立即把嘎嘎作响的牙钻钻进牙桥，然后又变换了钻头开始锯。希特勒坐在那里一动也不动，她回想说："就像冻僵了一样。"布拉施克

凯茜·霍伊瑟曼与布莱什克教授为宣传部长戈培尔治疗牙齿，"她知道一个被严密保守的秘密——希特勒人在何处。"

第一部 作为目标的柏林

终于清理蛀牙，很快把它拔了出来。"整个手术过程，"克特后来说，"希特勒都不动，也不说半句话，那真是一种非凡的表现，我们奇怪他是如何熬得住疼痛的。"

那已经是5个月以前的事了。到现在为止，对元首那个吊着的牙桥，什么都没有做。除了希特勒的贴身亲信以外，没有几个人知道手术的细节。对于为元首工作的人来说，天条之一便是，有关他的每一件事，尤其是疾病，都是最高机密。

克特就能保密。例如，她知道布拉施克正在替帝国公认的第一夫人——但还没有举行结婚仪式——做一副特定的假牙。布拉施克准备在她下一次到柏林时，替她装上金牙桥。希特勒的情妇爱娃·布劳恩（Eva Braun），确实需要一副假牙。

终于，克特知道了一项非常机密的事情。元首到的地方，她都要负责送一套完整的牙科工具和医疗用品过去。尤其，她正在为希特勒的四名秘书之一——矮矮胖胖、45岁的乔安娜·沃尔夫（Johanna Wolf），准备一副镶金的新牙桥。很快，克特就要在总理府的医务室替乔安娜配上它。在最后的九个星期，她几乎每天都在总理府与布拉施克诊所间来来回回，自从1月16日以后，希特勒就住在那里。

* * * *

春夜袭人，市区的景色荒凉。柏林一片废墟，阴风惨惨不堪一击，伸展在惨白的月色下。这都市正是敌人夜袭的清晰目标。在地底下，柏林人等待着轰炸机群飞来，不知道他们当中有谁能活到明天。

到了晚上9点，皇家空军机队回来了。这是24小时内第四度响起的空袭警报。对柏林的第317次空袭开始了。赫尔穆特·雷曼少将

（Hellmuth Reymann）在霍亨索伦大街（Hohenzollerndamm）的司令部，正在办公桌后认真工作，根本不去管防空炮火与炸弹爆炸的隆隆声，他在拼命赶时间——而剩下的时间已经不多了。

就在16天以前，他在德累斯顿（Dresden）家中的电话响了。是希特勒的副官威廉·埃马努埃尔·布格多夫将军（Wilhelm Burgdorf）打来的。他说，"元首已派你担任德累斯顿市的卫戍司令。"雷曼一下子真还没法回答。德累斯顿，这个16世纪萨克森人的首府，有童话中的尖塔教堂、古堡和圆石铺就的街道，在三次大规模的空袭过后，几乎已经完全毁了。想到这座可爱古城的毁灭，雷曼火气就来，"告诉他，这里除了瓦砾堆之外，没有什么可供防卫的了。"他吼叫着挂上了电话。他讲这些气愤的话，可真是鲁莽任性。一小时后，布格多夫又打电话来，说，"元首改派你担任柏林卫戍司令。"

雷曼在3月6日到职视事，不到几小时，他就有了可怕的发现。虽然希特勒宣称柏林是一座要塞，实际存在的工事，仅仅只是元首的想象而已。卫戍柏林没有计划，没有防务，而且根本没有部队。更糟的是没有为老百姓准备粮食，为老弱妇孺准备疏散的计划，压根儿没有。

这时，雷曼日夜不停地工作，狂热地试图解决这些情况。许多问题都使人吃惊：他在什么地方搞到部队、大炮、弹药和装备来据守这座城市？又能在什么地方找到工兵、机械和物资来兴建防线？会让他把老弱妇孺疏散吗？如果不许，那么一旦围城开始，他如何能供应他们吃的，如何保护他们？他心中一再环绕到这个主要问题上：时间——他还有多少时间？

甚至要得到高级将校来协助都很困难。直到这时，在这么晚的时刻，才派了参谋长——汉斯·雷菲尔上校（Hans Refior）给雷曼将军。能干的雷菲尔早了几个小时到达。柏林的混乱，令他比雷曼更为惊讶。几天以前，他在《帝国画报》（Das Reich）上看到一篇文章说，柏林是牢不可破的金城汤池。他特别记得有一句，"柏林的豪猪阵地，根本就是密密麻麻的防务。"如果真是如此，那这些阵地一定隐藏得很好，毕竟除了少数几处阵地以外，雷菲尔再也无法找出多的阵地来。

这么多年来他都是个专业军人。53岁头发灰白的赫尔穆特·雷曼，从没想到会面临像这样的任务。然而，每一个问题他非解决不可——而且还得快。挽救柏林可能吗？雷曼决心竭尽自己的一切来做。战史上有许多战例，眼看打败仗已不可避免，却竟然反败为胜。他想到1683年，维也纳成功瓦解了土耳其人的围攻；1806年，普鲁士元帅奥古斯特·威廉·冯·格奈森瑙将军（Graf von Gneisenau）的参谋长格布哈特·莱贝雷希特·布吕歇尔（Blücher）守住了科尔贝格堡（Kolberg）。没错，这些是令人胆颤心惊的比喻，但或许也能提供一些希望。然而，雷曼也知道，每一件事情都要取决于奥得河前线的德军，以及这支守军的司令官。

大将都已不在了——埃尔温·隆美尔（Erwin Rommel）、君特·冯·克鲁·冯·伦德施泰特（Gerd von Rundstedt）、君特·冯·克鲁格（Günther von Kluge）、埃里希·冯·曼施坦因（Erich von Manstein）——这些战无不胜的将帅，一度曾经家喻户晓，他们全都消失了。有的死了，有的备受猜忌，有的被迫退役。而今，国家和军队远比以往更需要精娴韬略的大将。再来一个能大胆进取的隆美尔，或再来一个处事审慎的伦德施泰特吧。柏林的安危，甚至德国的存亡，就全靠将才了，斯人何在？

第二部

接手的总指挥

PART TWO
THE GENERAL

1

3月22日破晓时分,迷雾朦朦,春寒袭人。柏林南边的96号国道延伸经过滴水的松林,在广阔的柏油路面上,一片片的积霜隐隐约约闪光。在春季开始的第二天寒冷的清晨,这条公路上车流汹涌——车辆之多,即使是在此时的德国,也是不寻常的。

行驶在公路上的一些沉重货车,载着大型档案柜、公文箱、办公室家具和硬纸箱。别的货车则高高地堆着艺术品精致家具、装箱的油画、铜器、瓷器以及铜像。其中一辆卡车的车顶上,还有一座西泽头部铜像,轻轻地前后摆动着。

卡车之间,散布满载乘客的各种厂牌的车子——霍希(Horch)、漫游者(Wanderer)以及梅赛德斯(Mercede)。这些车辆全都有银色的万字党徽,显示它们是纳粹的公用车辆。它们都沿着96号国道向同一个方向行驶——南方。车上都是第三帝国的官僚人员——"锦鸡"(Golden Pheasant)。这些人是纳粹的精英,有资格佩戴万字型金色党徽。妻儿子女家当和他们在一起,这些"锦鸡"正要移居别处。穿着棕黄色制服,他们面色僵硬、严肃,凝视着前方,就像有一种可能性阴魂不散似的;也许他们会被令止步,被送回到他们最不想要去的地方——柏林。

国道的反方向,一辆军车正疾驰北上。这是一辆梅赛德斯牌的国防军公务车,左挡泥板上,有一面黑、红、白三色格子的"集团军司令"金属旗。戈特哈德·海因里希上将(Gotthard Heinrici)缩进老式的羊皮大衣,脖子围上一条围巾,坐在司机的旁边,黯然地看着路上的景色。他很熟这条路，德国所有的将领也是。海因里希的表哥伦德施泰特元帅，曾经挖苦地称它为"永生之路"，它是曾经引领多少高级将领在军事走向毁灭的道路。因为96号国道，是从柏林直达29公里外的德军参谋本部。在高级将领圈以外，没有几个德国人知道参谋本部的位置何在。甚至连当地居民也都一无所知，因为在希特勒统治下的德国，这处军事神经中枢，位于密林深处，有着良好的伪装，地点就在15世纪的古镇措森市（Zossen）外。而措森市区正是海因里希的目的地。

如果迎面而来的车流使人不安——政府的各部门正在搬迁，这位将军有什么感触的话，他也不会和36岁的副官海因里希·冯·比拉上尉（Heinrich von Bila）说，比拉和将军的勤务兵巴尔岑（Balzen）坐在后座。在这长达805公里的旅途，车内很少有谈话声。他们今天很早就离开了匈牙利北部。海因里希原来在那指挥第1装甲集团军与匈军第1集团军。从那里他们坐飞机到靠近捷德边境的包岑市（Bautzen），再换车继续行程。现在，随着时间的过去，都使德国陆军中防御作战著名的名将之一，58岁的海因里希越来越接近他40年军职生涯当中最大的一次考验。

海因里希会因为他在措森的新职务而清楚知道全部的细节。但目前他已经晓得，与他对上并不是西线的英军，而是他的老对手——苏联红军。对海因里希来说，那是一次痛苦而又有代表性意义的职务，他奉派出任维斯瓦河集团军群（Army Group Vistula）司令，要他在奥得河挡住苏军和挽救柏林。

突然，响起了空袭警报。海因里希吃了一惊，转回头来看看后面刚刚经过的一片一半用木材建成的房屋，并没有飞机轰炸的迹象。警报声继续鬼哭神嚎，袅绕的余音已在远处消失。使他惊骇的倒不是警报的声音，对轰炸攻击他并不陌生，使他惊讶的是，现在才知道，如此深入德国境内，就连小小的村落都发布空袭警报了。海因里希慢慢地又回到原来位置。自从1939年起，他就统率部队，先在西线，1941年以后又调到苏联战场，不在德国已经两年了。虽然对国家遭受全面战争的冲击几乎一无所知，他觉得自己在国内竟成了个陌生人而感到十分沮丧，但没料到会有这种情形。

然而，德军中有像他这么多作战经验的并不多。高阶将帅也没有几个像他这样既高阶却又名气不大的，他并不是耀眼的隆美尔，后者因战功被德国人尊为雄狮，又被深信广告宣扬的希特勒授以元帅令牌的尊荣。海因里希的大名除了在战斗序列以外很少在报纸中出现。每一个军人所追求的威名与光荣都躲开了他。他在东线担任了多年的作战指挥官，而在他与苏军作战时所担任的角色，使得他默默无闻。他作战不是发动闪电战得到光荣，而是负责拼死奋斗的撤退战。他的专长在防御。在这方面，没有几个人能比得上他。海因里希是一位深思熟虑，一丝不苟的战略家，举止温和但行为难以预料，也是古老贵族学派的顽强将领。很早以前便学到了以最小的兵力、最低的代价据守阵线。他麾下幕僚中的一位参谋便说过，"海因里希唯有在占了上风时才会退却——而且是在经过深思熟虑之后才会进行。"

从莫斯科郊区一直撤退到喀尔巴阡山（Carpathian Mountains）的那次行动，对海因里希来说，既缓慢又痛苦。在许多几近无望的阵地，他一再挺住。他顽强、无畏、要求严格，紧紧抓住每一次机会——哪怕甚至只是多据守住1.6公里，多挺住了一分钟的事都会做。他打仗之凶狠，使得麾下官兵得意地为他取了个外号："我们凶悍的小杂种"①。第一次见到他的人，时常因为"凶悍"这个形容词而感到尴尬，他块头小，个子矮，一对沉静的蓝眼睛，金色头发和剪得整齐的胡子。一眼看去，他像个教师而不是个将领——而且是个不怎么称头的教师。

这成了副官比拉最关心的事。海因里希一点也不在意自己外表像不像上将，比拉却常为海因里希的仪容而烦恼——尤其是他的军靴与大衣。海因里希很讨厌德国军官最爱穿的那种擦得光亮的齐膝马靴，而喜欢普通的低筒军靴，加上老式的一战扣带在旁边的绑腿。至于大衣，他倒是有好几件，但他喜欢多少有些破旧的羊皮大衣。哪怕比拉耗了好大力气，他还是不肯与他的羊皮大衣分手。此外，海因里希穿军服也一样，要穿得一直磨出了线头为止。而且，他总认为出差以轻便为主，海因里希出门很少带一件以上的军服——只有穿在身上的那一件。

海因里希总是得由比拉先告诉自己需要新衣服，比拉并不喜欢这样，因为通常他都是输家。比拉最近一次冒险谈到这个问题时，他采取了比较谨慎的路线，试探式地问海因里希："报告司令，或许我们该找点时间，量一量新军服。"海因里希从他的老花眼镜上面看着比拉，说得很温和："比拉，你真的这么想吗？"这一下子，比拉以为自己成功了，然后这"小杂种"冷冰冰问道："为什么？"打那以后，比拉就不再提这个问题了。

不过，如果海因里希看起来不像是个将官，那么他的行动却显示他是个将才。对他所属的官兵来说，他浑身每一寸都是军人，尤其是

---

① 依据德文 Unser Giftzwerg 字面的解释，意为"我们狠毒的三寸丁"，而这个说法显然是那些不喜欢他的人加诸于海因里希的。

第二部 接手的总指挥 57

在他挺守莫斯科的那一仗以后，他成了传奇人物。

1941年12月，希特勒大军闪电般攻入苏联，就在抵达莫斯科前，终于被冻结住。沿着整个德军前线，有超过125万名官兵，衣着单薄地困在这一年早来的酷寒冬天。正当德军在冰天雪地中挣扎时，被希特勒以及他的军事专家认为已完全消灭的苏联大军却从天而降。在一次总攻击当中，苏联发动了历经寒冬训练的100个师的大军与入侵的德军作战。德军损失惨重，向后撤退。那一阵子，像是重演拿破仑1812年从俄境的可怕撤退——但规模更大，死伤更多。

战线必须稳住，海因里希奉令据守最艰困的作战地区。1941年1月26日，他奉令指挥第4集团军的残余部队。该集团军据守的地带，正面对着莫斯科，而且是德军战线的中央，这一部分只要有任何一次大规模退却，就会危及两翼的各集团军，可能导致兵败如山倒。

海因里希奉命的那一天天气酷寒，气温在摄氏零下41摄氏度，蒸汽火车头的水都冻结了。机枪无法射击，堑壕和散兵坑都没法挖掘，因为地面冻得像铁似的。海因里希麾下装备不全的官兵，在深及腰的雪地作战，鼻孔和眼睫毛都挂着冰柱。"我奉令据守挺住，直到发动一定可以攻下莫斯科的大攻势，"他后来回忆说，"然而在我周围，我的官兵都奄奄一息——不是因为红军的枪弹，绝大多数都是冻死的。"

他们坚持住几乎有十个星期。海因里希利用了他能到手的每一样东西，正规的也好，不正规的也好。他鼓舞部下，激励他们，升级的升级，撤换的撤换一再不理会希特勒坚持且毫不通融的命令，"小杂种"硬是挺住了。在那年春季，第四集团军的参谋判断，在那个漫长的冬季，"小杂种"所对抗的敌军优势为12∶1。

海因里希在莫斯科郊外，发展出一种战术使他享有盛名。他知道苏军即将到某一地区，攻击迫在眉睫，他便下令部队在晚上撤退到后面2到3公里的新阵地，苏联炮兵的弹幕便射击落在无一人的阵地。以海因里希的说法，"那就像是搂空袋子，苏军损失掉攻击速度，因为我军无一损伤，正严阵以待。然后没有遭受攻击的各个战斗部队便靠拢过去，重新占领原有的前线阵地。"在苏联军队准备攻击时，从情报报告、斥候以及俘虏讯问中，再加上超凡的第六感，海因里希便能以极精准、丝毫无误地推估出攻击时间与地点，好用上这一招。

并不是经常可以运用这些方式。一旦他使用上，海因里希便得以高度小心进行——希特勒曾经把不遵守他不许撤退命令的将领给囚禁甚至枪毙。"没有他的允许，我们都不许把派在窗口的卫兵调到门前，"海因里希后来写道，"我们中一些人，只要能办得到，就找出方法来避免他这种自杀式的命令。"

道理很简单，海因里希根本没有在希特勒或者他的朝廷中走红。他那贵族出身以及保守性的军事背景，要求他诚实执行效忠希特勒的誓言，但是更高权威的要求永远优先。在大战初期，海因里希便由于自己的宗教观点，和希特勒起了冲突。

海因里希的父亲是一位新教牧师，他每天要看一段圣经，星期天都参加教堂聚会，也坚持所属官兵上教堂。这些措施，使他和希特勒很难处得好，就有人直接暗示他，让希特勒认为见到将领公开去教堂是不智之举。上一回他回到德国，在威斯特法伦省的明斯特（Munster, Westphalia）休假时，就有纳粹的一名高级党职官员，奉令从柏林专程去看不是纳粹的海因里希，说及"元首认为您的宗教活动，与国家社会主义的目标不兼容"。海因里希面无表情聆听这次警告。下一个星期天，他和太太儿女依然如常上教堂。

打那以后，他的晋升就慢慢吞吞、勉勉强强了，要不是他卓越的领导能力,根本别想晋升。事实上,他跟过的许多长官——尤其是克鲁格元帅——极力支持他的晋升。

到了1943年底,这回他的宗教立场惹火了空军元帅赫尔曼·戈林(Hermann Göring)。戈林向希特勒大发牢骚,说海因里希的第4集团军从苏联撤退时,没有执行元首的焦土政策。他特别指控这位集团军司令故意藐视命令,没有将斯摩棱斯克(Smolensk)市内"每一栋能住人的建筑物给焚毁、夷为平地"。那些依然矗立的建筑物当中,包括了东正教的大教堂。海因里希郑重解释说:"如果斯摩棱斯克全市起火,我就没有办法经由市区撤退手下的部队了。"这项答复并没有让希特勒和戈林满意,但就作战来说,却完全有理,他因此没有被送军法。

不过,希特勒并没有忘记这码子事。海因里希在一战作战时受过毒气的伤,之后便一直有各种消化系统的病。自从他与戈林这一回交手之后,希特勒便以他的病情为由,以"健康不佳"将海因里希纳入非现役将领名单。海因里希退休住在捷克斯洛伐克的卡尔斯巴德(Karlsbad,Czechoslovakia)的疗养院。以他的话来说,"他们就是要把我给投闲置散。"在他去职后几个星期,苏军头一次突破了他的老部队——第4集团军。

在1944年初的前几个月,海因里希还是待在卡尔斯巴德隔岸观火。眼见许多地动山摇的事件,渐渐使希特勒的帝国垮成一堆废墟。6月,西方盟军在诺曼底登陆;英美联军在靴形的意大利境内前进,攻占了罗马。7月20日,谋刺希特勒功败垂成,苏俄大军越过东欧,进行排山倒海而来的攻势。战况发展越来越严峻,海因里希发觉自己无所事事,挫折万分得难以忍受。如果他肯求希特勒的话,也许会派任指挥官,但他不来这一套。

终于，在1944年夏末，经过8个月的强迫退休以后，海因里希收到命令恢复现役。这一回被派往匈牙利，指挥备受重创的第1装甲集团军以及匈牙利军的第1集团军。

海因里希到了匈牙利，又恢复了他旧有的作风。当战事最激烈时，海因里希的顶头上司，也是希特勒的信徒——费迪南德·舍尔纳上将（Ferdinand Schörner），下了一道指令，发现任何士兵未经命令而待在战线的后方，应"立即处决，暴尸示众"。海因里希很厌恶这项指令，气愤反驳："在我的部队，从来没有用过这种方法，以后也绝对不会用。"

虽然他被迫从匈牙利北部退到捷克境内，却是寸土必争，奋战不已。到1945年3月3日，他收到通知获颁"骑士十字加橡叶宝剑勋章"——这对一个希特勒极为不悦的人来说，是一项显赫的成就。而现在，恰恰在获颁勋章后两周，他驰往措森，口袋中有了一纸出任维斯瓦河集团军群司令的命令。

他在加速奔驰的奔驰公务车上，看着96号国道在轮下消失，心中琢磨不知道这条国道要把他引向何方。他还记得在匈牙利获得任职令时，要他到国防军陆军总司令部（OKH）向参谋总长海因茨·古德里安上将（Heinz Guderian）报到，参谋们听到消息大为震惊，问他："司令真的要那份差事吗？"

他的部属忧心冲忡。直言无讳的海因里希，似乎正奔向麻烦：担任奥得河方面的司令官，那里已经是俄军与柏林之间的最后一道重要防线了。他会经常处在希特勒和那些"朝廷奸佞"——这是海因里希麾下一名军官对他们的称呼的监控之下。海因里希从来都不会拍马屁，也从来没学到过隐瞒真相，那又如何能避免与元首身边的人士起冲突？而人人都知道，与希特勒意见不同的人，会发生什么事情。

第二部　接手的总指挥　61

接近海因里希的军官们，尽可能委婉地建议他找一个借口回绝新职务——或许以"健康理由"。使人大为吃惊的是，海因里希简单回答说，他会服从命令——"就像小兵舒尔兹或施密特一样"。

现在，他正接近措森市郊了，海因里希止不住想起别离时麾下参谋看着他，"就像我是只牵向屠宰场的绵羊似的"。

2

基地大门很快放行海因里希的座车，内层红黑两色的警戒杆升起。在一连串的敬礼中，座车进入措森的总部，几乎像开车进入了另一个世界似的。在某方面来说，的确也是如此——隐匿、伪装、井然有序的军事天地，只有寥寥几个人知道这处地方，而称它为"迈巴赫一号"（Maybach I）和"迈巴赫二号"（Maybach II）。

他们开车经过的这一片营区，便是"迈巴赫一号"，陆军参谋总长古德里安，在这里指挥东线的大军。1.6公里开外，是一处完全隔离的营区："迈巴赫二号"。那里就是最高统帅部（OKH），三军最高司令部所在，尽管编号位列第二，迈巴赫二号可是最高当局，三军统帅希特勒的总部。

古德里安将军在陆军总部直接指挥作战，而统帅部的高官——参谋总长威廉·凯特尔元帅（Wilhelm Keitel），与作战厅长阿尔弗雷德·约德尔上将（Alfred Jodl）却大不相同。不论希特勒走到那里，他们都随侍在侧，只有统帅部的作战指挥机构待在措森。凯特尔与约德尔经由这里指挥西线的部队。除此以外，还利用这个地方作为希特勒向德国三军将士下达指示的信息流通中心。

因此,"迈巴赫二号"是圣地中的圣地,与古德里安的陆军总部完全隔开,连陆总当中也只有少数军官曾经获准进入过。封锁之彻底,两处总部之间是由高高的铁刺网实实在在地分开,经常有卫兵巡逻。1941年,希特勒便说过,任何人都不得知道超乎执行职责之外的事情。在古德里安总部,就有人说,"要是敌人把统帅部占领了,我们还会一如寻常工作下去:我们对统帅部的事,一点也不想知道。"

森林中铺天盖地的密集树木下,海因里希的座车行走在营区中纵横交错的狭窄土路。树木中有几座形状不规则的一排排低矮混凝土建筑物,它们极为分散,而且有树木作掩护。但为了确实万全保护,还在外表漆上了绿、棕、黑三色的伪装色彩。车子都停在路外,盖上伪装网停在营房似的建筑物两边。到处都站有卫兵,在营舍四周的各处要点,都有突出在地面上低矮的伏地堡堡顶。

这些只是遍及整个营区下层的部分设施。"迈巴赫一号"与"迈巴赫二号"的地下部分,比地上的建筑物还要多。每一栋建筑物地下都有三层,可以利用通道与邻栋相连。在这些地下设施中最大的一栋,便是"500电话交换所"德国境内电话、打字电报与军用有线电话最大的总机。它完全能够自给自足,有本身的空调(包括专门的过滤系统,可以抗拒敌人的毒气攻击),饮用水供应、厨房与住所,深入地下达21米深——等于深入地下七层的建筑。

"500电话交换所"是陆军总部与统帅部唯一共享的设施,这两处总部联系柏林遥远的各军种高级司令部,也是德国政府以及诸多部门的主要电话交换所。"500电话交换所"于1939年落成,设计上是为一个幅员辽阔的帝国服务。在主要干线或者长途台电话机,几十名接线员坐在灯光闪烁的交换总机前,每一个总机上有张小卡片,写出城市的名字——柏林、布拉格、维也纳、哥本哈根、奥斯陆等。虽然总机台上有些灯光已经熄灭,但依然标示着的名牌,有雅典、华沙、布达佩斯、罗马和巴黎。

尽管有了伪装的预防措施,措森营区还是遭受过轰炸——海因里希的座车驶过营区,停在古德里安司令部外时,可以清楚见到留下的痕迹。这一带坑坑洼洼全是弹坑,有些树木连根拔起,部分建筑炸得损伤惨重。但由于建筑本身的坚实结构,轰炸的威力抵消掉了,有些建筑物的墙厚达90厘米①。

主要建筑物内,有更多被攻击的痕迹。海因里希与比拉见到的第一人,便是古德里安的参谋长汉斯·克雷布斯中将(Hans Krebs),他在那次空袭中受了伤,单眼镜片撞进了他的右眼。他的办公室接近古德里安的办公室,他坐在办公桌后面,头上裹着一块大大的白绷带。海因里希并不怎么在乎克雷布斯,虽然这位参谋长极其机警,海因里

---

① 事实上,由于苏俄的要求,措森在七天前,也就是3月15日,遭受美机猛烈轰炸。目前在华盛顿与莫斯科的档案中,还有苏联红军参谋长谢尔盖·亚历山德罗维奇·胡佳科夫元帅(Sergei V. Khudyakov)致驻莫斯科美国军事代表团团长约翰·拉塞尔·迪恩少将(John R. Deane)的电文,本书是首度披露。对苏联在德国的情报活动,有了惊人的说明。"迪恩将军勋鉴。根据我方这份文件的情报所示,德国陆军参谋本部,位于柏林南方38公里处,是一个专门打造的地下碉堡,德人称之为'卫城'(The Citadel)。它的地点位于……措森市南南东方5.5公里到6公里处,在一条宽阔国道(96号国道)的东边1到1.5公里位置,与柏林到德累斯顿的铁路线平行。这带地区都是地下工事……面积约5到6平方公里。整个区域都环绕了好几层的铁刺网,由一个党卫军步兵团严密警卫。根据同一消息来源,这项地下构工起于1936年。在1938年及1939年,工事的强度经德军测试,足以抵抗空中轰炸与炮兵轰击。因此,本人谨此请求阁下不要拒绝,尽可能立即对盟国空军下达指示,以大量炸弹轰炸'卫城'。个人认为……德军参谋本部如果尚在该处,在遭受损害与损失,停止了日常工作……(也许)会迁往他处。因此德军将损失一处结构良好的通信中心与总部。谨附地图一幅,图上标有德军参谋本部(陆军司令部)的正确位置。"

64　最后一役

希见到的是一个"拒不相信真相,为了替希特勒低估真实的形势,他可以把黑的变成白的"。

海因里希看着他,单刀直入问道:"你怎么回事?"

克雷布斯耸耸肩,"啊,没什么,"他答道,"真的没什么。"他一向都很镇静,战前他在莫斯科德国大使馆担任武官,说得一口近乎地道的俄语。1941年,签订"日俄中立条约",斯大林搂抱克雷布斯说:"我们会永远是朋友。"这时,他和海因里希随便聊聊,提到说他依然在学俄语。"每天早上,"他说道,"我刮脸时,便在镜子下面的架子上摆一本字典,多学几个字。"海因里希点点头,克雷布斯马上就会发现俄文派得上用场了。

这时,古德里安的副官贝恩德·弗赖塔格·冯·洛林霍芬少校(Freytag von Loringhoven)到了他们这里,和他一起的是格哈德·博尔特上尉(Gerhard Boldt),也是古德里安的侍从参谋。他们正式迎进海因里希和比拉,然后带他们到参谋总长办公室去。对比拉来说,这里似乎每一个人都仪容整齐,高统马靴雪亮,剪裁合身、铁灰色的军服熨得笔挺,衣领上有红色的参谋领章。海因里希和洛林霍芬在前面走,看起来他一如寻常,服装与这处地方不大搭配——尤其是从后面看过去。翻羊毛的大衣领子,令比拉皱了一下眉头。

洛林霍芬一闪身进了古德里安办公室,没多久转回身打开办公室的斗迎进海因里希。海因里希经过时,他说了声,"海因里希将军阁下到。"便把门关上,然后那天下午他就和比拉以及博尔特待在一起。

古德里安坐在一张大办公桌后面,桌上满是文件。海因里希进房间时,他起身迎接,热烈欢迎客人,请他在椅子上坐下,谈了一下海因里希这次的旅程。海因里希发现古德里安有些紧张、躁急,他膀阔腰圆,中等身材,稀疏的白发,零落的胡须,看上去比他的实际年龄

（56岁）老得多。大家都知道他有些病在身，血压高、心脏弱，经常不断的挫折并没有使他的病情减缓。这一位为希特勒创建庞大装甲部队的人物——将军的装甲战术，使他在1940年时，只花了27天，就占领了法国。在苏联作战也几乎缔造相近的类似胜利——发觉自己差不多完全没有力量了。即使他身为参谋总长，实际上他对希特勒没有一点影响力。在飞黄腾达时，他的脾气暴躁，而现在却横遭拂逆。海因里希有听说过他动不动就会大发雷霆。

他们在谈话时，海因里希看了看四周。办公室简单朴素，一幅大型地图，几把直背椅子，两部电话，办公桌上一盏绿罩台灯，黄褐色的四面墙，除了常见的希特勒装框照片以外，一无所有，这幅照片挂在地图桌上面。参谋总长连一张安乐椅都没有。

虽然古德里安与海因里希并不算是好友，但他们彼此认识已有多年，在专业竞争上相互敬重，也密切得足以自在随性交谈。他们一谈到正事，海因里希的话就很坦率。"总长，"他说，"我一直在远离中枢的匈牙利，对维斯瓦河集团军群几乎一无所知，它的兵力如何，奥得河的战况又是什么情形？"

古德里安也同样直爽。他回答得很干脆："海因里希，我必须告诉你，希特勒并不想把这个集团军给你，他心目中另外有人。"

海因里希默不吭声。

古德里安继续说，"这件事跟我有关。我告诉希特勒，你是我们需要的人，起先他压根不考虑你，到最后，我才使他同意了。"

古德里安说得郑重其事，态度上实事求是，但当他切入主题时，音调就变了。即使在20年后，海因里希还记得在这之后古德里安说过的长篇抨击性谈话的细节。

"希姆莱，"古德里安突然说道，"就是最大问题之所在，去掉这个人,由你去接替——希姆莱!"

他从坐着的椅子上猛然站起来,绕着办公桌走,开始在屋里踱步。海因里希最近才知道党卫队全国领袖希姆莱是维斯瓦河集团军群司令,起先他大为惊讶得不敢置信。他知道希姆莱是亲近希特勒的人士之一——或许在第三帝国,他是仅次于希特勒最有权势的人。他并不知道希姆莱有过指挥野战部队的半点经历——更不必说指挥一个集团军作战了。

古德里安继续叙述,表情痛苦。一月时,在苏联红军发起排山倒海的攻势以前,波兰前线瓦解,他拼命要求组成维斯瓦河集团军群。在当时,对于该集团军的设定为集结北部各集团军,据守一条介于奥得河与维斯瓦河之间的防线。大致上起自东普鲁士向南面与另一个集团军相连接。假如这一线守得住,就可以防止苏军直向德国腹地进攻,穿过下波美拉尼亚以及上西里西亚(Upper Silesia),进入勃兰登堡,最后攻向——柏林。

古德里安建议,由马克西米利安·冯·魏克斯元帅(Freiherr von Weichs)出任集团军司令。"当时,在这种情况下的恰当人选,"古德里安说,"你猜怎么着?希特勒说魏克斯太老了。开会时,约德尔也在场,我本以为他会支持我,可是他却说了些关于魏克斯宗教情感上的事,这件事就告一段落。"

"然后,"古德里安咆哮说,"我们得到了谁?希特勒指派希姆莱!在所有的人中居然选了——希姆莱!"

以古德里安的话来说,他曾经对这项吓人又荒谬的派职,做出争论与请求来反对。他反对这个毫无军事常识的人,可是希特勒却不肯改变原先的决定。在希姆莱的指挥之下,整个前线瓦解了,红军的进兵行动,正如古德里安所料。一旦苏军渡过维斯瓦河,就会派一部兵力向北方旋回,到达波罗的海的但泽(Danzig),把在东普鲁士境内的20到25个师切断予以包围,其余的苏俄大军则自波美拉尼亚与上西里西亚中间切过,兵临奥得河及尼斯河(Neisse)。在东线战场的每一处地方,德军都遭遇优势的敌军。但没有一处战区,是像希姆莱战区垮得那么快。他的败仗,使得苏俄大军进攻德国的大门敞开,而且会与西线的盟军会师。尤其这一来使得柏林变得岌岌可危。

古德里安告诉海因里希,48小时以前,他曾经驱车去柏林北边80公里外的比肯海恩(Birkenhain)到维斯瓦河集团军群司令部,想说服希姆莱辞去集团军司令一职。到了那里,他得到消息说希姆莱病了,然后在32公里外快接近吕兴(Lychen)的地方,他找到了这位党卫军司令,"只不过一点头痛感冒,就畏畏缩缩,待在疗养院。"

古德里安很快就看出来,可以大加利用希姆莱的"病",对党卫队全国领袖表达慰问,建议说也许他一直工作过分劳累,身兼多职,"任何健康的人都吃不消"。野心勃勃的希姆莱除了身任维斯瓦河集团军群司令以外,也兼任内政部长、秘密警察署署长、德国警政署及特勤署署长、党卫军司令,以及陆军训练司令部司令。古德里安建议他说,为什么阁下不辞卸一项职务呢——比如说,维斯瓦河集团军群司令?

希姆莱对这项建议很领情,他告诉古德里安说,的确他一点也没讲错,从事这么多工作,他要有很大的耐力。

"不过,"希姆莱问道,"我怎么可能向元首建议,说我要放弃维斯瓦河集团军群呢?"古德里安立刻告诉希姆莱,只要授权给他,由他去提这件事就行了。希姆莱立刻同意。古德里安补充说,当天晚上,"希特勒显然十分勉强,在发了一大阵牢骚之后,免除了党卫队全国领袖那令他过劳与过度的职务。"

古德里安停了下来，但只停了一会儿，他显得气愤，狠狠道出当时形成的祸害，这时又发作开来，他气得话也说不出来。然后他说，"我们现在的情况糟得不能再糟，那种管理作战的方式令人难以置信，难以置信。"

古德里安回忆，在过去几个月，他一直想让希特勒了解，"真正的危险在东线，"而且"必须要有果断的措施"。他要求从波罗的海各国，进行一连串的战略性撤退——尤其是拉脱维亚的库尔兰（Latvia, Courland）——从巴尔干半岛撤退，甚至于放弃挪威和意大利。要缩短每一地的战线，尽快把能撤回的每一个师调到苏联前线。根据情报，苏俄部队的师级单位，是西线盟军的两倍——然而，德军在东线作战的兵力却比西线少得多。尤其，德军的各精锐师都正用来对抗艾森豪威尔。但是希特勒拒绝强化东线的防御，一点都不相信在他面前的事实与数字。

古德里安又说，"希特勒可能犯了他一生最大的错误。"1944年12月，他对西线盟军孤注一掷发动大规模攻势，穿过比利时与卢森堡北部的阿登森林。希特勒表示，这次攻击可以把盟军切割，改变整场战争的局势，他派出三个装备充足的集团军进攻盟军阵线中央——总共为20个师，其中12个装甲师，目标：突破、攻抵马斯河，然后挥兵北上，攻占重要的补给海港安特卫普。盟军被打了个措手不及，受到严重打击，带着重大伤亡往后撤退。可是这次攻势很快就停了下来，盟军部队迅速回神。不到五个星期就重创希特勒的大军，把他打得退回到德国境内。

"等到情况明朗，这次攻势已经显现失败时，"古德里安说，"我想求希特勒把我军部队从阿登高原撤出，部署到东线，因为我预料俄军的攻势迫在眉睫。没有用——他不肯相信我们对苏俄军力的判断。"

1月9日，古德里安告诉希特勒，预料苏俄大军会发起攻势，北起波罗的海，南达巴尔干半岛，这支庞大的军力总共达225师，以及22个装甲军。古德里安的情报署长赖因哈德·格伦少将（Reinhard Gehlen）拟定了这份状况判断。文件指出，苏联兵力优于德军，步兵为11∶1，装甲兵为7∶1，炮兵与飞机至少为20∶1。希特勒气得大拍桌子，大骂这份报告的撰稿人，"谁拟的这堆垃圾！"他咆哮道，"不管是谁，都给我送到精神病院去！"三天以后，苏联大军开始攻击，格伦的判断证明是正确的。

"战线形同崩溃，"古德里安告诉海因里希，"完全是因为我们大部分的装甲师都困在西线，到最后希特勒同意调拨一部分装甲兵，但却不让我用来攻击柏林以东的苏联军队前锋。他把装甲兵往哪里派？匈牙利，把它们派到那里。进行一场十足一无用处的攻击，以收复失去的油田。"

"什么话，直到现在，"他愤愤说道，"还有18个师蹲在拉脱维亚的库尔兰——固定在那边，无事可作。这里需要他们，而不是在波罗的海各国，如果我们要活下去，所有东西都须集中到奥得河阵线。"

古德里安停了一下，努力使自己平静下来，然后说道，"苏军已经掐住我们的咽喉。他们停止攻势、进行整补，我们判断你会有三四个星期的时间准备——然后攻势的洪流才会涌来。这段期间，苏军会企图在西岸建立新的桥头堡，以扩大他们已建立的几个。要把这些桥头堡给赶回去，不管别的地方有什么情况发生，一定要把苏军挡在奥得河一线，这是我们唯一的希望。"

3

这时,古德里安吩咐取图。在外面侍从室的一名副官,从准备好的一堆地图当中,抽出几张带进办公室,在两名将领面前,摊开在地图桌上。

这还是海因里希头一遭窥见全面的战况。德国有三分之一已经丢了——已经被东西两面战线推进的盟军所淹没,剩下来的仅有在两条天堑间的部分。西面为莱茵河,东面为奥得河以及它的支流尼斯河。海因里希也知道,帝国的大工业区,虽然还没有沦陷,却正遭受日以继夜的空袭。

西线一如海因里希所听到的,艾森豪威尔的大军的确已经兵临莱茵河——德国最大的天堑。英美大军延伸在西岸几达805公里长——大约从北海到瑞士边境,并且已经在莱茵河岸一个地点建立了过河的桥头堡。3月7日,波恩(Bonn)以南、雷马根(Remagen)的一座大桥,还来不及炸毁,就已被美军攻占了;现在已在河东岸建立了32公里宽、8公里深的桥头堡阵地,预料随时也会在其他地方进行渡河行动。

东线的苏联大军已经蜂拥越过东欧,据守超过1,287公里的阵线——从波罗的海直达亚得里亚海(Adriatic)。光是在德国本土,他们沿着奥得-尼斯河这一线陈兵,直抵捷克边境。这时,古德里安告诉海因里希,他们正大肆准备恢复进攻。侦察机已发现增援兵力正涌向第一线,每一处火车站,正卸下大炮与装备。每一条路上都堵塞着

第二部 接手的总指挥 71

坦克、卡车与马拉的大车车队，以及行进中的部队。攻击发起时，苏联红军兵力会达到什么程度，没有人能做出判断。但在德国境内已经发现了三个集团军，大部分都集中在维斯瓦河集团军群阵地的正对面。

正如他后来所叙述的，海因里希看着他已经接掌的这段战线，第一次见到"一个完全使人震惊的真情实况。"地图上用红线曲折标示出来的一条单薄阵线，就是维斯瓦河集团军群的阵地，长达282公里——起自波罗的海海岸，到西里西亚奥得河与尼斯河的交会处，与舍尔纳上将的兵力连接。大部分战线都在奥得河的西岸，但东岸依然还有三处重要的桥头堡：北面是斯德丁（Stettin），原是波美拉尼亚13世纪的首都；南面在屈斯特林（Kustrin），以及奥得河畔古老的大学城，法兰克福（Frankfurt）——这两处重要的桥头堡，正好就在柏林的对面。

海因里希发现，要阻止苏军攻占柏林市区、长驱直入德国腹地，他麾下仅有两个集团军。据守战线北方的是第3装甲集团军，集团军司令是身躯短小的哈索—埃卡德·冯·曼陀菲尔将军（Hasso von Manteuffel）。德军之中，或许他是继古德里安与隆美尔之后，最伟大的装甲作战战术家。他所据守的阵地延伸达153公里长——从斯德丁直到霍亨索伦运河（Hohenzollern Canal）与奥得河的交会处，位于柏林东北方约45公里的地方。在那儿的下方，到129公里外尼斯河的汇流处，负责防务的是47岁戴眼镜的特奥多尔·布塞将军（Theodor Busse），以及他的第9集团军。

对于整体战局他虽然感到沮丧，但对排列在他面前的大军，他却不会过度意外。在东线他已经习惯于没有重军掩护，用最小的坦克兵力，与至少9、10倍于本身的敌军作战。海因里希知道，一切要看部队的素质而定。但是这两个集团军的素质令他惶恐。

对能征惯战的海因里希来说,一个师的名称以及师长的身份,通常就可以显示出这个师的历史,以及它的战斗能力。而今,他检视地图,发现在东线根本没有他认识的正规军师,这些师并没有通常用来识别的番号数字,大多只有一个古怪的名称,如"克虏伯·卡森"师(Gruppe Kassen)、"德伯里茨"师(Döberitz)、"尼德兰"师(Nederland)、"库尔马克"师(Kurmark)、"柏林"师和"明歇贝格"师(Müncheberg)。海因里希对这些部队的组成感到纳闷,他们是不是杂牌部队——把各师的残兵败将凑合在一起而成的?古德里安的地图并没有给他一个清晰的概念,他必须自己亲身去看看,这些只有名称而无番号的师,越来越令他存疑。海因里希并没有就此提出他的疑虑。反之,古德里安还有另外一个更迫切的问题要讨论——特别是屈斯特林。

海因里希指挥的最大规模的部队便是布塞的第9集团军,是柏林市区前方的防盾。地图上杂乱的红色符号,很清楚显示布塞面对着许多急迫的问题。古德里安说,苏军正集中在第9集团军的当面。他们正用强大的兵力扫荡屈斯特林以及奥得河畔法兰克福地区德军在河东岸据守的两处桥头堡,而屈斯特林的战况最为危急。

过去几个星期,在这个地区的红军曾经几次成功地渡过奥得河,在河西岸得到了立足的据点,这些进攻大多数都遭到击退。尽管德军在防御上竭尽一切手段,苏军仍然据守在屈斯特林的周围。他们在当地的两侧占有相当大的桥头堡,在这个钳形立足点中间,还有一条唯一的走廊,维持着屈斯特林守军与第9集团军间的联系。一旦这钳形挟紧,德军就会失去屈斯特林与两个桥头堡之间的联系。那就会为苏军提供一条渡河到西岸的重要跳板,能够长驱直入柏林。

现在古德里安却把另外一枚炸弹抛给海因里希，他说："希特勒已经决定要扫荡屈斯特林以南的桥头堡，布塞将军正在准备，我相信会在48小时内发动。"

据古德里安概略指出，该计划是从屈斯特林南边21公里的法兰克福发动攻击。五个装甲掷弹兵师渡河进入德军桥头堡，从那里沿着河东岸攻击，从对面方向进攻位于屈斯特林的苏军桥头堡。

海因里希研究着地图，法兰克福横跨奥得河两岸，市区的大部分则在西岸，只有一座桥连接这两部分市区。对维斯瓦河集团军群的新司令来说，有两个事实十分显著。东岸的高地地形为苏军炮兵提供了理想的条件——他们居高临下，可以把德军的装甲部队挡住；而更糟糕的另一件事，就是对岸的桥头堡太小，不能供五个摩托化步兵师集结。

海因里希看地图看了很久，在他心中充满了疑问。把几个师集结起来，立刻就会被敌人察觉，起先会被炮兵摧残，继之会有敌机炸射。他看着古德里安，简单一句说，"这行不通。"

古德里安也同意，他气愤地告诉海因里希说，让这五个师集结的唯一办法，就是"车辆与坦克一辆跟着一辆驶过桥——形成长达24公里的行军纵队。"可是希特勒坚持要进行攻击，"这会成功的，"他告诉古德里安，"因为苏军绝不会料到我方会大胆实行这种非正规的作战方式。"

海因里希依然冷冷看着地图，只见屈斯特林与法兰克福中间的这带地区，密密麻麻都是苏军。即使能够从桥头堡发动攻击，苏军如此强大，德军的各师绝对到不了屈斯特林。海因里希表情严肃地说："我们的部队会背水困守在奥得河，那可会是一场灾难。"

古德里安不作声——已经无话可说了。突然他瞄一下手表,急躁地说:"啊,老天,我可得回柏林去,参加 3 点的元首会议。"只要一想到开会,又引发他的火气。"根本不可能工作,"古德里安气呼呼,"一天两次,我得忍受上好几小时,静听希特勒周围那一批人胡说八道——讨论的都不是正事!我要做事也做不成!所有我的时间,不是耗在路上,就是在柏林听人说梦话!"

古德里安的火气大得使海因里希警觉。参谋总长的脸孔涨得通红,有一阵子海因里希担心古德里安会心脏病发,当场气死。古德里安努力控制住自己,然后他说,"希特勒会要讨论攻击屈斯特林的事,最好你跟我一起去。"

海因里希不肯去,"如果要我在后天发动这场疯狂的攻击,"他说,"我最好尽快到司令部去。"然后又表情顽固地说,"要见到我,希特勒可得等上几天。"

* * * *

副官比拉上尉坐在侍从室,计算着这次会面的时间。那一堆地图和描图,逐一被拿进古德里安的办公室。眼下只剩下一两张图,他想说简报也差不多要结束了。他随性走到图桌前,懒洋洋看着上面那张地图。这地图是德国的全境,不过图上的线条看上去不知道什么缘故有些不一样。比拉正要转身,却有些东西吸引了他的目光,他接近一点看,这张地图果然与所有的其他地图不同。图上的文字引起了他的注意——图上都是英文,他弯身开始仔细端详了起来。

第二部 接手的总指挥 75

4

当一身疲惫的海因里希，抵达他位于普伦兹劳（Prenzlau）附近，比肯海恩的司令部时，时间快6点了。从措森开车到这里的两个半小时车程，他依然保持沉默。有一阵子，比拉想开始说说话，便问司令看过那幅地图没有，他以为古德里安已经把另外一幅复制图给海因里希看过，解释过它的内容。但事实上，海因里希一点也不知道这件事，比拉也没有得到答案。司令只是紧闭嘴唇坐着，忧心忡忡，比拉从没有见过他这么沮丧过。

海因里希头一眼看见自己的司令部就更为泄气。维斯瓦河集团军群司令部，是一栋富丽堂皇的巨宅，两边都有木造营房，主建筑物是建筑界的怪物，一栋庞大、装饰华丽的玩意。门前有一排12根超大号的柱子。这是希姆莱在多年以前，为自己退隐而修建的房舍。附近的铁道支线停着指定作为他专车的豪华车厢，施泰尔马克号列车（Steiermark）。

跟在措森一样，司令部也隐身在树林之内，但比较到此为止。这里跟海因里希所预料的不同，没有处于作战的集团军司令部那种紧张气氛。除了门厅有一名党卫军中士以外，整个地方都像是被弃置了。中士问了他们的来历，引导他们在长板凳坐下后，人又不见了。

几分钟以后，一个身材魁梧、服装笔挺的党卫军中将出来了。他自我介绍是希姆莱的参谋长海因茨·贝尔纳德·拉默丁（Heinz Lammerding），很自如地说明司令"正在进行非常重要的讨论"，"目前不便打扰"。拉默丁人客客气气可又冷冰冰,并没有邀请海因里希到他的办公室去,也丝毫没摆出想接待的姿态。一个向后转,他就让海因里希和比拉在门厅等候。海因里希身为将官,这些年来从来没有受过这么不客气的接待。

他耐着性子等了15分钟,便对比拉轻轻说,"去告诉拉默丁,"他说,"我不打算在外面多坐上一分钟了,本人要求立刻见希姆莱。"几秒钟以后,海因里希被引导走过一条走廊,进入了希姆莱的办公室。

希姆莱站在书桌旁,他中等身材,上身比腿要长。海因里希的一名参谋还记得那就像"牛的两条后腿"。他脸型狭窄,下颚往后缩,平框眼镜后一双斜眼,小小的胡子,薄薄的嘴唇。海因里希注意到他的肤色"苍白、松垮,多少有点软趴趴"。

希姆莱走向前来,互道寒暄后,立刻做出一番冗长的解释。"你一定要了解,"他说道,挽着海因里希的手臂,"离开维斯瓦河集团军群,在我是一个最困难的决定。"他一面说,一面请海因里希坐下。"不过你也一定知道,我的职务太多了,要做的工作也太多——而我的身体并不太好。"

希姆莱自己在书桌后坐下,身体向后一靠,说:"现在我要告诉你概况,我已要求把所有的地图,所有的报告送来。"两名党卫军走进室内,一名是速记员,另一人则送来一大堆地图。他们后面来了两名参谋官,海因里希很高兴这两名军官是国防军,而不是穿党卫军制服的人。一位是副参谋长埃伯哈德·金策尔中将(Eberhard Kinzel),另一位是作战处长汉斯-格奥尔格·艾斯曼上校(Hans Georg Eismann)。海因里希尤其高兴见到艾斯曼,他认识这个极为优秀的参谋,拉默丁则没有来。

希姆莱等所有的人都就座后,装腔作势般发表为个人辩护的说辞,海因里希事后看来,"他从开天辟地说起,"然后十分费劲地说明细节,"而他说的没有半点意义。"

金策尔和艾斯曼两个人都晓得,希姆莱能像这样一说就是几个钟头。几分钟后,金策尔便因"要务待理"而告退。艾斯曼坐在那里,看着希姆莱与海因里希。他所见到的海因里希,是一位"不屈不挠的白发老将——认真、沉默、严格的小个子,把礼仪视为理所当然",他却在听一个暴发户般的老百姓夸夸其谈,"这家伙连地图上的比例尺都不认得",他看着疯狂摆弄手势的希姆莱"就像在演戏的长篇大论,把一些鸡毛蒜皮的事翻过来倒过去的说个没完没了。"

艾斯曼也尽其所能等待,然后他也因为"待办事务太多"而告退。几分钟以后,海因里希注意到速记员因为没法跟上滔滔不绝的希姆莱,也已经把他的铅笔放下了。海因里希烦躁无比,只好静静坐着,让希姆莱的话东风过马耳吧。

突然,希姆莱办公桌上的电话响了,他抓起话筒听了一下,神色非常惊慌,把话筒交给海因里希,"你是新司令,"他说道,"这个电话最好由你来接。"

海因里希抓起电话:"我是海因里希,请问是哪一位?"

打电话来的是布塞将军,第9集团军司令,海因里希听电话时人都僵住了,他新到职的这支集团军惨祸已降临。苏军已经察觉布塞对屈斯特林的攻击进行准备了,布塞指挥的最精锐的其中一个师,第25装甲师,几个月以来负责维持苏军在屈斯特林西侧两个桥头堡之间的走廊畅通。为了攻击准备,他们悄悄撤出阵地。另外一个师,第20装甲师,接替第25装甲师进入阵地。苏军察觉到换防,便从南北两方发动攻击。这种钳形攻势,正是古德里安所害怕的迅速合围。第20装甲师遭到截断,屈斯特林受到孤立——苏军现在有了一个进攻柏林的重要桥头堡。

海因里希还手持话筒,就把消息冷冷地告诉希姆莱。党卫队全国领袖神色紧张地耸耸肩,"这个,"他说道,"你现在是维斯瓦河集团军群司令了呀。"

海因里希目不转睛盯着他,"喂!你看看我,"他说得很冲,"我对这个集团军一点都不了解,我甚至不晓得我有些什么兵马,也不晓得哪些部队该在什么地方。"

希姆莱面无表情看着海因里希。海因里希知道无法从他那里得到什么帮助了,便转头对着电话,立即授权布塞发动逆袭,同时向第9集团军司令承诺,自己会尽快到前线去。他才刚把电话放下,希姆莱又开始不着边际地谈话,仿佛什么事都没发生过似的。

可是现在海因里希是十分地火大。他断然打岔,告诉希姆莱,他想听听党卫队全国领袖就德国以及德国的未来,有无全盘状况考虑过后的看法。他后来回忆说,看得出希姆莱对这个问题没有确切的掌握。党卫队全国领袖站起身来,绕过办公桌,握住海因里希的手臂,引着他到房间最远一端的软椅上坐下,使速记员听不到他们的对话。然后仿佛投下了一枚炸弹,希姆莱轻声地说出内心话,"我已经透过中立国,采取了必要的步骤,与西方开始谈判。"他停顿了一下,又补充道,"你要了解,这是件绝对机密的事。"

一阵沉默之后,希姆莱有所期待地看着海因里希像是等待对方给予意见。海因里希征住了,这视同叛国——出卖德国,出卖军队,出卖元首,他拼命控制住自己的想法。希姆莱说的是真话吗?或者只是诡计,耍手段使他轻举妄动?海因里希深信,希姆莱的野心,是有可能做出任何事来,甚至为了夺权而叛国。这位久历戎行的第一线将领坐着,一语不发,对希姆莱的态度感到厌恶。

房门突然打开，一个党卫军军官进来。这一下打岔，令希姆莱看起来如释重负。"报告全国领袖，"这名军官说，"参谋们已经集合要向您道别了。"希姆莱站起身来，一声也不吭，离开了办公室。

到晚上8点，希姆莱，他的党卫军军官、贴身护卫全都走了，把每一样东西都带走了。据海因里希的勤务兵巴尔岑所了解，就连司令部内的盘碟，甚至杯子与佐料瓶都没有了，他们搬得真是彻底，几乎就像希姆莱从来没有来过这司令部似的。希姆莱上了他豪华的私人专用列车，离开奥得河前线，在夜色中迅速向西驶去。

他留下的是暴怒的海因里希。他巡视一下集团军司令部，新司令越来越感到气愤与厌恶。他麾下一名军官后来回忆说，海因里希检查了希姆莱官邸那种娇柔风的装饰，"他的脾气就升高了好多度。"那间大办公室和室内所有东西都是白色——寝室的装饰倒是淡绿色——帷幔、地毯、椅套以及被单与床罩都是淡绿色。海因里希尖酸地说道，这地方"更宜于一位优雅的女士居住，哪适合指挥一支大军的军人"。

那天深夜，海因里希打电话到西里西亚给他的前参谋长，这也是他答应过的事，谈谈发生的事情。他已经恢复了控制情绪的能力，能更为冷静地思考这天的事情。希姆莱所透露的话，可信度不高。海因里希决定不予理会，他在电话中向西里西亚的老同事说道："希姆莱能离职，他是快乐得不得了，巴不得走得越快越好，展现溃败时，他可不要当败战将军。不，他要的是一个普通的将领负起失败的责任——而我就是那个替死鬼。"

海因里希的副官比拉上尉，在指定给他的房间中走来走去，心中始终离不开在措森的古德里安总部所见到的那张地图。他想真是古怪，在他打量地图时，没有人认为不妥——但那幅地图却明显是机密的指挥用文件。因此，可不可能地图并不像自己所以为的那么重要？

也许地图是古德里安总部所设计的——是对盟军企图的作战判断。但比拉觉得这一点还是难以接受——为什么印的是英文，而不是德文？也不知道怎么搞的被德国情报人员弄到了手，还能从什么别的地方来？如果这是真的——比拉想不出别的答案——那么，他就得设法警告太太和三个孩子。根据那幅地图，如果德国战败，他的老家贝恩堡（Bernberg），便处在苏军控制的地区。除非比拉想太多，不然他所见到的，是一份最高机密文件，显示盟军占领和瓜分德国的规划。

5

地图的原件，以及它的附属文件都在 80 公里外、柏林的达勒姆区（Dahlem）岩峰路一号（Auf dem Grat 1）——也就是统帅部作战厅长约德尔上将备用司令部的保险箱里。战争期间，落进德国情报局手中所有内容稀奇古怪的秘密文件当中，这份红色封面的卷宗，是约德尔所见过最粗暴的一份。

这份档案中有一封信，以及 70 页说明的备忘录，钉在背页的是两份折页地图。每份地图大约为 51 乘 46 厘米，比例尺为 3 厘米等于 47 公里。约德尔心中奇怪，是不是美军还没有发现在他们的最高机密的作战指令中，有一份序论已经遗失了。这是在 1 月底从英军手中掳获而来，正是在阿登攻势快结束的时候。

在希特勒看来，盟军的这份计划极具爆炸性，只准统帅部极少数人员阅览。在 2 月的头一个星期，元首耗费了整整一个晚上研究卷宗内容后，将它们列为"国家最高机密"，他的军事顾问与幕僚可以研究这份计划，但别人不行，甚至连他内阁阁员都没被告知。不过，尽

第二部　接手的总指挥　81

管有这些限制，还是有一位平民老百姓见到了文件与地图，那就是和约德尔结婚才几个星期的新娘路易丝（Luise Jodl）。

就在他们结婚前的一个晚上，约德尔将军决定把文件给未婚妻看一看。毕竟，她是统帅部的机要秘书，收过很多军事机密。他把整个卷宗放进公文包，带到她离总部一个街区的公寓，差不多在前斗刚刚关上时，他就拿出文件向未婚妻说："这就是盟国打算对德国干的好事。"

路易丝把红色卷宗放在桌上，开始看里面的各页内容。她很早以前便学会阅读军事文件与地图，不过这一回几乎不需要这些本领——写得再清楚明白不过了。她的心一沉，手中的东西是敌人要在德国战败后，对祖国如何占领的蓝图。她认为，艾森豪威尔总部在选词用句上有一种复仇的倾向。这份卷宗的封面上，印着使人发毛的标题：

"日食计划"（Operation Eclipse）。

约德尔从她手中拿起文件，把地图摊开，铺在桌上。"你瞧瞧，"他语气很激烈，"瞧瞧这些区域。"

路易丝默默研读地图上的粗界线，北方和西北方地区,3厘米大小文字的写着UK，南部和巴伐利亚（Bavarian）则写上US，德国的其余部分，大致上是整个中央地区，以及从那里往东一带，都写上USSR。甚至包括柏林都要被"三强"分割占领，她看得十分沮丧。围绕着在中间的苏军地区，由盟国三等分划分，美军在南，英军北以及西北，而苏军则是东北和东边。她想到，这就是战败国所付出的代价，她看着自己的未婚夫，说："这真是像极了一场恶梦。"

路易丝虽然知道地图一定是真的，却发觉有些迹象是令人难以接受。她就问道，这份"日食计划"打从什么地方来的？她认识约德尔将军多年，知道他向来嘴巴很紧。她一向认为约德尔会"退缩，即使面对着我，也会藏在面具后面"。而现在他的答复更是闪烁，尽管他确认这些地图与文件都是真的，却不愿透露是如何弄到手的。只说："我们从英军的某一个司令部里取得的。"

到约德尔回总部去了以后有一阵子，路易丝才意会出"日食计划"另一方面的可怕之处。假如德国打了败仗，她在哈茨山（Harz Mountains）的亲人就会住在苏军占领区。虽然她爱约德尔，也完全忠于国家，她却做了一个很人性的决定。在这件事情上，她才不理会他的警告。路易丝虽然不会把她所知道的内容泄露出去，却不能让嫂嫂和四个小孩落进苏军手里。

路易丝决心冒一次险。她知道约德尔专线电话的密码，于是拿起电话，要接线员接通她的亲人。几分钟以后电话接通了，她的嫂嫂十分惊喜，经过短短一阵寒暄之后，在结束时路易丝仿佛随口般说道，"你晓得这个时节东风很强劲，我真心认为，你和孩子们应该搬到河西这边来。"

她慢慢放下话筒——希望嫂嫂听得懂自己的暗语。在电话的那一头，嫂嫂听见话筒放下的卡咯声，心中奇怪，为什么路易丝这么晚了还打电话来？听到她的电话很好，却不明白路易丝所说的话，也就不再多想这件事了。

约德尔将军和路易丝在3月6日结婚，打那以后她心里就担心先生会发现她打的这通电话，但她多虑了。工作繁忙的约德尔，多的是更为迫切的问题。

这时，约德尔和下面的参谋，已经对"日食计划"研究分析得十分透彻，几乎都能倒背如流了。虽然这不是一份战略性文件——也就是说，它并没有预告敌人何时就要有所行动，而要求德军作相应的对抗手段——但"日食计划"几乎同等重要。至少有一件事，它回答了约德尔,以及统帅部多年来十分苦恼的一连串问题:他们一直想知道,西方各国与苏联之间的联盟到底有多坚固?这种联盟会不会在他们坐下来分赃时而导致分裂?而今苏联大军已占领了大部分中欧,那1943年卡萨布兰卡会议后,由丘吉尔与罗斯福宣布的"无条件投降"依然不变吗?难道盟国认真打算要以这种条件,加诸于战败的德国吗?当约德尔与统帅部研究"日食计划"档案,一切关于盟国意图的所有问题都消失了,这份盟国文件字斟句酌地作了清楚的答复。

然而,一直到2月的第二个星期,约德尔才充分体认到这份档案的重要性——尤其是它的地图。2月9日这天,以及接下来的三天,罗斯福、邱吉尔与斯大林,在雅尔塔(Yalta)举行了秘密会议。尽管情报单位费尽心思,想了解会议的内容,但约德尔所知道的,都包含在2月12日交由全球媒体公布的官方公报上——不过这也就足够了。公报的隐约其词、措词谨慎,使人毫无疑问,"日食计划"的文件与地图,大致反映出盟国的意图。

官方公报中有一款写说:"对于强迫执行无条件投降条款,它的共同政策与计划,我们都已同意,而将联合进行……这些条款在德国最后战败之前不会公告周知……在我方同意的计划当中,三强的军队将各自占领德国的一区……"已不再需要等盟国宣布"条款"了——约德尔已经在"日食计划"档案中阅读过了。虽然雅尔塔公报并没有透露有关各占领区的细节,约德尔也已知道了。各区的位置与精确界线都已画在"日食计划"地图上。从公报内容还可以推断出许多结论,其中一项特别让约德尔无法接受。不管在雅尔塔发生了什么事情,盟国对德国的计划,显然是在三强会议中获得批准的。雅尔塔公报使人有这种印象,分割占领的蓝图是在会议中提出动议,而根据"日食计划"文件与地图上的日期,则毫无疑问,证明这项基本决策在好几个月以前便已经做出决定。附在"日食计划"背面备忘录上的那封信，1月份就签了字。地图的制作比这更早，1944年年底就印制了，日期为11月。显然"日食计划"被定位成"占领德国的计划与作业"。除非盟国彼此完全团结，否则这个计划是绝对产生不出来的——这项令人警醒的事证，使得德国其中一个最后寄望的机会消失了。

打从红军越过德国东境那一刻起，希特勒和他的军事顾问就期待着盟国之间出现不团结的第一条裂缝。他们深信，这一定会发生，因为西方盟国绝对不容许苏联支配中欧。约德尔也有这种看法，他尤其寄望于英国。他觉得英国人不会容许这种状况出现[1]。不过，那却是在他看到"日食计划"以前的事，"日食"显示得很清楚，盟国的团结依然一致，而雅尔塔已经确认了这一点。

除此以外，附函中的头一段——整个档案的说明序文——显示出，盟国间的意见一致："为了执行关于德国的投降条款，美国、苏联以及联合王国（后者也是大英帝国的名称）政府已同意，德国将由三强的武装部队占领。[2]"对这份文件的权威性，并没有什么争议。文件的签字时间为1945年1月，发文为当时在比利时的英军第21集团军司令部，而签发文件的是伯纳德·蒙哥马利元帅（Sir Bernard

---

[1] 1945年1月27日的会议，希特勒便问戈林与约德尔："你们想想看，英国人在内心深处，对苏联所有的这些发展是热衷的吗？"约德尔毫不犹豫回答，"当然不会，他们的计划截然不同……不久之后……就会充分地领悟。"戈林也同样有信心。他说道："盟军当然不会计划让我们把他们抵挡住，而让苏联人征服整个德国。"约德尔十分同意，指出英国"一向对苏联都充满猜疑"。戈林十分笃定，英国会试图对德国让步，而不宁愿见到欧洲的腹地陷入共产党的势力范围，对这一点他说，"如果这种情况继续下去，几天之内我们就会接到一封（来自英国的）电报。"

[2] 这里的原文与译文，也许有些差异，"日食计划"遭取得后，被译为德文并拍摄下来。上面这一段是把掳获的文件再译回为英文。

Law Montgomery）的参谋长弗朗西斯·德甘冈爵士少将（Francis de Guingand）。

对约德尔来说，其中最沉重的打击，便是计划一再强调无条件投降。起先，德国人笃定认为，无条件投降的宣告只是宣传手法，旨在对各盟邦国内鼓舞民心士气。现在他们更清楚明白了：显然盟国对所说的话，字字认真。"对鼓吹全面战争的唯一可能的答案"，"日食计划"中说道："便是全面战败与全面占领……这点必须很清楚，德国人将不能与我们进行任何意义上的谈判。"

盟国的意图，显示了德国没有希望、没有未来。摆明白了，即使第三帝国有意屈服，也无法免于无条件投降。对约德尔来说，德国现在毫无选择，只有痛苦地打到最后为止[①]。

* * * *

三月最后的这一个星期——是哪一天则没有人记得起来——古德里安的情报署长格伦，开车到普伦兹劳与新任维斯瓦河集团军群司令会晤，他的公事包中就有一份"日食计划"的副本。格伦先向海因里希大致说明奥得河的苏军最近的部署，然后拿出"日食计划"，说明

---

① 1946年，在纽伦堡庭讯约德尔时，他被问到为什么不向希特勒建议于1945年初投降。约德尔说："反对投降的基本理由便是……无条件投降……即使我们对将来会面对的现实有所怀疑，但由于我们取得了'日食计划'，而我们对未来不再存有幻想。"他的供词说到这里时，约德尔看着在场的英国军官，半笑着说，"英国代表团诸君知道那是什么意思。"事实上这句话令参与审判的英军代表不知所措。"日食计划"一直列为最高机密，连他们都一无所知。也由于上述这一句话的玄奥，再加上几次对约德尔的访问，作者才得知"日食计划"及其他相关的内容，并且首次在本书中披露。

这是怎么一回事。海因里希慢慢翻阅整份文件，然后在地图上细瞧，花了很长时间研究。最后，海因里希看着格伦，只说了一句话，总结了统帅部所有人对这份文件都同样有的理解。

"这是一份死刑判决书。"

几天以后——3月25日，复活节前的星期天——约德尔再度检视"日食计划"的地图。他这么做是有原因的，美军乔治·巴顿将军（George Patton）第3集团军已经于星期四晚上在美因兹附近的奥彭海姆村（Oppenheim, Mainz）渡过了莱茵河。现在正向美茵河畔的法兰克福挺进。第二天，北边的英军蒙哥马利元帅的大军，在40公里宽的正面，展开了大规模的攻击，渡过了莱茵河。尽管竭尽一切力量，莱茵河战线已在瓦解之中——西线盟军的推进极为快速。这时，约德尔焦急地再度检视"日食计划"的地图，心中纳闷不知道盟军打算要推进到德国境内多深、多远。这是"日食计划"原始备忘录中所没有回答的问题。约德尔只希望握有该计划的其他部分——尤其是关于作战的这一部分。

但地图上依然有迹可寻，他甚至对太太提到了这件事。那只是他一时心血来潮，但约德尔认为事情就是这样子没错。地图上显示英军、美军与苏军的分界线，大致上从吕贝克（Lubeck）到维滕贝尔格（Wittenberge），沿着易北河蜿蜒南下到爱森纳赫（Eisenach），再转向正东到捷克边境。这条线除了是一条区域界线外，会不会也是英美军前进的终点？约德尔几乎可以确定这就是终点线。他告诉太太，她并不认为美军和英军会长驱直取柏林。他认为他们已经决定把攻占德国首都的责任交给了苏联红军。约德尔看得出，除非"日食计划"的地图修订过，否则艾森豪威尔指挥的部队，将会在"日食计划"所划的界在线止步不前。

第三部

谁先赢得柏林

PART THREE
THE OBJECTIVE

1

复活节前的星期天快到午夜时分，位于法国北部的锡索讷（Sissonne），美军第82空降师的灰石头打造的师部外，驶来了一辆公务车，两名军官下了车，前面这位穿了美军制服，而后面这位穿的是英军的作战服，却没有什么军阶标章。后面这一位瘦瘦高高，头戴一顶整洁的绿扁帽，与他的金发成了鲜明的对比，蓄着看起来威风八面的红胡子。不管是英国人还是美国人，他的名字几乎无法念出来：阿里·D.贝斯特布鲁尔杰（Arie D. Bestebreurtje）。认识他的人都他叫阿里，或者哈里上尉。他的名字也会基于每一次任务而不尽相同，因为他大部分时间，都花在德军战线后方。阿里是特种部队情报员，也是荷兰情报局的成员。

几天以前，阿里奉召到布鲁塞尔（Brussels）。上级把他派往第82空降师执行特别任务，并且向该师38岁的年轻师长詹姆斯·莫里斯·加文少将（James M. Gavin）报到，听取一次最高机密任务的简报。这时，阿里和护送他的军官进了师部，快步上了楼梯到了二楼，走过走廊，到了警卫森严的地图室前。把门的宪兵检查他们的身份证件，然后敬礼，把门打开。

进入室内，师长加文少将与参谋长罗伯特·H.维内克上校（Robert Wienecke）热烈欢迎阿里。阿里见到室内大多数人都是老友：第82空降师在荷兰奈梅亨（Nijmegen）作战时，阿里和他们一起跳伞、作战。在布鲁塞尔的上司，这次并没有对阿里已经习以为常的保密安全措施有过多的安排。开会仅有15名军官出席——各团团长以及

美军第9集团军指挥官威廉·辛普森中将正与蒙哥马利元帅交谈。在蒙哥马利的左后侧不是很显眼的位置上,站着奥马尔·布莱德雷上将,他是美军第12集团军群指挥官。蒙哥马利后面是陆军元帅艾伦·布鲁克爵士,他是英军总参谋长。

詹姆斯·莫里斯·加文(右),38岁的美军第82空降师师长,奉命做好在柏林空投的准备。他与英军第2集团军指挥官、中将迈尔斯·邓普西爵士一起讨论他的计划,拍摄这张照片时他仍是准将。

第三部 谁先赢得柏林

若干参谋，显然全都是经过挑选的精英。作战室简朴，只有几张长板凳与长桌，墙上有些地图，在作战室一头，是一幅与墙面大小相若的巨型地图，却用布幔罩住了。

安全军官依据名册，一一点名，然后加文将军便很快进行简报。他站在垂幔的大幅地图边，做手势要大家靠拢过来。"只有必须要了解详情的各位，才会被要求出席这次简报，"他说道，"我必须郑重提出，各位在今天晚上所听到的，完全不能传到室外。也可以说，各位要在保密状况下训练官兵，因为你们不能向他们透露目标。实际上，虽然大部分人都还不清楚，其实各位已对他们实施了部分的训练。在过去几个星期，各位和所属官兵都已在特训区进行飞行与跳伞训练，那里刻意标示、布置得与我们下次突袭的目标相似。"

"各位，我们正准备发动最后一击，便是这星期天的猛攻。"他拉来地图旁的幔索，布幔向两边滑开，现出了目标：柏林。

军官们都盯着地图，阿里就近观察着他们的表情。他认为自己见到了热切与期待，这并不令人意外。这些指挥官已经受挫了好几个月，他们大多数都和自己的部队在西西里岛、意大利、诺曼底与荷兰跳过伞，可是最近却遭贬为地面作战部队，主要是在突出部之役中的阿登地区作战。阿里知道，以精锐的空降官兵来说，他们觉得失去了他们真正的角色：在前进的大军之前突击目标，加以据守并等候解围。事实上，由于盟军的前进一直都太过于快速，策划中的伞兵空降作战，都一再地遭到取消。

加文解释说，突击柏林只是盟军第1空降集团军作战的一部分，这次作战要动用三个空降师。第82空降师指定为"A特遣部队"，担当主要攻击任务。加文从地图上方把一张透明板拉下来，那上面用黑蜡笔画出一连串的方块与椭圆形，标示出各部队的目标与空降区。

"目前的计划，"他说道，"第 101 空降师将攻占柏林西面的加托机场（Gatow Airfield）。英军第 1 空降军的一个旅，攻占西北的奥拉宁堡机场（Oranienburg Airfield）。"

他停顿了一下然后继续说道："我们的'房地产'就位于柏林市正中央——滕佩尔霍夫机场。"

第 82 空降师的目标似乎小得难以置信，在柏林以及周围各区宽达 831 平方公里的面积当中，这处机场看上去就像是一张邮票，还不到 4 平方公里的绿色草坪，置身在麻麻密密的建筑区中。令人感到不舒服的是，机场的北边、东边与南边，这一带有不少于九座的墓园。"两个团据守周边，"加文说道，"第三个团则进入机场以北趋向柏林中心的建筑区。本师要据守这处空头堡，直到地面部队到达。这段时间不会很久——充其量不会超过几天。"

加文说了，对伞兵的"盲目"训练要加强，滕佩尔霍夫机场以及周围的地形模型，会设置在师部的保密室里。空降区的空照图、情报判断以及其他数据，都可供各团团长及参谋作特别训练用。"我们很幸运，"加文说道，"得到阿里上尉帮忙，他是柏林市的专家——尤其是对滕佩尔霍夫以及附近地区。他会和我们一起跳伞，从现在起，他将可以作任务提示，随时答复大家提出的问题。"

加文停顿了一下，望向与会军官，"我保证大家都想知道这个主要问题的答案：还有多久？这就得看德军了。自从去年 11 月起，这个空降计划便在草拟，过程中频频修改，我们做好心理准备，在空降日那天以前，还会作更频繁的更动。而这一天，A 日，全看盟军向柏林前进的速度而定。当然，除非地面部队已经在柏林的合理距离内，否则我们不会安排这次空降作战。但是 A 日也许是两三星期后的事情。因此我们的时间并不多，现在我能告诉大家的就仅此而已。"

加文退开一旁，把会议交给参谋。各参谋轮流报告作战计划中的每一个阶段，加文则坐着一边想一边听。他后来回想起来，由于保密的关系，他不能透露细节，这让他觉得很难过。他所说的还不是全貌，他告诉与会者的，只是盟军第1空降集团军作战的其中一部分——配合盟军推进攻占柏林而进行的突击作战。他没有提到的是，在完全不同的作战情况下，也许会奉令作同样的空降作战，那就是德国以及三军突然崩溃或者投降。但计划的这一部分依然是最高机密，它是"霸王行动"——登陆欧洲——必然的延伸。有一阵子，这个计划称为"兰金计划C案"（Operation Rankin，Case C），后来改称"护身符行动"（Operation Talisman）。为了保密，到了1944年11月，计划又改了名称。现在叫做"日食计划"了。

"日食计划"极为机密，除了盟军最高司令部的高阶将领以外，仅有少数将领得知内容，这些将领为集团军司令或者军长，或者其他军种中有相等职位的人。没有几个师长知道"日食计划"的细节，加文也只知道计划中的一些目标，而这些都是与82师相关的部分。

过去几个月，加文的顶头上司，盟军第1空降集团军司令刘易斯·海德·布里尔顿上将（Lewis H. Brereton），以及第18空降军军长马修·邦克·李奇微少将（Matthew B. Ridgway）参加过好几次会议，提过"日食计划"便是占领德国的计划，内容详细规定了一旦德军投降或崩溃，便应立即实施的每一项作战行动。它的主目标是迫使德国无条件投降，以及把德军部队解除武装及加以控制。

在"日食计划"的状况来临之时，向柏林进行空降突击的计划，会要求伞兵迅速进兵，"对敌国首都、重要行政及运输中心予以控制……同时展示我军武力。"制压任何残余而继续抵抗的狂热德军口袋阵地，拯救及照料战俘；夺取高度机密文件、档案及影片，以免被敌人摧毁；控制邮局、电信局、广播电台、报纸、印刷工厂等信息中心，逮捕战犯及敌国政府残存的高阶人员，维持社会秩序。空降部队应该在地面部队与军政府小组抵达之前，主动采取所有的这些行动。

加文所知道的"日食计划"仅止于此。至于计划中关于德国战败后，德国或者柏林要以什么形式占领，用什么方法分区，他并不知情。目前，加文唯一关心的就是准备好第82空降师。不过，由于这些要求，也意味着要草拟两份不同的计划。第一个计划，是空降突击占领柏林；第二个计划，是在"日食计划"的构想下，要求以空降部队作前卫在柏林降落，但只负责警察行动。加文把自己所能说的都告诉了各团团长——虽然他知道，如果战争突然结束，整个空降任务就会有大幅度的调整。他所得到的命令，规定很清楚，要他遵从作战计划，使第82空降师完成战备，准备以空降突袭攻占柏林。

加文突然意识到，来自荷兰的情报官，正在结束他那一部分的简报。"我一定要再说一遍，如果各位还在期待会有在地柏林人予以帮助的话，断了这个念头吧，"哈里上尉说，"各位会找到向导愿意帮忙吗？答案是：没有。柏林会有我们在法国、在荷兰的反抗军吗？答案是：没有。即使有些柏林人私下同情，也害怕得不敢表露出来。对于所有这些事，我们以后还可以更仔细讨论，但现在容我向各位保证这一点：各位千万不要幻想，我们会像解放者般受到香槟与玫瑰的欢迎。德国的军队、党卫军和警察会打到最后一颗子弹，到那时他们才会高举双手走出来，告诉你们整件事是个悲惨的错误，全是希特勒的过错所致，谢谢各位赶在苏军之前赶到了柏林。"

这个大块头荷兰人摸摸他的胡子。"但他们会勇猛作战的，"他说道，"也许要吃一阵子苦头，但却值得，我以能和各位一起参战为傲。各位朋友，一旦我们拿下柏林，战争就结束了。"

第三部　谁先赢得柏林　95

加文知道，拿下柏林并不容易，但他认为空降突击的心理震撼，也许可以压倒柏林的守军。那会是大战中最大的空降作战之一。在初期的计划过程，这次作战会有3,000架护航的战斗机，1,500架运输机，或许还有1,000多架滑翔机，以及约20,000名伞兵比起D日在诺曼底跳伞的官兵多很多。"现在我们最需要的，"加文在散会时告诉自己的军官，"就是下定决心，以及一声令下，说：'上！'"

* * * *

48公里外的大穆尔默隆（Mourmelon-le-Grand），骁勇善战的美军第101空降师也在训练，准备挺身应付任何行动。可是该师官兵，却没有人知道会下达执行何种任务。从高级司令部下达的伞兵突击计划太多了，多到连师长马克斯韦尔·达文波特·泰勒少将（Maxwell D. Taylor）、副师长杰拉尔德·约瑟夫·希金斯准将（Gerald J. Higgins）以及师部参谋都摸不着方向，只得所有的计划都准备，但又纳闷，这些计划中的空降作战到底会不会实施。

除了攻占柏林的计划以外，还有许多计划，如对德国海军基地基尔（Kiel）的空降攻击（"爆发行动"，Operation Eruption）；对各战俘营一系列的空降（"欢腾行动"，Operation Jubilant）；美军第7集团军直驱黑森林前的空降突击（"有效行动"，Operation Effective）等。还有很多计划都在研究中——有些近乎不可行。

第101空降师师部还知道盟军第1空降集团军的参谋甚至还有考虑在巴伐利亚省贝希特斯加登周围山地实施跳伞攻击，拿下在上盐山（Obersalzberg）的"鹰巢"，或许连带拿下鹰巢的主人——希特勒。

显然，不可能把这些空降作战通通执行。希金斯将军告诉参谋说:"如果所有这些计划都要做,根本就没有那么多的运输机来满足空降的需求。再怎么说,我们并不要求——我们要做的只是一次空降作战而已!"不过,第 1 空降集团军要进行哪一项计划——尤其,第 101 师会担任什么角色?空降柏林似乎最有可能——就连师部作战科长小哈里·威廉·奥斯本·金纳德上校(Harry Kinnard)也认为这是"似乎有点难度的事。"每一个人心里多少有点不是滋味。"柏林空降计划"中的 101 师负责攻占加托机场,而他们的主要竞争对手 82 师,却奉令攻占主目标——滕佩尔霍夫机场。但是,柏林依然是大战中的最大目标,每个人都可以分到一点肉。

对金纳德上校来说,空降作战似乎是结束欧洲战争完美的办法。作战室的地图上,他画了一条红线,从法国的集结整备地区直达柏林的 101 师空降区,两处直线距离仅有 764 公里。如果他们奉令进行,他认为第一批美军能在 5 小时内抵达柏林。

第 101 空降师师长泰勒将军与副师长希金斯将军,都巴不得发动攻击,心中纳闷是不是有机会执行这项空降作战。希金斯愁眉苦脸端详着地图。"照地面部队进军的情况来看,"他说,"他们是要把我们扔在一边了。"

就在同一天,3 月 25 日星期天,盟国军方首长接到了盟军最高司令部令人鼓舞的消息。华盛顿的美国陆军参谋长乔治·卡特利特·马歇尔将军(George C. Marshall),以及伦敦的帝国参谋总长艾伦·布鲁克爵士元帅(Alan Brooke)都在细读前一晚盟军统帅艾森豪威尔将军发来的一封电文:

最近在莱茵河以西一连串之胜利,依计划已摧毁西线敌军大部分的现存武力。我不欲表现过分乐观,但深信当前状况,已缔造大好良机，吾人应大胆掌握……我深信，敌人力量……过度延伸，我军仅须保持，即可以迅速限制其突破与前进……我此刻正指挥各地战线积极作战……而以最大速度，追求每一次之胜利。

2

从244米高度看下去，那一列列的兵员与车辆似乎永无止境。梅里特·杜安·弗朗西斯中尉（Duane Francies）正从他的无武装L-4"幼畜"式小型侦察机"蜜小姐"号（Miss Me）向外看。下方的场面极其壮观，放眼望去挤满了部队、坦克和车辆。自从3月底最后一个集团军渡过了莱茵河后，弗朗西斯注视着突破的发展情形。目前，大河已经远远留在后面了，向右、向左或是向前延伸，尽弗朗西斯眼光所及，都是一片广大的卡其军服的人海。

弗朗西斯把驾驶杆向前推，"蜜小姐"号向下掠过英军第2集团军与美军第9集团军的作战分界线。他摆动机翼，看到部队挥手响应，便向正东飞去，进行自己的任务——为第5装甲师的前卫坦克纵队担任"耳目"。胜利已经迫在眉睫，这一点他有把握，没有什么东西能挡得住部队前进。这位24岁的飞行员后来回忆说："地球表层已经摇到松散了，正在向易北河倾泄而去。"

弗朗西斯所见到的，只是盟国攻击大军的一小部分。从这时起，在刺骨的严寒、劲急的大雨，在泥泞、冰雹和冰层上，整个西线起自荷兰几乎到瑞士边境的563公里正面，翻滚的人流、物资与机械，正涌进德国的平原，最后一次大进攻开始了。为了摧毁德国的军事力量，7个强大的集团军——共有85个兵力雄厚的师，其中5个空降师

苏军坦克于攻击发动后驶入柏林近郊。

杜安·弗朗西斯中尉（右），无武装的"蜜小姐"号"幼畜"J3型观察机的飞行员，站在被他击落的德军飞机旁。

第三部 谁先赢得柏林 99

与23个装甲师,盟军庞大的兵力共有官兵460万人——正涌进第三帝国作最后的一击。

临时制作的投降旗帜——白床单、白毛巾、白布——挂得到处都是。城镇、乡村,害怕的德国人,依然为经历过的激烈战斗而感到茫然。从门口与破落的窗户,惊讶地凝视着从他们身边经过的强大盟军。作战行动规模之巨大,速度之快,都让人喘不过气来。

在每一条道路上前进的是一队队的坦克、自行火炮、火炮、装甲车、布伦机枪车、弹药车、救护车、油槽车,还有巨型的柴油拖车,拖曳着长达一条街区载了器材的尾车。尾车上有桥材、浮舟桥、装甲推土机,甚至还有登陆艇。各师师部也在进军,带着本身的吉普车、公务车、指挥车,还有大量冒出一片摇摇摆摆如林天线的无线电车。一批紧跟着一批,把每一条道路都堵住了的是行军的官兵。他们或者是坐在卡车,或者是坐在装甲车的后座,有些是在摩托化部队的纵队旁边行军,有些是在毗邻的田野里跋涉。

他们形成强烈而华丽的阅兵行列,当中有战旗、团旗,以及创造了第二次世界大战史的徽章、标志。在各师、各旅和各团当中,英国近卫集团军在敦刻尔克撤退时,担任了后卫作战;满面络腮胡的突击队员,戴着褪色的绿扁帽;洛瓦特爵士(LordLovat)所指挥的突击旅老兵,曾经在二战最暗淡的时候,突袭过德国占领下的欧洲。加军鼎鼎大名的第2步兵师,曾经在迪耶普(Dieppe)为之后的诺曼底登陆上演一场血淋淋的预演。装甲纵队中,旗帜飘扬,其中有少数部队,出自第7装甲师的"沙漠之鼠"。他们协助追击隆美尔元帅,在利比亚沙漠中击溃他。在这一片人员与武器的噪音以外的,是第51高原"裙魔"师(Devils in Skirts)的风笛音乐声。一如以往,风笛演奏出征前的前奏曲。

美军的阵容里，有许多师有着雄赳赳的名称和炫目的传奇故事——第69步兵师外号"战斗的第69"；第4装甲师外号"胜利师"；第84步兵师是"拆轨师"；第4步兵师外号"常春藤师"。第2装甲师绰号为"风火轮"，这个师不按常理出兵的坦克战术，打得德军叫苦连天，从北非的沙漠河床一直打到莱茵河西岸。还有第1步兵师的"大红一"，该师的登陆作战次数比美国任何一个师都要多。第1步兵师和美国陆军历史最悠久、强悍而讲究传统的"灰蓝师"——第29步兵师，在诺曼底登陆上了狭长的奥玛哈滩头，在看似大势已去时却打死不退。

还有一个部队大大有名。第83步兵师进兵速度快得和装甲特遣部队一样，最近被记者取了个外号"无赖马戏团"（The Rag-Tag Circus）。他们那位足智多谋的师长罗伯特·昌西·梅肯少将（Robert C. Macon）下达了命令，要以任何有动力的东西充当运输工具前进，"一概不过问"如何取得。现在"无赖马戏团"以最快的速度进军，他们所乘坐的是五花八门的车辆——匆忙把掳获的德军车辆重新涂漆，有德军的水桶车、公务车、弹药车、豹式坦克、虎式坦克、摩托车、巴士，还有两辆人见人爱的消防车。其中一辆消防车开到前线，车身站满了步兵，后保险杠上有一面随风招展的旗帜，上面写着，"下一站，柏林。"

* * * *

盟军有三个强大的集团军群，在荷兰的奈梅亨到德国莱茵河边的杜塞尔多夫（Dusseldorf）之间的，是蒙哥马利元帅的第21集团军群。它在3月23日已经突破、渡过莱茵河，这时正席卷大鲁尔河谷

（Ruhr Valley）以北的西发利亚平原，也就是德国工业的根据地。据守北翼的是加军第1集团军，集团军司令为亨利·邓肯·格雷厄姆·克里勒中将（Henry D. Crerar）；中央为迈尔斯·克里斯托弗·邓普西爵士中将（Miles Dempsey）的英军第2集团军（在盟国各集团军中，英军第2集团军最为"盟国化"，所辖部队除了英军、苏格兰与爱尔兰的部队以外，还有波兰、荷兰、比利时和捷克的部队——甚至还有一个美军师，第17空降师）。在集团军南翼疾进的，是蒙哥马利的第三支武力，美军强大的第9集团军，司令为威廉·胡德·辛普森中将（William H. Simpson）。蒙哥马利这支大军，这时已经把莱茵河抛在后面差不多有80公里远了。

盟军战线上的第二个集团军群，据守着201公里正面，从莱茵河的杜塞尔多夫起到美因兹地区，这便是美军的第12集团军群，司令为谦恭沉静的奥马尔·纳尔逊·布莱德雷中将（Omar N. Bradley）。他下面有三个集团军，不过有一个集团军——伦纳德·汤森·杰罗中将（Leonard Gerow）的第15集团军，是一个"幽灵"单位。他们正准备占领工作，当时只担任相对非作战性的任务，据守在莱茵河的西岸，从杜塞尔多夫到波恩，正对着鲁尔地区。布莱德雷的兵力，分别是美军强大的第1集团军与第3集团军，兵力约为50万人。考特尼·希克斯·霍奇斯将军（Courtney Hodges）的第1集团军，是欧洲战区的"战马"，也是领先在诺曼底登陆的集团军。他们正向鲁尔区南边涌过去，以快得惊人的速度向东急冲。自从3月7日第1集团军攻占雷马根桥以后，霍奇斯便稳定地扩大了在莱茵河东岸的桥头堡，让一个师又一个师在桥头堡集结。然后到了3月25日，第1集团军以难以置信的力量，从立足点突破。三天以后，从攻势发起点前进了64公里。在第1集团军下方横越德国中部的，便是大名鼎鼎的美军第3集团军，司令是争议最多、脾气火爆的巴顿将军。巴顿自夸，他的第3集团军行进得更远更快，解放欧陆地区的面积最多，杀死与俘获的德军也比任何集团军要多——又得了个第一。他已抢了蒙哥马利的风头，当第21集团军大肆宣扬已在3月23日展开攻击时，他却早在至少24小时以前，暗中渡过了莱茵河。目前，巴顿的坦克纵队正以一天48公里的速率向东前进。

在巴顿侧翼，也是布莱德雷集团军右翼的部队，是盟军的第三支军力雄厚的地面武力，雅各布·劳克斯·德弗斯将军（Jacob Devers）的第6集团军群，他下辖两个集团军，亚历山大·麦卡雷尔·帕奇中将（Alexander Patch）的美军第7集团军，以及让·德拉特·德塔西尼将军（Jean de Lattre de Tassigny）的法军第1集团军，扼守南翼大约为241公里宽度。帕奇与巴顿两个集团军几乎并肩向前疾进。塔西尼的集团军，则正在奋战克服全西线最崎岖的地形，穿过山岭重叠的孚日山脉（Vosges）与黑森林。他的集团军六个月以前根本不存在，是法国解放后的第一个集团军，目前有官兵约10万人。他们希望在战争结束以前，还有时间和德国佬算账。

每一个人都有账要算。但是在整个西线战场，德国陆军再也不是一支坚强有组织的武力了。阿登攻势中，兵力已十去八九。第三帝国一度强大的军队，终于在介乎摩泽尔河（Moselle）到莱茵河之间约一个月时间的战役中被打垮。希特勒作出决策，要在莱茵河西边作战。而他不肯把被打得七零八落的大军撤退到东岸构筑阵地，最后证实这是一场惨败，会由后人记录下来，成为二次大战用兵上最大错误之一。那一次背水作战，有30万人成为俘虏，官兵死伤达6万人。总计德军的损失等于整整20多个师。

现在根据判断，德军虽然还有60个师存在，但这些仅是纸上数字，每一个师的兵力只有官兵 5,000 人，而不是员额十足的 9,000 人到 12,000 人。事实上，据估计在西线残余的德军，不到 26 个完整的师，而且这些师也都是装备不足、弹药缺乏，油料、车辆、大炮与坦克都奇缺。除此以外，还有一些师的残余兵力，四分五裂的党卫军残部、防空部队，数以千计的空军官兵（德国空军几乎已经完全消失了）、民兵团体、由没有训练的老人与男孩组成的各地国民突击队（Volkssturm），甚至还有青少年官校学生的干部。德国陆军组织瓦解，断联断讯，经常缺乏有能力的干部，无力阻挡或延缓艾森豪威尔大军有条不紊的屠戮行动。

从莱茵河发动的攻势才不过一个星期，蒙哥马利与布莱德雷狂奔的两个集团军，已逼近了德国最后的据点：重兵把守的鲁尔。随着大军东进的同时，美军的三个集团军突然迅速包抄，从南面与北面包围鲁尔。北面的辛普森第 9 集团军，改变了向正东前进的方向，而开始向东南方进军；南面霍奇斯的第 1 集团军与巴顿的第 3 集团军，平行并进，巴顿在外，也转向直趋东北，要与辛普森合围。这个阵势迅速形成，使得德军——主要是瓦尔特·莫德尔莫德尔元帅（WalterModel）的 B 集团军——兵力不到 21 个师——几近没有察觉逼近他们的两翼。这时，他们遭受到包围的威胁，陷入大约 113 公里长、89 公里宽的口袋阵地里。盟军情报部门估计，在这个口袋里的德军人员与武器，远比苏军在斯大林格勒所捕获的还要多。

在击败德国的整体计划中，渡过莱茵河与攻占鲁尔区，一向被认为是至关紧要——而且极其艰难——的目标。分布在鲁尔盆地的工业区，加上它的煤矿、炼油厂、炼钢厂与军备工业，涵盖的面积几乎达到 10,360 平方公里。一直认为要攻占这里，得花上好几个月的时间——那是在德军于莱茵河崩溃之前的事情。而今，这次钳形夹击的兵力运用——出自沉静的密苏里人布莱德雷——正以使人屏息的速度实施。美军进展之快，许多师长已经在讨论在几天之内合围的事了。一旦鲁尔受到封锁，德国几乎没有什么力量能阻止盟军庞大攻势的进展了。目前，敌军已经瓦解，根本没有什么延续性的防线。

事实上，德军已经毫无组织可言。美军第2装甲师师长艾萨克·戴维斯·怀特少将（Isaac D. White）下令，部队若遇到任何大规模抵抗就绕过去，以保持前进的稳定。第2装甲师是第9集团军钳形攻势的先锋兵力，正沿着鲁尔区北缘前进，不到三天的时间，已经前进了80公里。德军在一些孤立的据点中顽固抵抗，但第2装甲师所遭遇到的炸断桥梁、急造路障、地雷区与恶劣地形的困扰，远比敌军的战斗要多。所有地方差不多都是如此。

担任第2装甲师前锋的第82侦搜营营长惠勒·戈弗雷·梅里亚姆中校（Wheeler G. Merriam），便遭遇了很多的混乱，但是几乎没有发生过任何战斗。3月28日，他命令营里的坦克，在一条东西向的铁路两面散开，接下来梅里亚姆下令停止，报告自己的新位置。正当他的无线电兵要与师部联络时，梅里亚姆觉得听到了火车汽笛声。突然间，一列装满了部队，平板车皮上载着装甲车和大炮的德军火车，沿着铁道驶过来，就在他的部队之间穿过。车上的德军和地面的美军彼此愕然对望。梅里亚姆抬头看看从车窗探头往外看的德军士兵靠得好近，近到可以发现到"那些士兵胡子没有刮干净"。他手下官兵大吃一惊，眼睁睁看着这一列车向西方驶去，双方一枪都没有开。

梅里亚姆终于采取行动。他立刻抓起无线电话，当在西边几公里外的第2装甲师师长怀特少将，在吉普车无线电中听到梅里亚姆兴奋的预警时，他看到火车已进入视线。怀特见到一名宪兵，正在指挥第2装甲师的车队，突然正要越过轨道的车队停了下来——这时，怀特也和梅里亚姆一样，催了眠似的任由火车在旁边隆隆驶过。几秒钟以后，怀特抓起野战电话，呼叫炮兵射击。不到几分钟，远在西端的第92野战炮兵营一阵齐放，把这一列火车利落地轰成两段。后来发现，列车的平板车上载有大量的战防炮、野战炮，还有一门16寸口径的铁道炮。被俘获的德军说，他们完全不知道盟军的到来。他们以为，英军和美军依然在莱茵河西岸。

混乱既是盟友也是敌人。第30步兵师的埃利斯·W. 威廉森中校（Ellis W. Williamson）行进得太快，甚至遭到盟军另一个师的炮兵射击，误以为威廉森的部队是向东撤退的德军。第5装甲师的克拉伦斯·A. 纳尔逊中尉（Clarence Nelson），也有过雷同的罕见经验。他的吉普车车底炸坏了，便跳进一辆半履带车，却遭到猛烈的炮火轰击。于是他下令一辆坦克，把敌人据点扫荡掉。坦克驶出去，到一处高地，发射了两发炮弹——打的是一辆英军装甲车。对方官兵大为光火，但人没有受伤。他们一直埋伏在那里等待，希望发现目标。第113机械化骑兵团的随军牧师本·莱西·罗斯（Ben L. Rose），还记得一名坦克车长慎重地向战斗群指挥官报告，"报告，我们前进了最后的几百米——在草丛之下。抵抗非常猛烈——分别来自敌人和友军。"

盟军进兵极为迅速，而德军防线崩溃也快。很多指挥官担心车祸更甚于敌人的炮火。英军鼎鼎大名的第7装甲师的查尔斯·金上尉（Charles King），便请求弟兄"在路上开车要小心，"他警告，"到现在竟死于车祸，那就太可怜了。"几小时以后，原来是"沙漠之鼠"一员的他死了。他的吉普车碰上德军的地雷。

大多数官兵对自己置身何方，两侧翼是谁都没有概念。前锋部队，在很多例子中，都已冲出了他们地图上的范围。而第82侦搜营的尖兵足智多谋，一点也不担心，他们使用上了紧急地图。那是二战初期，发给所有战斗飞行员的丝缎制的手帕地图。一旦被击落，便可以用这种地图帮助他们逃出敌人的领土。第 82 侦搜营的尖兵，只要简单核对一下德国的路牌，就可以确认自己的位置。至于第 84 步兵师的责任区，诺曼·唐纳德·卡恩斯中校（Norman Carnes）发现该营只剩下两张地图可以显示他们前进的地点。但他不担心——只要他的无线电还能够和师部保持联系就行了。第 2 装甲师的心理战专家阿瑟·T. 哈德利中尉（Arthur T. Hadley），他是在坦克上不用炮而是扩音器要求德国的城镇投降。这时他用的地图，是一份古早的贝德克出版社（Baedeker）的旅行地图。第 83 步兵师的弗朗西斯·克里斯蒂安·绍默上尉（Francis Schommer），一向知道自己率领全营走在什么地方，只要他看见一个德国人便一把揪住，一支枪抵住对方的肋骨，用流利的德语问现在是在什么地方。到现在为止，还没有弄错过。

对各装甲师的官兵来说，渡过莱茵河以后的推进，才是他们擅长的作战方式。蜿蜒的装甲纵队，在德国的城镇和部队之中冲过、绕过、围过和切过了他们，呈现出装甲兵战术的典型范例。有些官兵想在信中叙述装甲兵这次向东进兵的迅速情形，第 67 装甲团第 1 营营长克利夫顿·布鲁克斯·巴彻尔德中校（Clifton Batchelder），认为这次进击"重现了南北战争期间，骑兵部队作战的冲击与骁勇"。第 5 装甲师在敌军中切过，留下了数以千计的德军在后面的孤立口袋作战。杰拉尔德·P. 莱布曼中尉（Gerald P. Leibman）不屑地说："我们突破了他们的前线阵地以后，在敌人的后方扩张战果。"对莱布曼来说，这种攻击使他想起自己参与巴顿将军突破诺曼底树篱后，装甲部队的进兵行动。"没有一个人停下来吃东西或者睡觉，"他指出，"我们所做的就是攻击、急速前进、攻击，急速前进。这一回又重演在法国的情况了——只不过这一回家家户户飘扬的旗帜，不是法国的三色

第三部　谁先赢得柏林　107

旗，而是投降的白旗。"

英军第 7 装甲师下辖的德文郡团（Devonshire Regiment）的进兵行动中，弗兰克·巴恩斯中尉（Frank Barnes）告诉朋友罗伯特·戴维中尉（Robert Davey）说，"一直都在前进，真是太棒了。"两个人都兴高采烈，因为在攻击前的任务提示中被告知，这是最后一次的大举进攻，而最后的目标便是柏林。

蒙哥马利元帅一向都知道，柏林是最后的目标。他容易动怒，难以忍受耽搁。脾气火爆，经常毫不圆融，但他却也一向务实及有胆识。远在北非的阿拉曼沙漠（El Alamein），当他获得伟大的胜利时，他就把视线固定在柏林了。当恶劣天气延误了诺曼底登陆时，是他毫无保留地说："上！"而现在他再度要求准他进兵。此时，盟军统帅还没有明确的决心，蒙哥马利便宣布了自己的决定。3 月 27 日星期二的下午 6 点 10 分，他以密码拍电报给盟军总部，通知艾森豪威尔将军：

"今日我已下令各集团军司令，即将展开东进作战⋯⋯我拟使用第 9 及第 2 集团军，直趋易北河一线。右翼第 9 集团军指向马格德堡（Magdeburg），左翼第 2 集团军则攻向汉堡（Hamburg）⋯⋯

"加军集团军⋯⋯肃清荷兰东北部、西部、海岸区向北而至与第 2 集团军之战线⋯⋯

"我已下令第 9 及第 2 集团军，立即以装甲暨机动部队向前机动，以最大速度及冲力突破易北河。情况看来大好，几天之内应火速开始行动。

"我的作战司令部于 3 月 29 日星期四，移往邦宁哈特（Bonninghardt）西北。至此以后，司令部将沿韦瑟尔（Wesel）、明斯特、维登布吕克（Wiedenbrilck）、黑尔福德（Herford）、汉诺威一线前进希望经由德国的高速公路抵达柏林。"

****

"奥图叔叔"与"爱菲阿姨"这两只小狗,吊在绳子一头,在半空中慢慢转动,悲伤地俯瞰瓦砾满地的柏林庭院。卡尔·维贝格在维尔默斯多夫区公寓二楼后面的阳台,对着这两只腊肠狗轻声说话,一边安抚,一边拉它们到安全的地方。他正在帮两只宠物练习他自己设计的空袭逃生实施,两只狗经过几个星期的训练,现在适应得很好。维贝格的邻居也都如此,虽然觉得这个瑞典佬对宠物的关怀有点过火,但每个人都已经习惯看到这种情况。"奥图叔叔"与"爱菲阿姨"一身毛刷得油光水滑,在窗户边上上下下。没有人怎么注意这几根垂下来的绳索,那就是维贝格想要的。一旦盖世太保迫近时,他不得不翻过后阳台,用这几根绳子溜之大吉。

他对每件事情都想得非常周到,只要有那么一点失误,就可能暴露出他是盟国间谍的事实。而现在,柏林人每一天都越来越疑神疑鬼、焦急万分,维贝格可不愿冒险。他依然没有发现希特勒身在何处,他那种随意说出、看上去毫不知情的傻问题,显然没有引起猜疑,但也没有得到他要的消息。即使是他那些在德国陆军与空军的朋友,也完全不知道。维贝格开始认为,元首和他身边的宠臣都不在柏林。

正当他把两只狗拉上阳台时,门铃突然响起,维贝格紧张起来,并没有访客要来访。他终日被恐惧感折磨着,生怕打开门后发现外面站着的是警察。他小心地把狗放开,走到门前去应门。门外是个陌生人,个头魁梧奇伟,穿着工人服装,上身一件皮外套,右肩扛着大纸箱。

"卡尔·维贝格吗？"他问道。

维贝格点了点头。

陌生人把纸箱放进屋里，"这是你在瑞典的朋友送来的一份小礼物。"他笑着说道。

"我在瑞典的朋友？"维贝格说得很小心。

"嗯，你很清楚这会是什么。"陌生人说道，一转身很快就下了楼梯。

维贝格轻轻把门关上，僵硬地站着，低头看着纸箱。他唯一从瑞典收到的"礼物"，就是供情报作业用的配备。这是个陷阱吗？他开箱时，会不会有警员冲进公寓？他快速走过起居室，小心翼翼地察看楼下的街道，街上空空如也，也没有刚刚那位访客的踪迹。维贝格回到门后，站着静静听着一会儿，没听见什么异于寻常的声音，于是他把纸箱拖进客厅，放在沙发上打开。这个很随性送来的纸箱，里面竟是一台大型发报机，维贝格一下子全身冒出汗来。

几个星期以前，有一位名叫亨宁斯·耶森-施密特（Hennings Jessen-Schmidt）的瑞典人，是他的上级，通知维贝格要他担任柏林间谍网的"仓库保管员"。打那以后，他就一直收到专差送来的各种物品。在此之前，都会事先预告，实际交付也一向处理得极其谨慎，电话响两声就挂断，那就是表示要送货来的信号。那些物品只在天黑的时候送到，通常都在空袭期间。从来没有在光天化日下送货，他气得要死。"有些人，"他后来说起这件事，"做事相当不成熟、极其外行，差点就把整个行动给搞砸了。"

维贝格的处境越来越危险，他受不起警方的一次查访，因为他的公寓现在已成了如假包换的间谍器材库房。

藏在这里的包括有大量的现钞，一些密码表，种类繁多的药物和毒药：从可以使人在任何时候不省人事、效果快速的迷昏药，到致命的氰化钾，应有尽有。他的煤窖以及附近租来的车库，便是储放步枪、左轮手枪和子弹的小型军火库。维贝格甚至有一个公文包，里面是高度挥发性的炸药。由于空袭频仍，这项工作令他极为担心。不过，施密特与他找到了一处完美的储放地点，炸药现放在德意志联邦银行（Deutsche Union Bank）金库的大型保险柜了。

到现在为止，维贝格的公寓奇迹般地躲过了各次空袭。不过一旦炸中了，他对后果是想都不敢想，自己的身份立刻就会暴露。施密特告诉他，不久就有不同小组的情报与间谍人员抵达柏林，这些供应品便会在适当时候分发给他们。这些精选的干员，一旦听到广播信号，或者由伦敦的传讯网传到信号，便会开始行动。维贝格巴不得马上就分发装备。施密特的预告，是要在今后几星期等候电文的指示，因为各组的工作要与攻占柏林相配合。根据施密特与维贝格所接到的消息，英军和美军都会在四月中旬前后攻抵柏林。

3

伦敦唐宁街10号的书房，丘吉尔弯身坐在他喜欢的皮椅上，电话罩在耳朵上。英国首相正在听取军事幕僚长黑斯廷斯·莱昂内尔·伊斯梅爵士将军（Sir Hastings Ismay）的报告，念出蒙哥马利致盟军统帅的电文。蒙帅承诺了"最大的速度与冲力"，这的确是好消息，甚至比他宣称直指向柏林更好。"蒙哥马利，"首相告诉伊斯梅说，"正有惊人的进度。"

英美两军的将师，经过好几个月的激烈讨论之后，盟军的战略已经确定了。艾森豪威尔的计划，是在1944年秋初订草案，并于1945年1月，由在马耳他（Malta）开会的英美联合参谋首长会议（Combined Chiefs of Staff）批准。该计划要以蒙哥马利的第21集团军群担任主攻，越过下莱茵与鲁尔北部。这一条攻击路线是丘吉尔写给罗斯福的一封信中提到过，"到柏林的最短途径"。

南边的美军部队，则渡过莱茵河，向法兰克福进兵，把敌军从蒙哥马利方面吸引开来。如果蒙哥马利的攻势顿挫，这支助攻进兵也可以成为主攻路线。不过就丘吉尔来说，这件事已经算是决定好了。这支"伟大的十字军"正接近终点，这令他感到莫大的满意。在盟军所有将帅当中，阿拉曼之役的这位英雄，似乎命中注定要攻占敌人的首都。为了这次攻势，第21集团军群一直在进行针对性的增援，部队、空中支持、补给、装备都是最高优先。蒙哥马利麾下几乎有官兵百万人，共达35个师与配属部队，其中含有美军的第9集团军。

四天以前，丘吉尔和艾森豪威尔到达德国，目击了渡河后的初期攻击。丘吉尔站在莱茵河两岸，眼见这次庞大攻势的展开，向艾森豪威尔说道："我敬爱的将军，德国可够惨了，我们摆平了他，一切都结束了。"

确实，在大多数地区，敌军的抵抗出乎意料之外的微弱。在美军第9集团军的作战责任区中的两个师——兵力约34,000人——与英军并肩渡河，伤亡官兵却仅有34人。目前，蒙哥马利已经有20多个师与1,500辆坦克过了河，正向易北河推进，直指柏林——丘吉尔称之为"英美大军真正的主要目标"——的大道，似乎已豁然大开。

政治上的大道也已经敞开了。三强从来没有讨论过该由那一支大军攻占这个都市。柏林是一个开放的目标，等待着盟国最先到达的大军拿下来。

不过，对于占领敌国其余的地区，却一直在讨论着，而且讨论得很多——一如"日食计划"地图中所画定显示的各区。而占领德国有关的诸多决定，对攻占柏林以及它政治上的未来，具有决定性的影响。至少有一位盟国领袖，从一开始就意识到了，他说："一定会出现奔向柏林的竞赛。"这个人就是美国总统罗斯福。

* * * *

早在17个月以前的1943年11月19日，这件事已来到罗斯福面前。那一次是在欧内斯特·约瑟夫·金海军上将（Ernest J. King）于"依阿华"号主力舰（USS Iowa, BB-61）上的官舱，罗斯福坐在会议室长桌的一头，两边是他的幕僚与顾问，其中还有美军联合参谋首长会议的成员。当时，他坐这艘巨舰到中东去参加开罗会议和德黑兰会议——这也是盟国领袖在战时的第五次和第六次会议。

当时，全球都在与轴心国作殊死战。在苏联战场，德军遭遇了他们最大、损失也最惨重的失败——斯大林格勒（Stalingrad）。德军在遭受包围，切断了外援达23天之后落败，死伤与俘虏多达30万人。在太平洋，作战的美军超过了100万人。各处战线日军都被迫后退。西线，隆美尔已经在北非遭到击溃；意大利在英美大军从非洲登陆西西里岛后遭到入侵。德军正顽强固守在意大利北部，而当时英美军正草拟计划作"最后一击"——霸王行动——在欧洲大举登陆。

在"依阿华"号上，罗斯福流露出他强烈的烦恼。他面前的文件和地图，是一个称为"兰金计划C案"（简称"兰金C案"）的重要文件，是众多与未来的登陆作战相关而开展的其中一个研究方案。"兰金C案"考虑到敌人突然崩溃，或者忽然投降所应采取的许多步骤。

第三部 谁先赢得柏林 113

1943年德黑兰会议的"三巨头"。左起为苏联的斯大林、美国的罗斯福、英国的丘吉尔。本次会议达成对纳粹德国发动第二波攻击的共识。

盟军高级指挥官的会晤。从左到右：索科洛夫斯基大将、罗伯特·墨菲、蒙哥马利元帅、朱可夫元帅、艾森豪威尔五星上将、法国的柯尼希中将。

计划中指出，一旦发生以上情况，德国和柏林就应该划分数区，由"三强"各占领一区。使罗斯福烦心的是由英军计划人员代为选定的美国占领区。

"兰金C案"是针对特定且令人沮丧的情况下发展出来的。这个计划的内容，一直受到一个人的直接影响，便是欧洲盟军最高司令（Supreme Commander in Europe），但这个职务当时还有待指派。要在盟军最高司令到职以前就先一步草拟两个计划——一个是越过海峡攻击的"霸王行动"，以及一旦德国崩溃的"兰金计划"——都是困难的工作，这项工作交给了英军的弗雷德里克·埃奇沃思·摩根中将（Frederick E. Morgan），他以代号COSSAC（盟军最高司令部参谋长 Chiefof Stafftothe Supreme Allied Commander 的缩写）闻名[1]。摩根处理的是一份吃力不讨好、没有人会感谢的工作。当他受命就职时，英军帝国参谋总长布鲁克爵士对他说道："好吧，就这么办了。当然，它行不通，不过你可得一定要好好干。"

在草拟"兰金计划C案"时，摩根得考虑各种无法预估的事项。如同1918年11月，没有料到德国会投降那样，万一德国这次又突然投降，盟军会不会措手不及、会发生什么情况？美军、英军及苏军，要占领德国哪些地区？谁拿下柏林？这些都是基本问题。如果盟军不会因为德军突然崩溃而措手不及，那这些问题就得有清楚的办法来解决。

---

[1] 实际上1943年最初的方案，"兰金计划"分成三个部分：A案是德军也许实力疲弱，只需要实施"缩小版的霸王行动"即可；B案构想德军自各占领国作战略性的部分撤退，但依然留下大批兵力在欧洲沿岸以击退盟军登陆；C案则为在登陆前、登陆中、登陆后，德军突然崩溃。据摩根回忆，A案与B案很早就被放弃了，它们只在短期内被考虑过。

直到那时，还没有一个为结束战争而制定出来的计划。虽然美国与英国的各个政府机构，讨论过一旦敌对行动中止时可能会引起的诸多问题，在形成一个全面政策方面几乎没有什么进展，只有一点获得共识：要占领敌国。

相形之下，苏联并没有障碍就形成政策。斯大林一向认为，占领是理所当然，他也因如何进行占领的看法而闻名。早在1941年12月，斯大林直接通知英国外相安东尼·艾登（Anthony Eden），在他所拟的战后要求中，包括有打算占领与并吞的土地。那是一份使人印象深刻的清单。斯大林的战利品中，要求承认他对拉脱维亚、立陶宛与爱沙尼亚的主权；1939年他攻击芬兰所取得的部分土地，罗马尼亚的比萨拉比亚省（Bessarabia），1939年与德国协议，苏军所蹂躏的波兰东部，以及东普鲁士的大部分。当他冷静着地摊出这些条件时，莫斯科的郊区、离克里姆林宫仅仅只有24公里的地方，大炮正在射击，那里的德军还正奋力作战。

虽然英国认为斯大林在1941年提出的要求还言之过早[1]，但到了1943年，英国人也草拟本身的计划案。外相艾登建议，必须完全占领德国，划分为盟国三区，内阁中由工党领袖副首相克莱门特·理查

---

[1] 斯大林的提议传到达丘吉尔那里时，丘吉尔正乘坐英国主力舰"约克公爵号"（HMS Duke of York）横越大西洋去会晤罗斯福。美国当时刚刚参战，丘吉尔对在这个时候，向他提及这件事有点顾虑（毕竟美国力量强大）。他以电报告诉艾登说："当然你不会对斯大林无礼，我们去美国并不是要订立秘密与特殊的条约，向罗斯福总统提及这种建议，只会引起断然拒绝，也许造成长期的麻烦⋯⋯即使非正式提起⋯⋯以我的意见来说也不恰当。"美国国务院收到了艾登与斯大林谈话的消息，但没有迹象显示，曾经有人有意在当时向总统报告这件事。但到了1943年3月，艾登和罗斯福讨论这件事，并完整被告知详情。据艾登说，罗斯福预料不会与苏联发生多大的摩擦。"罗斯福内心深处自然衍生的最大问题，"艾登说，"现在以及战后，可不可能与苏联连手合作。"

德·艾德礼（Clement Attlee），成立"停战及战后委员会"（Armistice and Post-war Committee）。艾德礼的团队，也发布了一个广泛的建议，鼓吹三国划分，而由英国占领德国工商业富裕的西北区。建议柏林应由三强联合占领。盟国中真正没有为战败的德国制定计划的只有美国。美国官方意见认为，战后的处理方式，应该等到接近最后胜利的时候再说。他们觉得，占领政策主要属于军事方面的事务。

可是到了目前，盟国的联合力量，开始在每一处战场取得进展。以他们每日增进的攻势节奏，需要政治上的协调已很迫切。1943年10月，在莫斯科举行的"外长会议"（Foreign Ministers Conference）采取实验性的第一步，便是界定盟国战后的共同政策。盟国接受了管制及占领德国中具有联合责任的构想，设立了一个三国组织"欧洲咨询委员会"（European Advisory Commission，EAC），"以研究在敌对状态终结后相关欧洲的问题，并向三国政府提出建议。"

但在同一时间，摩根已经拟出了他的计划——占领德国的简略蓝图——他后来解释，"只能在进行了大量的预测之后而准备出来。"一开始，在没有任何政治指导下，摩根拟妥的计划，只要求作有限度的占领。但是他最后的"兰金C案"建议，则呼应了艾德礼委员会更为精细的方案。摩根坐在一幅地图前，把德国以犹如经过计算般的准确度三分天下，"沿着现有各省的省界，用蓝铅笔大致描绘出来。"显然，苏军自东方进击，务必要占领东边的地区。修正后的"兰金C案"，英、美、苏之间划分建议的界线，从波罗的海的吕贝克，到德国中部的爱森纳赫，再从那里到捷克边境。至于苏军地区的范围，摩根则不在意。他没有被要求须考虑这些部分，因为"这想当然是苏联的事，他们并不包含在英美联合参谋首长会议之内。"不过，柏林确实令他感到烦恼，因为它会落进苏军地区。"我们还会继续把这个地方当成首都吗？还是说到时候还有首都？"他不禁怀疑。"就作战的国际性来说，要占领柏林或任何首都——假如还有首都的话——三强的兵力应该相等，美国、英国及苏联，各派一个师的兵力。"

至于英、美占领区，基于它们南北连接的关系，在摩根看来，已经被一个近乎可笑但相关的事实给事先决定了：那就是在英国本土英美军基地与兵站的位置，打从第一支美军部队抵达英国起，他们便驻扎在北爱尔兰，后来又驻在英国的南方与西南方，英军兵力则配备在北方与东北方。因为双方部队的集中、补给、与通讯都分开来——面对欧洲大陆，美军一向在右翼，而英军总是在左翼。摩根预先在"霸王行动"洞察这种关系，因此这层关系继续越过海峡到诺曼底的各登陆滩头——而且，可以假定，穿过欧洲而直达德国的心脏本身。英军要进入德国北部，解放荷兰、丹麦及挪威。在右翼的美军，则遵从他们的前进路线，通过法国、比利时与卢森堡，并在德国南部各省终止。

"我并不相信，"摩根后来说道，"当时有任何人懂得这个安排的来龙去脉，及其最终的用意——这很可能只是源自战争部的一名小官所拟定的计划，但是从这个决定，衍生了所有其余的方案。"

在"依阿华"号主力舰上，美国总统清楚理解这计划的最终用意。这也是他不喜欢"兰金计划C案"的原因。在下午3点开始的会议，罗斯福立刻进入这个主题，明白表示他很恼火。在附上的备忘录上，美国参谋首长联席会议签注了意见，请其对修改的摩根计划下达指示。罗斯福斥责军方首长"制造若干想象"——尤其关于美国接受英国的提议占领德国南部这件事。罗斯福说，"本人不喜欢那种安排。"他要求的是进入不来梅（Bremen）与汉堡这两座海港的路径，也要到挪威与丹麦的海港通道。而且他对美军占领区的范围非常坚定，"我们应该到达柏林，"他说，"美国应该占领柏林。"然后他又补上一句,"苏军可以占领东部的地域。"

罗斯福也对"兰金C案"的另一部分很不高兴。在南边的美军占领区,责任区包括了法国、比利时与卢森堡。他很担心法国,尤其担心自由法国部队的领袖戴高乐将军,认为他是个"政治上的头痛人物"。他告诉手下的顾问说,美军进入法国,戴高乐就会"跟在部队后面1.6公里",然后准备接收。尤其,罗斯福害怕当战争结束时,法国会爆发内战,他可不要牵扯进去,"在重建的过程,"罗斯福说道,"法国将会是英国的责任。"

而且不只法国而已,他觉得英国对卢森堡与比利时也有责任,还有德国的南部。至于美军占领区,以罗斯福的看法,应该横越德国北部(包括柏林在内),一直到奥得河畔的斯德丁。然后他又再一次字斟句酌地,强调他不高兴目前提议的占领区划分。"英国人的计划,要美国占领南部地区,"罗斯福说,"本人不喜欢这项提议。"

总统的暗示使得军事首长大为吃惊。三个月以前的魁北克会议,美国参谋首长联席会议在原则上批准了这项计划,连英美联合参谋首长会议也批准了。在那时,罗斯福总统对划分德国,表现了莫大的兴趣,促进了为计划制订的紧迫性,他表达出了这样的意愿,部队应该"准备与苏联人同时抵达柏林"。

美国参谋首长联席会议原以为有关"兰金C案"的事项都已定案,他们在"依阿华"号提出这个计划,完全基于政治与经济相关,同时还有跟军事有关的政策。而现在,总统不但质疑占领计划,而且还涉及"霸王行动"本身的基础。如果方案中的各占领区要加以变更,以达成罗斯福的愿望,那么在登陆作战以前,就要进行部队调动。这一来就会延搁了——甚至危害——越过海峡的攻势。而这项攻势是任何战争中从没有进行过最复杂的作战。在军事首长看来,事情很清楚，罗斯福总统不是不了解这涉及庞大的后勤运送，便是了解得很清楚而准备付出巨大的代价，以便使美国得到西北方的占领区和柏林。以他们的看法来说，代价会高得令人望而却步。

马歇尔将军以圆融的方式说明眼前的情况。他同意"这件事情应该深入研究"，但是，他说"兰金C案"的建议主要是基于军事方面的考虑而产生的，其中是以后勤的观点来看，"我们一定要使美军在右翼……整个事情都得从英国各地海港问题说起。"美国海军军令部长金海军上将支持马歇尔。他说，到目前为止，登陆作战计划已经展开，要就部队的部署进行任何改变，都不切实际。

这是一个巨大的问题，因而马歇尔认为，在部队调度之前，需要一个完全的新方案——一个灵活的方案，足以应用在"任一发展阶段"，才能获得总统想在德国得到的东西。

罗斯福并不这么想，他觉得如果希特勒的帝国整个崩溃，美国就得要尽可能多派部队进入德国。他建议，有些部队可以"在苏格兰附近"——从北边进入德国。同时，他确切表示盟军要更快取得柏林。在这种情形下，美军各师"应尽快"攻到那里，罗斯福所信任的顾问哈里·霍普金斯（Harry Hopkins）当时也在"依阿华"号上，也有同样的急迫感。他认为美国得"准备在德国崩溃后的两小时内，派一个空降师进入柏林"。

总统手下的军事首长，一再向他强调变更"兰金C案"的严重性，但是罗斯福依然坚定不移，最后他把摆在桌上的一幅《国家地理杂志》的德国地图往自己前面拉，就在上面画了起来。他最先画一条线，在杜塞尔多夫的位置横越西线，向南沿着莱茵河到美因兹。到了那里，大笔一挥，他把德国沿着北纬50°切成两半，大致上介于西边的美因兹与东边捷克边境阿施（Asch）的中间，然后他的铅笔向东北移动，到奥得河上的斯德丁。线以上的地区为美军，英军则在线以下的地区。不过当罗斯福勾勒这条线时，在美军与英军地区的东方界线，便形成一个粗略的楔形，顶点在莱比锡（Leipzig），从那里向东北方到斯德丁，东南则到阿施。罗斯福没有说出来，但这一个粗略的三角形，显然就是苏军占领区。它所占的面积，比起"兰金计划C案"中建议拨给苏联的地区一半还不到。他也没有把柏林包括在这一带地域，却是在美英两军的界线内。就马歇尔所了解，罗斯福打算由美、英、苏三个国家的部队共同联合占领柏林。

这幅图形正确地显示罗斯福心中的打算。他告诉各军方首长，如果美军遵照盟军最高司令部参谋长所提议的"兰金计划"进驻南部地区，"英国人就会对我们所采取的每一项行动进行暗中破坏。"罗斯福说，这相当明显，"在这项建议的背后，有英国的政治考虑。"

讨论结束时，并没有什么明确的决定。不过罗斯福觉得，他的军事首长毫无疑义会照着他的期望去做安排。

罗斯福所设想的占领，也就是说要美军驻扎100万人在欧洲，"至少一年，也许两年"。他的战后计划与美国本身参战相似——全力以赴，但以最少的时间，以及对欧洲事务的最低涉入程度。他预见了对敌人腹地一次迅速而成功的大举进兵——"以铁路运兵攻入德国，极少抵抗或者毫无抵抗"的情况——可以使美军部队进入德国西北地区，再从那里进入柏林。最重要的是，美国总统决心要攻占柏林。[1]

---

[1] 关于在"依阿华"号主力舰上的这些事情，出自马歇尔将军的笔记。官方的备忘录并没有直接引述，仅注记作为参考。作者所引述的罗斯福以及别人的谈话，都清楚显示该语句出自当事人。

＊＊＊＊

如此，有了美国对德国的第一个确切且具体的计划。但只有一点问题，罗斯福经常受到批评，说他越俎代庖跳过自己的国务卿。但除了对军事首长以外，他不曾对其他人透露过他对这件事情的观点。他们花了差不多四个月的时间讨论这个计划。

在"依阿华"号会议以后，马歇尔将军把罗斯福的那幅地图——这是政府对占领德国的想法唯一的有形证据——交给了战争部作战署长托马斯·特洛伊·汉迪少将（Thomas T. Handy）。汉迪回到华盛顿，便把地图放进作战署最高机密的档案。

"就我所知道的来说，"他后来回忆，"我们根本没接到任何要把地图寄给国务院任何人的指示。"

罗斯福的计划被手下将帅置之高阁。这是在"依阿华"号会议以后，美国官员所发生的一连串奇怪、代价惨重的大错，以及错误判断之一。这对于德国与柏林的未来，都具有莫大的影响。

11月29日，罗斯福、丘吉尔与斯大林，头一次在德黑兰会议会晤。在这次会议，三强提名了代表，在伦敦召开极其重要的欧洲咨询委员会由这个委员会负责草拟德国投降的条件，确定各国占领区，以及拟定计划进行盟国在德国的行政事务。英国在欧洲咨询委员会所提出的人选为外相艾登的至友，外交部次长威廉·斯特朗爵士（Sir William Strang）。苏联则派了一位强硬的谈判人员，这一位因为他的顽固而久负盛名，他便是驻英大使费奥多尔·塔拉索维奇·古谢夫（Fedor T. Gusev）。罗斯福则派了驻英国大使约翰·吉尔伯特·怀南特（John G. Winant）。怀南特负责尽职，只不过有些腼腆和口齿不清。对于这项新工作，怀南特从来没有收到过任何指示，也没有人把罗斯福对德国的任何企图告诉过他。

然而，怀南特很快就有机会可以知道他要在欧洲咨询委员会所提出的政策的方向，不过他也失去了这个机会。

11月22日到26日，举行开罗会议（罗斯福、丘吉尔与蒋介石）；11月26日，一直到12月1日，举行德黑兰会议（罗斯福、丘吉尔与斯大林）；在德黑兰以后，罗斯福与丘吉尔又于12月4日在开罗会晤。当天晚上，在一次漫长的晚宴，与会的人有丘吉尔、艾登、罗斯福的参军长威廉·丹尼尔·莱希海军上将（William D. Leahy）。罗斯福又一次发言，反对"兰金C案"的建议。他告诉英国人——显然没有透露他的地图内容，或者他修改的范围——他觉得美国应该占领德国的西北部。丘吉尔与艾登强烈反对这项建议，但这件事交给了英美联合参谋首长会议去研究。而英美联合参谋首长又建议盟军最高司令部参谋长摩根，应当考虑修改"兰金计划C案"的可行性。

怀南特尽管是赴开罗代表团的成员，却没有被邀请参加那次晚宴，显然也没有被告知当时所讨论的问题。当罗斯福动身回国的时候，怀南特飞回伦敦参加第一次的欧洲咨询委员会会议，他只是粗略地知道，美国总统和政府内心想要的是什么。

* * * *

讽刺的是，离开美国驻伦敦大使馆仅仅几公里远，圣詹姆斯广场的诺福克旅店（Norfolk House, St. James's Square），却有一个人对罗斯福的企图再清楚不过了。摩根爵士中将对所接获的新命令大吃一惊，说要他重新检讨"兰金计划C案"，着眼把英军与美军占领区对调。他便施压给参谋立即工作。他很快就得出结论，要调区，不可能——

第三部 谁先赢得柏林　123

至少要德国战败以后才可行。他便向上司报告——根据他之后的记载，就他而言，"事情到此结束了"。

* * * *

就在这时，美国的高阶将领，尽管他们表示抗议不愿意涉及政治，然而事实上，却负责战后欧洲的美国政策。在他们来说，把德国分区加以占领，完全是军事事务，应该由战争部的民政署（Civil Affairs Division of the War Department）来处理。由于这种无可避免的结果，战争部发现本身在德国事务上与国务院发生争执，结果便成了拉锯战。在这个过程当中，美国对德国事务不再有共识。

首先，大家都清楚，当务之急就是要有所行动，以指导在伦敦参与欧洲咨询委员会谈判的怀南特大使。为了协调美国各方面彼此冲突的看法，1943年12月，在华盛顿成立了一个安全常务委员会（Working Security Committee），由国务院、战争部与海军部各派代表组成。战争部的代表，由民政署的军官担任，该署原先根本就不肯参加这个委员会——或者基于这个原因，压根儿就不承认需要有欧洲咨询委员会。陆军军官坚持，德国投降与占领的整个问题，纯粹是一件军事事务，应该由英美联合参谋首长"在军事层次"，以恰当的时刻来决定。这种近乎闹剧的情况持续拖了两个星期。而在这段期间，怀南特在伦敦出席的会议，没有收到任何上级的指示。

最后，军方同意开会，安全常务委员会也就开始准备工作——但却了无结果。各部派来开会的人，必须将建议请示上级许可后，才能以电报传给伦敦的怀南特。更糟的是，各部首长都有否决建议权——战争部便反复运用这项特权。委员会的署理主席、国务院的菲利普·爱德华·莫斯利教授（Philip E. Mosely），即将担任怀南特大使的政治顾问。他后来批评战争部民政署的军官"收到严格的训令，不得同意任何事项，可以说毫无同意权，仅仅只能把讨论情形向上级报告。这个谈判体系的疏离，有严格的规定和实施否决，很像苏联谈判人员的办法，而且程度上还要来得固执得多。"

1943年12月整整一个月，讨价还价继续进行，以陆军的意见来说，各占领区的决定，还得取决于投降签字时，部队最后的位置。在这种情况下，军方代表于是认为，有关占领区的问题，如果放行让怀南特在欧洲咨询委员会通过谈判达成的任何协议，也就没有意义了。

军方人员态度之强硬，甚至拒绝了国务院的一项建议。这个建议与英国的相似——也是将德国作三等分——却有一项重要的附加条款：在西方两国占领区，有一条与柏林相连，深入苏联占领区的走廊。这条走廊的构想人便是莫斯利教授，他料到苏联会抗议，但他后来作出解释为何执意要求把这一条纳入，"本人深信，如果这个建议在最先提出来时立场甚为坚定，等到苏联开始草拟他们本身的建议时，也许会把这一款纳入考虑。"他为自己的立场辩护，"这项条款一定要制定，好使从西方到柏林有直接而且不受掌控的通道。"

国务院的这个建议，转致战争部的民政署研究，作为委员会大会召开前的研究内容。建议被压了一些时候，最后莫斯利赴民政署去拜候，并寻找负责处理的上校署长。他问上校收到建议了没有，署长把办公桌最下面的一个抽屉拉开说："就在这儿。"然后他在座椅中把身体往后靠，两只脚踏进抽屉，说："它待在这里还真好极了。"该建议根本没转给怀南特。

1943年12月15日，欧洲咨询委员会举行了第一次的非正式会议。对怀南特大使来说，这次会议即使仅处理一些程序问题，他依然还是没有收到任何官方的训令。他非正式地从英国的消息灵通人士那里知道，该计划使罗斯福很恼火，但他却不知道那就是摩根的"兰金C案"。怀南特被告知，这是"艾德礼计划"。再一次，他从非正式渠道得到消息。这一回告诉他的是战争部次长约翰·杰伊·麦克洛伊（John J. McCloy），说罗斯福总统想要德国的西北部。怀南特并不认为英国人会改变想法[①]，他的判断完全正确。

1944年1月14日，奉命出任盟军最高司令的艾森豪威尔将军，抵达伦敦就职。而作战行动策划的机构，以前是摩根将军，至此以后他正式转拨到艾森豪威尔将军麾下。不过对于这一个计划，到了这个时候，即使是他也已毫无影响力。艾森豪威尔抵达后，隔天欧洲咨询委员会便举行了第一次的正式会议。斯特朗爵士把摩根的"兰金C案"，提出给怀南特大使以及苏联特使古谢夫。美国方面由于华盛顿的僵局还没有打破，已经失去了先机，以后便再也没有翻转的机会。斯特朗后来写道，他比与会的其他人多占了一项优势，"他们必须用电报请示，政府很遥远，有时十分冷漠，也不理解。而我却在这一切的中心，通常只要简单的说明，简化了我方的决策过程。我还有一个优点，本国政府已经开展了战后的规划，时间恰到好处，而且井然有序。"

2月18日，欧洲咨询委员会举行第二次的正式会议。这次会议的确是苏联外交决策的一项纪录，不可测的古谢夫，没有做出任何争

[①] 英国人与德国北部有长久的经济关系。麦克洛伊在12月12日写信给陆军参谋长马歇尔将军说："怀南特告诉我，这个计划是经过与他们的政经人士商讨过才提出来的。我不知道面对着英国人的强烈反对，总统想坚持对这些地区的占领到什么程度……总体上说，我倾向北部地区，但我并不认为它值得大事争执。"国务院显然并不在乎，麦克洛伊亲笔补充，国务卿科德尔·赫尔（Cordell Hull）来电表示，"他并不偏向于北部与南部地区。"

辩，态度庄重地接受了英国的划区占领建议。

英国的建议案，予苏联以几近 40% 的德国占领区，36% 的德国人民，与 33% 的德国生产资源。柏林虽由各盟国分区占领，却深处在建议中的苏联占领区内，离西方英美两军的分界线有 177 公里远。"分区建议看起来很公平，"斯特朗后来回忆说，"如果要说有什么不足的话，那就是对苏联过于大度，但也合乎我国军方当局的期望，军方当局早已想到战后的兵力短缺，并不想占领一片较需要兵力更为广大的地区。"也还有其他的原因在，其中之一便是英美双方领袖，都怕苏联也许会个别与德国讲和。另外一个原因，尤其是美国军方担心苏联不参加对日作战。最后一个原因，英国深信，如果不先发制人，苏联也许会因为它的战时损失，要求实际占领德国的一半。

美国忧虑的是，看来事情已经有了定案，三强都已批准了英国计划。对美国来说，问题在于英国与苏联达成了协议①。在一方面来说，这是项"既成事实"，怀南特除了通知美国政府以外，实在无能为力。

苏联很快就接受了英国计划，使华盛顿与罗斯福总统无法应对。罗斯福连忙发文给国务院，"英国与苏联分区计划草案为何？我们提议的一区为何？"他问道，"本人必须知悉这点，是否与数月前本人所决定的相符。"国务院的官员答不出来，因为有个很好理由：他们根本不知道罗斯福总统在德黑兰会议与开罗会议作出有关分区占领的决定。

---

① 自二战结束以来所形成的许多迷思之一，便是说对于德国的分区占领，罗斯福应该负上责任。事实上，这个计划从头到尾全都是英国在主导。基于外相艾登的构想，由艾德礼委员会建构（该委员会采用了摩根纯军事的构想作蓝本），丘吉尔及他的内阁批准，由斯特朗在欧洲咨询委员会提出。很多英美两国的忆述，说分区是苏联的计划，这项错误的结论是因为苏联代表古谢夫，在欧洲咨询委员会的第二次会议中，接受了英国的提议，他也提出了包含德国投降条件的苏联草案，其中一款便是分区占领，但那完全是英国计划的雏型。

在罗斯福要得到这些数据以前，美国参谋首长联席会议与国务院之间，就是一阵慌张的电话往返。然后，到了2月21日这天，罗斯福见到了英苏两国的计划后，响应说，他在给国务院的一份正式书函中，明白宣称"本人不同意英国提议的划分区域"。他没有提到苏联的区域，但对建议划给美国的区域，一再提出强烈的异议，甚至再三强调重复他在"依阿华"号主力舰上告诉军方将帅的话。也因此国务院才得知罗斯福这封书函。

"我们的主要目标，"他写道，"并不是插手南欧的内部问题，反而是要削灭德国促成世界第三次大战的可能以及可能的原由。对于调动我军部队从法国前线到北方的德军战线——称为'蛙跳'——提出了许多困难之处。这些反对都像是真的一样，因为德国一旦投降的那一天，不论英军和美军在什么地方，要把他们调到任何地方去——向北调，向东或向南——实际上轻而易举。……所有可能都经过了考虑，记住补给品由海上来自5,633公里外，美国应当利用德国北部的海港——汉堡与不来梅——还有，荷兰……因此，本人认为美国的政策应当包含占领德国的西北部……

"如果需要针对英国提出的异议，再加上任何理由以示正当……我只能补充说，对于美国政治上的考虑，使得我的决定毋庸置疑。"然后，罗斯福要绝对确定国务卿真正了解他所要的是什么，他在字句上再三强调"如果上面所说的，贵方并不完全清楚，可跟本人沟通。"

他通过幽默的说法向丘吉尔解释，"拜托可别要我把美军任何部队驻在法国，"他告诉英国首相，"我根本无法这么做！一如我以前所提议过的，我反对像父亲般照料比利时、法国与意大利。阁下确实应当抚育子女并施加教育，就事论事，它们在未来或许是贵国的干城呢，现在阁下至少该付教育费用吧。"

显然，美国参联会也听到了总统的训示。战争部民政署的军官，几乎立刻改变了他们在安全常务委员会中的立场，在伦敦举行过欧洲咨询委员会后没几天，一位上校大踏步走进国务院莫斯利教授的办公室，在他面前摊开一幅地图，说道："这就是总统真正想要的。"莫斯利看着地图，一点也不知道这图是在什么时候，或者什么情况下绘制的，他以前从来没看过——国务院任何人也不曾看过，这幅地图正是罗斯福在"依阿华"号主力舰上标注的那一幅。

神秘的是，罗斯福的地图忽然冒了出来，却又再度不知所终了。莫斯利以为它会在华盛顿举行的下次委员会出现，但却再也没有看到了。"该地图后续如何，本人可不清楚，"多年以后莫斯利说道，"到下一次开会时，民政署的军官制作了一幅全新的地图，据他们说，是根据总统训示而作了一些改变。至于是谁接到了这些指示，我始终无法得知。"

这项新构想多少与罗斯福的"依阿华"号地图相似，但并不完全相同。美国占领区依然在西北，英国占领区在南，两者之间的分界线沿着北纬50°，但这一回停在捷克边界。尤其，美国区的东境界线，在莱比锡上面突然转向正东，以包含更多的领域。只有一项改变，远比其他的改变重要：美国占领区不再把柏林包含在内了。罗斯福最早的版本中，美国占领区的东境界线穿过德国首都。罗斯福曾向麾下将帅坚持，"我们应该尽量逼近到柏林"，以及"美国应该拥有柏林"以后，他在这时改变了主意吗？民政署的军官并没有说明，但他们要求把这项新建议立即传送到伦敦去，由怀南特提出，要求欧洲咨询委员会接受！

反正这是一项前后颠倒的建议，国务院也知道。依据这项新计划，英国和苏联的占领区会小很多，而在它们都已批准了稍早而又有利的领域划分方案后，似乎很难接受这一案。战争部民政署拟订了这

第三部　谁先赢得柏林　129

项建议,却又没有附任何书函来协助怀南特在欧洲咨询委员会上据理力争。问民政署要求拟订这些背景文件时,民政署拒绝提供,说这是国务院的事。这个建议案就在没有任何文件辅助之下,最后送给了怀南特。大使急得拍电报回美国,要求更详细的指示;指示没有送到,他便将计划归档,再也没有提出了。

这是要求采用美国计划所作的最后一次努力,罗斯福继续坚持,反对接受英国的方案。一直到了1944年3月,那时担任怀南特大使政治顾问的乔治·弗罗斯特·凯南(George F. Kennan)飞回华盛顿,向罗斯福总统报告在欧洲咨询委员会由于形成僵局所引发的诸多问题。罗斯福把情况检视了一番,再度把英国方案检验以后,便告诉凯南,"考虑过所有方面之后,它或许是一个公平的决定。"然后他便批准了苏联占领区以及整个计划,但有一项但书。罗斯福坚持,美国务必要占有西北区。根据后来凯南向莫斯利所说,会议结束时凯南曾询问罗斯福,他本人所提的计划怎么了。罗斯福哈哈一笑,说:"喔,那只是一种想法而已。"

* * * *

虽然在1944年那至关重大的几个月里,英美大军登陆欧洲,把德军赶出法国,开始向第三帝国进军,但幕后的政治战却仍然持续进行当中。罗斯福坚持他的要求,以占领德国的西北部。丘吉尔也同样的顽固,不肯从自己的立场退缩。

4月中旬,怀南特把美国政府的立场,以口头通知欧洲咨询委员会,却没有立刻在书面上把罗斯福总统的要求摆在各国代表的面前。在一个他认为关键的问题得到指示之前,他并不准备这么做。英国的计划，依然没有列出让西方各国可以通往柏林的内容。

英国人事先明白关于通路不会有问题。他们认为当敌对情势一结束，德国当局就会有某种形式的签约投降。而全德国的管理，就会落在盟军统帅管制之下。照斯特朗看来，没有哪一国的占领军会封锁住不与他区往来，"德国人多少会自由从这一区到那一区，从西方各区到首都……在德国境内的盟国军方与民事人员，也都可以为了正当理由而自由迁移。"尤其，每逢这个问题在欧洲咨询委员会提到时，苏联的古谢夫都圆滑地要斯特朗和怀南特放心，他觉得不会有问题。古谢夫一再反复说，只要美军与英军驻守柏林，就自动具有通过的权利。这件事是理所当然的，是一种君子协定。

虽然如此，怀南特认为这项条款应该要确定下来。他深信莫斯利最初建议的"走廊"，应该要包括在内，三强才能正式接受英国的方案。他打算把这项建议，与罗斯福对占领区的观点同时正式向欧洲咨询委员会提出。他要求保证有经过苏军占领区通达柏林的指定铁路、公路和航线。

5月中旬，怀南特大使飞往华盛顿面见罗斯福总统，然后又把自己的走廊条款，向战争部概略提出，民政署直接打了回票[1]。民政署的

---

[1] 罗斯福与怀南特的会面进行了什么讨论，罗斯福对柏林走廊问题的立场是什么，都不为人知。至于战争部是不是反对怀南特的"走廊"计划，更是扑朔迷离。战争部民政署署长约翰·H.希尔德林少将（John H. Hilldring），据说他告诉怀南特，"应该提出往柏林的走廊"。本书提到美国三位著名史学家对这一个阶段的观点，分别是引述自莫斯利教授《克里姆林宫与世界政治》（The Kremlin and World Politics）、赫伯特·费斯（Herbert Feis）《丘吉尔、罗斯福与斯大林》（Churchill Roosevelt Stalin）以及国务院历史办公室主任威廉·M.富兰克林（William M. Franklin）《占领区边界与进入柏林的权利》（Zonal Boundaries and Access to Berlin）。根据富兰克林，"怀南特显然没有将这些谈话写成备忘录……然而，有件事却十分清楚，他并没有从华盛顿的任何人获得训示或者鼓励，向苏联代表谈这件事。"

第三部 谁先赢得柏林

军官要他放心，这个柏林通道问题，再怎么说"根本就是军方的事"，占领德国时，会由当地的指挥官经由军方渠道处理。怀南特大败亏输回到了伦敦。6月1日，他正式同意英国计划，以及建议的苏联占领区，只有一点除外，美国应该占有西北区。这份文件并没有包括柏林通道的条款①。至少，盟国以实验性的方式，对柏林的未来做了决定。一旦战争结束，柏林会变成苏俄占领区中央的一座孤岛，由盟国联合占领。

这项权力斗争现在很迅速有了结论。1944年7月下旬，苏联代表古谢夫，急于要使苏联在欧洲咨询委员会的利益正式化，于是有意把事情导向一个转折点。他说得很爽快，除非英美间的争执摆平，三强能签署协议，否则苏联看不出有什么理由继续进行欧洲咨询委员会的讨论。言外之意便是威胁要退出委员会，这么一来几个月的努力就完全化为乌有，这一下还真达到了他所希望的效果。

大西洋两岸的外交官与军事顾问都大为紧张起来，敦促本国的领袖让步。可是罗斯福与丘吉尔依然坚决不退让，对于苏联的威胁，罗斯福似乎最不慌张。怀南特被告知，既然美国已经同意苏联对占领区的划分，总统不了解为什么"到这了个时间点，还有什么需要与苏联讨论"。

---

① 基于许多都不甚清楚的原因，怀南特对柏林走廊的立场，自他从华盛顿回来以后便有了改变。1944年，资深外交官罗伯特·墨菲（Robert Murphy）回忆道，他到盟军总部工作后不久，便和怀南特吃中饭。讨论到通过柏林的问题，墨菲要求怀南特重提此事。他在自己的回忆录《战士当中的外交官》（Diplomat Among Warriors）写道："怀南特的论点则是，我们既有权利在德国，自由通往柏林的权利也就包含在内。苏联……反正倾向于猜疑我们的动机，如果我们在技术上坚持这一点，那就更会加强他们的不信任感。"据墨菲说，怀南特并不在意在欧洲咨询委员会中，对这个问题施加压力。

不过，罗斯福这时承受来自四面八方的压力。正当政治上的吵吵闹闹还在进行时，庞大的英美军队正蜂拥向德国前进。8月中，艾森豪威尔以电报致参联会预告说，他们可能"马上就会面对德国占领的问题，比预料的还要早。"立刻，摩根在他的"兰金C案"最早所预见到的部队部署问题，又使这些策划人员忙碌了起来。英军在左翼向德国北部进军，美军则在右翼向德南挺进。艾森豪威尔这时要求就占领区方面得到政治上的指示——这也是美国军方这么做的第一人，"我们所能做的，"他说，"便是在纯军事的基准上，对这个问题执行行动，"那也就意味着维持"我们大军当前的部署……"艾森豪威尔又补充说，"考虑到我们可能面临的形势，以及缺乏涉及占领区问题的基本决策，除非我们接到相反的指示，否则我们就必须假定这个解决办法是可以接受的……"

长期以来一直不可避免的决定性时刻现在来到了。美国国务院与战争部，这次意见完全一致，他们进退两难。没有谁准备要和罗斯福重谈这个问题。再怎么说，这件事也要安排在罗斯福和丘吉尔该年秋季开会时提出讨论，任何最后的决定，不得不到那时才提出。而在这段时期，艾森豪威尔的策划却不能耽搁，因为美军参联会有多项方案，美军既可占领德国西北部，也可占领南部。8月18日，他们告诉艾森豪威尔"完全同意"他的解决方案。因此，虽然罗斯福还没有宣布他的决策，认为美国将占领德国南部地区的设想却被允许继续存在下去了。

1944年9月，罗斯福与丘吉尔再度在魁北克开会，看得出罗斯福变了很多。过去，他的个人魅力和不拘小节的诙谐能很好地掩盖住身体上的小儿麻痹症状况。现在他的每一个动作显现痛楚。不过，还不只是病痛。自从1933年以来，他就入主白宫——比美国的任何总统更久——即使到了现在，他还寻求竞选第四任。竞选活动、国内外的外交，大战这几年沉重工作的重压，迅速消耗了他的体力，也难怪他的医师、家人与朋友，都要求他不要再竞选了。在出席魁北克会议的英国代表看来，罗斯福衰弱得很快。丘吉尔的军事幕僚长伊斯梅爵士将军，对罗斯福的样子大为震惊。"两年前，"他说，"罗斯福总统一直是健康与活力的形象，而现在他却体重大减，甚至缩了水：外套松垮垮罩在他的宽肩上，衣领似乎太大了，大了好几号。我们都知道，他的大限近了。"

罗斯福十分疲惫、挫折，加上受限于情势，以及来自手下顾问和丘吉尔的压力，他终于让步了，接受了美军占领南区的方案。英国人只答应了一半的方案，在几项让步中，同意美军控制不来梅、不来梅港（Bremerhaven）这几个大海港与集结整备区[①]。

大战时期三强的最后一次会议，于1945年2月在雅尔塔举行，那是一次至关重要的会议。胜利在望，可是政治上的考虑取代了军事的现实。原本使三强团结在一起的力量正在软化。苏联大军进入中欧，每前进1.6公里，便变得胃口越大、态度蛮横。长久以来便是苏联共产党仇敌的丘吉尔，尤其关切像波兰等各国的未来，而这些地方此时已被苏联红军解放和控制。

罗斯福形容憔悴。远比在魁北克时虚弱，但仍自认为担任了"伟大仲裁者"的角色。在他来看，唯有与斯大林合作，才能达成战后

[①] 会议期间，与会者就另外一项争议性高的方案发生了争执。罗斯福与他的财政部长亨利·摩根索（Henry Morgenthau），提出一个十分严格而且范围广泛的经济计划，要把德国变成一个没有工业的农业国家。丘吉尔起先同意这个方案，但在顾问的压力下，后来撤回了原先的立场。几个月以后，罗斯福放弃了这个引起争议的摩根索计划。

的世界和平。他曾以这些话表达过他对斯大林的政策："我认为如果我能以权贵风范行事，把能给的每一样东西都给他，并且不要求任何回报，他就不会吞并任何人，会和我一起致力于一个民主与和平的世界。"罗斯福深信美国能与"苏联相处得很好"，还一度解释说他能"用一种个人对个人的方式"来"驾驭斯大林"……斯大叔……可以处得来的。"虽然他越来越关心苏联战后的企图，但看上去应该是纯粹乐观的态度。

雅尔塔会议作了许多重大的决定，其中一项便是在占领德国这件事上给予法国充分的资格。法国所占领的德国与柏林地区，都出自英美的占领区。反对法国参与占领的斯大林，一口拒绝分出任何占领区。1945 年 2 月 11 日，三强正式接受了他们的地区划分。

历经 16 个月的骚动与争论后，英美两国终于方针一致。这份占领计划，基于最先提出的"兰金 C 案"，也就是现在军方称为"日食计划"的行动计划。但这个殚精竭虑的计划有一个令人难以置信的漏洞。文件里根本没有提及有关英美进入柏林的权利条款。

＊＊＊＊

不到六周时间，斯大林就违背了雅尔塔协议。会议开完三个星期不到，苏联便把自己占领的罗马尼亚政府推翻，它向国王米哈伊一世（King Michael）下达了最后通牒，直接指派罗马尼亚共产党党魁彼特鲁·格罗查（Petru Groza）出任总理。波兰也失去了，斯大林承诺过的自由选举并没有举行。斯大林目中无人，几乎抛弃了雅尔塔协议的核心内容。协议宣称盟国将协助"人民自纳粹统治……以及前轴心附庸国下解放，由人民本身选择，创立民主政权。"可是，斯大林只见到雅尔塔条款中有利于他的文字——诸如分区占领德国与柏林。

美国驻苏联大使威廉·埃夫里尔·哈里曼（W. Averell Harriman）经常警告罗斯福有关斯大林坚决追求领土的野心。现在这位苏联领袖的行为，打破了罗斯福对他的信任而大感震惊。3月24日星期六下午，罗斯福在白宫顶楼的一间小房间，与负责研究退伍士兵归国问题的私人代表安娜·罗森堡夫人（Anna Rosenberg）用完午餐，哈里曼拍发的一份关于波兰情况的电报送到。罗斯福看了电报，突然气愤得大发雷霆，一再用手捶他所坐轮椅的把手。"他一面捶轮椅，"罗森堡夫人后来回忆说，"一面反复地说：'哈里曼说得对！我们不能同斯大林打交道！他违反了在雅尔塔答应的每一件事！'"①

在伦敦的丘吉尔，由于斯大林违背了雅尔塔的精神而极为不安。他告诉秘书，他只怕全世界也许会认为"罗斯福先生和我为一份诈欺计划背书了。"他从雅尔塔回来曾告诉英国老百姓，"斯大林与苏联各领导愿意接受西方的民主，以平等、正直的友谊为基础共存……他们说的话算数。"但就在3月24日星期六，这位忧心忡忡的首相向手下的幕僚说："我十分不愿意分割德国，除非我不再怀疑苏联的企图。"

由于苏联的行动极为明显，丘吉尔觉得西方盟国最有本钱讨价还价的力量，便是深入德国，驻扎英美军力，要部队"尽可能往东推进，直到可以与苏军碰头。"因此，蒙哥马利的电文，展现了他的企图，要长驱直往易北河与柏林，这的确是令人振奋的消息。对丘吉尔来说，迅速拿下柏林，目前似乎极为重要。不过，纵使有蒙哥马利的电文，在西线的将领却到现在为止都还没有接到命令去攻占柏林。

---

① 这说法出自罗森堡夫人（现在是霍夫曼夫人了，Mrs. Paul Hoffman，当时罗斯福夫人也在场。两位女士后来比对笔记，同意罗斯福有说过这些话。

而这个命令只能由一个人下达：盟军最高司令艾森豪威尔将军。

4

这次空袭完全出于柏林守军的意料以外。3月28日星期三上午11点刚过，第一批飞机出现。立刻，全市各区的防空炮连开始射击、炮弹飞向空中。防空炮的轰击声，再加上迟来的空袭警报，相加起来震耳欲聋。这些飞机不是美机，美机空袭几乎可以预测得到，通常是在上午9点来袭，接着在中午又会来一次。这次攻击却不同，空袭来自东方，时间与战术都是未曾见过的，一批批的苏联战斗机，以屋顶高度在柏林市区飞过，对着大街小巷打光他们的子弹。

波茨坦广场，人人向四面八方奔逃。沿着选帝侯大街，店主都冲出大门，往地下铁的入口跑，或者跑向威廉皇帝纪念教堂的废墟，可是有些柏林人，排上长龙站了好几个钟头来买自己一星期的配给，硬是不肯躲一下。在维尔默斯多夫区，36岁的护士夏洛特·温克勒（Charlotte Winckler），决定要为两个孩子——6岁的埃克哈特（Ekkehart）和9个月大的芭芭拉（Barbara）找食物。多年好友的格特鲁德·克茨勒和英格·吕林在阿道夫·希特勒广场，她们和其他人静静地在杂货店前等待。不久前，她们决定一旦俄国佬接近柏林便自杀，可是现在却不这么想了。她们打算烤一个复活节蛋糕。好几天以来，她们都在采购，要把做蛋糕所需的材料都存起来。在克珀尼克（Kopenick），丰腴的40岁汉娜·舒尔兹（Hanna Schultze），希望多弄到点面粉，可以做节庆用的大理石蛋糕。这天采购时，汉娜也希望能找到别的东西，为先生罗伯特（Robert）买一副吊带，旧的差不多要报废了。

每一次空袭,埃纳·萨恩格尔(Erna Saenger)一向都担心"老爹",这是她对丈夫康拉德(Konrad)的称呼。他很顽固,不肯进采伦多夫区内的防空洞。这天也像平常一样,空袭时人在防空洞外面,步履艰难地往自己喜欢的餐厅路易丝王后路的"老克鲁格餐厅"(Alte Krug)走去。78岁高龄的老兵,每星期三要和第一次世界大战时的袍泽会一次面,没有哪一次空袭能阻止得了康拉德,今天的空袭也挡不住他。

有一个柏林人,实际上对空袭的每一分钟都感到很快乐。年轻的鲁道夫·雷施克(Rudolf Reschke)戴着一顶旧式钢盔,在达勒姆区家门口与街道中间来回奔跑,故意对着那些低飞的飞机痛骂。每一回他都向飞行员挥舞拳头,有一个飞行员见到了他搞怪的行为,便对着他俯冲下来,雷施克拔腿就跑,一排子枪弹就打在他身后的人行道上。这只是雷施克游戏的一部分,以他14年的人生来说,打仗可是所有发生过的事情当中最伟大的一件。

飞机一批又一批攻击柏林,各中队一打光了弹药,便立刻向东飞离,由另一批蜂拥而来的飞机进攻。苏联飞机突如其来的空袭,使柏林的恐怖生活增添了新的面貌。死伤极为惨重,很多老百姓倒不是遭敌人子弹击中,而是遭柏林守军还击的火力所伤。防空炮手为了要瞄准打中低飞的飞机,不得不把炮管调低到几乎与树梢水平。结果,炽热的弹片在市区飞溅。炮弹的破片,主要来自6座庞大的防空炮塔,它们在市区中矗立在洪堡海因(Humboldthain)、腓特烈斯海因(Friedrichshain)两区,以及柏林动物园范围。在1941年到1942年间,也就是自从盟军头一次对柏林市轰炸以后,构筑了这几座庞大的抗弹堡垒。每一座炮塔都很雄伟。最大的一座,便是在动物园鸟类保护区中，与周遭环境不协调的那座防空炮据点，有两座炮塔，小的是 L 塔（Leitturm），那是通信管制中心，雷达天线林立。旁边的 G 塔（Gefechtsturm），各炮这时正喷射出炮口火焰。

G 塔很大，涵盖的面积差不多有一个街区那么宽广，矗立高达 40 米——相当于 13 层楼高，混凝土的四面墙厚达 2 米，墙上有深藏的炮眼，遮住炮眼的钢板，厚达 3 到 4 寸。塔顶上一个防空炮连的 8 门 5 寸防空炮，正不断地射击，塔顶四座角楼，便是四管的防空机关炮，正发出蓬蓬声对着空中把炮弹连发出去。

在炮塔里面，那种噪音真令人受不了。除了各防空炮连的射击以外，便是自动送弹升降机不断卡啦啦的声音，把底层弹药库里的炮弹，不断地运到各炮。G 塔的设计，并不只是一处防空炮平台，而是一座 5 层楼的仓库、医院与防空避难所。在防空炮的下一个楼层，是兵力达 100 人的警卫部队，再下一层则是德国空军有 95 张病床的军医院，有 X 光室和两间装备齐全的手术室，有医官 6 人，护士 20 人和医护兵 30 人。再往下一层——第 3 层，则是个宝库。储藏室中存放了柏林市各大博物馆的珍贵典藏品。在这里藏放的，有大名鼎鼎的帕加马雕像（Pergamon），为希腊国王欧迈尼斯二世（King Eumenes II）在大约公元前 180 年所建的一座巨大祭坛的一部分。还有许多埃及、希腊的古物，包括了雕像、浮雕、容器、花瓶。"普里阿摩斯的黄金宝藏"，更收集了大量的金银手镯、项圈、耳环、护符、首饰与珠宝，都是德国考古学家海因里希·施里曼（Heinrich Schliemann）于 1872 年在古城特洛伊原址发掘得来的。还有法国无价之宝，哥白林挂毯，大量的油画——其中有 19 世纪德国画家威廉·莱布尔（Wilhelm Leibl）的精致画像，还有威廉皇帝收集的大量钱币。炮塔的底下两层是大型的防空洞，里面有大型厨房、粮仓以及德国广播公司"德意志电台"的紧急住舍。

G塔完全自给自足，有本身的电力与饮水。空袭期间，轻易可以容纳15,000人。整个炮塔地带的物资与弹药储备充足，卫戍部队认为，不论柏林全市其他地区发生了什么情况，必要的话，动物园的炮塔可以据守一年。

跟空袭是突然开始的那样，也结束得突然。G炮塔的防空炮断断续续地停止发射。柏林到处黑烟滚滚，都是燃烧弹引起的火头。这次空袭持续了20分钟多一点，柏林的街道从之前的空无一人，马上又都挤满人潮。在市场与商店外面，那些脱队的人气愤地想重占先前的位置，可是其他排好队的人，却死也不肯让。

动物园的G炮塔一停止射击，有个人急忙从防空洞出来。跟平时每一次空袭过后一样，63岁的海因里希·施瓦茨（Heinrich Schwarz），提着一桶马肉往鸟类区走去，他叫道："阿布！阿布！"在池潭边上，发出奇怪的拍翅声，接着一只尼罗河品种、样子古怪的鸟儿，两只高跷似的瘦瘦细脚，秀气走出水面向他走来。它一身的蓝灰色羽毛，一张大嘴，像极了后跟向上的荷兰木鞋。施瓦兹放下心了，这头名叫阿布·马库博（Abu Markub）的稀有鲸头鹳还活得好好的。

即使没有空袭，每天和这只鲸头鹳见面，越来越煎熬着施瓦兹。他把马肉拿出来，"我得给你这个了，"他说，"我能怎么办？没有鱼啊，你要还是不要？"鲸头鹳闭上了眼睛，施瓦兹栖然摇头。它每天都是拒吃马肉，如果它还这么冥顽不灵坚持下去，那就准死无疑了。然而，施瓦兹却无法可施，最后一罐的金枪鱼肉已没有了，柏林任何地方也找不到新鲜鱼——至少在柏林动物园里没有。

在禽鸟园主任施瓦兹心中，还残存的鸟禽中，"阿布"是他真正的心肝宝贝。多年以来，他最喜欢的另一只鸟"阿拉"已经走了，那是一只高龄 75 岁的鹦鹉。两年前为了安全起见，把它送到萨尔（Saar）去了。在每一次的空袭，德国鸵鸟都由于震撼和爆震死亡，仅有"阿布"还活着，而它也会慢慢饿死，施瓦兹急得要命，告诉太太安娜说："它越来越瘦，关节都开始浮肿，可是每一回我想去喂食，它看着我，就像是说：'你根本搞错了嘛，这不是我要吃的。'"

柏林动物园在 1939 年时，园内畜养的兽类、禽鸟、爬虫和鱼类有 14,000 只，而到现在，各类兽禽只剩下 1,600 只。打了 6 年的仗，范围广大的动物园——里面有水族馆、昆虫馆、象园、爬虫园、餐厅、电影院、舞厅和行政管理大楼——已经被 100 多枚高爆炸弹所命中。最惨的一次在 1943 年 11 月，那一回，炸死了好几十只动物。不久以前，园方把残余的禽兽，疏散到德国其他各地的动物园去。可是在粮食配给的柏林，要为剩下来的 1,600 只禽鸟野兽找食物，却一天比一天困难。即使动物减少，动物园的需求却依然惊人！除了大量的马肉和鱼肉以外，还要 36 种其他不同的饲料，从面条、米饭、碎麦到罐头水果、橘子酱和蚁卵。麦楷、稻叶、苜蓿与生菜倒是很多，可是其余的几乎缺货。虽然使用代用食物，每一只鸟或野兽的配给量，一半需求量都不到——就是这种情况。

园中的 9 只大象，只剩下了一只。这只名叫"暹罗"（Siam），一身灰色的皮垮垮地垂下来，脾气变得很坏。管理员都害怕进入象笼。大河马"洛莎"（Rosa）也很惨，皮肤干干的结了一层壳，可是它生的那只才 2 岁、人见人爱的小河马"克瑙施克"（Knautschke），还保持着它年幼的活泼。体重 240 公斤，平常脾气很好的大猩猩"蓬戈"（Pongo），已经瘦了 23 公斤，坐在槛栏里，有时一坐就几个钟头动也不动，愁眉苦脸地瞪着每一个人。五只狮子（两只幼狮）、大熊、斑马、麋羚、猴子以及少有的野马，全都显现食物不足的影响。

第三部 谁先赢得柏林 141

对动物园生物的生存，还有第三种威胁。管理员瓦尔特·文特（Walter Wendt）报告说，一些稀有的牛不见了，那只有一项可能的结论：柏林人偷了牛来宰杀，以补充他们配给的不足。

动物园园长卢茨·赫克（LutzHeck）面临两难的困境。这种情况甚至连他的猎友戈林元帅或任何人，都束手无策。柏林遭受长期围攻下，园内鸟兽一定会饿死。更糟的是，那些危险的动物，像狮子、熊、狐狸、鬣狗、藏猫以及动物园的宝贝狒狒——稀有的品种，是赫克亲自到喀麦隆带回来的——也许会在战火中逃逸出去。赫克心中自问，何时他必须要杀死自己极为心爱的这只狒狒与五只狮子。

饲狮员古斯塔夫·里德尔（Gustav Riedel）在用奶瓶喂食两只九个月大的小狮子——苏丹（Sultan）和布歇（Bussy）时决定好了：管你什么命令，他都要救这两只小狮子的命。有这种想法的，不只里德尔一人，几乎所有管理员都有救自己动物的计划。水族馆——已炸掉了——74岁的馆长太太卡塔琳娜·海因罗特博士（Katherina Heinroth），已在自己的公寓照料一只小猴子"皮亚"（Pia）；管理员罗伯特·埃伯哈德（Robert Eberhard），一心想着如何保护指派给他看管的野马与斑马。文特最关心的，还是十头欧洲野牛——那是美洲野牛的近亲，它们是他的骄傲与乐趣。他把一生中的30年黄金岁月，都耗在用科学方法繁殖它们。它们举世独有，价值超过100万马克——相当于25万美元。

禽鸟管理员施瓦兹，再也受不了"阿布"的受苦。他站在池塘边，再一次呼叫这只大鸟。它走过来，施瓦兹弯身下去，双手轻轻柔柔把它举起，从现在开始，它要么活，要么即使死，也要在施瓦兹家的浴室里。

****

在金、红两色的巴洛克式贝多芬音乐厅（Beethoven Hall）里，指挥棒尖锐敲击声后，顿时全场悄然无声。乐团指挥罗伯特·黑格尔（Robert Heger）举起右手，站着不动。外面，在这个备受摧残都市的某个地方，消防车的警笛哀嚎声渐渐远去。黑格尔再维持多一下同样的姿势，然后指挥棒往下一挥，引出四声低沉的鼓声，贝多芬的"小提琴协奏曲"（Violin Concerto）轻柔地从柏林爱乐交响乐团（Berlin Philharmonic Orchestra）中悠然响起。

木管乐器开始与鼓声悄悄对话，小提琴手格哈德·特施纳（Gerhard Taschner）等待着、眼看着指挥。克滕讷大街（Köthenerstrasse）这处还没有受到损害的音乐厅里，拥挤的听众大多数都是为了聆听这位 23 岁的优秀小提琴家而来的。小提琴的银铃音符突然一飞冲天，渐渐消散，又再度跃起，他们听得如醉如痴。在场的人都记得在 3 月份最后这一个星期的午后演奏会，有些柏林人都为特施纳的演奏而感动得悄悄泪下。

战争期间，105 人的柏林爱乐交响乐团，为柏林人提供了少有的，也极受欢迎的轻快心情，减缓了恐惧与绝望。乐团隶属戈培尔的宣传部，团员都免服兵役。纳粹认为交响乐有利士气，这一点柏林人完全同意。对爱好音乐的人来说，交响乐团就像是镇定剂，把他们从战争与恐惧中暂时带离片刻。

有一位经常被交响乐深深打动的人，那就是希特勒的装备与战争生产部长阿尔贝特·施佩尔（Albert Speer）。这时，他正坐在他经常坐的位子，作为希特勒的官员当中，最有文化素养的一位，他很少错过任何一次演出。音乐远比任何事情都更能帮助他减少焦虑——目前

第三部 谁先赢得柏林　143

他更需要音乐。

施佩尔部长正面对生涯当中最大的困境。战争期间,尽管有任何可以想象得到的挫折,他还是使德国的工业持续生产。可是很久以前,他的统计数字与生产方案已经正式显示出了一个不可避免的情况,第三帝国的日子所剩不多了。正当盟国大军突破深入德国时,内阁成员当中,唯有施佩尔敢对希特勒道出现实的真相。1945年3月15日,他写信给元首说"战争失败了"。"如果战争失败,"希特勒立刻回复,"那么国家也会毁灭"。3月19日,希特勒下了一道恶毒的指令:德国要完全毁灭。每一项设施都要炸掉或烧毁——发电厂、自来水厂、煤气公司、水坝、水闸、海港、水道、工业区与电网,所有的船舶与桥梁、所有的车辆以及任何种类的商店,甚至连乡道公路都在内。

施佩尔带着疑惑向希特勒恳求,他要求改变这项政策。这有他个人特殊的原因。如果希特勒把德国的工业、商业与农业消灭殆尽,那就会毁掉施佩尔的许多个人作品——他造的桥梁、修的广阔道路,美丽的建筑。他远比任何人的责任都要大,制造恐怖工具协助希特勒发动全面战争,但却无力面对它们遭到完全毁灭。他告诉希特勒说:"不论政权发生了什么情形,我们务必竭尽一切努力,即使是以简单的方式,也要保存一个国家生存的基础……我们没有权利爆破,那会影响老百姓的生活……"

希特勒不为所动,"就算是最简单的生存基础,都已经不再需要了,"他回答道,"刚好相反,毁灭它们。由我们自己来毁灭要好得多。这个国家已经证明了本身的衰弱……"希特勒向施佩尔解释,几句话就把德国老百姓给抛弃了,"战争以后还留下来的人没有什么价值可言,因为优秀的国民都已经倒下去了。"

施佩尔悚然大惊,这些为了元首而苦苦奋斗的老百姓,在他的眼中，目前显然已经毫无价值了。多年以来，施佩尔对纳粹运作的残酷面视而不见，深信自己的智力要高于一切。而现在，为时已晚，他遇到了几个月以来都不愿面对的现实。他向约德尔将军说："希特勒完全疯了……一定要阻止他。"

3月19日到23日之间，希特勒统帅部即向全国各地的党部首长和军方指挥官，紧急发出一连串的"焦土"命令。谁要是延迟遵行，就予以处决。施佩尔立即展开行动。明知道这是冒着自己的生命危险，在一小批志同道合的高阶军官朋友协助之下，着手阻止希特勒的计划。他打电话给工业家，飞往各地驻军，拜访各省官员，哪怕是最死硬的纳粹党人，在每个地方他都坚持这么说，希特勒的计划会毁了德国，永远不能翻身。

想到这位部长全力奔走，以及他对交响乐的喜爱，似乎有点矛盾——事实上却不是如此，交响乐高高列在德国的资源册上，施佩尔正在奋斗，想要予以保存。几个星期以前，乐团团长格哈特·冯·韦斯特曼博士（Dr. Gerhart von Westermann），要施佩尔所赏识的小提琴手特施纳，请部长鼎力协助保持交响乐团的完整。技术上来说，乐团团员都免服兵役，可是柏林之战越来越迫近。韦斯特曼心中害怕，团员任何时候都可能接到命令编入国民突击队。虽然乐团的事务应归戈培尔的宣传部负责，但韦斯特曼知道，不可能从那里得到任何帮助。他告诉这位小提琴手："你一定得救我们，戈培尔已经把我们都忘掉了……去见施佩尔，请他帮帮忙……我们跪下来求你。"

特施纳非常不情愿，因为任何逃避兵役或者逃走的谈话，都会被认为是叛国的行为，进而导致名誉扫地或者坐牢。不过，最后他还是同意了。

他与施佩尔会面时，特施纳说得吞吞吐吐，"部长先生，"他说

第三部　谁先赢得柏林　145

希特勒与他的私人飞机驾驶员鲍尔。他们中间是腓特烈大帝肖像,肖像挂在元首地堡里,希特勒把它送给鲍尔作为离别礼物。

守城的国民突击队员,他们许多都参与过上一场战争,现在要再被征召站在敌人的面前。他们配发的武器往往不足,铁拳反装甲榴弹似乎是能够得到的最佳装备。

道,"我想和您谈一件相当难以启齿的事,希望您不要误会……不过在这年头,有些事很难谈……"施佩尔一眼就看穿了他,很快就使他自在了起来。特施纳受到鼓舞,就把乐团的困境如实告知。施佩尔仔细倾听,他告诉特施纳,要韦斯特曼不要担心,他已想到计划,不只是让乐团成员不用加入国民突击队。他打算到最后那一刻,要暗中把这105人所组成的交响乐团给撤离。

施佩尔已经执行了计划的第一部分,坐在贝多芬音乐厅中的这105位团员,都穿着深色的日常西装,而不是演奏时常穿的燕尾服。不过在所有观众当中,只有施佩尔知道个中究竟,他们穿的燕尾服——连同乐团中的精致钢琴、竖琴、有名的瓦格纳低音号以及乐谱都已经在三个星期以前,由卡车车队悄悄运出柏林。这一批珍贵的物品在库尔姆巴赫(Kulmbach)的普拉森堡(Plassenburg),那是在柏林东南方386公里远的地方——正好在美军前进的路上。

施佩尔计划的第二部分——救人——就要复杂得多了,尽管空袭频仍,入侵的敌国大军逼近,宣传部却从来没有人提议减少交响乐团的演出。音乐会以每星期三、四次演出的节目排定,节目表一直排到4月底,也就是音乐季正式结束的时候。要在那之前撤走团员绝不可能。毫无疑问,戈培尔会控诉乐团团员敌前逃亡。施佩尔决心把乐团往西方撤走,绝对不让这些人落入苏联军队手里。可是,他的方案却完全要靠西线盟军前进的速度而定。他只能指望英美大军能超过苏军先攻抵柏林。

施佩尔并不打算等到西方盟军进入柏林,只要他们逼近到一夜巴士路程能到的距离,他就会下令撤退。这个计划的难点就在离开的信号上,要全体乐团团员能在天黑以后立刻离开,也就是说,逃亡一定要在音乐会后立刻执行。为了避免泄密,动身离开的话一定要尽可能

第三部 谁先赢得柏林　147

地保密。施佩尔有一个绝妙的方法来预先告知团员。就在最后时刻，乐团指挥宣布节目表中会有一项变更，乐团就会演奏施佩尔选定的特定曲目。那就是向团员们暗示，演奏完了以后，就要立刻坐上巴士车队。这些车辆都在贝多芬音乐厅外的黑夜中等待。

韦斯特曼手中就有施佩尔要求作为离开信号的那首曲目。当施佩尔的文化专员送达时，韦斯特曼藏不住他的惊诧，问对方："当然你熟悉最后一幕的音乐，"他说，"你知道乐曲显示诸神的死亡，神殿的毁灭以及世界的末日。你确定真是部长下的命令吗？"没错，施佩尔要求柏林爱乐交响乐团的最后演奏会，演奏瓦格纳的《诸神的黄昏》（*Die Götterdämmerung*）。

这项选择，如果韦斯特曼得悉，其实隐含着施佩尔最后、也是最有企图心的一个方案的线索。部长下定决心，尽可能地挽救德国。同时认为，只有一个方法做得到，从现在起的几星期内，这位力求尽善尽美的施佩尔，就一直在努力找到方法刺杀希特勒。

* * * *

沿着整个东线，苏联大军正在集结。但距展开柏林攻势却依然很早。苏军的指挥官对这种迟迟不发十分焦躁，只是奥得河天堑难渡，而春冰融解又很晚，这条河的一部分依然还满是冰块。在河对岸便是德军的防线——坑道、雷区、战防炮据点以及深入掩体的炮阵地。现在每一天德军都在加强，这个事实使红军将领十分担心。

没有人比苏军第8近卫集团军司令瓦西里·伊万诺维奇·崔可夫上将（Vasili Ivanovich Chuikov），更急于要发动攻势的了。崔可夫今年45岁，以防御斯大林格勒而在苏联大名鼎鼎。崔可夫谴责西线盟军的阻滞不前。自从 12 月德军在阿登发动奇袭攻势后，英美两国便要求斯大林加速红军在东线的推进以减轻压力。斯大林同意了，甚至比计划时间更早在波兰发动攻势。崔可夫认为，一如他后来所说，"如果我们在后方的交通线没有延伸过远与紧绷，我们可能在 2 月就攻向柏林了。"但是苏军在波兰的推进极快，等到各集团军抵达奥得河时，发现本身的补给与运输都绷到极限了。崔可夫说，攻势停了下来，因为"我们需要弹药、油料以及便桥，以便能在敌前渡过柏林前方的奥得河、水道与运河。"由于需要整补及准备，德军也就有了将近两个月的时间加强防务。崔可夫十分痛苦，每多待一天，就意谓一旦攻击开始，他的近卫集团军就会有更多的伤亡。

苏军第 1 近卫坦克集团军司令米哈伊尔·叶菲莫维奇·卡图科夫上将（Mikhail Yefimovich Katukov），也同样急于展开攻势。不过他也感谢这一下的耽搁。他的官兵需要休息，担任保养工作的官兵也要有机会修理装甲车辆。"以直线来计，所有的坦克行驶了搞不好有 570 公里。"他们杀到了奥得河时，他告诉军长安德烈·格特曼将军（Andrei Lavrentyevich Getman）说，"不过，安德烈，"他继续说道："他们的里程表上却显示超过了 2,000 公里，一个人没有里程表，就不知道车辆磨损到什么程度了。"

格特曼同意，他对德军会遭到摧毁以及拿下柏林毫无疑问，但他也高兴有这个机会重新整补。"司令同志，"他告诉卡图科夫，"兵法上说，达成胜利不在于攻城略地，而在歼灭敌人。1812 年时，拿破仑忘了这一条，他丢了莫斯科——而拿破仑并不是个庸碌的将领。"

整个前线的其他集团军司令部中，想法大多都一样。虽然人人都对这种耽搁感到不耐烦，却充分利用空档，因为他们对当前这一场殊死决战，并不存有什么幻想。朱可夫元帅、罗科索夫斯基元帅与科涅夫元帅都接到了使人胆寒的报告，对他们会遭遇怎样的对抗，心底有数。情报显示，约 100 多万德军据守防线，有将近 300 多万老百姓也许会为柏林作战、效力。如果报告属实，苏联红军遭遇的兵力对比劣势，也许超过了三比一。

　　攻势什么时候开始？元帅们到这个时候都还不知道。预计由朱可夫兵力雄厚的集团军把柏林拿下来，不过这也可能会变更。一如英美大军在西线等待艾森豪威尔的一声令下，红军将帅也在等候他们的最高统帅下令。最教这些元帅担心的事，便是英美大军直趋莱茵河的速度。现在，他们一天天逼近了易北河——以及柏林。如果莫斯科不立刻下令进攻，英美联军也许就会在红军之前攻下柏林。到现在为止，斯大林还没有下达"前进"的命令。似乎他也在等待。

第四部

决意战到底

PART FOUR
THE DECISION

1

连绵不断的军队补给卡车,在这座法国城市狭窄而尘灰飞扬的大街上行驶,长途运输车队无穷无尽的行列怒吼着驶过,驶向西北方的莱茵河与西线。没有一辆车准许停下来,到处都站有宪兵,维持交通顺畅。对驾驶兵来说,反正也没有任何理由要停下来。这只不过又是一座冷清的法国城市,法国城市总归是有大教堂的,这座城市也只是高速"红球公路"(Red Ball Highway)上的另一处检查点罢了。他们并不知道,二战的这一时候,兰斯(Reims)或许是全欧洲最重要的城市。

法国东北部这处战略要冲,多少个世纪以来发生了很多次激战。市中心雄矗的哥德式大教堂,承受过数不尽的炮轰,可是它的外表一次又一次地被修复。大教堂的所在位置以及教堂内殿,法国的每一位君主,从496年的克洛维一世(Clovis I),到1774年的路易十六(Louis XVI),都在这里加冕登基。这次大战,该城和它的大教堂都幸免于难。而今,在这座双塔矗立的大教堂阴影下,却有了另一位伟大将领的司令部,他的大名便是艾森豪威尔。

盟军远征部队最高司令部(Supreme Headquarters Allied Expeditionary Force)深藏在接近火车站的一条大街,在一栋毫不起眼的现代化三层楼房内。这房子原本是一所男生技术学校,"现代技术学院"(College Moderneet Technique)。学校像个四方盒子,四周都是校舍,当中是操场。这座红砖学校原先设计容纳学生1,500多人,参谋人员称它"小红校舍"。或许是盟军总部需求的关系,挑选没有看起来很大的校舍。盟军最高司令部自从 1944 年以来，人员增多了差不多一倍，现在几近有军官 1,200 人，士兵 4,000 人。结果，这座校舍仅能容纳艾森豪威尔和他最贴近的参谋以及他们的单位，其余部门则遍布兰斯其他的建筑物。

艾森豪威尔以二楼一间教室作办公室，在里面工作几乎整天都不休息。教室既小又没有设备，俯瞰大街的两扇窗户，挂上了灯火管制的窗帘。光滑的橡木地板上，摆着几把便椅，仅此而已。艾森豪威尔的办公桌，摆在房间一角凹室微微高起的讲台上——以前是老师讲桌的位置。办公桌上有一套蓝皮办公用具，一具内部通话机，太太和儿子的皮框照片，还有两具黑色电话——一部一般用途，一部则是有"加密"特别装置的电话，通往华盛顿和伦敦。也有几个烟灰缸，盟军统帅是一位烟不离手的老烟枪，一天要抽上 60 多根烟[1]。办公桌后头，竖立着他的将旗，另一边的角落则是美国国旗。

前一天下午，艾森豪威尔飞到巴黎举行记者招待会，头条消息便是莱茵河的胜利。盟军统帅宣布敌人在西线的主防线已经被打得支离破碎。虽然艾森豪威尔告诉记者，他并不想说"战争就此结束，因为德军只要能在任何地方挺得住，就会打下去。"就他的看法，德军已是"残兵败将"。他在记者会中提到了柏林，有人问谁会先把首都拿下来，"苏军还是我们？"艾森豪威尔回答说，他认为"仅就距离来说，这该由他们来进行。"不过他又马上补充，说自己"并不想作任何预测"。虽然苏军的距离短，他们却面对"兵力雄厚的德军"。

当夜，艾森豪威尔住在拉斐尔酒店（Hotel Raphael），天刚亮便离

---

[1] 1948 年，艾森豪威尔的心率突然升高，医师要他禁烟，他以后就再也没有抽过。

第四部　决意战到底　153

开了巴黎，飞回汉斯。上午 7 点 45 分，他已在办公室和参谋长沃尔特·比德尔·史密斯中将（Walter Bedell Smith）开会。在参谋长蓝皮面的卷宗里，有夜间传来的 19 封电报唯有盟军统帅能回答，这些电文贴上极高机密的标签"仅供统帅过目"。其中一封电文来自蒙哥马利，请求批准他长驱直入易北河及柏林。但最重要的电报，则是来自艾森豪威尔的上司——美国陆军参谋长马歇尔将军。巧合的是，马歇尔与蒙哥马利的电报，在前一晚的两个小时内前后到达盟军总部——而这两封电报对艾森豪威尔有很大的影响。3 月 28 日星期三的这一天，它们将起到催化剂的作用，使最高统帅的战略最终具体明朗起来，他将遵照这个战略一直到战争结束为止。

几个月以前，艾森豪威尔作为盟军统帅，他的任务由英美联合参谋首长会议一句话规定得很清楚："贵官与联合国其他国家，进入欧洲大陆作战，目标为德国本土及摧毁其武装部队。"他把这项指令执行得非常出色。凭着他的品格、长才及圆融，他把十几个国家的官兵凝聚成历史上最庞大的一支兵力，没有几个人能办得到这一点。同时使彼此的成见减少到最小程度。然而，55 岁的艾森豪威尔，跟传统上的欧洲将帅大不相同。他不像英国的将领，没学过把政治目标也视为军事战略的一部分。艾森豪威尔尽管在妥协和安抚的策略上是一位高明的外交家，但从国际政治上来说是政治意识不足的——而他还以此为荣。在美国军事传统中，他所受到的教育，便是绝对不能侵犯文官的统治。简单说，作战与打胜仗就够了，政治则交给政治家去办。

即使战争到了现在的这个关键转折点，艾森豪威尔的行事方针依然如故，纯以军事着眼。对于战后的德国，他从来没下过政治性的指示，他也不认为这是他的责任。"我的工作，"他后来说道，"就是迅速结束战争……尽我们能力所及，赶快消灭德国陆军。"

对于本身工作进行的方向，艾森豪威尔有一切的理由可以感到意得志满。在21天之内，他麾下大军已经蜂拥渡过莱茵河，突入德国心脏地带，远较排定的时间表早得多。然而，对这种制造头条新闻的挺进，固然吸引了整个自由世界的关注，却使盟军统帅必须处理一连串的复杂决定。英美大军的攻势出乎意料的顺畅，使得几个月以前所策划的一些战略作业成了过时的玩意。他必须修改计划来适应新的态势。那也就是说，要变更各部队以及指挥官所担任的角色——尤其是英军蒙哥马利元帅，以及他强大的第21集团军群。

蒙哥马利最近的这封电文，号召要采取行动。58岁的元帅并不是在请示这一仗该怎么打，他所要求的是一马当先冲锋的权利。蒙哥马利远比大多数将帅更快体悟到军事状况下的政治含义。他觉得由盟军攻下柏林至关重要——而且他也深信这个任务该由英军第21集团军群来达成。蒙哥马利的电文显示出他的桀骜不驯，透露出他与盟军统帅之间依然有重大歧见。据参谋长史密斯将军以及其他盟军最高司令部参谋的回忆，艾森豪威尔对元帅电报的反应，就像"一匹马在马鞍下黏着的芒刺"。

蒙哥马利与艾森豪威尔在军事上的主张最大的分歧，在于单锋进击与广泛战线推进的战略。几个月以来，蒙哥马利与他的顶头上司，帝国参谋总长布鲁克爵士元帅，都一直倡议闪电战式的单锋进击，深入德国本土。巴黎光复后，法国境内的德军仍然在溃逃中，蒙哥马利便先把自己的计划呈给艾森豪威尔。"我军已经抵达这样一个阶段，"他写道，"对准柏林发动一次全力以赴的推进，即有可能就此结束战争。"

蒙哥马利用简洁的九段话，陈述了他的方案。他判断英美两军并肩前进直入德境，缺乏补给与物资。以他的观点，只可以有一支大军——也就是他那支兵力——而且这部队会需要"所有的后勤资源……无限制"。其他作战行动，必须用剩余的后勤支持来进行，"假如，"蒙哥马利警告道，"我们想找一个皆大欢喜的解决办法，却反而把后勤资源分摊，那么一来，既不能全力推进，我们也会把战争时间拖长。""极端重要……必须立即下定决心。"

这个计划大胆且具有创意，以蒙哥马利的观点来说，时机恰当。这个计划也显示了元帅不同于以往的作战方式。在那时担任艾森豪威尔副参谋长的英军摩根爵士中将，后来叙述当时的情况。"简单来说，蒙哥马利向来以用兵谨慎而得名，现在却有了一项新的构想，要是他取得一切优先，牺牲美方各集团军，他就可以在最短的时间内压倒敌军，长驱直入柏林，使战争迅速结束。"

显然这个计划涉及一项莫大的赌注，把40多个师的两个兵力庞大的集团军，以单锋进击西北投向德国腹地。这项挺进也许会造成迅速而有决定性的胜利——但也可能会造成彻底的，甚至是无可挽回的惨败。对盟军统帅来说，这项冒险远比任何成功的机会更不可忽视。他发出一份圆融的电文给蒙哥马利。"虽然本人同意以雄兵进攻柏林的构想，"艾森豪威尔说道，"我不同意在此时此刻发动。"他觉得当务之急，是打开勒阿弗尔（Le Havre）与安特卫普（Antwerp）两个海港，"以支持向德国深入进兵。"此外，艾森豪威尔说道："以我们当前的资源重新分配，以维持向柏林进兵并不恰当。"最高统帅的战略，是以广泛战线向德国挺进，越过莱茵河，在长驱直入柏林以前，先把鲁尔大工业区河谷拿下来。

这项函电往返，发生在1944年9月的第一个星期。一星期后，在艾森豪威尔一封致麾下三个集团军司令——蒙哥马利、布莱德雷与德弗斯的电文中，他再更进一步阐释他的计划："显而易见，柏林是我方的第一目标,也是敌人防线的重点,他们可能会集中主力防卫。在本人内心毫无疑义,我军应集中所有兵力及资源,迅速进兵柏林,然而,我军的战略,不得不与苏军协调,因此必须考虑其他的各个目标。"

以艾森豪威尔看来,其他的可能目标的差异很大:德国北部的各海港("也许须作占领,以保卫我军直趋柏林的侧翼");汉诺威、布伦瑞克(Brunswick)、莱比锡与德累斯顿这几处工业与交通的重要中心("德军或许会据守,以掩护柏林");最后,则是德国南部纽伦堡-慕尼黑(Nuremberg-Munich)地区,一定得拿下来("以切断敌军自意大利及巴尔干半岛撤退的兵力")因此,盟军统帅警告说:

我们必须为以下的一项或多项行动做好准备:

一、指挥北集团军及中集团军,沿鲁尔—汉诺威—柏林这条轴线;或法兰克福—莱比锡—柏林这一线,或两线并用以直趋柏林。

二、如苏军较我军为先攻占柏林,则北集团军即进占汉诺威及汉堡各海港。中集团军……则攻占莱比锡—德累斯顿地区之部分或全部,这要视苏军的进展而定。

三、南集团军在任何情形下,均应攻占奥格斯堡(Augsburg)—慕尼黑地区。纽伦堡—雷根斯堡(Regensburg)地区……则视当时战况,由中集团军或南集团军占领。

艾森豪威尔总结了他的战略:"简言之,本人企图用最直接与最迅速的路线向柏林进兵。美英两军联合一致,并由其他现有兵力支持下攻经各要地,占领侧翼地区,完成协调一致的作战。"但是,他又补充说,所有这些都还得等待,因为"在目前阶段,还无法确知进兵的

第四部 决意战到底 157

时机，对兵力也没有足够掌握。"

不论广泛战线进攻的战略对还是错，艾森豪威尔是盟军统帅，蒙哥马利只有接受他的命令。他既失望又痛苦。对英国人来说，自从惠灵顿（Wellington）以后，他是最受人爱戴的军人；对麾下的部队，蒙哥马利更是他这个时代的传奇英雄。大多数英国人都认为他是欧洲战区中身经百战的指挥官（他自己也这么认定），把他的计划打了否决——他深信这项计划能在三个月内结束战争——使蒙哥马利大为沮丧[①]。1944年秋天的这次战略方向争执，造成了两位将官之间的裂痕，且再也无法修补。

打从那以后的7个月时间，艾森豪威尔始终维持着自己广泛战线协调进攻的构想，蒙哥马利也不停地表达自己的意见：要如何打赢这一仗，在什么地方打，由谁来打。他的参谋长德甘冈爵士少将后来写道："蒙哥马利……觉得动用一切影响力，来为自己的观点奋斗是天经地义；事实上，只要目的正确，任何的手段也就正确。"他所找的人士之一，的确具有影响力：帝国参谋总长布鲁克元帅。他认为艾森豪威尔头脑含糊不清，没有决断力。有一回他对盟军统帅打评价，认为艾森豪威尔"具有最吸引人的个性，但自战略观点上来看，他的脑筋也非常有限"。

艾森豪威尔对英国参谋本部以及蒙帅总部所发出的剧烈批评非常清楚。如果说这些有关战略决策的耳语有让他受了伤害，他却没有显露出来，他也从不反驳，甚至布鲁克与蒙哥马利极力鼓吹，设立"地

---

① 在这件事后不久，蒙哥马利多少恢复了他的自信与自尊。英国人展现出他们对蒙哥马利以及对他的战略的信心，晋升他为陆军元帅。对这位曾在沙汉中转败为胜，把隆美尔赶出北非的将官来说，这是一项迟来的荣誉。

面部队总司令"——有几分像是夹在盟军统帅与他麾下三个集团军之间——艾森豪威尔也没有生气的表现。终于,依布莱德雷将军的话来说,"咬紧牙关坐了几个月"以后,他发了脾气,就在德军发动攻势攻过阿登之后,这件事便爆炸开来。

由于敌军的推进分散英美军的战线,艾森豪威尔被迫把袋形阵地以北的所有部队都拨给蒙哥马利指挥。这些部队包括了布莱德雷将军第12集团军群的三分之二——美军的第1集团军与第9集团军。

德军被击退以后,蒙哥马利举行了一次很特别的记者会。期间他暗示,是他独手擎天,拯救了美军免于惨劫,是他,这位元帅声称,干净利落收拾了战场,而且"切断敌军……驱走敌军……从而……把敌军给击溃","这次战役非常有意思,本人认为可能是我所指挥处理过的战役当中,最棘手的一战。"蒙哥马利说道,他"运用了英国集团军所有的兵力……各位可以想象得到,英军在惨遭重击的美军两侧奋战。"

蒙哥马利的确在北方与东方发动了主要的逆袭行动,而且领导有方。但是在这次记者会上,以艾森豪威尔的话来说,蒙哥马利"很不幸地造成了一种印象,他是美军的救世主。"蒙哥马利没有提到布莱德雷还有巴顿(第3集团军),以及其他美军将领所扮演的角色。也没提到在这场血战中,美军的人数是英军的30至40倍。最重要的是,他没有指出[①],英军每死伤一个人,美军便有40到60名的官兵倒

[①] "本人根本不应该举行那次记者会,"蒙哥马利在1963年告诉作者,"当时,美国人似乎过分敏感,他们的将领中有很多人不喜欢本人,不管我说些什么,都是错的。"

第四部 决意战到底 159

下去①。

德国的宣传机器连忙把这件事小题大做，所有电台都把记者会加以夸张、扭曲，直接对准美军战线播出。很多美军头一次知道了这件事，就是因为收听了这个消息。

紧跟着记者会及其所引起的骚动以后，争执已久的地面部队总司令的问题也再度浮现。这一回英国媒体大力支持。布莱德雷可发火了。他宣称，如果蒙帅出任地面部队总司令，他就辞去第12集团军群司令。"经过所发生的这些事情以后"，他告诉艾森豪威尔，"如果要蒙哥马利来当家……请您务必派我回国去，这件事我不能接受。"巴顿也告诉布莱德雷，"我会和你一起辞职。"

在英美军的联合阵营中，从来没有发生过这么大的分裂。随着"拥护蒙帅"运动的加强——在有些美国人看来，这根本是直接从蒙哥马利的集团军司令部里发动的——盟军统帅终于发觉这种情况无法忍受，他决定要把这种口舌之争做个了结。他要把整件事向英美联合参谋首长会议提出，撤蒙哥马利的职。

就在这个节骨眼，蒙哥马利的参谋长德甘冈，得知危机迫在眉睫，急忙动手挽救英美军的团结。他飞到盟军总部与盟军统帅会面，"他把一封要发往华盛顿的电报给我看，"德甘冈后来说道，"我一看可吓坏了。"在盟军最高司令部参谋长史密斯将军协助下，他说服了艾森豪威尔，把这封电报压住24小时，艾森豪威尔心不

---

① 这些数字由丘吉尔在1945年1月18日提出。当时他对英国下议院报告。他对英美军的失和感到吃惊，宣称在突出部战役，"美军部队几乎参加了所有的战斗"，所受的损失，"相当于葛底斯堡（Gettysburg）一役南北两军伤亡的总和。"然后，他说的话只能解释成是对蒙哥马利以及他的支持者一记耳光。他警告英国人"不要为那些制造纷乱的人喝采。"

甘情不愿地同意了。

德甘冈回到蒙哥马利的集团军司令部之后，直言不讳地把事实摆在蒙哥马利面前，"我告诉蒙蒂，我见到了艾帅那份电报。"德甘冈说道："那封电报大体上是这么说，'不是他去职，就是我离开。'"蒙哥马利大吃一惊，德甘冈从来没见过他有"那么孤单又泄气"。他看着自己的参谋长，轻轻地说："老弗，你认为我该怎么办？"德甘冈早已拟好了一份电报，蒙哥马利以这份文稿作基础，向艾森豪威尔提出一份完全军人风格的报告。其中他清楚说明，"本人无意不服从。不论您的决心如何，"他说，"可对我百分之百信任。"报告后面签字"蒙蒂谨呈"[①]。

这件事就此告一段落——至少暂时如此。可是现在，1945年3月28日，盟军总部进驻兰斯，就在这个下决心的一天，艾森豪威尔又听到了来自过去呼声的远远回音：倒不是又再度鼓吹设立地面部队总司令一职，而是更为久远、也更为基本的一案——单锋进击对上广泛战线前进。蒙哥马利不和艾森豪威尔商量，以他自己的话说，"下达命令给各野战指挥官进行东进作战"，目前希望以一次猛进，攻向易北河与柏林，显然打算光荣进入帝都柏林。

事实上，对着鲁尔区北面大举进攻，蒙哥马利并未违反艾森豪威尔的计划——6月份在马耳他召开英美联合参谋首长会议中已经批准这么做。现在蒙哥马利所建议的，根本只是这种攻击的合理延伸——这可以使他攻到柏林。如果他操之过急，他的焦急也是可以理解的。就像丘吉尔首相与布鲁克参谋总长，蒙哥马利认为时间已经不多

[①] 艾森豪威尔后来说："蒙哥马利认为指派一位战场指挥官是原则的问题。他甚至自愿，如果我批准的话，他愿在布莱德雷麾下听命。"

第四部　决意战到底　161

了,除非英美大军在苏军以前攻抵柏林,否则这次战争在政治上就打输了。

不像英国方面的这种迫切感,盟军统帅并没有接到华盛顿上司来的政治指示。虽然他是盟国大军的统帅,艾森豪威尔依然必须接受美国战争部下给他的命令。由于华盛顿没有重订政策,他的目标依然相同:击败德国,摧毁它的武装部队。而这时就他来看,自从他1月份把计划呈送英美联合参谋首长会议以后,迅速达成军事目标的方法,已经有了大幅度的改变。

艾森豪威尔原先的计划,在中央的布莱德雷将军的第12集团军群,担任的是较为有限的角色,要为北面担任主攻的蒙哥马利助攻。但谁也事先料不到,打从3月初起,布莱德雷麾下几个集团军,达成了辉煌的战绩。好运气与优秀的领导缔造了耀眼的战果,甚至在蒙哥马利大举进击莱茵河以前,美军的第1集团军就已经夺得了雷马根大桥,迅速渡过了莱茵河。在更南面,巴顿的第3集团军几乎在毫无阻碍之下溜过了莱茵河。打从那时起,布莱德雷的大军便横冲直撞,战无不胜。他们的成就引起美国家社会的轰动。而布莱德雷这时也寻求在最后的战役中,担任更重大的角色。在这一方面,布莱德雷和麾下将领与蒙哥马利并没有什么不同。他们也想要得到终结战争的名声与光荣——因此,只要他们有机会,就会把柏林拿下来。

艾森豪威尔曾经承诺,只要时机到来,他会大举向东进攻,但他没有特别指明是哪一个集团军——或者哪几个集团军——担任最后的推进。这时,在艾森豪威尔下达决心以前,他得考虑各种变量,所有这些变量都影响他就最后一次战役所做的计划。

变数中的第一项,便是苏军以料想不到的速度攻向奥得河。在盟军统帅规划莱茵河渡河计划,以及蒙哥马利在北面向鲁尔区发动攻势时，看起来等苏军抵达可以攻击柏林的位置，还要好几个月。可是现在红军距离柏林不到 61 公里了——而英军与美军却依然在 321 公里外。要多久苏联苏军就会发动攻势？他们打算在什么地方发动攻击，如何发动？是以正对柏林中央的朱可夫方面军还是用三个方面军同时发动攻击？他们对抵抗的德军兵力有什么看法，苏联红军要多久才能突破德军的防务？而且，在他们渡过奥得河以后，苏军要攻抵柏林，把全市拿下来要多久时间？盟军统帅无法解答这些问题。而这些问题对他的计划极为重要。

事实很简单，艾森豪威尔对红军的企图几乎一无所知。战场上，英美军与苏军的指挥官，并没有每天进行作战协调；甚至在盟军总部与英美驻莫斯科的军事联络代表团之间，都没有直通的无线电联系。两处战场间的所有电文，都必须经过正常的外交渠道流通——这种方式由于现在情势转变过快，变得完全不合时宜了。虽然艾森豪威尔知道苏军的大致兵力，但战斗序列如何，他却是一点也不知情。除了从各种不同的情报来源——大多数的准确性都很可疑——偶尔搜集点资料以外[1]，盟军最高司令部的情报署长对苏军进兵的资料，竟是来自英国广播公司每天晚上播报的苏联公报。

不过，有一件事却很明显：苏联红军差不多要进抵柏林了。苏军既然已经这么迫近，盟军统帅还想要拿下这座城市吗？

这个问题有许多面向。苏军兵临奥得河已经有两个多月了，除了局部的挺进以及斥候活动以外，他们似乎已经完全停止前进。他们的

---

[1] 举例来说，3 月 11 日盟军最高统帅部情报报告说，朱可夫的前锋已攻抵塞洛（Seelow），那是在奥得河西岸，距柏林仅有 45 公里。1963 年，本人在莫斯科访问苏联国防官员，就他所知，朱可夫一直到 4 月 17 日，才真正进抵塞洛的德军奥得河防线。

补给线与交通线一定已经延伸到了极限，看上去不到春季冰融，他们不大可能发动攻击。而在这段时期，西方盟军正以惊人的速度进兵，越来越深入德国境内。有几处地方，他们进兵的速度平均一天为56公里。不管苏联的计划是什么，盟军统帅都无意停止，但他不想和苏军争夺柏林，那不但使输家面子难看，而且在几支大军追奔逐北，不期而遇时，双方大军有可能造成一些灾难性结果。

以前就曾发生过与苏军的对头相撞，那时苏联还与德国签约结盟。1939年，希特勒不宣而战，以闪电战进攻波兰，之后和苏联瓜分波兰。德军向东前进，竟与向西驰而来的红军冲了个对面。由于事先没有画定分界线，结果发生了一场小战斗，双方死伤惨重。现在类似的冲撞也有可能发生，但却会发生在英美军与苏军之间，规模也会大得多。显然进军必须先与苏联协调，而且要快。

此外，一个战术问题像雷雨般困扰着艾森豪威尔。在他办公室旁边的大地图室，有一面细心绘制的情报表，标题为"已知的国家堡垒"，图上绘出慕尼黑以南一带山区，延绵跨越巴伐利亚的高山地带、奥地利西部以及意大利北部。整个面积，几乎涵盖51,800平方公里，中心便是贝希特斯加登。在附近的萨尔兹堡——四周都是2,000多米的高峰，每处峰顶都部署着隐藏的防空炮——那就是希特勒的山居宅邸"鹰巢"。

整个地图图面都是粗大的红色标志，每一个军事符号指示出某种防卫设施。有粮食库、弹药库、汽油库与化学战剂库；无线电台、电力站，部队集中点、兵营及指挥部、曲折的筑城阵地，从小型碉堡到巨大的钢筋混凝土坑道一应俱全，甚至还有抗弹的地下工厂。而今，每过一天就有更多的军事符号加在图上。虽然所有这些设施都写着"未证实"，但对盟军总部来说，这片可怖的庞大山地防务体系，是欧洲战争中现存的最大威胁。有时会把这些地区称为"阿尔卑斯山要塞"（Alpine Fortress）或者"国家堡垒"（National Redoubt）。根据情报，这些崎岖的城堡中的"瓦格纳据点"，纳粹党徒以希特勒为首，要作破釜沉舟的殊死战。这种险要的据点，被认为是难以攻破的金城汤池，狂热的守军也许会挺上两年。还有一个使人发毛的部分，有一支经过特别训练，突击队式的兵力——戈培尔称他们为"狼人"，预料会从山区基地出击，在各占领军之间造成大混乱。

阿尔卑斯山要塞真的存在吗？在华盛顿，军方似乎认为是如此。自从1944年9月起累积的情报数据，战略情报局对德国南部作一般研究，预测战争接近结束时，纳粹或许会把若干部门疏散到巴伐利亚省去。自此以后，情报报告与分析便从战地、中立国，甚至从德国内部涌到，大多数这种判定都很谨慎，可是有些则近似想象。

1945年2月12日，美国战争部颁布了一份煞有其事的反情报文件，上面写说，"对于纳粹在巴伐利亚省阿尔卑斯山区或许存在的最后据点，报告很多，没有受到足够的重视……当你处理像希特勒般的人物，纳粹神话变得重要，这神话需要一个'诸神的黄昏'，一种灾难式的结束。贝希特斯加登本身可能非常重要，它会是司令部所在，地点正在巴巴罗萨（Barbarossa）的坟墓上，在德国神话中，巴巴罗萨会起死回生。"[①]这份战争部的书函敦促"下至军级"的战地指挥官对这种危险要有所警觉。

---

① 不论是哪一个拟订这份反情报文件，对巴巴罗萨最后的安息地都搞错了。巴巴罗萨意谓"红胡子"，是弗里德里希一世（1121—1190）的名字，他并没有葬在贝希特斯加登。据神话说，"他根本不会死，只是睡着而已。"而他睡在图林根（Thuringen）的山上，"驾前的六名骑士，和他端坐在一张石桌上，等待预定的时间到来，拯救德意志免于束缚，而成为世界上顶天立地的国家……他的胡须已穿过石板，但还要绕桌三圈，才能再度重生。"

第四部　决意战到底　165

2月16日，盟国在瑞士的特工向华盛顿送了一份怪异的报告。报告的资料得自一个驻柏林的中立国武官："毫无疑义，纳粹正准备在山区据点作殊死战，……各据点之间，都有地下铁道贯通……花好几个月生产的最佳的军火，都储藏在那里，此外还有德国所有库存的毒气，凡参与构筑这些秘密设施的人，一旦真正战斗开始，都会被杀掉包括凑巧还留在后方的平民。"

虽然英国情报部门与美国战略情报局双方都发出措词谨慎的声明，刻意淡化这些骇人听闻的报告，但在之后的27天，关于国家堡垒的传闻不断膨胀。3月21日，这项威胁竟开始影响到作战的构想。布莱德雷将军的第12集团军群司令部发出备忘录，标题即为"战略的重新调整"，文内说盟军的目标已经改变，"使得我军在登上滩头以后带着来的计划过时了。"其中的一项改变为：柏林的重要性已大幅降低，"这处大都会地区已不再占有重要地位，"报告中说道："……所有迹象都指向，敌人的政治与军事部门正在迁移到'下巴伐利亚的各据点'。"

为了因应这项威胁，布莱德雷不进兵德国北部，提议以他的集团军向中部突进，将德国切成两部分，"防止德军撤向"南方，以及"进入堡垒"。除此以外，也可以把敌军往北方驱赶，"使他们困在波罗的海及北海海岸"。备忘录说明，第12集团军群将转而向南回旋，以减少在"阿尔卑斯山堡垒"尚有的任何抵抗。

最令人惊恐的分析，出现在3月25日，由帕奇中将的第7集团军情报处长发出。第7集团军沿着西线的南翼作战。这份文件预测，这带据点中很可能已建立"一支精锐部队，大部分由党卫军及山地部队组成，人数介于20万和30万人。"报告还说，物资已运抵堡垒地区，频率为从1945年2月1日起，每周有三列到五列的长长列车驶到……据报告一种新型大炮曾在很多这种列车上被发现……"甚至提到一处地下飞机工厂，"足以生产出……BF-109战斗机。"

日复一日，这些报告涌向盟军总部。尽管这些证据经过分析，再分析，其结果依然相同。虽然"阿尔卑斯山要塞"也许是烟雾弹，但它存在的可能性不容忽视。盟军总部本身对这件事的关注，清楚在3月11日针对堡垒的情报判断中显示出来："这个要塞既被自然环境保护，又有至今最佳的秘密武器的加入，从理论上讲……在这个要塞之内……那些到目前为止领导着德国的力量将幸存下来，并在这里重建它的复兴……德军防御政策的趋势，似乎主要指向确保阿尔卑斯山地区的安全……证据显示，兵力相当可观的党卫军以及特别甄选的部队，正有系统地撤向奥地利……似乎可以有理由确定，纳粹政权中最重要的部门与人士，已在堡垒地区就位……戈林、希姆莱、希特勒……据说都正撤退到他们各人的山区堡垒……"

盟军最高司令部的情报署长英军肯尼思·威廉·多布森·斯特朗少将（Kenneth W. D. Strong）便向参谋长这么说："堡垒也许不在那里，但我们得采取步骤，防止它在那里。"参谋长史密斯将军同意，就他来看，"有各种理由让我们相信，纳粹有意在那些山岭中建立他们的最后根据地。"

盟军最高司令部参谋以及美军作战指挥官深思熟虑后的见解，都堆在艾森豪威尔的办公室。然后来了一封最重要的电文，是来自艾森豪威尔的顶头上司——陆军参谋长马歇尔将军，艾森豪威尔对他的尊敬远超过其他人。①

"根据当前的作战报告,"马歇尔的电报指出:"看上去德军在西线的防线可能已经瓦解了。如此你可以派出大量的师,以广泛战线迅速向东进兵。你认为……催动美军兵力迅急前进,沿纽伦堡—林茨(Linz)或卡尔斯鲁厄(Karlsruhe)—慕尼黑轴线前进如何?这一构想的基础是……迅速进兵也许可以防止德军建立任何有组织的抵抗地带。德国南部的山地地区,便被认为有可能成为这种地带。

"瓦解德军抵抗所引起的问题之一,便是与苏军遭遇,要防止这种不幸的事发生。你对管制与协调的想法为何?有一项可能,就是双方同意一条分界线……目前我们所做的安排……显然还不够……应采取步骤,毫不耽误,以提供沟通与联络……"

马歇尔这份字斟句酌的电文,终于使盟军统帅的计划成形。艾森豪威尔和老友,也是西点陆军官校同班同学布莱德雷将军,对这个情况讨论过几个星期。他也衡量过所有的问题,与所属参谋商讨过,最重要的,是知道了顶头上司的看法,艾森豪威尔现在订下战略,下定了决心。

在这个寒风不止的3月天下午,他拟了三封电报。第一封具有历史意义,也是前所未有的,拍发给莫斯科的盟国军事代表团。艾森豪威尔在电文中说,盟军最高司令部的作战,目前已到达了一个阶段,"为了要尽快获得胜利,本人应该知道苏军的计划,这很重要。"因此,他要代表团"将本人私函转呈斯大林元帅",并竭尽一切可能

---

① 马歇尔的其中一位高级幕僚,当时在1945年处理美国陆军作战业务的助理参谋长约翰·赫尔将军(John Hull),说过:"艾克是马歇尔的得意门生,虽然艾克讨厌我这么讲,他们两人之间,有点像是父子关系。"

"协助取得完整的答复"。

之前，盟军统帅从没有与苏联领导直接通信过。不过现在情势紧迫，他已经获得授权，在有关需要协调的军事事项上，可以与苏联直接打交道。所以，艾森豪威尔看不出有什么特别的理由要事先与英美联合参谋首长会议，或者英美政府事先磋商。这件事甚至连盟军副帅阿瑟·威廉·特德爵士元帅（Sir Arthur Tedder）也不知情，不过艾森豪威尔为他们都准备了副本。

下午3点过后不久，盟军统帅批准这份致斯大林的电文。到了下午4点，电文译为密码，艾森豪威尔这封"致斯大林元帅私函"就此发出。电文中，艾森豪威尔要求斯大林元帅告知其计划，同时也把自己的计划向斯大林说明。

"本人即将实施作战，"他说道，"旨在包围歼灭防守鲁尔区的敌军……本人判断此一阶段……将在4月底甚至更早以前结束；本人的下一任务，即为与贵国大军携手，分割敌军残余兵力……促成此一会师之最佳前进轴线，为爱尔福特（Erfurt）—莱比锡—德累斯顿这条线。本人深信……此一地区即德国政府各主要部门将迁往的地点。本人建议沿此轴线，由我军展开主攻。除此以外，将尽快分兵进攻，以促成在雷根斯堡—林茨地区与贵国大军会师，阻止德军在德国南部据点巩固其抵抗。

"在确定本人的这些计划以前，先与您的计划进行协调至为重要……以配合贵国大军之攻击方向与时间……元帅能否告知阁下意图以及……本人的建议是否……能配合贵方之可能行动。如要尽快歼灭德军，本人认为有必要协调我们的行动……改善双方前进部队间的联络……"

接下来，他草拟了致马歇尔及蒙哥马利的电报，并在晚上7点发出。艾森豪威尔报告陆军参谋长，说他已经与斯大林通信，谈到"关于我们应择定什么地方会师的问题……"接着，他又指出"本人观点与您看法极为接近，虽然我认为莱比锡—德累斯顿地区最为重要……"因为这一地区是"到达苏军阵地的最短路线"，同时也会"摧毁德境内残存的最后一个工业区……据说，德军统帅部及各部门均向该区迁移。"

至于马歇尔所害怕的"国家堡垒"，艾森豪威尔报告说，他也察觉到"有必要阻止敌人形成有组织的抵抗区"，并且他会"就情况许可，立即派军长驱直入林茨—慕尼黑地区。"至于与苏军协调一事，艾森豪威尔补充说，他并不认为"能把自己困在一条分界线上"。但会对苏方提出建议，"当两军会师时，任何一方经对方要求，即撤退到本身占领区内。"

当天发给蒙哥马利的电报为第三封，里头有让蒙蒂失望的消息。"一但你在……鲁尔河以东……与布莱德雷会师……美军第9集团军即转由布莱德雷指挥，"艾森豪威尔说道，"布莱德雷将尽快负责扫荡……鲁尔地区，沿爱尔福特—莱比锡—德累斯顿轴线发动主攻，并与苏军会师……"蒙哥马利须向易北河前进。到了那时，也许"再度将美军第9集团军拨交给你管制会比较好，以方便渡过该障碍。"艾森豪威尔在看完电文草稿以后，用铅笔加了最后一行，"如你所言，情况大好。"

盟军统帅已经把自己的计划大幅修改；不同于一开始考虑以主力横扫德国北部。他决心直接攻进德国中部，第9集团军已回归布莱德雷控管，就由他来承担演出任务了。由他发动最后一次攻势，以主力杀进德累斯顿这片在柏林以南161公里的地区。

虽然艾森豪威尔接受了马歇尔的部分建议,他的行动与布莱德雷德第12集团军群"战略的重新调整"备忘录中所进言的相似。不过,艾森豪威尔把自己的作战计划发出去的三封电报中,有一件意味深长的事项没有提及:盟军统帅一度称之为"明显的大奖"的目标。电文中没有提到柏林。

* * * *

备受创伤的勃兰登堡门,在薄暮中巍然矗立。戈培尔博士在附近自己的别墅书房里,透过一扇部分钉有板子的窗户,眺望着这座纪念性建筑。希特勒手下这位侏儒般矮小的宣传部长,背对着访客,似乎是瞧不起他——至少在访客——柏林卫戍司令赫尔穆特·雷曼少将看起来是如此。将军前来是要对一件他认为极其紧急的事情作成决定:血战在即,柏林老百姓将面临怎样的命运。

这是一个月内第四次雷曼和他的参谋长雷菲尔上校前来和戈培尔会面。47岁的戈培尔如今在柏林,是希特勒之下最重要的人物。他不但是社会教化与宣传部部长,而且也是柏林市的大区领袖(Gauleiter)、德国国防委员,负责全市平民有关措施,国民突击队的编组与训练,以及全市工事的构筑。这一阵子,军方与平民机构的指挥体系没有明确的划分,造成了军民两方首长的困扰,戈培尔只是更增添了混乱。虽然他对军事与都市的事务一窍不通,他却明白表示,只有他有保卫柏林的责任。这么一来,雷曼发现自己处于窘境,究竟他要接受谁的命令——是希特勒的统帅部,还是听戈培尔的,他可说不准,似乎也没有人要澄清指挥体系,雷曼急得要死。

在之前每一次会面时,雷曼都提到平民疏散的问题。头一次会面

第四部 决意战到底　171

勃兰登堡门前罕见的景象，显示广场张挂一张庞大的伪装网。伪装网像伞衣般挂在市区各处，阻止为空袭作战做准备的侦察机寻找方位。

满地瓦砾的蒂尔加滕区，背景是国会大厦。

时,戈培尔便说"不可能"。后来他通知卫戍司令,的确有一个疏散计划,由"最高层级的党卫军及警察拟订"。雷曼的参谋长立刻去调查,雷菲尔还真的发现了这个计划,然后告诉雷曼说,"计划中有一幅比例尺 30 万分之一的地图,负责的官员——警察局长,用红墨水清楚标示出了逃出柏林通往西方和南方的疏散路线。"他报告说,"地图上没有卫生站、食物站,更没有交通工具运送病患老弱。"他还补充说:"就我所看到的来说,这个计划要求疏散民众,只能携带一件行李沿着这几条路出发,走上 20 到 30 公里到达车站,从那里被运往图林根(Thuringen)、萨克森-安哈尔特(Sachsen-Anhalt),以及梅克伦堡(Mecklenburg)。所有这些行动都要在戈培尔一声令下后进行。不过,疏散的火车要从哪里开来却没有说明白。"

雷曼将军想跟希特勒讨论这件事,却只见过他两次。一次是雷曼就职之前,以及在那之后的几天,元首邀他去参加了一次夜间会议。那次会议讨论得最多的是奥得河前线,雷曼并没有机会说明柏林的情势。不过在会议一度暂停时,他向希特勒说,要求元首立刻下令所有 10 岁以下的儿童疏散离开柏林。雷曼这么一提,全场突然沉寂了下来,希特勒转身对着雷曼冷冰冰说,"你是什么意思?你究竟是什么意思?"然后他加强语气,一个字、一个字慢慢地说,"留在柏林的,没有那个年龄层的小孩!"没有一个人胆敢跟他顶嘴,希特勒很快就转到其他话题。

这次挫折并没有把柏林卫戍司令吓倒。雷曼现在正向戈培尔提到同一个话题。"部长先生,一旦发生围城,我们要如何维持老百姓的生存?用什么供应他们粮食?粮食从哪里来?根据市长统计,目前市内 10 岁以下儿童有 11 万人,和他们的母亲住在市内,我们如何提供牛奶给孩童?"

雷曼停下来等候他答话。戈培尔继续瞪着窗外，然后，头也不转生气地说："我们怎么供应他们粮食？从市郊乡下把牲口带进城来——那就是我们供他们吃的办法！至于小孩，我们有罐装牛奶，可以供应3个月。"对雷曼和雷菲尔来说，罐头牛奶可是头一次听说，说把牲口牵进市区来，似乎是疯言疯语。打仗时，牲口比人更容易遭受损失，人至少还能掩蔽起来，戈培尔打算在什么地方养牲口？又用什么东西来喂牛？雷曼说得很急促："我们一定要考虑一个立即疏散的计划，不能再等下去了，一天一天过去，困难会成倍数增加，现在至少要把妇女和小孩迁走——不要等到为时已晚。"

戈培尔不回答、沉寂了久久一阵，室外天色渐渐暗了。他突然伸起手，抓住窗户边的窗帘拉索使劲一拉，灯火管制窗帘卡啦啦一声关上。戈培尔转过身来，他天生就是畸足，一瘸一拐地走到办公桌前，把台灯打开，看了看放在吸墨台上的手表，再看着雷曼，"我尊敬的将军，"他说得很温和，"当疏散的时机到来，在下便是做决定的那个人。"接着他咆哮道，"但我不打算现在下命令，把柏林搞成一片恐慌，多的是时间！多的是时间！"他请他们离去，"再见，两位。"

雷曼和雷菲尔离开房子时，在门前的阶梯上站了一会儿。雷曼将军凝望着外面的柏林市，虽然没有发放警报，远方一处处的探照灯却已经在夜空中搜索了。雷曼缓缓带上手套，向雷菲尔说："我们面对着一个无法达成的任务，没有成功的机会。我只能希望出现一些奇迹来改变我们的命运，或者柏林还没有遭到围攻，战争就结束了。"他看着自己的参谋长，"否则，"他补充一句，"只有请上帝来救柏林人吧。"

一会儿后，位于霍亨索伦大街的指挥所里，雷曼接到了陆军总部的电话。现在雷曼才知道除了最高统帅希特勒，柏林市大区长官戈培尔，自己同时还是另一个权力中心的部属。电话中告诉他，上面正安排好，柏林卫戍地区将由维斯瓦河集团军群及其司令海因里希上将指挥。雷曼听到海因里希的名字，头一次觉得有了希望，便指示雷菲尔尽快找机会向维斯瓦河集团军群参谋作简报。只有一件事令他感到忧虑。他很好奇，海因里希既要保护柏林，同时又要准备在奥得河挡住苏军，他会有什么感想？雷曼跟海因里希认识很久，他可以想象老将军听到消息会有怎样的反应。

* * * *

"荒唐透顶！"海因里希气呼呼说道："荒唐透顶！"

维斯瓦河集团军群新到任的参谋长金策尔中将，以及作战处长艾斯曼上校，彼此相望默然无语。还有什么可说的，"荒唐透顶"似乎都可以说是轻描淡写了。在生死关头的节骨眼，把柏林卫戍区提议纳入备受压力的海因里希集团军的责任区，两位幕僚都认为是不可能的事，不明白海因里希如何能指挥，甚至监督雷曼的卫戍作战。光以距离来说就不切实际，维斯瓦河集团军群司令部离柏林超过84公里。显然出主意的人，压根不知道海因里希面对的诸多问题有多吓人。

夕阳西沉不久，陆军总部作战署的军官，向金策尔仔细地说明卫戍柏林的提案，这项构想只是暂时性的——差不多近乎是建议了。这时，海因里希在办公室中走来走去，他那老式的绑腿依然附着前线的泥土，他向部下说得很明白，就他而论，这个计划只是个无形的——建议。维斯瓦河集团军群只有一个任务：在奥得河阻止苏军。"除非迫不得已，"海因里希说，"我并不打算接受保卫柏林的责任。"

这并不意谓他对柏林人民的惨相一无所知。事实上，他常挂念柏林近300万人口的命运。他心中想到柏林成为战场会有多可怕。他对老百姓置身在炮兵轰击与巷战的猛烈战火下会发生什么结果，比任何人都知道得更清楚。他认为苏军残忍、毫不留情，在炽烈的战斗中，并不能指望他们分得清楚军人和平民。在苏军与柏林之间，维斯瓦河集团军群是唯一的障碍，而海因里希一向最关切的还是自己的官兵。这位脾气暴躁、好斗的"恶矮子"，对希特勒、对陆军总部、对参谋总长古德里安十分火大。在他看来，这是故意牺牲他麾下官兵的生命。

他转身对着金策尔说："替我接通古德里安。"

自从一星期前他接掌指挥权以来，海因里希就经常在前线跑，毫不疲倦地从一个师部到另一个师部，和各师长看着地图商讨战略，又到前线的堑壕与坑道去看第一线的官兵。很快他就发现自己的猜测十分有根据，他的集团军有名无实。他惊讶于大多数部队都虚有其表，只是杂七杂八的单位，都是一些曾经负有盛名，但在很早以前就遭到歼灭的师级部队所仅存的一些官兵。在他麾下，甚至还有不是德国人组成的部队。有挪威师与荷兰师，都由拥护纳粹的挪威、荷兰志愿兵组成。此外，有苏军战俘所组成的部队，他们原属保卫基辅（Kiev）的名将安德烈·安德烈耶维奇·弗拉索夫中将（Andrei A. Vlasov）。他在1943年向德军投降，经过说服，便组成了一支拥德反斯大林的俄罗斯部队。弗拉索夫的部队令海因里希担心，他认为只要有一丁点机会，他们就会开小差——逃走。海因里希所属的部分装甲兵部队，倒是还很精良，而他大部分要靠他们了。整个情势很黯淡，情报指出，苏军可能多达300万人。从北翼曼陀菲尔的第3装甲集团军，到南翼布塞的第9集团军之间，海因里希的总兵力为482,000人，几乎没有预备队。

海因里希除了极端缺乏有经验的部队,还极为缺乏装备与物资。他需要坦克、自行火炮、通信器材、大炮、汽油、弹药甚至步枪。装备补给缺乏到了这种程度,作战处长艾斯曼上校发现,有些补充兵抵达前线没有步枪,只有一具"铁拳"反装甲榴弹发射器——而且它仅有一发榴弹。

"疯了!"艾斯曼向海因里希报告说道,"这些人打掉这一发榴弹以后,拿什么来打仗?陆军总部要他们怎么办——用剩下的击发杆当警棍用吗?那是集体谋杀。"海因里希同意:"陆军总部要这些人听天由命,我却不。"海因里希尽自己权力所能,改进部队的装备与补给情况。不过,有些装备是都没有了。

他最缺乏的是火炮。苏军已开始在奥得河以及河岸一带的沼泽各处建桥。有些河水泛滥的位置,河面竟有3公里宽。配属在海因里希之下的海军特种部队,曾经以漂浮的水雷顺流而下炸垮了浮舟桥,但是苏军立刻反制,竖立了防雷网。要自空中轰炸这些桥梁根本不可能,空军官员通知海因里希,他们既无飞机也无汽油。他们充其量能做到的,便是派飞机侦察。现在要阻挡住苏军积极的架桥行动,只有唯一的办法——使用炮兵,而海因里希能有的火炮屈指可数。

为了补救不足,海因里希下令把防空炮当作野战炮使用。虽然这么一来,也就会对苏联的空中攻击掩护少了,但他却认为,防空炮作为野战炮使用优点颇多。确实,这多少改善了局势。光是在斯德丁,曼陀菲尔的第3装甲集团军取得了600门防空炮,每一门炮都得放列在混凝土掩体里,因为它们太大了,不便于装在车辆上机动,但却有助于填补空隙。然而,它们威风凛凛地放列在阵地里,却只能在绝对需要时才射击,弹药缺乏得异常严重。海因里希决定保留手头上的少量弹药,等红军展开攻击时使用。他告诉参谋们:"我们没有充足的大炮与弹药阻止苏军架桥,但至少我们可以迟滞他们完成。"艾斯曼上校对情况的看法则悲观得多。"我们这个集团军群可以比喻成是一只兔子,"他后来回忆说道,"出神地注视着一条想把它吞掉的蛇。兔子连一根肌肉都不能移动,而是等待着蛇闪电般地迅速发动攻击的时刻……海因里希将军并不想承认这项事实,光靠我们这个集团军本身的兵力,是不可能采取更有意义的措施。"

然而,海因里希接手才一个星期,便已在几十项看似无法克服的困难中铲出了一条大路。就像他在莫斯科作战时,他对官兵时而美言劝勉,时而厉言刺激,时而咆哮斥责,时而大加鼓舞,提升他们作战的士气,这会让他有时间来挽救他们的生命。不论他个人的感觉如何,对他部下的官兵来说,他是大公无私、百折不回的传奇人物海因里希。他不改英雄本色,依然在与上级司令部的"疯狂与糟糕的判断"奋战。

目前,他那霹雳火般的脾气,正指向希特勒和陆军参谋总长古德里安。3月23日,布塞将军的第9集团军发动了两次攻击,拼命想突破苏军与屈斯特林的守军会合。屈斯特林是海因里希自接替希姆莱的那天起被苏军包围的。海因里希同意布塞的战术,他觉得这是在苏军巩固阵地以前使城市解围的唯一机会。不过苏军确实太强了,两次攻击都死伤惨重。

海因里希把作战结果向古德里安报告,只得到冷漠的指示:"务必再发动攻击。"希特勒要发动攻击,古德里安也是。"这是疯了,"海因里希强硬地回答,"我建议要屈斯特林的装甲部队突围,那才是唯一合理的做法。"古德里安对这项建议突然大动肝火,大叫道"必须攻击"。3月27日,布塞再度向屈斯特林进攻,这次攻击极为猛烈。他的装甲部队有一部分成功突破重围进入了市区,可是苏军的猛烈炮火打垮了他们。海因里希在指挥所一句话也没有吭,"这次攻击,"他说道,"是一次大屠杀,第9集团军牺牲与损失惨重之后,却一无所得。"

即使到了现在,也就是攻击后隔天,他的愤怒依然没有消退。他在办公室边等着古德里安的电话,边走来走去踱步,反复念着两个字:"失败!"他也不顾会对自己造成什么影响,等古德里安来电,海因里希打算指责顶头上司。8,000名官兵血淋淋的遭到屠杀——在屈斯特林攻击中——几近损失了一个师。

电话响了,金策尔接了电话,告诉海因里希:"措森来电。"

是陆军总部作战处长克雷布斯中将轻柔的声音,并不是海因里希所期待的人来电。海因里希说道:"我要找古德里安说话"。克雷布斯又开始说话了,海因里希听着电话,脸色僵硬起来,参谋们看着他,心中好奇不知道发生了什么事。海因里希问道:"什么时候?"他再度细听,接着突然说声"谢谢你!"便把电话挂了。他转身对着金策尔和艾斯曼平静地说:"古德里安已经不是参谋总长了。今天下午,希特勒把他撤换掉了。"参谋们大为震惊,海因里希继续说,"克雷布斯说古德里安病了,但他并不真正知道出了什么事。"海因里希一肚子的火已经完全烟消云散,只作了更进一步的结论。"那不像是古德里安,"他若有所思地说着,"他甚至没有说再见。"

* * * *

直到那天夜深,海因里希的参谋才把事情拼凑出来。在总理府发生了最为激烈的一次争论之后,古德里安遭到撤换。希特勒的中午会议开始时,还十分的安静,但却有一种勉强压制着的不友善气氛。

第四部 决意战到底 179

古德里安已经给元首写了份备忘录，解释为什么攻击屈斯特林会失败。希特勒厌恶古德里安所用的口气，也讨厌古德里安替第9集团军辩护，尤其怪他袒护集团军司令布塞。元首已经决定以布塞作代罪羔羊，下令要他来参加这次会议，前来进行完整的报告。

一如往常，希特勒的高级将帅都出席了会议。除了古德里安和布塞以外，还有希特勒的参谋总长凯特尔、作战厅长约德尔、元首的副官布格多夫，还有几名将领与各厅次长。起先，由古德里安对目前的战况作简报，希特勒静心听了几分钟，然后命令布塞报告。他开始概略说明攻击如何发勋，兵力如何运用。希特勒开始不耐烦起来，突然打岔边吼边说："你的攻击为什么会失败？"不等对方回答，希特勒自己回答，"因为无能！因为疏忽！"他大骂布塞、古德里安和陆军总部，全都"无能"。这次的攻击屈斯特林，他怒吼道："事先竟然没有充分的炮兵准备射击！"这时，他转对着古德里安，"如果照你所说的，布塞没有充足的弹药——为什么你不多拨给他一点？"

一阵子沉寂之后，古德里安才轻声说："我已经向您解释过了……"希特勒一挥手，打断了他的话："解释！借口！你给我的全是这些！"他尖叫道，"好吧！那么你们告诉我，谁让我们在屈斯特林吃败仗的——是官兵，还是布塞？"古德里安一下子也火了。"胡说八道！"他咕囔地说出，"这是胡说八道！"几乎把这两句话砰了出来，他气得火焰腾腾，满面通红，滔滔不绝地展开反击。"不应该怪布塞！"他咆哮道，"我早就告诉过你了！他遵照了命令！布塞用尽他所有的弹药！他所有的全部弹药！"古德里安气愤极了，挣扎着要把话说出来："至于说要怪部队——看看官兵的伤亡吧！"他气得冒烟，"看看官兵的损失！官兵尽了他们的职责！他们的牺牲便可以证明这一点！"

希特勒也吼回去，"他们被打败了！"他怒叫道，"他们被打败了。"

古德里安气得一脸发紫，使尽力气大吼："我一定要请你……一定要请你，不要再指责布塞或他的部队！"

两个人的讨论都超出了理性，但却停不下来。古德里安和希特勒面对面杠上了。双方说的都是气愤得可怕的话，使得将领和次长们都惊呆得僵硬地站着。希特勒对参谋本部破口大骂，骂他们全都"无胆""笨蛋""猪头"；臭骂他们经常"误导"他，"蒙蔽"他，"耍骗"他。古德里安质问元首为什么说"误导"和"蒙蔽"。他总部的情报署长格伦将军"'蒙蔽'过苏军的兵力吗？没有！"古德里安怒吼。希特勒立刻顶回去："格伦是个蠢货！"现在有18个师依然在波罗的海各国，在拉脱维亚的库尔兰被围，"是谁？"古德里安吼道，"误导了你使他们受困？又在什么时候？"他紧紧逼问元首，"你可曾打算把库尔兰的部队撤出来过？"

这次当面吵得声音很大、很猛烈，以致事后没有人对争吵的情况说得清楚。[①] 甚至是布塞——这次争吵中无辜的受害人——到后来也没办法告诉海因里希任何细节，"我们差不多全都瘫痪了，"他说，"无

[①] 关于这次争吵，有很多种说法。于尔根·托瓦尔德（Jurgen Thorwald）的《那年冬天的溃逃》(*Flight in the Winter*) 有详细说明。古德里安的副官之一，格哈德·博尔特在《帝国总理府的最后日子》(*Die Leitzen Tage der Reichskanzlei*) 只有两行的叙述。博尔特对这件事轻描淡写，只写着希特勒告诉参谋总长"到温泉地去疗养"。古德里安"领会其意"。他提到这次会议日期是3月20日，也就是对屈斯特林进行致命攻击的前七天。而古德里安在他的回忆录《闪击英雄》(*Panzer Leader*) 中，则准确指出这一天为3月28日下午2点。本书中的大部分内容，摘自古德里安的回忆录，再以访问海因里希、布塞以及有关参谋的资料予以补充。

第四部 决意战到底 181

法相信眼前发生的事。"

头一个插手的人是约德尔。他抓住大呼小叫的古德里安的手臂，"拜托！拜托！"他恳求道，"镇定点！"把古德里安拉到一边去。凯特尔和布格多夫则去照料希特勒，元首筋疲力竭，瘫坐椅子上。古德里安的副官洛林霍芬少校可吓惨了。他认为如果参谋总长不立刻离开房间就会遭到逮捕。他跑到外面，打电话给还在措森的作战处长克雷布斯，告诉他发生了什么事。洛林霍芬请求克雷布斯和古德里安通电话，借口说前线有紧急军情，并且和他维持通话，直到他气消下来。古德里安经过劝说，非常勉强离开了房间。克雷布斯是一个擅长看场合说话的人，他轻易就抓住古德里安的注意力，谈了15分钟——在那之后，参谋总长已经能再度控制住自己的情绪了。

这段期间，元首也镇定了下来。等到古德里安回来，希特勒在主持会议，像什么事都没有发生过。一看见他进来，希特勒便下令所有人离开房间，只留下凯特尔和古德里安。这时，他说得冷冰冰，"古德里安上将，为了你身体的健康，你需要马上请6个星期的休养假。"他的声音中并没有透露出什么情绪。古德里安说道："我会去。"不过希特勒还没有结束，命令他"请你等到把会开完"。等到把会开完，已是好几个小时以后了。那时，希特勒差不多以关心的口气说话，"请你务必竭尽全力恢复健康，"他说，"6个星期后，情况会很紧要，到那时我会非常需要你，你想要到什么地方去？"凯特尔也想要知道。古德里安对他突如其来的关怀很怀疑，基于谨慎，断然决定不把自己的计划告诉他们。他告辞以后，便离开了总理府。古德里安走了，这位装甲战术的先驱，希特勒麾下最后一员名将走了，随着他的离去失去的是德国统帅部中合理判断的能力。

第二天，3月29日星期四早上，海因里希有很好的理由相信，古德里安的去职是一种损失。呈上来的一份打字电报，通知他希特勒已派克雷布斯担任参谋总长。克雷布斯说话圆滑，是希特勒的狂热拥护者，很多人都讨厌他。维斯瓦河集团军群司令部的参谋之中，有关克雷布斯出任参谋总长的新闻，以及紧跟着的古德里安离职的事都形成一股阴郁的气氛。作战处长艾斯曼上校，总结描述了当时普遍的心态。他后来记载道："此人经常面带友好的笑容，使我想起阿谀逢迎之徒……接下来的事我们可以预料得到了。克雷布斯只会滔滔不绝说点使人安心的话……情况又变乐观了，希特勒从克雷布斯那里，远比从古德里安口中听到更多支持他的话。"

海因里希对新任参谋总长并没有说什么，古德里安极力为布塞辩护，救了这位集团军司令，此后再也没有对屈斯特林作自杀式的攻击了。由于这一点，海因里希感激这位时常跟他合不来的人。他很怀念古德里安。海因里希早就认识克雷布斯，不会指望能得到他多少支持。当他晋见希特勒，讨论奥得河前线的诸多问题时，不会有一个直言无讳的古德里安来支持他了。而他就要在4月6日星期五的这一天，参加正式会议、晋见希特勒。

* * * *

3月29日上午9点过后不久，车停在维斯瓦河集团军群总部建筑的外面，高大精壮、身高1.8米的柏林卫戍司令部参谋长跳出车外，精力充沛的雷菲尔上校，正热烈期待与海因里希的参谋长金策尔将军会面。他很期待会议能顺利进行，柏林卫戍区能划归海因里希集团军指挥，这可是件最好的事情。拖着要在会议提出来的地图与图表，身材结实、39岁的雷菲尔进入了司令部。雷菲尔相信，柏林卫戍部队虽

第四部 决意战到底 183

然兵力很少,一如他后来在日记中所说,海因里希"会因手下兵力增多而感到高兴。"

在见到集团军参谋长的头一刻,雷菲尔就开始怀疑。金策尔的欢迎虽然友好,却不热烈。雷菲尔原来希望老同学艾斯曼上校会在场——几个星期以前,他们一起仔细研究过柏林的情况——可是接待他的,只有金策尔一人。这位维斯瓦河集团军群参谋长似乎受到了打扰,表情近乎不耐烦。雷菲尔接受了金策尔的指示,把地图与图表摊开,很快开始作简报。他说明,由于缺乏上级单位指挥雷曼,柏林卫戍司令部发生了几乎不可能出现的情况。"我们去问陆总,是不是属他们指挥,"他解释,"得到指示却是'陆总仅负责东线,你们属于统帅部管辖'。所以我们便去统帅部,他们又说:'为什么你们到这里来?柏林战场面向东方——你们是陆总的责任。'"雷菲尔在说时,金策尔却在检视地图与柏林卫戍兵力的部署。忽然,金策尔抬起头来看着雷菲尔轻声告诉他,前一天晚上海因里希已下定决心,不接受柏林的防卫责任。然后,一如雷菲尔后来的记载,金策尔和希特勒、戈培尔和其他官员作了短暂的通话。"就我个人来看,"他说道,"柏林的那些疯子在自取灭亡。"

驶回柏林途中,雷菲尔高涨的热情整个粉碎掉了。头一次意识到"一个遭遗弃的孤儿"是什么感觉。他热爱柏林,进过德国陆军参谋大学,在首都结婚,育有一儿一女。而现在的他看来,自己是越来越孤单地做着保卫柏林的工作。他在这里度过了一生中最快乐的时光。在指挥体系中,竟然没有人有意承担下达雷菲尔认为最重大的任务:防守及保卫柏林的责任。

* * * *

古德里安上将现在所要做的事，就是把自己办公桌上那仅有几件属于自己的东西放进一个小箱子里。他已经向参谋道别过了，向继任的克雷布斯作了简报，这时准备离开措森的总部了。他的最终目的地还是保密得很好。不过，他和太太到慕尼黑附近的疗养院，在那里治疗他的心脏。自那以后，他计划到德国唯一还平静的所在：南巴伐利亚。在那一带地区唯一的活动，都集中在军医院与疗养院的周围，都是退役或者解职的将领，以及疏散到那里的政府各部门官员。他小心做出了抉择。古德里安会在巴伐利亚的阿尔卑斯山区，在非战争的环境中度过战争。作为前陆军总部的参谋总长，古德里安知道那里什么事也不会发生。

2

3月30日，这天正是耶稣受难日，复活节假期的开始。罗斯福总统已经抵达乔治亚州温泉市（WarmSprings, Georgia），住进小白宫里稍作停留。和以往一样，火车站附近，群众在炽热的阳光下站着，等待欢迎他。总统一露面，旁观的人群中掀起一阵担心的轻声细语。他正由一名特勤局人员用两手抱下火车，他的身体几乎是了无生气的下垂。他没有意气风发的挥手，没有和群众谈笑风生。对很多人来说，罗斯福差不多是昏沉沉，仅隐约知道发生了什么事。百姓默默地注视着，既震惊又担心，眼看着总统的轿车缓缓驶离。

这一天的莫斯科，天气十分温和，与时节完全不同。在马霍夫大街（Mokhavaya）美国大使馆的二楼公寓里，约翰·拉塞尔·迪恩少将（John R. Deane）远望广场那面绿色的拜占庭式圆顶和克里姆林宫的尖塔。迪恩是美国军事代表团团长，他和英国军事代表团团长欧内斯特·罗素·阿彻海军少将（Ernest R. Archer），正在等待各自的大使——美国大使哈里曼，以及英国大使阿奇博尔德·克拉克-克尔爵士（Archibald Clark-Kerr）——确定已安排好与斯大林会晤。会议上，他们要把艾森豪威尔前一天发来的电报编号 SCAF 252 的文件，呈交给斯大林（罗斯福因为有病在身，并未过目内容）。

在伦敦，嘴里含着雪茄的丘吉尔，正向唐宁街 10 号外面围观的人们挥手。他正准备坐车离开，到契克斯别墅（Chequers）去。那是在白金汉夏郡，面积达 2.8 平方公里，属于英国首相的别墅。尽管他表面上很愉快，心中却又烦又气。在他的一叠文件当中，就有一封盟军统帅致斯大林的电报。在将近三年的密切合作关系，丘吉尔头一回对艾森豪威尔感到愤怒。

英国人对艾森豪威尔电报的反应，在过去 24 小时里变得越来越强烈。英国人起先对这封电报不知所措，然后大为震惊，终于十分愤怒。跟华盛顿的参联会一样，伦敦收到的也是转传的二手信息——从传递"敬供卓参"的副本中才知道。连盟军总部的副帅——英国皇家空军特德爵士元帅事先也不知道这封电报。伦敦方面没有从他那里知道任何消息。丘吉尔这一下完全陷入狼狈不安当中。记得 3 月 27 日，蒙哥马利的通信电文中，宣布他要长驱直入易北河，"然后，本人希望经由高速公路抵达柏林"。丘吉尔便连忙手写了紧急的便条给他的参谋长伊斯梅爵士将军。他写道，艾森豪威尔致斯大林电文，"似与蒙帅所述进兵易北河有异，请即说明。"可是在当时，伊斯梅也没办法。

就在这时，蒙哥马利又使他的上司出于意料之外。他向布鲁克元帅报告，强大的美军第 9 集团军，正由他指挥下归还建制，拨归布莱德雷的第 12 集团军群，由该集团军进行中央进击，攻向莱比锡与德累斯顿。蒙哥马利文中说道："我认为此举将酿成大错。"

英国人又再度激愤。第一，这消息应该是由艾森豪威尔传来，而不是蒙哥马利。更糟的是，就伦敦方面看来，艾森豪似乎要掌控太多的东西。从英国人的观点来说，他不但越权和斯大林直接打交道，而且也未事先告知，违背了长久以来的计划——集中兵力的英军第 21 集团军群，从德国北部平原做主攻——艾森豪威尔却突然指定布莱德雷，进行二战最后的攻势，攻入第三帝国的腹地。布鲁克语气愤怒地总结了英国人的态度："首先，艾森豪威尔无权直接联系文斯大林，他的通信应该经由英美联合参谋首长会议。其次，他的电报内容莫名其妙。最后，电文中所含的意思，似乎偏离与改变过去所有同意的事项。"3 月 29 日下午，火上心头的布鲁克，也不和丘吉尔打商量，向华盛顿火速提出措词尖锐的抗议。激烈又尖酸刻薄的争辩，正围绕着 SCAF 252 号电报而越演越烈。

大约在同一时刻，人在莫斯科的迪恩将军，在采取最初的步骤安排了与斯大林会晤以后，又给艾森豪威尔发了一封急电。"因为（斯大林）有可能愿意更为详细讨论元帅的计划，请给予更多的背景所需资料。"迪恩和苏联人打交道好几个月，备受挫折，深深知道斯大林会要求一些什么，他在致艾森豪威尔电文中罗列出来。一、目前盟国所属各集团军之部署；二、略为详尽之兵力运用计划；三、各集团军中钧座拟使用何一集团军担任主攻及助攻……四、目前对敌军企图及部署之判断。"盟军最高司令部很快就照办了。当天晚上 8 点 15 分，这些情报就已拍发给莫斯科，迪恩得到了英美大军从北到南的部署与战斗序列。资料十分详尽，甚至连美军第 9 集团军从蒙哥马利拨归布莱德雷的说明都包括在内。

51分钟以后,盟军总部就得悉蒙哥马利的反应。他的沮丧可以理解,少了辛普森的第9集团军,他进兵的冲力缩小,而他胜利攻占柏林的机会,看来也没了。但蒙哥马利依然希望说服艾森豪威尔把这次调动延后。他这次发出的电报,出乎寻常地委婉。他说:"我注意到元帅拟改变指挥架构。如元帅认为必须如此,职谨请求暂不实施,直至我军攻抵易北河为止。此一举措对目前正在进展的行动毫无帮助。"

　　华盛顿官员不久就发觉,蒙哥马利的英国顶头上司,并没有心情好委婉的。在五角大楼,布鲁克的抗议由英美联合参谋首长会议中的英方代表,亨利·梅特兰·威尔逊爵士元帅(Sir Henry Maitland Wilson)正式呈给陆军参谋长马歇尔将军。英方来文中,谴责艾森豪威尔与斯大林通讯的程序,指责盟军统帅变更了计划。马歇尔既吃惊又在意,立刻以无线电报告知艾森豪威尔。他的电文大部分都是直接引用自英国人的抗议。他说,英国人认为,要遵从现存的战略——蒙哥马利的北攻,以及攻占德国各海港,如此可"大举消灭德军的潜舰作战",也可使荷兰、丹麦获得自由,再度打开与瑞典的交通,可以使"瑞典各港口目前无用、几近200万吨的瑞典、挪威船只,变得可以利用。"马歇尔引述说,英军首长"强烈认为,务应遵守主攻……越过德国北部平原,而目标则为攻占柏林……"

　　马歇尔为了挡掉英国人对艾森豪威尔的批评,以及尽可能迅速重建英美间的团结,对双方表示充分的谅解。然而电文中的最后一段,显示出他本人对盟军统帅的决定感到迷惑与懊恼。"在你发出SCAF 252号电报以前,可曾考虑英国海军方面的事?"末了他写着:"请即告知你的高见。"

　　有一位人士比任何其他人更觉得事态严重,而且会是迫在眉睫的纷乱。丘吉尔几乎每过一小时就变得更加焦虑。艾森豪威尔事件正好在三个盟国间的关系并不很好时发生，这是至关紧要的时刻，丘吉尔觉得孤立无援，他不知道罗斯福病得如何。但前些时候他与罗斯福通信时，就一直感到很困惑不安了。一如他后来所说："我在长长的电报中，自以为在和这位信得过的朋友及同事长谈……，（可是）我却再也没有完整收到他的回音……很多人共同拟稿，以他的名义发出……罗斯福仅仅提供大致的指示与批可……那几个星期真是代价高昂啊。"

更使人烦恼的，是西方各国与苏联间的政治关系迅速恶化。丘吉尔怀疑，自从雅尔塔会议以后，斯大林的战后目标已经不断扩展，他对在会议所作的承诺已不屑一顾。目前几乎每一天，都有不祥的新兆头出现。东欧已经渐渐被苏联所吞没。由于燃油以及机械问题而落在红军战线后方的英美轰炸机，连同机组人员都遭到扣押，斯大林原先答应要提供美军轰炸机使用的空军基地与设施，突然又拒绝了。苏军原先给予了自由进入在德国西部被解放了的战俘营的权利，以便把战俘遣返回国，却又拒不给予西方的代表类似的权利疏散，或用任何方式协助位于东欧的各战俘营内的英美军战俘。尤其更糟的，斯大林指责"在美国战俘营中曾被德军所俘的苏联战俘……遭受不公平的待遇、非法迫害，包括毒打在内。"当意大利境内的德军暗中谈判要让他们的部队投降时，苏联的反应则是火急发布侮辱性的文字，指责盟军背叛，"在大战中首当其冲的苏联背后"与敌人打交道。①

而现在却出现了艾森豪威尔致斯大林的电报。丘吉尔认为，在军事目标的选择大有可能决定战后欧洲未来的时刻，艾森豪威尔与苏联

---

① 3月24日，丘吉尔曾把苏联发出的相关文件给艾森豪威尔看，他后来写道：盟军统帅"似乎非常生气与激动，因为他认为这是把我们之间良好的互信做了最不公正，且没有根据的指控。"

决策者的通信，对全球以及政治策略——严格说来，这是他和罗斯福所关切的范畴——构成了危险的干预。对丘吉尔来说，柏林在政治上具有高度的重要性。而现在看来，艾森豪威尔并不打算作一次大举进攻去把这座城市拿下来。

3月29日午夜前，丘吉尔曾打保密电话给艾森豪威尔，要求盟军统帅说清楚他的想法。丘吉尔小心翼翼，避免提到斯大林的电报，反而强调柏林的政治重要性，争取要让蒙哥马利继续北边的攻势。丘吉尔觉得，盟军在苏军面前把柏林攻下来，具有莫大的重要性。现在，3月30日了，就在他开始坐车到97公里外的契克斯去时，他极度忧虑地思考着艾森豪威尔的回答。"柏林，"盟军统帅说道："不再具有军事上的重要性。"

* * * *

在兰斯，艾森豪威尔的火气随着英国人的抗议而步步升高。伦敦方面对他减弱蒙哥马利的北方攻势，反应上的凶狠，出乎他意料之外。更令艾森豪威尔惊讶的，是他致给斯大林电报所掀起的狂风暴雨。他无法理解这种反对有什么理由。他认为自己的行动正确，在军事上也属必要，自己的决定竟受到质疑令他很生气。他是个急性子，但目前他却是盟国领袖人物中最愤怒的一人。

3月30日，他开始回复华盛顿与伦敦的电文。先是对马歇尔前一晚发来的电报，简短回复来文收悉，并允诺几小时内作较为详尽的答复。但这时，他率直表示不会改变计划，而英国人的指责"缺乏事实根据……本人计划攻取北部海岸之各海港以及其他部分，这个计划的成效远比威尔逊致电文中，要求分散兵力之方式，更为快速且彻底。"

其次，便是答复丘吉尔晚间电话中的要求。他发给丘吉尔一封格外详细的电文，澄清他下给蒙哥马利的命令，"基于苏军企图，"似乎必需以布莱德雷集团军自中央进攻莱比锡与德累斯顿。因为这"大体上可以把德军一分为二……而将西线剩余敌军之大部兵力予以歼灭。"一旦作战成功，艾森豪即打算"采取行动肃清北部各海港"。艾克说，蒙哥马利"将负责这项任务。如必需，本人建议增加其兵力。"一旦"上述要求都已达成，"艾森豪计划派东南边的德弗斯将军的第6集团军群，向国家堡垒区进兵，"以防止德军在南部有任何集结之可能，并且与苏军在多瑙河河谷会师。"艾森豪威尔在电文结尾表示他目前的计划"具有弹性，而且能对未能料及的诸多状况进行修改以兹因应。"他没有提到柏林。

艾森豪威尔致丘吉尔的电报用字收敛而且精确，并没有反映出他在冒火。但他在原先答应要向马歇尔呈上更为详尽的报告中，却显然火气十足。艾森豪威尔在向陆军参谋长报告时，说道："对关于涉及'程序'之抗议，职完全不能理解。职是获训示，有关作战协调事宜可直接与苏军交往。"论及他的战略，艾森豪威尔则再度坚持他并没有做变更。"英军各参谋首长在去年夏天，"他说道，"一向抗议反对本人打开中央……路线之决定，他们都认为徒劳无功……且将分散北翼攻击兵力。本人一向力主北翼攻击，主要之作战努力……为孤立鲁尔区。但自从开始，乃至诺曼第D日前，我的计划……即为整合……主攻与助攻，然后东向大举进兵。只要略加检视……即可显示主攻应为……指向莱比锡地区……在此一区域，为德国硕果尚存工业之集中地带，一般相信，德国各部门刻正向该地区移动。"

回到蒙哥马利与布鲁克所鼓吹的单锋进击战略，艾森豪威尔说道："只不过是遵循布鲁克元帅一向对本人的原则。本人决定集中兵

第四部　决意战到底　191

美军用缴获来的八桨赛艇，划船渡过易北河与苏联红军会师。

美军第69步兵师的柯兹布中尉，用找到的8人手划赛艇渡过易北河来到施特雷拉与苏军会师，时间是1945年4月25日下午1：30，比官方版的时间还要早了几个小时。河岸上挥手的是乌克兰第1方面军。

力作一次大举进击。为达成此计划,我将第9集团军调回布莱德雷集团军,以供该阶段之中央进兵作战……此一计划清楚显示,第9集团军亦可再度北调,以协助英加两军肃清向西直达吕贝克的整个海岸。"然后,"我军即能向西南进兵,以防纳粹占领山区据点。"

对于国家堡垒——艾森豪威尔称之为"山堡"——现在明显成为一处重要军事目标。事实上,比柏林更受到重视。"容我指出,"艾克说道,"柏林本身已不再是一处特别重要的目标。该市对德人之利用价值,大部分已遭摧毁,甚至德国政府亦准备迁往另一地区。目前重要之举,为集中我军兵力一举进兵,此举可导致柏林失守,解围挪威,获得该国船运及瑞典各港口,优于分散我方的军力。"

到电文最后一段,艾森豪威尔对英国人的愤怒近乎难以遏抑,"首相及其参谋首长,"他说道,"均反对'铁砧行动'(Operation Anvil,在法国南部登陆);他们反对我的看法,也就是在大举渡过莱茵河以前,应将德军歼灭于莱茵河西岸。彼等坚持自法兰克福向东北进兵之路线,将使我军陷入在崎岖地形中作战导致进兵缓慢。而目前他们显然要求我在德军完全战败以前,调动百万大军偏向一侧作战。我呈述此项报告,系经我及幕僚日夜殚精竭虑所得,我们一心一意,即早日获得胜利。[1]"

那天稍晚时候,在华盛顿的马歇尔与参联会,收到了英国参谋首长会议对前一天抗议的进一步阐述。第二封电报的大部分,只是第一

---

[1] 艾森豪威尔这份长达1,000字的电报,并没有在官方历史上出现,而他自己所著的《欧洲十字军》(*Crusade in Europe*),也删节改写。例如"一向对职叫嚣"改为"一向强调",而本书所引述气愤的最后一段则已经整段删除。讽刺的是,这份电报最先撰稿的却是个英国人,盟军最高统帅部主管作战的助理参谋长约翰·怀特利少将(John Whiteley)。但电报发出盟军最高统帅部时,清楚有艾森豪威尔的签名。

封电报的冗长覆诵，但加上了两点重要事项。在第一封电报与第二封电报之间，英国已得到驻莫斯科阿彻将军的消息，盟军最高司令部已经把补充的清报资料发给迪恩了。英方强烈要求，不要把这些资料转给苏联。伦敦也要求，如果磋商已经开始，必须暂停，以待英美联合参谋首长会议先行研讨战况。

不过到了目前，英国人本身的意见也变得不一致。不但是讨论艾森豪威尔的电报适宜与否，也论及电报的某些部分该加以抨击。英国参谋首长会议向华盛顿发出抗议以前，却忽略了先给丘吉尔过目，而丘吉尔的反对与这些将帅的有所不同。对他来说，"对艾森豪威尔新计划的主要批评，在于改变了主攻的轴线，经由莱比锡与德累斯顿攻向柏林。"首相看来，在这个新计划下，英军"可能不得不在北方扮演几乎是静态的角色"。更糟糕的是，"英军和美军一起进入柏林的所有希望都破灭了。"

柏林如同过往，依然是丘吉尔心中最重要的目标。在他看来，"艾森豪威尔认为柏林已基本上失去了其在军事上与政治上的重要性，他可能错了。虽然德国政府部门大部分已搬到南部，但柏林陷落会影响全国民心的事实，不应予以忽视。"他为"忽略柏林，让它落进苏军手中"的危险而烦恼。他说，"只要柏林挺得住，在废墟中抵制围攻——这一点并不难做到——德国的抵抗便会受到鼓舞。但柏林陷落，却可能会使几乎所有的德国人感到绝望。"

丘吉尔对手下参谋首长们提出的论点在原则上是同意的，但他觉得他们的抗议都在很多"鸡毛蒜皮、无关宏旨的事情上"。他指出，"艾森豪威尔在美国参联会中很受信任……美国人也会觉得，身为打胜仗的盟军统帅，他有权利而且的确很有必要获得苏联的响应……使得东西方的军队取得进行接触的最佳时刻。"英方的抗议，丘吉尔深恐只不过提供"与美国参联会……争执的可能。"他预料美方会"大加反驳",也的确是如此。

3月31日,星期六。美国参谋长联席会议授予艾森豪威尔以无条件的支持。他们对英方抗议只同意两点:艾森豪威尔应向英美联合参谋首长会议详细说明他的计划,以及发给迪恩的细节应予保留。美方参联会的观点认为,"德国之战目前已经到了这种程度,唯有战地指挥官才能对各项措施作最恰当的判断,尽早摧毁德国军队或他们的抵抗力……艾森豪威尔将军应当继续与苏军总司令自由通信。"在美国军方将领心中,只有一个目标,这个目标并不包括政治考虑。"唯一的目标,"他们说道,"便是迅速、完全的胜利。"

但争执的结束还必须再等好一段时间。在兰斯的艾森豪威尔备受困扰,但依然把自己的主张解释再解释。白天,他遵循马歇尔的训令,向英美联合参谋首长会议呈上有关他的计划的详细说明。其次,拍电报到莫斯科,命令迪恩不要转发盟军最高司令部致斯大林的补充资料。然后再以一封电文要马歇尔放心,"您可以安心,今后我及驻莫斯科军事代表团间来往之政策电文,副本分致英美联合参谋首长会议及英方。"最后,他才回复给一直未回复的蒙哥马利的要求,该电报已近48小时未回了。

之所以最后才回蒙哥马利的电报,是因为两个人之间的关系已经变得很紧张,以致于虽然他的内容紧急,但艾森豪威尔最后才作答复。多年以后,艾克作了说明[1],"蒙哥马利变得极为自我,企图使人确信,美军——尤其是本人——并没有什么功劳。事实上就是说,

---

[1] 作者对艾森豪威尔进行过详细、长时间的录音访问。

我们在二战根本没有做过什么事，最后我就不跟他说话了。"艾克及其幕僚——有意思的是，也包括了盟军最高司令部中的英军高阶将领——认为蒙哥马利是一个自我中心的麻烦制造者，在战场上却过分谨滇，行动迟缓。"蒙蒂要的是头戴两顶帽子骑在一匹白色战马上进入柏林，"盟军最高司令部作战署副署长怀特利少将说道，"不过一般的感觉却是，如果有任何事要快快做到，可别交给蒙蒂。"盟军最高司令部副参谋长摩根爵士中将说道，"在当时，如果艾克要选将进攻柏林，蒙蒂会排最后一位——蒙蒂至少需要六个月的准备时间。"布莱德雷则截然不同。艾森豪威尔告诉他的副官说："布莱德雷从不按兵不动，绝不停下来重新集结，抓到机会就前进。"

这时，艾森豪威尔既气英方批评他致电斯大林，再加上长期以来对蒙哥马利的积怨不兼容，这很明显地反映在他给这位英军元帅的回电上。电文透露出他的火气，"本人必须坚持，"电报中说，"关于第9集团军拨交布莱德雷之决定……一如本人已告知过你，渡过易北河后作战阶段之后，美军之一部将再度调拨给你指挥。请你注意，调拨部队并非因为柏林，本人认为，该地仅为一地理位置，对你所提的本人从无兴趣，本人只求歼灭敌方武力。"

即使艾森豪威尔已对蒙哥马利明显表达了立场，在契克斯的丘吉尔，还是写信给艾克作一次历史性的请求。它在每一方面，都与艾森豪威尔致蒙哥马利的电报正好相反。在晚上7点前，邱吉尔已经发电报给艾森豪威尔："要是明显如你所料，敌军防线虚弱……为什么我们不渡过易北河，尽可能向东挺进？这具有重要的政治意义，由于苏联大军……似乎确定会进入维也纳，拿下奥地利。如果我们故意拱手把柏林留给他们，即便柏林该由我们来掌握，那么这个双重的事件就可能增强他们已经明显的信心，认为战争的胜利都是他们打出来的。

"除此以外，我并不认为柏林失去了军事上的重要性，当然更没有失去政治的重要性。柏林的陷落，会对在第三帝国各地抵抗的德军有重大的心理影响。只要柏林守得住，大部分的德军便觉得继续奋战是他们的责任。至于说攻占德累斯顿及与苏军会师会是无上的成就，本人并不以为然……只要柏林还在德国掌握之下，拙见以为，它就是德国境内最具决定性的要点。

"因此，本人坚持原计划，渡过莱茵河，也就是说，美军第9集团军应与第21集团军群长驱直抵易北河，然后再渡河进兵柏林……"

* * * *

莫斯科，夜色已临。英美两国大使与迪恩将军及阿彻将军一起与苏联总理会晤，递交艾森豪威尔的电文。这次会议为时短暂，一如迪恩后来向艾克报告，"斯大林对在德国中部的攻击印象深刻"，他认为"艾森豪威尔的主攻很好。可以达成将德国一分为二的最重要目标"。他也觉得德军的"国家堡垒或许会在捷克西边及巴伐利亚"。斯大林除了同意英美军的战略之外，却没有提及他本身的战略。他说，与苏军计划的配合还须等他找机会与参谋商讨。会晤结束时，他答应在24小时内，答复艾森豪威尔的电文。

客人一离开，斯大林立刻拿起电话，接通朱可夫及科涅夫两位元帅。他话很简短，但是命令却很清楚：命令两位将官立刻飞来莫斯科，在明天——也就是星期天复活节的隔天举行紧急会议。虽然他没有解释命令的理由，但斯大林已经断定，西方盟国在鬼扯。他十分肯定，艾森豪威尔计划好要赶在苏军以前进攻柏林。

第四部 决意战到底 197

1945年，苏联乌克兰第1方面军司令员伊万·斯捷潘诺维奇·科涅夫元帅（左）与美军第12集团军司令布莱德雷上将（右），双方于战后留影。

科涅夫与本书作者在一起。有关他在攻克柏林之役中所起的作用，两人进行了一次历时4个小时的讨论。科涅夫很少允许别人为他拍照，这是难得的一张照片。

3

从东线战场飞行 1,609 公里到莫斯科，这一趟旅行既长且累。朱可夫元帅困倦地坐在野战灰色的公务车后座，车在圆石铺成的小山颠簸前行，然后进入了广阔的红场，驶过像糖果般由多种色彩形成的圆顶圣瓦西里主教座堂，向左转进入克里姆林宫西门进入城墙。紧跟在朱可夫后面的，是另外一辆军用轿车，里面坐着科涅夫元帅。在宫门上面的救世主塔，镜面上镀金的指针，显示时间快到下午 5 点了。

两辆公务车横越迎风的内院，向前进入有如壁画般的宫殿建筑群，金色圆顶的大教堂以及黄色门面、雄伟的政府大楼，这里曾经是俄国诸皇与王子的专区。车开向克里姆林宫的中心，在靠近纪念 17 世纪伊凡大帝的白色砖造钟塔附近，车速慢了下来，驶过一排古代的巨炮，到了一栋土砂色三层楼的长长建筑物外停下来。没多久，两位将帅进了电梯，到二楼的斯大林办公室去。他们身穿剪裁合身茶褐色的军服，厚实的金色肩章，上面是苏联元帅的一颗直径达一寸的金星星章。在这短短的距离，两将四周都有副官与护送的军官簇拥着，一起殷勤闲聊，不经意的旁人，也许以为他们是至友。其实，他们是死对头。

朱可夫与科涅夫两人，都已达到他们事业的顶峰。两人都顽强、独断、力求尽善尽美，而在整个军官团中，都认为在他们麾下服务既是荣誉，也是莫大的责任。身材矮小、身体结实、样貌温和的朱可夫比较出名，被社会大众及苏军士兵视为偶像，认为他是苏联最伟大的军人。然而军官之中，却有人把他看成怪物。

朱可夫是专业军人，在俄皇龙骑禁卫军中以行伍出身。1917年俄国大革命开始，他便加入了革命党，身为苏维埃骑兵，在反布尔什维克战争中十分勇敢与凶猛，在后内战时期的红军中，得以晋升军官。虽然他饶有天赋，有卓越的创意与天生的指挥才能，但若不是斯大林在1930年代残酷地整肃红军将领，他可能还是一个不大为人所知的军官。那些整肃掉的大多数人，都是大革命时期的宿将，但朱可夫却因为他"军"多于"党"的成分而躲掉了浩劫。残忍无情地除掉了老一代的将领，更加速了他的晋升。到1941年，他已高升到苏联最高的军职，苏维埃参谋本部参谋总长。

朱可夫以"军人中的军人"而久负威名。或许因为他曾经是一名列兵，更以与士兵亲切而著称。只要部队仗打得好，他认为战争中抢劫只不过是他们应分的报酬。可是他对麾下军官，可就是严厉执行纪律的指挥官了。各级将领没有达到他的要求，往往是遭当场撤换，然后加以惩处。惩罚通常是两种方式任择一种：受处分的军官不是送往惩罚营，便是降为士兵，到前线战斗最激烈处去作战，有时让对方自己二选一。

1944年波兰战役，有一次朱可夫和罗科索夫斯基元帅，以及第65集团军司令帕维尔·伊万诺维奇·巴托夫将军（Pavel Ivanovich Batov）一起观察部队的前进。朱可夫以望远镜观测，对着巴托夫吼道："军长和第44步兵师师长，送惩罚营！"罗科索夫斯基和巴托夫双双为两位将领求情，罗科索夫斯基救了军长，可是对师长，朱可夫还是很坚持，立刻降为士兵、派往前线。命令他身先士卒，作一次自杀性的攻击，他几乎马上阵亡。对这死去的军官，朱可夫报请颁给苏联军方最高勋章苏联英雄勋章。

朱可夫本身就得过三次苏联英雄勋章，和他的老对头科涅夫一样，各种荣誉纷纷堆在两位元帅身上。不过正当朱可夫的名声在苏联如日中天时，科涅夫实际上还没没无闻——而不为人知却会使人耿耿于怀。

科涅夫个子高大，脾气暴躁而精力充沛，蓝眼睛中闪烁着精明的光芒。他48岁，比朱可夫小一年。某些方面，他的职业生涯与朱可夫是相仿的。他也曾为俄皇作战，投效革命党后继续在苏军服役。不过有一点不同，而对像朱可夫这些人来说，可就是大大的不同。科涅夫进入红军担任的是政委。虽然在1926年转调指挥职，成为一位正规军官，但对其他军人来说，他这种经历却是一个永远的污点。正规军中，政委一向不受人喜爱，他们的权力太大，指挥官如果没有部队政委的副署，连一个命令都不能发出。朱可夫虽然是忠贞党员，却从来不把以前做过政委的人，当成是真正的陆军专才。有一件事情，一直使他深感困扰。二战之前，他和科涅夫在同一个战区担任指挥官，以同样的速度晋升上去。斯大林在20世纪30年代亲自甄选年轻将领作干部，他十分狡猾，知道这两个人之间紧张的敌对，他便坚持要他们彼此斗争。

科涅夫虽然态度犷悍、坦率，军方一般认为他们两个人之中，科涅夫比较有头脑，所受的教育也好一些。他读起书来狼吞虎咽，在司令部里有一个小型图书室，偶尔引用屠格涅夫（Turgenev）和普希金（Pushkin）的金句，使麾下参谋大为惊奇。他所属的部队都知道他纪律严格。不像朱可夫，他对军官很体恤，保留怒气对付敌人，在战场上他就能十分野蛮。第涅伯河（Dnieper）战役时，他的部队已经把德军几个师团团包围住了，科涅夫要求德军立刻投降。当德军拒绝时，他就下令挥舞马刀的哥萨克骑兵攻击，"我们让哥萨克人想要砍多久便砍多久"。1944 年，他告诉南斯拉夫驻莫斯科军事代表团团长米洛万·吉拉斯（Milovan Djilas）说："他们甚至把高举双手投降的德军的手都砍掉了。"在这一方面，至少朱可夫和科涅夫可对了眼，他们不能饶恕纳粹的暴行。对德军，他们既不慈悲也不后悔。

这时，两位元帅走过二楼的走廊，向斯大林办公室走去。他们心中都很笃定，要讨论的事情会是柏林。暂定计划是要朱可夫的中央部队，白俄罗斯第 1 方面军进攻柏林。北翼的罗科索夫斯基元帅的白俄罗斯第 3 方面军，南翼的科涅夫元帅所属的乌克兰第 1 方面军都奉命支持。不过，朱可夫下定了决心由自己独力攻下柏林，并不打算请求协助——尤其不要科涅夫帮忙。不过，科涅夫也把柏林的问题想过了很多，朱可夫的部队进攻时可能为地形所阻——特别是在奥得河西岸、德军有重兵把守的塞洛高地（Seelow）地带。如果发生了那种情况，科涅夫便有机会抢朱可夫的战功了，他心中甚至有概略的作战计划。当然，一切都要由斯大林决定。不过这一回，科涅夫满怀期盼，希望抢在朱可夫之前，一跃而获得久久等待的光荣。如果大好良机出现，科涅夫想到也许可以抢在对手之前先把柏林拿下来。

在铺了红地毯的走廊中途，引领的军官请朱可夫与科涅夫进了一间会议室。会议室的天花板很高，房间很狭窄，差不多整间房都被一张厚实、光可鉴人的桃花心木长桌与桌边的椅子塞满。两盏巨型吊灯，支架上都是透明不磨沙的电灯泡，照耀在会议桌上。房间的角落，有一张小书桌和皮椅，附近墙上挂着列宁的大幅照片。室内各个窗户都有窗幔，却没有旗帜或者标志。但有两幅装在暗色框内的铬版画，画的是俄国两位最有名的军事专家：叶卡捷琳娜二世女皇驾前的名将亚历山大·苏沃洛夫元帅（Aleksandr Suvorov），以及 1812 年歼灭拿破仑大军的米哈伊尔·库图佐夫将军（Mikhail Kutuzov）。房间一头，有两扇门通到斯大林的私人办公室。

两位元帅对这里的布置并非陌生。1941年，朱可夫担任参谋总长时，便在这栋大楼工作。他们两个人以前都有好多次在这里和斯大林会晤的经验，不过这一次并不是一次小型的私人会议。两位元帅进入后，几分钟内就有一批在战时仅次于斯大林的重要人士出席，他们是国防委员会的委员。国防委员会是苏联战时作战体系中拥有全部权力的决策机构。

这些苏联领导人既没有什么形式，也不拘阶级礼数的进入会议室。外交部长维亚切斯拉夫·米哈伊洛维奇·莫洛托夫（Vyacheslav M. Molotov）；国防委员会副主席拉夫连季·帕夫洛维奇·贝利亚（Lavrenti P. Beria），这个矮矮胖胖的近视眼，是秘密警察头子，全苏联最令人害怕的人物之一。胖得圆鼓鼓的格奥尔吉·马克西米利安诺维奇·马林科夫（Georgi M. Malenkov）是苏联共产党中央委员会书记及军备行政官；脸孔瘦削、鹰勾鼻的阿纳斯塔斯·伊凡诺维奇·米高扬（Anastas I. Mikoyan），负责生产协调；仪表堂堂，蓄着山羊胡子的尼古拉·亚历山德罗维奇·布加宁元帅（Nikolai A. Bulganin），是驻苏军前线的最高统帅部代表；木讷、留着一撇小胡子的拉扎尔·莫伊谢耶维奇·卡冈诺维奇（Lazar M. Kaganovich）是交通运输专家，也是委员会中唯一的犹太人；经济计划和管理专家，尼古拉·阿列克谢耶维奇·沃兹涅先斯基（Nikolai A. Voznesenskii）。代表军方作战部斗的是参谋总长阿列克谢·因诺肯季耶维奇·安东诺夫将军（A. A. Antonov），作战部部长谢尔盖·马特维耶维奇·什捷缅科将军（S. M. Shtemenko）。当这批高级领导就座后，通往总理室的门开了，个子不高、身体结实的斯大林走了出来。

他穿着很简单，一身深黄色军服，没有肩章，也没有佩戴阶级。

细红条的军裤,扎进黑色软皮的齐膝马靴,军服上身的左胸,佩着一枚勋章——红带金星的苏联英雄勋章。嘴里咬着他所喜欢的英国"登喜路"牌烟斗。他不浪费时间客套,一如科涅夫后来回忆:"我们彼此间还没有来得及打招呼,斯大林就开始说话了。"[①]

斯大林就前线战况,问了朱可夫与科涅夫几个问题,一下子他就直指重点所在,以乔治亚人那种特有的唱歌般的腔调低声说话,说得静悄悄,却有很大的效应:"几个小盟国打算在红军以前攻下柏林。"

他停顿了一会儿才继续说下去。斯大林说,他已经收到英美军计划的清报资料,显然"他们的打算并不怎么'联盟'"。他不提前一晚艾森豪威尔拍来的电报,也不提及情报资料的来源,转身对什捷缅科将军说:"朗读这份报告。"

什捷缅科站了起来朗读说,艾森豪威尔的军队计划包围及歼灭在鲁尔区敌人集中的兵力,然后向莱比锡及德累斯顿进兵,但是刚好"在进兵途中",他们打算拿下柏林。面对所有这一切,什捷缅科说:"看上去就像是在协助红军,"但是现在已经清楚了,"艾森豪威尔的主要目的",便是在红军到达以前把柏林拿下来。而且,他说道,红军统帅部已经知道,"盟军两个空降师正在加速准备空投柏林。"[②]

---

① 除另有注明外,本书所引用苏联人士的话,也一如本书所引用苏联的资料,都得自作者1963年4月赴莫斯科作研究时所得。苏联政府准许作者在曼彻斯特大学(University of Manchester)约翰·埃里克森教授(John Erickson)协助下,询问参加过柏林战役上至将帅,下至士兵的人。唯一禁止作者访问的元帅便是朱可夫。其他各个元帅,科涅夫、索科洛夫斯基(Sokolovskii)、罗科索夫斯基与崔可夫,都进行了平均三小时的谈话。此外,还准许作者阅览军方档案,可将大量文件,包括作战地图、作战报告、专著、照片及战史等复印及带出苏联。当时,这些文件还只准许在苏联政府内部传阅。

② 当然,他们确实是有在做准备。

科涅夫后来回忆，他记得什捷缅科所宣读的盟军计划，还包括了蒙哥马利的进兵，要在鲁尔区的北边，"沿着在柏林和所集结的英军之间最短的路线"前进。科涅夫记得，什捷缅科结束报告时说："根据所有的资料与信息，这个计划——要在苏军之前攻下柏林——在英美军统帅部看来是十分可行的，而正全力准备以求达成。①"

什捷缅科结束了状况判断，斯大林转向两位元帅轻声说："所以，谁去打柏林？我们，还是盟军？"

科涅夫得意地回想，他头一个作答。"由我们去，"他说，"而且在英美军之前。"

斯大林看着他，脸上掠过一抹微笑。"所以，"他又轻轻说了，带着并不生动的幽默加了一句："你们有那种能耐吗？"科涅夫记得，瞬息之间，斯大林又再次冷酷而且务实、尖锐地提出了问题。科涅夫在南翼，"你到底要如何准备及时把柏林拿下来？"他问道，"你不需要把手下兵力重新集结吗？"科涅夫察觉到陷阱时已太迟了，斯大林又重施故伎，让部下一个斗一个，科涅夫意识到这一点时，其实已经开始作答了。"斯大林同志，"他说，"所有必需的措施都会执行，我们会及时重新集结、攻下柏林。"

---

① 斯大林与高级将领举行的这次重大会议，在苏联高阶军方是众所周知的，却从来没有在西方披露过。在苏联战史与期刊上，就有好多种说法出现。其中一种便是朱可夫对其参谋描述的会议状况，由苏联史学家尼古拉·基里洛维奇·波佩尔中将（N. N. Popiel）所记录。科涅夫元帅向作者说明会议的背景，补充一些至今才知道的细节。他也在回忆录的第一篇追记部分详细情形，并在1965年在莫斯科出版。他所说的，与朱可夫的说法略有不同。例如，朱可夫并没有提到蒙哥马利将向柏林大举猛攻，科涅夫也没有提到英美联军空降师准备在柏林空投。什捷缅科所宣读的报告来源从未披露。根据作者的判断，它是对艾森豪威尔前一晚电报内容的明显夸大的军事性评估评估的基础，一方面是对艾森豪威尔动机的怀疑，另一方面是编造故事，其意图是为斯大林本人的目的提供依据。

这可是朱可夫等待的时刻。"我可以发言吗？"他问得很平静，几乎低声下气，并不等待回答，"经过应有的考虑，"他说道，同时向科涅夫点头，"白俄罗斯第 1 方面军并不需要重新集结。他们现在已准备妥当，我们的目标直接指向柏林，本方面军到柏林的距离最短，我们要把柏林拿下来。"

斯大林默默看着这两个人，又是浅浅一笑。"很好，"他说得温柔，"你们两个人都留在莫斯科，和参谋本部拟订计划，我预料他们可以在 48 小时内完成，然后你们便可以返回前线，一切都这么说了。"

他们两个人都大为震惊，指定他们准备计划的时间竟这么短促。到现在为止，他们知道进攻柏林的攻击日是 5 月初。而这时的斯大林显然要他们早几个星期攻击。尤其对科涅夫来说，这是发人深省的想法。虽然他有一个暂定计划，认为自己可以在朱可夫之前拿下柏林，却没有什么确切成形的书面数据。这次会议，使他对庞大的后勤问题气急败坏，一定要迅速解决。所有的武器装备与物资军品，现在就得赶紧送到前线去。最糟的是，他缺乏兵力。自从在上西里西亚作战后，他有相当可观的兵力依然散布在南部，有一些则距离柏林不远。这些都得马上调动，构成了很大的运输问题。

朱可夫静听斯大林说的话，也是同样在担心。虽然他的参谋一直在准备这次攻击，但距准备完成还远得很。几个集团军已经进入阵地，但他也还在把补给品运到，把补充兵急急运给兵力枯竭的部队。他有几个师，通常兵力为官兵 9,000 到 12,000 人，现在少到了只有 3,500 人。朱可夫深信柏林战役会极为艰困，但他要作万全的准备。据他的清报，"柏林本身及附近地区，都已作了万全的准备，防务坚强。每一条巷弄、广场、十字路口、房屋、水圳及桥梁，都是整体防务的一部分……"而现在，如果他要赶在西方盟军以前抵达柏林，每一项都得加快进行不可，他最快可以在什么时候攻击？这就是斯大林要知道的答案——而且要快。

会议结束时，斯大林再度发言，声音听起来冷冰冰。他对两位元帅以加重的语气说："我一定要告诉你们，从你们开始作战的那一天起，我们会特别留意你们所有的一切。"

两位将帅之间的对立，从来都不是发生在台面下的，这时又再度被利用。斯大林向四周的人略略点头，便转身离开了房间。

斯大林现在启动了他的计划，却依然得面对一项重要的工作：小心仔细拟订覆电给艾森豪威尔。到晚上 8 点，他的电文完成、发出。"本人已收悉贵统帅 3 月 28 日电报，"斯大林在给艾森豪威尔的电文中说，"贵方计划……与苏军会师，切断德军，完全与敌国统帅部计划吻合。"斯大林完全同意两军在莱比锡与德累斯顿地区内会师，因为"在那个方向"，苏军"将作为主要攻击方向"，红军攻击的日期在哪一天？斯大林特别就此发出通知，"大概在 5 月的下半月"。

电文中最重要的部分是第三节。他刻意让人觉得，他对德国的首都没有兴趣。"柏林，"他在电文中说，"已经失去了在此之前的战略重要性。"事实上，斯大林说，它已变得不重要了，所以"敌国统帅部计划派遣一支二线兵力，指向柏林方向。"

* * * *

丘吉尔和英军参谋首长会议几乎开了一整个下午的会议，他觉得困扰、烦躁。困扰是来自艾森豪威尔的电报，在发来时译码、解读错误，他接到的电报中有一句是"蒙哥马利将负责巡逻任务……"。丘吉尔立刻措词锐利地覆电说，他认为英皇陛下的大军正被"贬黜……到一项始料所不及的有限领域。"艾森豪威尔十分惊讶，便回电说："本人如未受责，也深为不安……本人从未言不由衷，自认一生记录……应可消除这种想法。"到头来才知道，艾森豪威尔根本没有用"巡逻任务"（on patrol tasks），他所说的是"在这些任务"（on these tasks），也不知道怎么回事，电报发出时传递错误。丘吉尔为这件事很懊恼，虽只是鸡皮蒜皮的小事一桩，却使他日益增多的困惑更加复杂。

在首相眼中，这绝不是小事一桩，这只是美国人对柏林持续的漠不关心。带着那种成为他一生特色的韧性，他开始同时处理两个问题——联军各国的关系，以及柏林。他在致病榻中的罗斯福总统一封长长的电报中——自从SCAF 252号电报争执以来，他首次给罗斯福的电报——首相最先长文写下他对艾森豪威尔完全的信任，然后"在最忠实而一直并肩作战的朋友与盟邦中，处理掉这些误解以后，"丘吉尔强力指出攻占德国首都的紧要性，"没有一件事比得上柏林的沦陷……更能对德军心理上造成绝望的感受。"他认为，"那会是战败的终极信号……如果（俄国人）攻占柏林，他们难道不会有一种误会深植他们内心，认为在缔造这共同的胜利时，他们是压倒性的贡献国，难道不会使得他们有不当的情绪，在将来造成严重、可怕的难题吗？……柏林应该在我们掌握之中，我们当然应该拿下它来……"

第二天，丘吉尔收到斯大林致艾森豪威尔电文的副本，他的担忧更加深了。他认为，这份电报的内容更是让人存疑。那天晚上10点45分，他发电报给艾森豪威尔。"本人更相信进军柏林的重要性。莫斯科答复你的第三段中说'柏林已失去此前的战略重要性'，更是门户大开容我们进入了。这一点应该照本人所提的政治层面去看。"丘吉尔急忙又补充说，目前他认为"极为重要的，便是我们和他们会师，应该尽可能越在东边越好……"

尽管有种种状况，丘吉尔把柏林拿到手的决心并没有放弃。他依然很乐观，在致艾森豪威尔电报的结尾他写说，"在斯大林大举进攻以前，在西方也许会有很多变动。"他现在最大的希望，便是盟军的动力与渴望会使部队早在斯大林所订的目标日期以前进入柏林。

* * * *

在斯大林的统帅部，朱可夫与科涅夫划夜不停工作。到 4 月 3 日星期二这天，也就是 48 小时期限内，他们的计划完成了，便再度晋见斯大林。

先呈出作战计划的是朱可夫。他几个月以来一直都在思量着这次的攻击，并且想出他手头上兵力雄厚的白俄罗斯第 1 方面军该如何行动。他说，他的主攻会在拂晓以前，从直接面对柏林的屈斯特林西边、奥得河长达 44 公里的桥头堡发动，再由南及北两翼支持攻击。

朱可夫的计划对后勤需求是巨大的。他的主攻兵力要投入不少于四个野战集团军与两个坦克集团军，而且各自要有一个集团军负责支持攻击，包括在后面向前的预备队兵力，共有官兵 768,100 人。为求稳当，他希望在屈斯特林桥头堡的每公里要有 250 门大炮——大约每 4 米便有一门炮！他计划以 11,000 门大炮发射的制压射击弹幕展开攻击，这还不包含小口径的迫击炮。

现在朱可夫要提到计划中他最为得意的部分。朱可夫设计了一种非正规而怪诞的策略以扰乱敌人。他在晚上发起攻势，就在攻击发起的前一刻，他打算运用 140 盏强光的防空炮兵探照灯，以强烈的光柱直接照射德军阵地，让强光使得敌军张不开双眼。他充分认为这份计划结果能造成敌人重大伤亡。

科涅夫的计划也同样的壮观。由于他的野心勃勃，计划更为复杂、困难。如他后来所言，"对我们来说，柏林是上至将帅、下至士兵每一个人都热切期望要亲眼一睹的目标，并以武力把它夺得。这也是我本人的热切期盼……我内心充斥着这样的念头。"

不过事实上，科涅夫的部队距离柏林市最近的距离也在121公里以上。他期待以攻击速度帮自己达成目标。他用兵灵活，在右翼集中了坦克集团军，所以一旦完成突破，便可以向西北来一个大包抄向柏林进兵，或许在朱可夫以前就打进了柏林。这是他沉思策划了好几个星期的主意。现在，看到了朱可夫提出的计划后，倒是犹豫不知道要不要表明他的意图了。作为替代，他这时把重点集中在作战细节上。他的作战计划，订在拂晓发动攻击，由几个中队战斗机所施放的浓密烟幕掩护下，部队渡过尼斯河。至于攻击的部队，他计划使用五个野战集团军与两个坦克集团军——兵力为511,700人。值得注意的是，他和朱可夫相似，请求要有同样几乎难以置信的火炮密度——每公里正面250门大炮——而他打算要把它们作更大规模的运用。"不像我们的邻军，"科涅夫回忆说道，"我计划以2小时又35分钟的炮兵射击制压敌军阵地。"

可是科涅夫也迫切需要增援兵力。朱可夫沿着奥得河共有8个集团军，而科涅夫在尼斯河岸，一共才5个集团军。要使他的计划有效，还需要多两个集团军。经过一阵讨论后，斯大林同意把28集团军与31集团军拨给他，因为"波罗的海与东普鲁士的战线已经缩短了。"但要把这两个集团军调到乌克兰第一方面军这边来，需要很长时间。斯大林指出，运输工具极其缺乏。科涅夫还是决心一搏。他向斯大林报告，增援兵力还在路上时，他就可以开始攻击，他们一到便投入战场。

斯大林听过两位元帅的建议计划后，他都予以批准，但把占领柏林的责任交给朱可夫。拿下柏林以后，再向易北河一线挺进。科涅夫与朱可夫也在同一天发动攻击，消灭柏林南边一带的敌军，然后他麾下各集团军便向前涌进，与美军会师。苏军的第三个方面军，罗科索夫斯基将军的白俄罗斯第2方面军，则沿着奥得河下游，一直到朱可夫以北的海岸线，并不参与柏林的攻击。罗科索夫斯基所属官兵314,000人将在稍晚发动攻势，长驱直入越过德国北部与英军会师。苏军这三个方面军的兵力，一共达1,593,800人。

看上去，科涅夫已经被贬为柏林攻势中的支持角色。不过这时，斯大林俯身在地图上，把朱可夫与科涅夫两个方面军画了一条作战分界线。这条线很微妙，始于苏军战线的东面，过河直到德国施普雷河（Spree）上的16世纪古城吕本（Lübben），位置在柏林东南方105公里左右的位置，线画到那里，斯大林便突然停住了。如果他继续把这条线画下去，标出科涅夫不能越过的战斗界线的话，那么乌克兰第1方面军的各集团军显然不得参与任何对柏林的攻击。这一下科涅夫大喜过望，他后来回忆说，"虽然斯大林什么话也没说，但前线指挥部保持主动的可能性却心照不宣地呈现了出来"。一句话也没说，已经为科涅夫的部队进兵柏林亮了绿灯——如果他办得到的话。对科涅夫来说，就像斯大林看穿了他的心事一般，他认为"斯大林这方面⋯⋯暗中要他参与较劲"。会议就此结束了。

两位元帅的计划马上成为正式训令。第二天早上，两位死对头，手握命令，在朦胧大雾中驱车前往莫斯科机场，都急于要回到自己的司令部去。命令要他们发动攻势的日期，比斯大林给艾森豪威尔的回电足足早了一个月。为了保密，书面训令上没有列出日期。斯大林亲自告诉了朱可夫与科涅夫。对柏林的攻势，于4月16日星期一开始。

* * * *

正当朱可夫与科涅夫如火如荼地准备，要以13个集团军100多万人的兵力猛攻柏林时，希特勒脑中又闪过他那颇负盛名的第六感。他认为，在柏林正对面的屈斯特林集结的苏联大军，只不过是声东击西之计。苏军攻势的主攻会指向南边的布拉格（Prague）——不是柏林。希特勒的将帅中，只有一名天才将领具有同样的洞察力。这时在海因里希南翼中央集团军司令舍尔纳上将，也看穿了苏军的欺敌之计。"报告元首，"舍尔纳警示的口吻说道，"历史上就这样写着。要记得俾斯麦的话，'谁掌握了布拉格便掌握了欧洲'。"希特勒很同意。冷酷的舍尔纳是元首的红人，也是德军将领中最没有才能的一位，却立即擢升为元帅。同时，希特勒还下达了一项决定命运的训令。4月5日晚，他下令把海因里希的四支作战经验丰富的装甲部队往南调——这是海因里希一直倚赖作为阻挡苏军大举进攻的部队。

4

海因里希上将的座车缓缓驶过柏林的废墟，他要去总理府参加全体参谋首长军事会议，这是希特勒九天以前便传达的命令。跟他坐在后座的是作战处长艾斯曼上校。海因里希默然凝视车外遭火熏黑的街道。过去两年，他只来过柏林一次。而今，亲眼所见的迹象使他难以忍受。这已经不是他以前所认识的柏林了。

通常，从他的司令部到总理府的路程大约要90分钟。可是这一回他们花在路上的时间差不多要两倍这么久。堵塞的街道一再使他们绕来绕去改道，甚至连主要干道也时常无法通行。有的地方，倾斜得摇摇欲坠的高楼大厦，任何时候都会倒塌下来造成威胁，使得大街小巷都成了危险地带。巨大的炸弹坑涌出水来，折断的煤气管线溢出煤气火光。全市区都有封锁的地区、立了警告牌，上面会写着："注意！未爆弹！"指出这些地方还有飞机投下来没有爆炸的炸弹。海因里希用悲痛的声音向艾斯曼说道，"所以这是我们终点要到的地方———一片残垣断壁！"

虽然威廉大道两边的建筑都成了废墟，但总理府除了一些零星的损伤之外，看上去并没有什么变化。就连大门外军服整洁的党卫军卫兵，似乎也还是一样，他们利落地立正敬礼，海因里希和跟在后头的艾斯曼一起进入总理府。虽然路上经过耽搁，海因里希还是准时到达。希特勒的会议是在下午3点召开。海因里希过去这几天想了很多，他打算尽可能说得直白、精准，把维斯瓦河集团军群面对的状况告诉希特勒以及他身边的人。他十分清楚说出来的危险，但是可能会有的后果并不令他操心。相反的，艾斯曼却大为不安，"在我看来，"他后来说道，"就像海因里希正在策划对希特勒与他身边的顾问作一次全面性攻击似的，没有几个人这么做了以后还能存活。"来到大厅，一名军服笔挺的党卫军军官，白上装、黑马裤、马靴擦得雪亮的他，出来迎接海因里希，并向他报告说，会议在元首地堡举行。海因里希以前就知道，在总理府、附近的建筑，以及封闭的后花园有庞大复杂的地下设施，不过自己却从来没有去过任何一处。虽然总理府正面还算完整，建筑后面却看得出有严重的损害。过去一度是壮观的花园，

第四部 决意战到底 213

有许多的喷泉,现在都没有了,原来在一边的希特勒茶阁,以及花园的温室也都完了。

海因里希看来,这处地方很像是一处战场,到处有"很大的炸弹坑,一堆堆一块块的钢筋混凝土,炸得粉碎的雕像,和连根拔起的树木"。总理府被烟熏黑的墙上,"以前的窗户位置,现在成了巨大的黑窟窿"。艾斯曼看着这一片荒凉,想起德国19世纪诗人约翰·乌兰（Ludwig Uhland）《歌手的咒诅》（*The Singer's Curse*）中的一句,"仅有一根高矗的华柱表诉说已逝的光荣;这一根也能一夜之中倒塌。"海因里希的想法却比较实在,"想想看,"他悄悄对艾斯曼说道,"三年以前,从伏尔加河（Volga）到大西洋,欧洲都在希特勒的统治之下。而今,他却坐在地下的一个坑洞里。"

他们越过花园,走到一处有两名卫兵看守的长方形碉堡。检查过他们的身份证件,卫兵才把一扇厚实的钢门打开,让两位军官通过。海因里希记得,钢门在他身后轰然一声关上后,"我们走进了令人震惊的地下世界。"在盘旋向下的混凝土楼梯底端,明亮灯光的休息室里,两名年轻的党卫军军官迎接他们。很有礼貌地把他们的大衣脱下来,也以同样的礼貌,把海因里希和艾斯曼搜查一遍。尤其特别注意到艾斯曼的公文包。1944年7月,一个装了炸药的公文包,几乎要了希特勒的命。自那以后,元首的精锐警卫,除非事先检查过,否则不准任何人靠近他。尽管党卫军军官道歉,艾斯曼对这种有失尊严的动作还是感到十分激动,觉得"德国的将军竟受到这种对待,十分可耻"。

搜身完了,便指引他们进入一条狭长的走廊。走廊分成两段,前一段改装成舒适的起居室,天花板垂下圆顶的照明灯,使淡褐色的四墙有一种黄色的光晕,地板铺着来自东方的地毯,看得出是从总理府某间大房间搬过来的,它的边缘依然折在地毯下面,虽然这间房很舒服,但家具——就跟地毯一样——似乎没有人维护。屋内有好几种椅子,有些普通,有些则罩了富丽的椅罩。一张窄长的棕木桌子靠着一面墙,房间四周挂着好几幅大型油画,是德国建筑师及画家申克尔(Schinkel)的风景画。进门的右边有一扇敞开的斗,通往一间准备妥当的小型会议室。海因里希只能猜测总理府地堡的大小与深度。就他所见到的来说,看起来相当宽敞,从走廊起居室以及远端两侧,都有门通往各处房间。因为天花板低,铁门很窄,加之没有窗户,很像小型邮轮的走道。除此之外,海因里希判断,他们至少人在地下12米的地方。

几乎立刻就有一名身材高大、仪容整洁的党卫军军官出现,他是希特勒的副官及随身护卫奥托·京舍上校(Otto Gilnsche)。他和蔼地询问他们这一趟路程,又奉上饮料。海因里希点了一杯咖啡。不久,其他与会者也开始陆续到达,第二个来到的,是希特勒的副官布格多夫将军,并向他们打招呼。据艾斯曼记得,他说了什么"关于成功的垃圾话"。然后统帅部的参谋总长凯特尔元帅到了,随后还有希姆莱、卡尔·邓尼茨海军元帅(Karl Dbnitz),以及与希特勒交情最好深得信任而出名的马丁·鲍曼(Martin Bormann)。据艾斯曼说,"人人都大声和我们打招呼,看到了他们,我真以司令为荣。他在这班宫廷蠢货中间,从头到脚都是军人,熟悉的笔挺姿势、态度严肃,中规中炬。"

艾斯曼看见希姆莱穿越房间走过来时,海因里希紧张了起来。集团军司令压低了嗓门咕噜说道:"那家伙一脚也不要踏进我的司令部。如果他说要来看看,你要快告诉我,我好离开司令部。见了他我就想吐。"确实,当艾斯曼看到希姆莱把海因里希拉过去谈话时候,海因里希的脸色都白了。

第四部　决意战到底　215

就在这时，接任古德里安的克雷布斯走进来。一见到海因里希，便立刻走了过来。在这天的早先时候，海因里希便知道克雷布斯让他手下重要的几支装甲兵力，调到舍尔纳那个集团军。虽然他责怪克雷布斯没有大力抗议这项决定，但这时他似乎对陆总的新参谋总长表达出热诚，至少他用不着和希姆莱继续交谈了。

跟过去一样，克雷布斯很擅长于交际与献殷勤。他对在这次会议里讨论的所有事情都认为可以办得成，他要海因里希放心。鲍曼、凯特尔与邓尼兹前来听听海因里希提出的问题，三个人都满口支持，说当海因里希向希特勒提出问题时，他们都会出手帮忙。鲍曼转身对着艾斯曼问道："你对集团军的状况有何高见——毕竟所有这些情况，都直接冲着柏林而来，整体来说也可以算是对着德国而来。"艾斯曼人都呆了，苏军距离首都只有61公里。西线盟军正横扫德境，这个问题真令人要疯狂了。他便直白地答道："情况很严重，这也是我们为什么到这里来的原因。"鲍曼安慰地拍拍他的肩膀，告诉艾斯曼说："你不必太担忧，元首一定会答应给你们援助的，你们所要的所有兵力都会到手。"艾斯曼瞪着他，鲍曼所说的这些兵力打从什么地方来？突然间，他有点想吐。这间房内，仿佛只有他和海因里希是精神健全的人。

越来越多的将领与参谋塞满了已经很拥挤的会议室。希特勒统帅部的作战厅长约德尔将军，高高在上，镇静自若。他的副厅长，空军参谋长卡尔·科勒将军（Kad Koller），以及统帅部主管补给与兵力的参谋次长瓦尔特·布勒少将（Walter Buhle）都一起来了。差不多每一个人都带着一个副官、一个传令，或者一位副首长，结果形成的噪音与骚动，使艾斯曼想起了一窝蜜蜂。

海因里希默默伫立在拥挤的走廊，淡淡地聆听闹哄哄的谈话。这些谈话，大部分都是随便聊聊、鸡毛蒜皮、无关痛痒的事。地堡的气氛，既令人感到窒息也真实。海因里希有种不安的感觉，这些在艾斯曼周围的人，都已退缩到一个梦幻世界。在那里，他们深信奇迹可以扭转乾坤，使他们脱离浩劫。这时，他们都在等一个人。他们相信，这个人能创造奇迹。这时，走廊上突然有了走动声。布格多夫将军两手高举在头上，向所有人挥手要求安静。"各位、各位，"他说道，"元首来了。"

* * * *

轰炸机飞到滕佩尔霍夫区上空时，广播电台播出了紧急警报的代号："古斯塔夫！古斯塔夫！"在地下铁各站站长办公室，扩音器播报："第 15 号威胁！"又一次遍及全市的大规模空袭开始了。

地面向上砰爆，破碎的玻璃片在空中飞舞，大块的混凝土块掉落街道，砸得四分五裂。上百处地方的尘灰旋风飞上天空，把全市笼罩在一层暗灰色、令人窒息的云层下。人们争先奔跑，连走带爬地找路去防空洞。露特·迪克尔曼（Ruth Diekermann）就在进入防空洞以前抬头一看，只见轰炸机一批批飞到，"就像是工厂的装配线"。克虏伯工厂（Krupp und Druckenmüller）里，一名法国的强征劳工雅克·德洛奈（Jacques Delaunay）刚刚发现他正在翻修的一辆弹痕斑斑的坦克里，有一条吓人的残肢，他丢下之后，赶紧往安全的地方避难去。位于胜利大道（Sieges Allee）的勃兰登堡与普鲁士帝王大理石像，都在基座上摇动呻吟。12 世纪的藩侯"大熊"阿尔贝特一世（Margrave Albert the Bear）高高举起的十字架，倒塌在同时代名人奥托·冯·班贝格主教（Otho of Bamberg）的胸像上。附近的斯卡格拉克广场

第四部　决意战到底　217

（Skagerrak Square），警员奔走寻找掩蔽，也不管那个在树上自杀上吊的尸体还在摇摆晃动了。

燃烧弹如雨水般下，落在莱尔特街监狱 B 区的屋顶，并在二楼引发十来处大火。狂乱的囚犯们，脱身来救火，抬着一桶桶的消防沙在刺鼻的烟雾中跟跄奔跑。有两个犯人突然停下手，244 号房的人看着 247 号房的人，拥抱在一起，科斯奈伊两兄弟这才发现好多日子以来，都一直关在同一层囚室。

潘科区的默林家一楼两房公寓里藏匿的韦尔特林格尔夫妇，他们站在厨房，先生搂住呜咽的太太，"再这样下去，"他在防空炮射击的震耳噪音中叫道，"即使犹太人也能公开到防空洞。现在他们都被炸弹吓得要死，哪还敢对付我们。"

14 岁的雷施克，只看到天空中的机群闪着银光，飞得太高了，不能玩他喜欢的游戏——和扫射的战斗机玩危险的捉迷藏。这时，他妈妈歇斯底里地高声呼喊，拖着他往地下室跑，他 9 岁的妹妹克丽斯塔（Christa），正全身发抖坐在那哭。整个地下室似乎都在震摇，天花板和四墙的泥灰都在往下掉，这时灯光闪烁着，然后熄了。母女俩开始大声祷告，一分钟以后，雷施克也跟着念"我们的天主"。轰炸的噪音越来越厉害，这时地下室看上去，一直在抖动。雷施克的家人历经了很多次空袭，却没有一次是这么要命。妈妈手搂着两个孩子呜咽起来，雷施克以前很少听见妈妈哭，哪怕他知道妈妈时常担心，尤其担心在前线的爸爸。突然，他气起这些飞机来了，是它们令妈妈害怕的——这也是他头一次感到惊恐。他内心惭愧，因为他发现自己也在哭了。

妈妈还来不及拦住，雷施克已冲出地下室，沿着楼梯跑到公寓的一楼，直接到房间找自己搜集的玩具兵。他把玩具兵中最威风的一个挑出来，它的瓷造脸孔上画着独特的特征。雷施克再到厨房，把妈妈那把沉重的砍肉刀抽走。虽然现在还在空袭当中，他却走到公寓院子，把玩娃放在地上，菜刀一落就把它的头剁下来。"好了！"他叫了一声，人往后站，脸上依然淌着泪水。他毫无悔意看着这个被砍掉了脑袋的希特勒。

* * * *

他慢吞吞走进地堡走廊——身体一半弯着，拖着左脚，左手不听使唤地在颤抖。虽然他身高174厘米，但现在他的脑袋和身躯都向左扭，看上去个头就小得多了。崇拜他的人称他的眼睛"富有磁性"，现在却发热得通红，就像好多天没睡过觉似的。他一脸肿胀，斑斑污点且死灰色，一副淡绿眼镜在他右手上摇晃，眼前的亮光让他很不耐烦。他的将领举起手来，齐声高呼"希特勒万岁"，他目无表情地看着他们良久[①]。

走廊太拥挤了，希特勒要走进小会议室得经过每一个人，还真有点困难。艾斯曼留意到，元首刚一通过，有些人立刻又交谈起来，并

[①] 与一般人普遍想法相反，希特勒的健康江河日下，并不是因为1944年那次意图炸死他的阴谋令其受伤。虽然那次事件似乎标志了他体力迅速弱化的开始。二战以后，美军反情报单位对每一个曾诊治过希特勒的医师一一审讯。作者读过他们所有的报告，没有一份针对希特勒的瘫痪症状指出明确的原因。一般认为，病因一部分起于精神状态，一部分由于他的生活方式而引起。希特勒很难睡上一觉，白天和黑夜对他并没有什么区别。除此以外，还有充足的证据显示，他由于不分青红皂白大量服用开给他的药，以及由他宠信的特奥多尔·莫雷尔教授医师（Theodor Morell）频频注射而造成慢性中毒。处方中含有吗啡、砷、士的宁和各种人造兴奋剂，以及这位医师自行调配的神秘"奇药"。

第四部 决意战到底 219

没有他以为会有的那种代表尊敬的肃静。对海因里希来说，元首出现的方式使他深感震惊。他觉得，"看上去希特勒活不过24小时，只是一副行尸走肉。"

仿佛很痛苦似的，希特勒慢慢一瘸一拐地走到桌子尽头自己的位置。艾斯曼吃惊看到，似乎他就"像个袋子倒进扶手椅，一言不发，保持着倒下去的姿势，双手撑在座椅两侧"。克雷布斯和鲍曼走过去，坐在元首后面靠墙的长板凳。克雷布斯就在那里，非正式地向希特勒介绍海因里希与艾斯曼，希特勒软绵绵地和他们两个人握了握手。海因里希注意到，自己"无法感觉到元首的手，因为并没有回应的握力"。

因为会议室小，并不是每一个人都能坐下来，海因里希便站在元首左侧，艾斯曼则站在右面，凯特尔、希姆莱与邓尼兹则坐在长桌的对面，其余人待在外面的走廊。海因里希惊讶的是，虽然大家说话的声音都压低了，可还是继续在聊天。克雷布斯宣布会议开始，他说道："为了要让司令"——他看了看海因里希——"能尽快回到他的集团军去，谨提议由他立刻报告。"希特勒点点头，戴上绿框眼镜，做手势要海因里希开始。

海因里希以他中规中矩的态度，立即开门见山，眼光直望着桌子周围的每一个人，最后落到希特勒，说："报告元首，我一定要告诉您，敌人正在准备一次实力与兵力都非同小可的攻击。目前，他们正在这些地区准备——从施韦特（Schwedt）南边到法兰克福以南，"他就在摊开在桌上的那份地图，用手指头沿着奥得河前线受威胁的一带移动，这一线大约有121公里长，约略接近他预料会遭受最猛然攻击的几个城市——施韦特、弗里岑地区（Wriezen），绕过屈斯特林桥颈堡以及法兰克福南面。他说，毫无疑义"主攻会指向据守中央地区布塞的第9集团军"，而且"也会攻击在施韦特一带的曼陀菲尔第3装甲集团军"。

海因里希仔细叙述，自己如何尽力同时多方着手，用自己的兵力加强布塞的第9集团军，以对抗苏军预期的强大攻势。但因为需要加强布塞，曼陀菲尔就会被牺牲。第3装甲集团军的战线，目前有一部分由素质较差的部队在把守，他们分别是上了年纪的国民突击队，少数的匈牙利部队，以及苏军投诚的弗拉索夫将军的几个俄国师——可不可靠很成问题。然后，海因里希说得很坦白，"第9集团军的状况比以前好了些，而第3装甲集团军则根本不堪一击，曼陀菲尔部队的战力，至少在他战线的中央与北翼的战力很低。他们什么炮兵部队都没有，防空炮兵并不能代替野战炮兵，而且这些防空炮兵的弹药也不够。"

克雷布斯连忙打岔，"第3装甲集团军，"他加重语气，"马上就会有炮兵了。"

海因里希头低了一下，并没有多说话——他要实实在在见到了大炮以后才信克雷布斯的话。他就像没有经过打岔似的继续说下去。他向希特勒解释，第3装甲集团军目前的状况没有问题，靠的是一件事——奥得河正在涨水泛滥，"我必须警告各位，"他说，"我们只能在奥得河泛滥时，才能让第3装甲集团军的状况维持这么虚弱。"只要河水一退，海因里希补充了一句，"苏军会在那里发起攻击。"

会议室里的人都聚精会神在听，不过对海因里希所说的话，可能有一点点不安。在希特勒开会时这么直接了当的场面很不寻常，大多数将领都报喜不报忧。自从古德里安去职以后，没有任何人说得这么坦白——而很显然，海因里希还只是开始而已。这时他话锋再转到据守奥得河的法兰克福的问题，希特勒已经宣布这处城市为堡垒，就像那倒霉的屈斯特林。海因里希要求放弃法兰克福，他觉得把部队部署在那里，是为希特勒的"堡垒"圣坛作牺牲。应该可以挽救这些部队，把他们使用在有利的地方。对于屈斯特林，古德里安就有同样的意见，由于他已经因为对那座城市的看法而下台，海因里希也许会因为提出类似的反对，现在会有同样的下场。可是维斯瓦河集团军群司令认为，法兰克福守军是自己的责任，不管后果如何，他不会畏缩，所以就把这个问题提了出来。

"在第9集团军地区，"他说道，"整个前线最虚最弱的地点之一，就在法兰克福附近。驻守的兵力很少，他们的弹药也是如此。我认为我们应该放弃法兰克福的防卫，把部队抽调出来。"

希特勒忽然头向上望，说了开会到现在的第一句话。他严厉地说，"这一点我不接受。"

到现在为止，希特勒坐在那里不仅一语不发，而且一动也不动，就像完全不感兴趣似的。艾斯曼觉得，他根本连听都没有听。而这一下子，元首突然"醒了过来，开始显现强烈的兴趣"。他开始问及守军的兵力、补给以及弹药。甚至，出于一些不可解的原因，还问到法兰克福炮兵的部署。海因里希备有答案，他按部就班把自己的这一案解释清楚。他从艾斯曼那里，取出各项报告与统计数字，把这些放在元首面前的桌上。每递一份文件，希特勒便看一看，似乎印象深刻。海因里希见机会来了，便轻声但语带强调地说道："报告元首，我实在觉得放弃法兰克福的防御是明智之举。"

令会议室中大多数将领极为惊讶的是，这时希特勒转身对着参谋总长说："克雷布斯，我认为海因里希将军提到法兰克福的意见很正确，拟订给这个集团军的命令，今天呈到我这儿来。"

话一说完便是惊人的安静，使得走廊外的喋喋人声更显得嚣杂。

艾斯曼觉得对海因里希突然有了新的敬意。

"海因里希本人却完全无动于衷，"他回忆道，"不过他看了我一眼，我知道那就是说，'唔，我们赢了。'"不过这项胜利却非常短暂。

就在这时，走廊里一阵乱哄哄，戈林空军元帅魁梧奇伟的身躯，塞满了小会议室。他挤进来，与在场的人热情打招呼，热烈有力地握了希特勒的手，道歉说自己来迟了。他挤进来坐在邓尼兹身边。克雷布斯很快就向他把海因里希的简报说了一下，之后是一阵不舒服的耽搁。克雷布斯一说完，戈林便站起身来，双手按在地图桌上，俯身对着希特勒，就像要对这次会议说几句话似的，他没有批评，倒是满面笑容，显然兴致很好，说道："我一定要向您报告一件事，有一次我去看第9伞兵师……"

他还没有说下去，希特勒忽地里身躯挺直坐好，又一纵身站了起来，像洪流一般说话滔滔不绝。在场的人听不太懂他讲些什么。"在我们眼前，"艾斯曼回忆，"他像火山爆发般，发了大脾气。"

他大发雷霆与戈林一点都不相干，而是臭骂手下的幕僚与将领，并未努力去了解他对堡垒的战术作用，"一而再，再而三，"他吼叫道："在整个战争期间，堡垒已经达成了它们的目的，在波森（Posen）、在布雷斯劳（Breslau）、在施奈德米尔（Schneidemuhl），都已经得到证明。多少苏军都被它们牵制住了，要把它们攻占下来是多么困难！每一处堡垒都打到最后一人！历史证明我对，我下令要守住堡垒打到最后一个人是正确的！"然后正对着海因里希，厉声尖叫道："那就是为什么要保住法兰克福，它是一座堡垒！"

就像脾气发作时那么突如其来，这篇激烈的言语一下就结束了。希特勒虽然筋疲力竭泄了气，却不能再安分坐着了。艾斯曼认为，他已经失去了自我控制。"他全身都在发抖，"他回忆道，"两只手都抓

第四部　决意战到底　223

着铅笔，猛烈地上下飞舞，铅笔就敲着椅子边缘。他给人的印象是心理上发狂了。这太不真实了——尤其一想到，整个民族的命运都在这个人渣的手里。"

尽管希特勒性急脾气发作，尽管他三心两意对法兰克福改变了主意，海因里希还是顽强地不肯松手。他平静、克制——就像希特勒没发过脾气似的——继续再度提出他的论点，强调基于每一种可以理解的原因，必须放弃法兰克福。邓尼兹、希姆莱与戈林都支持他。不过这种支持充其量只是一种象征。会议室中三个最有权力的将领都保持缄默，凯特尔与约德尔一句话都不说这都是海因里希所料到的，克雷布斯对于要不要坚守法兰克福，并没有提出意见。希特勒显然筋疲力尽，对每一项争议，只疲倦地做做手势予以驳回。这时，他的精神又来了，他要知道法兰克福卫戍司令恩斯特·弗里德里希·比勒尔上校（Ernst Biehler）的学经历。海因里希回答，"他是一位极其可靠而且历练丰富的军官，在多次作战中证明了这点。"

"他是格奈森瑙吗？"希特勒立刻窜出一句，指的是1806年防守科尔贝格要塞（Kolberg）抵抗拿破仑获得胜利的冯·格奈森瑙将军。

海因里希泰然自若，以同样的方式回答道："法兰克福这一战，便可以证明他是不是格奈森瑙了。"

希特勒立刻说道："好吧，明天派比勒尔来见我，我就可以评断，到那时我再决定法兰克福该怎么办。"海因里希为了法兰克福，头一仗就败了，他认为，第二仗八九不离十也会输。比勒尔戴一副厚重的近视眼镜，不是个讨人喜欢的人。希特勒对他也不可能会有多好的印象。

这时，来到海因里希所定义的所谓会议危机。他再度发言，先为自己不擅外交辞令道歉，他只知道用一种方式来表达。一如以往，他这次说的都是毫不掩饰的事实。"报告元首,"他说道,"我并不认为驻守奥得河前线的兵力,足以抵抗苏军即将要发动的极猛烈攻击。"

希特勒人还在颤抖,却没有开口。海因里希说自己的这批杂牌军——德国残余的人力——缺乏战斗素质。在前线的大多数部队,都没有经过训练,没有作战经验,补充的新兵滥竽充数,都不可靠,连许多指挥官都是如此。

"举例来说,"海因里希说明:"第9伞兵师就令我担心,它的各级指挥官与士官,几近全部都是以前的行政军官,既没受过训,也不习惯于带领作战部队。"

戈林突然发作了。他人声说道:"伞兵师!你说的是我的伞兵师!他们是现存的精锐部队!我可不要听这种损人的话!本人亲自担保他们的作战能力!"

"元帅,您的意见,"海因里希冷冰冰说道,"多少有些偏见,我并没有说什么话诋毁您的部队。不过我从经验中得知,没有受过训练的部队——尤其是连军官都没有经验——往往头一次挨到炮轰就会吓得要死,以后就没有多大用处了。"

希特勒又说话了,这一回他很镇静,也很理性,"对这些部队,要尽一切可能训练,"他说道,"在作战以前确实还有时间训练。"

海因里希要他放心,在还剩下的时间,他会竭尽一切的努力去做,不过他又补充说:"训练并不能带给他们作战经验,缺点就在这里。"希特勒驳斥这种论调,"恰当的指挥官就能提供这种经验,不管怎么说,苏联也在用第三流的部队打仗。"希特勒说道,"斯大林的兵力接近到尽头,尤其他剩下来的都是奴兵,这种部队的能力极其有限。"海因里希这时才发现希特勒的消息有多不灵通。他强调自己不同意这种看法,"报告元首,"他说道,"苏联的军队人数既多,也是

第四部　决意战到底　225

能打仗的。"

海因里希心想，是该单刀直入痛陈状况危急的时候了，"我一定要向元首报告，"他说得很直白，"自从把装甲部队调给舍尔纳以后，本集团军所有的部队——好与不好的——都要用作第一线部队，没有预备队，完全没有，他们挡得住攻击前的猛烈炮轰吗？他们承受得了初期的冲击吗？或许，挡一阵子可以，但是，对抗我们所预料的这种攻击，本集团军的每一个师每一天要损失一个营。也就是说，在整个战线上，我们会有一个星期一个师的损失率。我们无法承受这种损失，因为没有兵员去补充他们。"他停了一下，发现所有的目光都看着他，这时海因里希再说下去："报告元首，事实就是这样，我们充其量能挺住几天。"他环顾四周，"到那时，"他说，"一切都完了。"

全室一片死寂，海因里希知道他所举的数字没有争论的余地，来开会的官员，都和他一样熟悉伤亡的统计数字，所不同的只是他们不说出来而已。

戈林头一个打破沉默。"报告元首，"他宣称，"我马上调动空军官兵10万人供您调配，几天以内他们就可以到奥得河前线报到。"

希姆莱毫不客气地盯着戈林这个死对头，然后转向希特勒，就像试探元首的反应。"报告元首，"他尖声说道，"党卫军以能提供25,000名战士到奥得河前线为荣。"

邓尼兹也不能被比下去，他早已拨了海军步兵一个师给海因里希，这时他宣布，也要加派兵力。"报告元首，"他表示，"水兵12,000人会立刻从各舰调出赶赴奥得河。"

海因里希看着三人，他们自告奋勇，从各自的私人王国里，派出没受过训练、没有武器装备、不够资格作战的部队，在一场恶鬼拍卖中，把人的生命当赌注押下去。他们喊出高价，不是为了拯救德国，而是要搏取希特勒的欢心。一下子，拍卖热度传染开来，许多声音齐声应和，每一个人都争相提出建议，也许还找得到别的兵力。有人问起后备军人的数字，希特勒叫道："布勒！布勒！"

走廊外面，挤在一起等待的将领和传令，已经由喝咖啡到改喝白兰地了，也一起在喊："布勒！布勒！布勒在哪里？"又是一阵骚动，主管补给与兵源补充的参谋次长布勒少将，挤过人群进了会议室。海因里希看了他一眼，便厌恶地把头转开。布勒一定在喝酒，闻得到他一身酒气[①]。可是却没有人——连希特勒在内——注意到这一点，也不在意这一点。希特勒问了他几个问题，有关后备军人、步枪、轻武器及弹药的补给。布勒都含混作答，海因里希认为这是蠢答。不过，希特勒似乎满意这些答复，他根据布勒的回答，又可以从后备陆军中拼凑出13,000人来。

希特勒要布勒退下去，转向海因里希说道："这一下，你有了15万人——大约12个师了，你可有预备队了。"拍卖完毕，希特勒显然以为维斯瓦河集团军群的问题都已摆平。然而，他所有这些作为，充其量也只替第三帝国多买了12天时间，但却支出了庞大的生命代价。

海因里希极力克制住自己，"这些人，"他说得很坦白，"没受过战斗训练，他们一直待在后方，坐办公室、在船上、在空军基地干修护工作……从来没在前方打过仗，从没见过一个俄国兵。"戈林插嘴道："我所提供的部队，大部分都是作战的空勤人员，他们是万中选一的，还有在意大利的卡西诺山（Monte Cassino）打过仗的官兵——他们的威名胜过其他部队。"他激烈地告诉海因里希，"这些官兵有决

---

① 海因里希在访问中告诉作者："布勒喝了白兰地在大放厥词。"

第四部　决意战到底　227

心、有勇气，尤其有经验。"

邓尼兹也火大了，"我告诉你吧，"他冲着海因里希说道，"战舰上的官兵一分一毫都不比你的战斗部队差。"这一下子海因里希也火上心来，"你有没有想过，在海上打仗与在陆地上打仗大不相同？"他痛斥邓尼兹，"我告诉你，所有这些人只会在前方待宰！待宰啊！"

如果说海因里希的突然发作有惊吓到希特勒的话，那他倒是没有表现出来。别人都在火冒三丈时，倒是他越来越冷静，"好吧，"他说道，"我们会把这些预备队摆在第二线，大约在第一线后方8公里的地方，第一线承受苏军攻击准备前射击火力的震撼。这时，预备队也会渐渐习惯了作战，如果苏军突破阵地，就由他们打了。假如要击退突破的苏军，那你就得动用装甲师了。"他看向海因里希，对这一个真正非常简单的事实，他仿佛在等海因里希同意。

海因里希并不认为如此。"元首已经把我这个集团军最有作战经验与准备的装甲部队调走，"他说道，"我们要求调回来。"海因里希把每一个字说得清清楚楚，"我一定要调它们回来。"

在他身后一阵骚动。希特勒的副官布格多夫气愤地在海因里希耳边悄悄说："够了！"他命令海因里希："不要再讲了！"海因里希不为所动，"报告元首，"他重新请求，根本不甩布格多夫，"我一定要那些装甲部队开回来。"

希特勒几乎是道歉地摇摇手，"我很抱歉，"他答道，"我不得不从你那里调走这几个装甲师，南集团军比你更迫切需要他们，显然苏军的主攻并不指向柏林，在你阵线南面的萨克森，敌军部队正大规模集结，"希特勒一只手在奥得河苏军阵地上挥过，"所有这一切，"他用筋疲力竭、极其厌烦的声音说，"只不过是为了混淆我们而进行的佯攻。敌人的主力不会指向柏林——而是这里。"他充满戏剧性地以一根手指头指着布拉格，"因此，"元首继续说道，"维斯瓦河集团军群应该很能够抗拒这次的攻击。"

海因里希瞪住希特勒表达他的难以置信①，然后再看了看克雷布斯。当然，这一切行为在参谋总长眼中也是同样的不合理，他说话了。"根据我们掌握的情报"，他解释道，"没有半点迹象显示元首的判断是错误的。"

海因里希已经尽了力。"报告元首"，他作结，"我已完成了每一件可能做到的事情来准备这次的攻击，我不能把这15万人作为预备队，我也一定会蒙受可怕的损失，再也不能做什么了，我的职责要我把这些说个明白，职责所在我也必须向您报告，我不保证能击退这次攻击。"

希特勒一下子又生龙活虎起来，挣扎着站起身，拍着桌子，"信心！"他叫道，"信心以及必胜意志就会弥补所有的这些缺失！每一个指挥官都应该充满自信！你！"他一只手指头指着海因里希，"你一定要发挥这种信心！你一定要把这种信念灌输到手下官兵的心里。"

海因里希毫不退缩，盯着希特勒，"报告元首，"他说道，"我一定要再说一句——职责所在，我一定要再说一句——光靠希望和信心打不了胜仗的。"

他后面有人轻声说："别讲了，别再讲了。"

但是希特勒没有听到海因里希的话，"我告诉你，将军，"他叫，

---

① 海因里希后来说："希特勒这一番说法，把我完全给堵死了。我无法反对，因为我不知道舍尔纳集团军面对的状况。我只知道希特勒完完全全错了。我能想的便是：一个人怎么能自己骗自己到这个程度？我想说他们全都住在'杜鹃窝'里。"

"如果你了解事实，那这一次就会得胜，一定会胜！假如你的部队都有了同样的信心，那么你们就会获得胜利，这次战争中最大的一次胜利！"

接着便是一阵充满紧张感的静默，一脸泛白的海因里希，收拾文件交给艾斯曼，他们两人离开了依然死寂的会议室。到了外面的走廊，有人告诉他们正在空袭，两人呆呆地站着等、陷入了恍惚状态，几乎对四周的交谈声毫不在意。

几分钟以后，他们获准离开地堡。他们走上楼梯，进入花园。到了那里，海因里希离开会议室后头一次说话，"全都没有用，"他消沉地说，"就像是要把月亮摘下来，"他看着柏林浓密的烟柱四起，又轻声自言自语：

"一切都没了，一切都没意义了。[①]"

* * * *

基姆湖（Chiem See）的碧蓝湖水，就像连绵不断的活动镜面，照映出一大片覆盖了山丘的松林，一直到高举的雪线。瓦尔特·温克（Walther Wenck）沉重地靠在手杖上，凝望着湖水对面几公里外贝希特斯加登附近那一片广大散错的山峰。那一带的景色分外美丽与宁静。

[①] 对希特勒这次会议的研究，主要是根据海因里希的日记，再用艾斯曼上校一段不算短的回忆（186页）予以补充。海因里希对发生的每一件事都有仔细记载，希特勒说的每一个字都记录在案。虽然海因里希与艾斯曼的叙述略有差异，但在1963年我用了3个月时间访问，与海因里希厘清了这些问题。

各地初春的花儿盛绽，高举峻岭上的雪冠开始消失。虽然才4月6日，就连空气中也有了春日的芬芳。四周宁静的环境，使德国陆军最年轻的45岁将领，古德里安的前副参谋长康复得更快。

这里是巴伐利亚省阿尔卑斯山山区的深处，战争在1,609公里之外。除了像温克这样因为作战受伤在这里疗养复健的人之外，整个地区根本见不到一个军人。

虽然还很虚弱，但温克的伤势已在好转。想到那次严重的车祸，他能活着真是走运。2月13日，车祸造成他的头部受伤，全身多处骨折，在医院住了6个星期。折断的肋骨太多，他从胸部到臀部，依然还套着手术用背架。对他来说，战争已经结束了。无论如何，其结果是令人遗憾的。他不认为第三帝国还可以再多撑几个星期。

虽然德国的前景很黯淡，温克所要感恩的还很多。太太伊姆加德（Irmgard），15岁的双胞胎儿女，儿子赫尔穆特（Helmuth）与女儿西格丽德（Sigried）都安然无恙，和他一起待在巴伐利亚。温克忍受痛楚慢慢走回他入住的风景如画的小旅馆。才走进旅馆休息室，伊姆加德就迎着他，告诉他一件事，他便立刻打电话到柏林。

接电话的是希特勒的副官布格多夫，告诉他明天到柏林向希特勒报到。"元首，"布格多夫说，"已任命你为第12集团军群司令。"温克既惊讶也搞不懂，"第12集团军群？"他问道："哪一个第12集团军群？"

"你来就知道了。"布格多夫回答。

温克依然不满意，逼着问道："我从来没听说过有第12集团军群呀！"

"就是第12集团军群啊，"布格多夫说得很急躁，好像要解释所有事情一样，"现在正在编成。"说完，就把电话挂断了。

第四部　决意战到底　231

几小时后，温克又穿上军服，向发愁的太太道别。"不论你做什么，"他警示她，"都要留在巴伐利亚，这里是最安全的地方。"然后，对新职一无所知的情况下前往柏林。在之后的21天，他由一名没没无闻的将领，成为每一个柏林人的希望象征。

＊＊＊＊

参谋们都习惯了海因里希会偶尔大发雷霆的情况，却没有人曾见过他发这么大的脾气。维斯瓦河集团军群司令正怒气冲天，他刚刚接到法兰克福卫戍司令比勒尔上校的报告，内容是有关他晋见希特勒的经过。果然不出海因里希所料，这位面容瘦削，戴了眼镜的军官，不符希特勒心目中对北欧英雄的想象，只说了几句前言不对后语的话，甚至连法兰克福都没有提到，希特勒便和他握手，要这位年轻军官退出。比勒尔刚刚离开地堡，希特勒便下令法兰克福卫戍司令换人，"另外找一个，"元首告诉克雷布斯，"比勒尔果然不是当格奈森瑙的料。"

法兰克福卫戍部队归第9集团军司令布塞节制，当听到克雷布斯这种急于星火的调动，便立刻向海因里希报告。

这时，比勒尔站在海因里希办公桌旁，火气爆发的司令官，正打电话给克雷布斯，参谋们安静地注视着。他们都知道，衡量海因里希手指头捶在桌面上的方式，便可以知道他脾气发作到了什么程度。这时，他右手正捶得桌面怦怦作响，克雷布斯在那头接了电话。"克雷布斯，"海因里希吼道，"比勒尔上校现在我办公室，我要你仔细听着，你要把比勒尔重新调回法兰克福卫戍司令。我把这话向布格多夫说过了，现在我也告诉你，我不接受任何别的军官，你懂了吗？"他并不等回答。"还有件事，比勒尔的铁十字勋章在什么地方？他等这勋章已经等了好几个月了，现在就要颁给他，你听懂了吗？"海因里希还是不停顿，"现在你要听我说，克雷布斯。"他说道，"如果比勒尔没有获颁铁十字勋章，如果比勒尔不复职，担任法兰克福卫戍司令，我就要辞去集团军司令！你明白了吗？"海因里希依然猛拍桌子，再咄咄进逼，"这件事我要你今天就确定！明白吗？"他砰地摔下话筒，克雷布斯一个字也没吭。

艾斯曼上校日后回想起来，就在4月7日下午，集团军司令部接到希特勒统帅部两通电报，第一封电报确认比勒尔为法兰克福卫戍司令；第二封电报则颁发他铁十字勋章。

* * * *

希特勒统帅部作战厅长约德尔将军，坐在达勒姆的办公室，等候温克将军到来。新任的第12集团军群司令，刚刚离开希特勒那里。现在是约德尔的职责，向他就西线战况作简报。约德尔办公桌上有一堆报告，都是西线总司令阿尔贝特·凯塞林元帅（Albert Kesselring）发来的。这些电报所传达的情况，几乎每过一个小时就更不乐观，英美大军在各地都在突破。

理论上，第12集团军群是要作为防卫柏林的西线盾牌，据守从易北河下游到穆尔德河（Mulde）之间大约201公里的战线，阻止英美军攻向柏林。希特勒决定由温克指挥这个集团军，下辖10个师，由装甲教导团的军官、国民突击队员、官校学生、零散的部队以及在哈茨山区被打垮的、第11集团军残余兵力编组而成。即使这些部队能及时编组成军，他们还能有多大作用，连约德尔都很怀疑。而且它

第四部　决意战到底　233

恐怕永远也不会投入易北河的战斗，不过他却无意把这种想法告诉温克。在约德尔办公室的保险箱里，依然藏着掳获到的"日食计划"。这份文件仔细列出，一旦德国投降或者崩溃时，英美军队所要采取的行动。附件地图上，更显示出战争结束，盟军每一个国家所属的占领区。约德尔始终相信，美军和英军会屯兵易北河——大致上易北河是大战结束后，苏军与英美军占领区的分界线。在他看来十分清楚，艾森豪威尔正把柏林让给苏军。

＊＊＊＊

"当然，"艾森豪威尔将军在致丘吉尔首相的电报中最后一段说道，"在任何时候，如果在前方任何地点发生了'日食'状况（德军崩溃或投降），我军必将火速推进……柏林也将纳入我军的重要目标之内。"这是盟军统帅所作的承诺，可是这都不能使丘吉尔满意。他和手下的参谋首长们继续施压，要求得到清晰明确的决定。他们拍电报到华盛顿，要求开会讨论艾森豪威尔的战略。斯大林的电报引起了他们的疑虑。英国参谋首长会议指出，斯大林电文中说他将在5月中旬开始攻势，但却没有指出，他朝柏林方向发动"佯攻"是在什么时候。对他们来说，依然要尽快把柏林攻下来。他们尤其认为"由英美联合参谋首长会议在这件事上给予艾森豪威尔指导"是恰当的。

马歇尔将军的答复，坚定决断地结束了这场讨论。"如果能在苏军以前拿下柏林，结果将具有莫大的心理与政治优点，"他说道，"但不应凌驾军事上的考虑。以我方意见来说，即为歼灭及瓦解德军武装部队。"

马歇尔倒是没有完全关闭拿下柏林可能性的大门，因为"事实上,它就处在我军主攻方向的中心。"但英美联合参谋首长会议却没有时间对这个问题作冗长的考虑。马歇尔说,盟军进兵入德,目前速度很快,已不适合"以委员会的形式来检讨作战事宜"。马歇尔在电报的结尾,对盟军统帅给予明显的支持。"唯有艾森豪威尔——因为他所处的地位——才知道如何作战,对变化的战况进行充分的利用。"

至于备受困扰的艾森豪威尔,他说过愿意修改计划,但只有奉到命令才能这么办。4月7日,他致电马歇尔说:"当然,如果我们只须付出少许代价就攻占柏林,那我们就该去做。"但因为苏军正极为接近那里,"在这一个进兵阶段,把柏林当成一个主要目标,用兵上考虑不够周全。"艾森豪威尔说,他头一个承认"从事战争旨在追求政治上的目的,如果英美联合参谋首长会议认为,以盟军兵力攻取柏林,其重要性超过在本战区的纯军事考虑,本人将欣然重新调整计划及观念,以执行这项任务。"然而,他强调本身的信念,"如果我军就全面计划,A.切断德军武力……B.在左翼吕贝克地区稳固据守,以及……C.力图驱散德军任何在南部山区建立据点的努力……如能顺利执行,则应占领柏林。"

第二天,他向蒙哥马利也作了几乎相同的回答,蒙蒂竭力维护丘吉尔以及英国参谋首长会议的要求。他要求艾森豪威尔增拨10个师,向吕贝克及柏林进攻。艾森豪威尔打了他回票。"至于柏林,"盟军统帅说道,"本人承认具有政治上以及心理上的重大意义,但远比这更为重要的,便是与柏林有关的残余德军的位置。本人更关注他们。当然,如果本人能有机会轻易拿下柏林,也就会这么做。"

这时,丘吉尔为了不使盟军关系更形恶化,决定中止这项争执。他通知罗斯福总统,认为这件事结束了。

"为了证明本人的诚挚,"他在电报中告诉罗斯福说,"本人极少数会引用的几句拉丁文之一:'情人吵架,爱情更新'(Amantium irae amoris integratio est.)结尾"。

不过,在SCAF 252号电报以及英美军的目标发生台面下的争执时,英美军官兵一直都在向德军内陆推进。没有人告诉过他们,柏林已经不再是重要的军事目标了。

5

进军的竞赛正在进行。战争史上,从来没有这么多的人推进的速度是如此之快。英美军的攻势速度具有感染力,整个前线的推进速度是一次巨大的竞赛。各集团军都集中兵力,以占领易北河的西岸、巩固桥头堡。作为结束战争最后一次的胜利推进,西线的北翼与中央的每一个师,都决心要先攻到易北河。在过去,柏林——向来就是如此——是最终的目标。

英军责任区内,第7装甲师——有名的"沙漠之鼠"——自从离开莱茵河以后,就不曾停下来过。渡过河后,师长刘易斯·欧文·莱恩少将(Louis Lyne)便强调:"所有官兵从现在起,你们的眼睛要固定在易北河上。一旦本师启动,不论日夜,本人都不主张停下来,一直到我们抵达那里为止……接下来这一回,各位要好好打一仗。"目前尽管有猛烈的抵抗,"沙漠之鼠"平均一天要向北前进32公里。

连士官长查尔斯·亨内尔(Charles Hennell)认为,"由第7装甲师把柏林打下来是天经地义,这是奖赏我们自西部沙漠以来打得又最久又凶狠的作战回报。"自从在北非阿拉曼战役以来,亨内尔就一直待在"沙漠之鼠"。埃里克·V.科尔士官长(Eric V. Cole)想打到柏林有更为迫切的理由。他是在敦刻尔克撤退出来的老兵，1940 年遭德军赶下了海，而这一回科尔在认真准备，要一报还一报。他经常整顿手下的装甲兵弟兄，要使他们的机械化装备保持在巅峰状况；他计划要行驶在第 7 装甲师的坦克最前头，把德军一直赶回柏林。

英军第 6 空降师的官兵，D 日那天他们在诺曼底引领英军，这一回也决心要率领他们结束战争。休·麦克温尼中士（Hugh McWhinnie）听德国战俘说过，在英军渡过易北河的时刻，敌人便会"敞开大斗，让他们一路到柏林"。对这种话他很怀疑。第 6 空降师一向都是一公里一公里打过来的。第 13 伞兵营的威尔弗雷德·戴维森上尉（Wilfred Davison）很确定，这会是一次攻向柏林的竞赛。不过，就像第 6 空降师的大部分官兵，他对"本师一路跑在最前面"不曾有什么怀疑。不过师部的约翰·L. 希勒上尉（John L. Shearer）却有点着急，他听到谣言说，"柏林正让给了老美。"

美军各空降师也都听到了这个谣言。麻烦在于没有提到伞兵。加文将军的第 82 空降师集结整备区中，伞兵一直训练了许多天，而这时却一切明朗了，到柏林的战斗跳伞取消了。显然，只有敌军突然崩溃，或者实施"日食计划"才会实施空降作战，那时才需要伞兵跳进柏林遂行治安任务。不过这一点看起来遥遥无期，盟军最高司令部已训令布里尔顿将军的第 1 空降集团军，很快就会进行救援空投，空降到各地的盟军战俘营，行动代号为"欢呼计划"。官兵也同样想要让战俘被释放，但是进行救援行动，而不是作战任务，在空降部队官兵心中就没有什么好欢呼不欢呼的了。

其他空降部队也有类似的挫折感。泰勒将军的第 101 "啸鹰"空降师，再度被当作步兵来投入作战。这一回是在鲁尔区，加文的第 82 空降师一个团，也奉令派到那里去。第 82 空降师接到命令，要在蒙

英国皇家空军准尉詹姆斯·"迪克西"·迪恩斯（左五，左手搭在腰间，佩戴英国皇家空军飞行员的飞行资格章），与第357战俘营的德军军官们在一起。

苏军一路攻进柏林，在战火中越过街道。

哥马利第 21 集团军群将来渡过易北河的作战中予以协助。该师空降第 505 伞兵团一等兵"荷兰佬"阿瑟·B. 舒尔茨（Arthur B. Schultz），为空降师官兵的感受下了一个最好的批注。他爬上卡车要驶往鲁尔区时，讽刺地告诉好友乔·塔勒特一等兵（Joe Tallett）说："所以，我领着他们上了诺曼底，对吧？也进了荷兰，是吧？看着我，兄弟，我可是美国贵族，全美国就只有我一个。他们花的钱要值回票价，不会把我浪费在柏林。不，他们会留着我！他们要把我空降到东京去！"

如果说各空降师泄了气，地面的各个集团军可就充满了期待。

在中央的美军正全面出动，他们的兵力非常雄厚。辛普森将军兵力庞大的美军第 9 集团军，从蒙哥马利的第 21 集团军群调回来了。布莱德雷成了美国历史上，头一个指挥四个野战集团军的集团军司令。除了第 9 集团军以外，他还有第 1、3 及 15 集团军——兵力将近 100 万人。

4 月 2 日，正是渡过莱茵河后的第 9 天。布莱德雷的部队已经完成了包围鲁尔区的天罗地网，困在这 10,360 平方公里口袋里面的，是德军莫德尔元帅的 B 集团军，兵力不少于 335,000 人。莫德尔身陷重围，西线已全线大开，布莱德雷大胆横扫前进，只留下第 9 集团军与第 1 集团军部分兵力来肃清这个口袋。而今，他的部队正拼命追击，北翼有英军，南翼有德弗斯将军的美军第 6 集团军。布莱德雷正狂热地长驱直入，穿过德国中部，奔向莱比锡与德累斯顿。在美军各集团军从南到北的阵容中，以第 9 集团军距离易北河最近。各集团军司令看来，布莱德雷好像向辛普森下达了奔袭的命令。以该集团军本身的冲力表现，他们应该会引领美军攻到柏林。

到包围鲁尔区的这一天时，艾森豪威尔向部队下达了命令。布莱德雷集团军"肃清……鲁尔区……发动攻势，主攻轴线为卡塞尔—莱比锡（Kassel-Leipzig）……把握任何机会，以攻占易北河德军的桥头堡，并准备越过易北河的作战。"

4月4日，也就是第9集团军拨还给他的这一天，布莱德雷本人也对自己几个集团军下达了新的命令。在第12集团军群"第20号训令"（Letter of Instructions, No. 20）中，第9集团军收到指示：以在汉诺威略南路线向前推进，集团军的中央在希尔德斯海姆镇（Hildesheim）一带——距离易北河大约113公里。然后"候令"进行第二阶段作战。而第二阶段这重要的一节，则道出第9集团军所扮演的角色。对集团军司令来说，他们的目的地已毫无疑问了。这一段的文字如下："第二阶段：候令向东前进……有任何机会即扩张战果以占领易北河上的桥头堡，准备使这项前进指向柏林或者西北方。"第一阶段——朝希尔德斯海姆前进——根本就是同一个指示方向的命令，没有人认为会停留在那里。可是第二阶段却是第9集团军的每一个师一直都在等待的起跑鸣笛，而没有人比集团军司令"大辛"辛普森中将感到更为热切的了①。

辛普森将军后来追忆道："当时我那个集团军中的官兵都跃跃欲试，我们是攻抵莱茵河的头一个集团军，而现在我们又会是第一个攻抵柏林。一路打来，我们只想到一件事——攻占柏林，打过去在柏林的另一边与苏军会师。"自从集团军训令下达时起，辛普森一刻也不浪费，他预料几天内就可以到达希尔德斯海姆的阶段线。他告诉参

---

① 辛普森有一切理由认定自己已奉令前进。就在第12集团军群的这项命令，第1集团军与第3集团军都接到指示，在第二阶段占领易北河桥头堡，准备向东前进以巴顿将军的第3集团军来说，表达的字眼为"向东或东南"。但唯有在第9集团军的命令中，才有"向着柏林"的字眼。

谋，打那以后，他计划"派出一个装甲师与一个步兵师，经由高速公路，在易北河的马格德堡北面穿过去到波茨坦，到了那里我们就准备逼向柏林了。"然后，辛普森打算投入集团军的其余兵力，"尽可能快地……如果能得到一处桥头堡，而他们困不住我们，"他高高兴兴对参谋们说道，"我就要进攻柏林，我想，连你们当中的二等兵，都会想要这么干的。"

有"地狱之轮"称号的第 2 装甲师，师长怀特少将是一位决心坚定、体格强健的指挥官，他可比辛普森早作好了准备，甚至在他的师还没有渡过莱茵河以前，他就有了攻下柏林的计划。该师作战处长布里亚德·波伦·约翰逊上校（Briard P. Johnson）好几个星期以前，就拟订了这次的进攻。他的计划极为完整，连详尽的命令与地图套叠，都在 3 月 25 日拟订好了。

第 2 装甲师的进攻计划，多少与辛普森的构想相似，也是从易北河的马格德堡沿着高速公路进兵。地图套叠上标示出每一天的推进预定进度，每一个阶段都给予一个代号。从马格德堡攻击前进的最后一段大约有 96 公里，都有阶段线，分别称为"银""丝""缎""雏菊""紫罗兰"与"水罐"。最后，在柏林画上一个很大的蓝色纳粹党徽，代号为"龙门"。以第 2 装甲师进兵的速率，仅仅只有遇到零星抵抗，经常一天可以前进 56 公里，怀特很有信心能攻占柏林。现在离马格德堡仅 129 公里，如果本师官兵能占得桥头堡，怀特预料 48 小时内就可以进入柏林。

这时，沿着第 9 集团军 80 多公里宽的正面，第 2 装甲师正担任这次攻击的先锋。该师是西线战场规模最大的部队之一，该师的坦克、自行火炮、装甲车、推土机、卡车、吉普车以及火炮构成的车流超过 116 公里长。为了发挥最大的作战威力，第 2 装甲师分为

第四部　决意战到底　241

三个单位——A战斗群（Combat Commands A）、B战斗群（Combat Commands B）及R战斗群（Combat Commands R），后面这个战斗群担任预备队。即使如此，全师成纵队前进，平均每小时只能走上3公里，要花费近乎12个小时才通过一个定点。这支笨重的装甲部队，跑在第9集团军所有其他部队的前面——只有一支著名的部队除外。

在第2装甲师的右翼，这一路来顽强地一公里又一公里，一边前进一边攻击的，正是一支装满了士兵的各种各样的车辆。从空中俯看，它既不像是装甲师，也不像是步兵师。事实上，要不是在行列中点缀着一些美军卡车的话，它们很容易被误认成德军的车队。梅肯少将的第83步兵师，具有高度的团队风格，这个"无赖马戏团"（Rag-Tag Circus），正拼命前进攻向易北河，乘坐的都是掳获的战利品。向这个师投降的每一处城镇，遭俘获的敌人部队，都要把能动的车辆交出来——通常都是用枪逼着。每一辆新到手的车辆，立刻喷上一层橄榄绿，再加上一个美国的白星，然后就加入第83师了。"无赖马戏团"甚至解放了一架德机，而且费了很大的力气找到了能开飞机的人，结果这架飞机在前线造成惊恐。第30步兵师的威廉·G.普雷斯内尔一等士官长（William G. Presnell），从奥玛哈滩头一路打到德国，熟悉德国空军每一种飞机的外型。所以，他见到一架德机对着他这个方向飞来时，大叫一声："BF-109！"便扑地寻找掩蔽，奇怪的是这架飞机并没有用机枪扫射，他抬起头来盯着战斗机刷地飞过，飞机全身都漆成橄榄绿，机翼下面有几个大字："第83步兵师"。

如果连他们的袍泽都搞不清第83步兵师的车辆，德军可是更迷糊了。正当它们不顾前后向易北河冲去时，黑利·尤斯蒂斯·科勒少校（Haley Kohler）听见一辆车子不停按喇叭，"那辆奔驰车从我们后面开上来，"他回想道，"然后开始在路上超车，每一辆都超。"约翰·J. 德文尼上尉（John J. Devenney）也见到这辆奔驰。"那部车在我们的车队里进进出出，走的是跟我们同方向。"他回忆说。当这辆车经过时，德文尼大吃一惊，那是一辆由德军驾驶兵开的公务车，里面坐满了德军军官。几发机枪射击挡住了它，车上德军军官大为惊讶，就在行进路程中途成了俘虏，他们还以为这是自己的车队。这辆奔驰公务车，车况好得很，也照例被匆匆涂上油漆，立即派上了用场。

梅肯将军决定，第83步兵师会是第一个渡过易北河向柏林推进的步兵师。第83步兵师与第2装甲师彼此之间的竞争关系非常紧绷。4月5日，两个师的先头部队同时抵达威悉河。"起了很大的争执，"梅肯说道，"为的是哪一个师先渡河。"最后达成了协议：两个师一起渡河，彼此的部队交错。第83步兵师师部有谣言传出，说第2装甲师师长怀特少将对"无赖马戏团"很恼火，传言他这么说："杀到易北河前，不准那个步兵师赶在我部队的前面。"

第2装甲师还有另外一场竞争。第5装甲师"胜利师"进兵的速度跟第2装甲师一样快，他们正打算夺下柏林的计划，"当时唯一的主要问题便是由谁先拿下柏林，"第5装甲师参谋长爱德华·吉尔伯特·法兰德上校（Gilbert Farrand）回忆说，"我们计划在唐格明德、桑道（Sandau）、阿尔讷堡（Arneburg）与韦尔本（Werben）等地渡过易北河。我们听说苏军也准备进兵，所以我们作了所有可能的准备工作。"就法兰德记忆，他们这个师持续不停地前进，没有人一个晚上能睡上四五个小时的——而经常却根本是连眯一下都没有。因为不断地前进，法兰德自己那辆半履带车，这时就成了师部。第5装甲师的进展快，得力于敌人只有零星的抵抗。"实际上我们的前进，"法兰德回想说，"只不过是打垮敌人后卫的交战而已。"不过这种作战也很危险，法兰德的半履带车就被一发炮弹给贯穿了。

在各步兵师中，第84、30师及103师，他们的目光也都落在柏林身上。第9集团军所及的范围，疲倦又肮脏的官兵，边赶路边吃口粮，都希望自己能够参与到攻击柏林的这一役。这种挺进的动能令人振奋。尽管没有遭遇德军的全面性防御，却还是有战斗——有时还打得很激烈。

在有些地方，德军官兵顽抗。在投降以前，他们会进行猛烈的战斗。第84步兵"拆轨"师的罗兰·L.科尔布中校（Roland Kolb）就注意到，最凶狠的交战对象，是那些四散的党卫军部队。他们藏身在森林，骚扰前进的美军。通常，装甲兵对付这些狂热残军的方法是绕过去，把他们交由后面的步兵肃清。然而在小城镇，经常发生殊死的遭遇战。在某地，科尔布发现有12岁以下的孩子操作火炮，不禁大为吃惊，"这些孩子宁可被打死，"他回忆道，"也不肯投降。"

其他人也经历过毛骨悚然的时刻。在条顿堡森林（Teutoburger Wald）的山岭，第2装甲师担任前卫的詹姆斯·弗朗西斯·霍林斯沃思少校（James F. Hollingsworth），突然发现自己周围都是德军坦克，他的纵队竟直接冲进德军装甲师的训练场。霍林斯沃思算走运，因为这些坦克只是些空架子，发动机早就已经拆掉了，但是坦克上用来训练新兵的炮还在，德军很快就开火。霍林斯沃思的炮手克莱德·W.库利上士（Clyde W. Cooley）是北非战役的老兵，也转动坦克炮开始作战。炮塔一转，他在1,372米外打垮德军一辆坦克，再把炮塔一转，轰垮了69米外的另一辆。霍林斯沃思回忆说："一下子天翻地覆，每个人都开始射击。"正当这一仗要结束时，德军一辆装满了敌军的卡车，在路上对正第2装甲师的纵队飞驰而来。霍林斯沃思连忙向营上官兵下命令，要卡车进入射程距离才打。到了69米时，他下令开火，德军卡车被50寸机枪子弹打得坑坑疤疤，熊熊火起，一个翻身，把车上穿军服的乘客都抛在路上。这些人摔在地面,大多数当场死了,但依然有几个还活着,吓得厉声尖叫。一直到霍林斯沃思走过去,检查这些打得四分五裂、被子弹贯穿的尸体时,这才发现都是穿制服的德国女性,类似美军的"妇女辅助队"。

德军的抵抗行为完全无法预料。很多时候,一枪不发便投降,有些城镇的首长虽然表示投降,但撤退的部队依然还在当地人口稠密的地区通过,时常距美军的坦克与步兵还不到一个街口远。德国最大兵工厂之一所在地的多特蒙德(Detmold),一个老百姓迎接第2装甲师担任尖兵的第82侦搜营营长梅里亚姆中校的领头坦克。眼前的这个德国代表说,兵工厂厂长愿意投降。"我们前进中,炮弹落在我们的四周,"梅里亚姆回忆道,"兵工厂外面排队的有厂长、经理和厂工。厂长作了简短投降的宣告,向我奉上一把电镀得好漂亮的毛瑟手枪。"再往前进几个街区,梅里亚姆接受德军整整一个财务连的投降,并且缴获连上大量的钞票。可是几小时以后,跟在梅里亚姆后面来的步兵,却在同一个镇上苦战了很久才把敌军肃清。到后来美军才发现,多特蒙德是党卫军训练区中的其中一个。

到处都发生许多类似的故事。在一些小城镇,一边在默默地投降,忽然在几个街区外,却响起了猛烈战斗的轰隆声。就在这么一个城市的大街上,第83步兵师师长梅肯将军还记得,"我在师部的大斗前走进来相当安全,可是我想从后门离开时,却得打出一条血路来。"某处乡镇的郊外,第30步兵师遇到在步枪上绑着白手帕的德军士兵,正当他们要向美军投降时,却被依然还在顽强抵抗的几个离散的党卫军从后面用机枪把他们打翻。

有些人想出招降的新招。第83步兵师的绍默上尉能说一口流利的德语,好几回他都用电话招降——再加一把四五手枪帮忙。他用手枪对着刚刚抓到的镇长,要他通知其他地方首长,"你最好识相一点,打电话给下一个镇的镇长。告诉他,如果他要保持地方太平无事,最好马上就投降。告诉他,要老百姓把白床单挂在窗户外——或者别的东西也可以。"镇长吓坏了,"通常会照说不误,告诉邻镇镇长,自己镇上的美军,有好几百辆坦克和炮车、成千上万的部队,这一招每一次都管用。"

这次大举进兵速度越来越快时,各处道路都挤满了摩托化步兵和装甲兵纵队向东推进,成千上万的德军俘虏却是向西走去。他们根本没有时间监控俘虏,德军官兵筋疲力竭,满面胡子,在没有人押解下长途跋涉往莱茵河走过去,有些俘虏甚至依然还带着武器。第113装甲骑兵团随军牧师罗斯上尉,还记得有两名德军军官,一脸绝望的表情,军服穿得整整齐齐,走在他那个纵队旁边"想要引起注意,他们想缴出随身武器已经好久了"。可是这些官兵只想着赶路,摆摆大拇指,要他们往西去。

一处又一处的乡镇与城市向汹涌而来的大军投降,几乎没有人听说过这些地名,而且反正也没有人会待得久、记得住。像明登(Minden)、比克堡(Buckeburg)、廷登(Tundern)、施塔特哈根(Stadthagen)这些地方,只不过是杀向易北河途中的几处检查点而已。不过第30师却遇到一个熟悉的名字——熟悉到大多数官兵都记得,他们没想到竟然真有这个地方。那里是《花衣魔笛手》(*Pied Piper*)故事中鼎鼎大名的哈默尔恩镇(Hamelin)。在这里,有少数几个党卫军的据点要作自杀性的抵抗。起先第2装甲师绕道通过,但到了4月5日,第30师猛烈的报复炮轰,把这个故事书上有姜饼屋与鹅卵石街道的城镇,烧、炸成了废墟。"这一回,"第117步兵团团长沃尔特·莫里斯·约翰逊上校(Walter M. Johnson)说道,"我们用的是稍微不同的笛子把老鼠给弄出来了。"

4月8日，第84步兵师兵临15世纪城市——汉诺威市郊。自莱茵河发兵长驱直入以来，40万人口的汉诺威是落入第9集团军手中的最大一座城市。第84师师长亚历山大·罗素·博林少将（Alexander R. Bolling）原本是要绕过它，可是接到训令是要攻占，心中很不痛快。如果与其他步兵师奔向易北河的竞赛中，把他的部队耗在汉诺威，那他就会损失宝贵的时间了。这一仗打得很猛，然而在48小时内，德军的抵抗已经减弱到只剩孤立的小规模行动。博林对第84师的勇敢善战颇为得意，却也急于要赶上大军的脚步。但是盟军统帅、参谋长史密斯将军，以及第9集团军司令辛普森连袂来访，使他既惊且喜。博林还记得，正式会议开完了以后，"艾克向我说道：'博林，你下一步要去什么地方？'我答道：'长官，我们会继续向前，目标就是柏林，怎么也挡不住我们了。'"

据博林说，艾森豪威尔"一只手放在我手臂上说道：'继续前进吧，我祝福你们全体官兵有全世界最好的运气，可别让任何人挡住你们。'"艾森豪威尔离开汉诺威以后，博林认为"已得到盟军统帅清楚的口头承诺，由第84师进兵柏林"。

也就在4月8日星期日这同一天，在这时候，美军第2装甲师稍微领先了第83步兵师，而在第一条阶段线——希尔德斯海姆停了下来。这时，第2装甲师得等候命令，展开第二阶段的攻势。师长怀特将军很乐于这一下暂停，以这种速度前进，部队维补已经成了问题，怀特需要至少48小时来进行修理整补。他晓得暂时停顿，也会让其他友军跟着赶到。不过该师大多数官兵经过过去这几天发了疯似的进兵速度以后，却奇怪为什么把他们停下来。官兵对这种耽搁很恼火。过去，像这种按兵不动，就是给敌人有了重新集结与巩固的机会。距离尽头这么近了，没有人愿意把运气往外推。诺曼底老兵乔治·佩特科夫一等士官长（George Petcoff），很担心"攻打柏林这一仗，让我开始想到自己在世的日子屈指可数了。"罗斯随军牧师还记得，一名坦克兵对自己的未来迷信得不得了。他爬出坦克，看着坦克前面所漆的字："小乔无畏无惧"（Fearless Joe）。费了好大劲把"无畏无惧"几个字给刮掉。

"从现在起，"他宣布说，"我只是个普通的小乔！"

如果官兵对这种耽搁着急、害怕，他们的指挥官——包括怀特师长在第19军司令部的顶头上司——更为着急、害怕。第19军军长雷蒙德·斯托林斯·麦克莱恩少将（Raymond S. McLain），希望没有任何事情会阻挠他的计划。尽管进兵速度很快，他倒是不担心补给。他的兵力总计官兵12万人，比起南北战争北军在葛底斯堡的兵力还要多，而且他还有1,000辆装甲车辆。以他手上所有的这些力量，一如麦克莱恩在后来所表示的，"绝对不用怀疑，在渡过易北河后6天以内"，第19军会全军攻入柏林。

麦克莱恩从辛普森的集团军司令部中听到，这次临停只是暂时性的——而停止前进的理由，既有战术上的，也有政治上的。到后来他才知道，他得到的消息两方面都对。当前便是苏军未来占领区的边境，大军停顿下来，可以使盟军最高司令部有时间考虑眼前的状况。到现在为止，英美大军或者苏军，都还没有决定一条地理上的"停止线"。这么一来，发生对头撞车的危险就依然存在。在没有任何德军集中抵抗的情形下，高阶司令部并不打算停止进攻，但却有一件事要考虑清楚，那就是一旦越过了苏军占领区界线，所夺得的每一公里土地，迟早得交还给苏军。

目前，推进至今最靠近的位置，距离柏林才201公里。沿着美军第9集团军的整个正面，官兵都等待着一声令下，却忘记了统帅部所面临的这个伤脑筋的问题。他们有各种的理由可以这么的迫不及待。卡罗尔·斯图尔特一等兵（Carroll Stewart）等不及想要一瞥德国首都的面貌。他听说，在欧洲所有的都市之中，柏林风景之美，无可匹敌。

*　*　*　*

英国皇家空军詹姆斯·"迪克西"·迪恩斯迪恩斯准尉（James "Dixie" Deans）在办公桌前立正站好，向德军357战俘营（Stalag 357）司令赫尔曼·奥斯特曼上校（Hermann Ostmann）利落地举手敬礼。这座关押盟军的战俘营位在汉诺威北边的法灵博斯特尔（Fallingbostel）附近。奥斯特曼也同样轻快地回礼，这只是战俘营司令奥斯特曼与战俘代表迪恩斯见面时，一连串的军事形式之一。跟以往一样，两个人的敬礼答礼都端端正正的。

这两个人之间，夹杂着羡慕与谨慎的尊敬。迪恩斯认为战俘营司令——一位曾经参加过第一次世界大战的中年军官，有一只手臂瘫痪，使他体格不足以担任现役——是一位内心公正的管理者，但做的是一份他并不喜欢的工作。至于奥斯特曼，他知道眼前29岁的迪恩斯，是战俘推选出来的发言人，是个顽强、坚定的谈判好手，时常使得奥斯特曼的日子不好过。战俘营司令也一向知道，真正控制357战俘营的是这个瘦瘦高高的迪恩斯，战俘对他的忠诚坚定不移。

迪恩斯是个传奇人物。他担任领航员，1940年在柏林上空遭到击落，自那以后就待过许多座战俘营。在每一座战俘营，他都多学到了一些东西，如何为自己、为同为战俘的袍泽得到更多的权益，也学到

第四部　决意战到底　249

了应付战俘营司令的很多招数。据迪恩斯说，基本的办法就是"要一直使这些笨蛋受不了"。

这时，迪恩斯眼光俯看着上了年纪的司令，等着要知道把他找到办公室来的原因。

"这里我有几份命令，"奥斯特曼说道，举起一些表格："恐怕我一定得把你们给送去别的地方。"迪恩斯立刻有了警觉，"司令，要送去哪里？"他问道。

"这里的西北边，"奥斯特曼说道，"确切在什么地方，我并不清楚，但我沿途会收到指示。"然后再补一句，"当然，你是了解的，我们这么做为的是保护你们，"他停了一下，心虚地笑了笑，"你们的大军又更接近了。"

迪恩斯已经知道这个消息好几天了。战俘营中的"休闲"社团，造出了两具高功能的秘密收音机。一具藏在一部古早而经常使用的留声机；另外一具用电池操作，尺寸很小，从某个人的餐具袋里，可以向357战俘营成员环循播放最近的消息。迪恩斯从这些宝贵的来源，知道艾森豪威尔的大军已经渡过莱茵河，正攻向鲁尔区。英美大军的前锋到了什么地方，战俘还不知道——但是如果德军要迁营，那英美大军一定很近了。

"司令，那这次迁营要用什么方式办理？"迪恩斯问道。他十分了解，德军搬动战俘营，可以说一向只有一个方式——走路。

"他们要按各队行进，"奥斯特曼说道。这时，他客气地表示，要给迪恩斯礼遇，"如果你乐意，可以坐我们的车走。"迪恩斯也同样客气地婉拒了。

"生病的人怎么办？"他问道，"这里有很多人根本无法走动。"

"他们留在后头，尽我们所能提供协助，而你们也可以留一些人

250　最后一役

跟他们待在一起。"

这时，迪恩斯所要知道的，便是战俘最快要什么时候动身。有很多次，身为战俘营司令的奥斯特曼怀疑自己所知道的战况和迪恩斯是差不多的，但他笃定有一件事情迪恩斯无法了解到。根据上级司令部的消息，英军正沿法灵博斯特尔的大致方向进兵，目前距离只有 80 到 97 公里左右；而美军所在位置，据报告说，已经到了南方 80 公里外的汉诺威。

"你们立刻就走，"他通知迪恩斯，"这是我接到的命令。"

迪恩斯出了司令办公室，知道要让整个营的战俘准备好出发，自己能做的有限。食物短缺，几乎所有战俘都因为营养不良而身体虚弱、憔悴。一次费劲的漫长路途，一定会使很多人丧命。不过当他回到营房，把行军的消息传遍全营的同时，他在内心做了决定，誓要利用自己所能想得到的各种手段，从慢慢走、静坐到小型的骚乱，要使 357 战俘营的 12,000 名战俘到达盟军战线。

* * * *

新成立的第 12 集团军群的集团军司令部在什么地方，到现在为止，新任的集团军司令温克将军还搞不清楚。司令部应该在哈茨山区北边一带，离柏林大约 113 到 129 公里。可是温克坐在车上都好几个小时了，马路上黑压压一片都是奔向反方向的难民和车辆。一些难民成群结队往东走，以躲开前进的美军，而害怕苏军的难民，则急急忙忙往西赶，载了部队的军车车队，似乎同样的漫无目标。温克的驾驶多恩（Dorn）一路开车，不停地把喇叭按了又按。他们越开越远，往南偏西走，情况差不多到了混乱的程度。温克越来越不安，心中想

第四部　决意战到底　251

说，等他终于到达司令部时会碰到什么状况？

温克选择走远路到自己的集团军司令部。他决定作一个大拐弯，先到莱比锡西南方的魏玛（Weimar），然后再到巴特布兰肯堡（Bad Blankenburg）附近的集团军司令部。虽然绕远路要增加将近161公里的路程，温克会这么做是有他的原因。魏玛市一家银行里存有他毕生的储蓄，大约有10,000马克，他打算全数领出来。可是他的车快到魏玛市时，马路却变得出奇地空荡，远处有炮火射击声。再向前走几公里，德军宪兵把车拦住，告诉这位集团军群司令，美军巴顿将军第3集团军的坦克已经到了郊区。温克既震惊，也觉得受到欺骗，战况远比他在希特勒统帅部所听到的更糟。他简直不敢相信，盟国的大军来得好快——也不相信德国竟有这么多土地已经被夺去。他也很难接受，几乎可以断定，自己的10,000马克也付诸东流了[①]。

当地陆军司令部的军官告诉温克，整个哈茨地区情况危急，部队正向后撤退，好些地区正遭受侧翼包围。显然，他的集团军司令部已经撤出这一带了。温克折返德绍（Dessau），那里该是他的集团军部分部队集结的地区。到了德绍北边大约13公里的罗斯劳（Rosslau），这才发现他的司令部进驻了以前的陆军工兵学校。到了这里，温克也才了解有关第12集团军群的真实情况。

沿着易北河以及支流穆尔德河，集团军的正面大约有201公里

[①] 战后，坚持不懈的温克，还要求归还他的这笔存款。不过那时魏玛市已在苏军占领区，在东德乌布利希政府（Ulbricht）治下。奇怪的是，银行还持续每个月向温克寄送月结单，一直到1947年7月4日。他不断收到单子，他因此要求把这一笔钱转存到西德的银行账户，却没有下文。一直到了1954年10月23日，魏玛银行通知温克，他必须向魏玛地区的内政部斗交涉，"贵户存款过久，"银行信中写道，"本行已将账户连同历年利息一并废除……"

252　最后一役

长——大致上，北面起自易北河边的维滕贝尔格，然后南下到穆尔德河沿岸的莱比锡东边附近。面对英军的北翼部队，是西北线总司令恩斯特·布施元帅（Ernst Busch）的部队，南翼则是西线总司令凯赛林元帅伤痕累累的部队。温克对这两支部队的兵力所知有限。他的责任区夹在两者的中间，第12集团军群充其量只是存在于账面上而已。除了沿着易北河阵地据守的零星部队以外，他所有的兵力不过是几个虚有其表的师，都是一些为数不多的残余兵力。他发现，还有未完成备战的单位，甚至还有些有名无实、等待编成的单位。他的炮兵最大罩门是大部分都无法机动，都固定部署在马格德堡、维滕贝尔格周围，以及易北河一带各处桥梁与渡口附近。他还有一些自行火炮，一个装甲车团，还有40辆小型吉普车型的福斯运兵车。温克的第12集团军群，眼前了不起，顶多大概只有12辆坦克而已。

虽然经过推断，零散的部队拼凑起来，他的集团军大约可以有10万人左右。可是眼前答应给他的10个师还不知道人在何方。在这些散兵游勇都有许多响当当的部队名称——克劳塞维茨（Clausewitz）、波茨坦、沙恩霍斯特（Scharnhorst）、胡滕（Ulrichvon Hutten）、雅恩（Friedrich Ludwig Jahn）、克尔纳（Theodor Körner）——最多相当于五个半师，也就是大约55,000人左右的兵力。

除了已经据守阵地或者正在作战的部队之外，新成立的第12集团军群，多半是跃跃欲试的官校学生与训练军官。温克也好，他的参谋长京特·赖希黑尔姆上校（Gunther Reichhelm）也好，对当前这一场血战的最终结果都不感到怀疑，但是温克却不因此屈服。他本人年轻、热心，知道许多老将也许不会注意到的事。第12集团军群兵力上的缺陷，也许可以由年轻军官与官校学生的凶猛与忠诚来补足。

温克想到，自己有一个办法把毫无作战经验但又热心的部队，运用作为一支机动的打击部队，应战况的需要从一区紧急驰往另一区至少在其他部队重新编组、进入阵地以前可以这么运用。他深信以这种方式，这些热血充沛的青年，也许能为德国争取到宝贵的时间。他就任集团军司令第一件事，便是下令给集团军中实力最强、装备最好的部队，进入中央阵地，以便应用于易北河或者穆尔德河。他检视地图，圈定了可能作战的地区——比特费尔德（Bitterfeld）、德绍、贝尔齐希（Belzig）与维滕贝尔格。他想到还有一个地方，美军一定会企图在那里过河，这地方在易北河三条支流当中，经过"30 年战争"的蹂躏，它差不多已经整个摧毁，不过马格德堡又再度恢复了生机。现在，这座城镇的庞大要塞以及它的岛堡与 11 世纪的大教堂巍巍矗立，成为美国大军进军方向的指标。在这附近周围——尤其在马格德堡以南——温克部署了装备精良的沙恩霍斯特、波茨坦以及胡滕部队，要他们尽其可能阻挡住美军的攻势。

* * * *

他的防务计划非常详尽，他的战术要被所属军官给深深记住。这时，在温克第 12 集团军群东北方 193 公里左右，海因里希在他的维斯瓦河集团军群司令部，已准备好打这一场血战了。

在他的第一条"主抵抗线"后面，他又开发了第二条"主抵抗线"。正像以往所预料的那样，在苏军实施弹幕射击前，海因里希告诉麾下各级指挥官，他就会下令从第一线后退，所有部队立刻撤退到第二"主抵抗线"。这是海因里希在莫斯科战役就有的战法，让苏军"打一个空袋子"。只要苏军的炮轰一停，部队立刻前进，再度占领第一线的阵地。这一计在过去很管用，海因里希期待能再度成功。这一招往往可以确定敌人的攻击时间。

苏军已实施过几次佯攻。在曼陀菲尔第3装甲集团军位于柏林北边的位置，指挥兵力不足的第48装甲军军长马丁·加赖斯将军（Martin Gareis），深信苏军的攻击会在4月8日发动。他的守备区前面，军车频频往前线驶来，集结的炮兵越来越多，显现出攻击迫在眉睫——俘获的苏军士兵，还夸耀自爆攻击发起的日期。海因里希不相信这个报告。他自己的情报，再加上他相信自己直觉的老习惯，觉得这个日期太早了些。结果，他是对的。4月8日这一天，整个奥得河前线平平静静，一点动静也没有。

然而，海因里希的警觉却没有松懈。每一天他都坐小型侦察机飞越苏军阵线，观察苏军部队与炮兵的部署。每天晚上，他用功研究情报与俘虏审讯报告到深夜。总是搜寻线索，以求能精确断定何时是攻击发起日。

就在这紧张重要的阶段，戈林元帅请他到戈林的城堡吃中饭。虽然他极为困倦，要海因里希离开自己的司令部，哪怕是几个小时他也不愿意，但是他却没法拒绝。戈林元帅的城堡卡琳宫（Karinhall），是一座很大的建筑物，距维斯瓦河集团军群司令部所在地的比肯海恩不过几公里。城堡面积很大，大到甚至连戈林都可以有自己的私人动物园。海因里希和副官比拉上尉抵达时，都为戈林这座公园似的园林竟然如此壮观而大为吃惊。园区有湖泊和花园景致，景色如画的房子、行树夹道的车道。从正门进入到城堡之间，沿途都是穿着漂亮制服的空军伞兵——戈林的私人卫兵。

城堡像戈林本人一样，既雄壮又华丽。进门的接待大厅，使海因里希联想到是"一座教堂，好大好宽，让人的眼睛不由自主地随着仰望到顶梁"。戈林穿着一件白得耀眼的猎装，冷淡地迎接海因里希，

第四部　决意战到底　255

他的态度显示着有事要发生了。这是一场鸿门宴。

帝国元帅与将军彼此都非常不喜欢对方。海因里希一直指责戈林要为斯大林格勒的失守负责。尽管他信誓旦旦，但德国空军一直无法为陷入重围的冯·保卢斯（Von Paulus）第6集团军空运补给。再怎么说，海因里希也不喜欢元帅的傲慢与臭架子。而对戈林来说，海因里希不太服从上级，带有危险性。戈林也不原谅他没有把斯摩棱斯克一把火烧光这件事。过去这几天，他对海因里希的反感更是大大增加。在元首召开的会议中，海因里希提到第9伞兵师的一些话，使他深感不满。

会议后隔天，戈林打电话到维斯瓦河集团军群，和作战处长艾斯曼说话。"本人真想不到，"元帅说得很生气，"海因里希竟然以那种方式说我的伞兵，那是对本人的侮辱，我依然握有第2伞兵师，你可以报告你的集团军司令，他休想得到他们。休想！我要把他们拨给舍尔纳。他才是真正的军人！地道的军人！"

现在来到这场中午会餐，戈林把矛头直接指向海因里希。他以尖锐的抨击开场，批评他最近经过维斯瓦防区时看到的部队。他坐在一把御椅似的大椅子，摇晃着盛满啤酒的大银杯，指责海因里希的整个集团军军纪差劲。

"我开车通过你的各个集团军，"他说道，"一区又一区，我发现没有半个官兵在干活。我看见一些人在散兵坑里打牌，我发现有些人来自劳工队，他们要干活，连圆锹都没有。有些地方，连野战炊事房都没有。其他地区，几乎什么防御工事都没有做。所有地方我都发现你的集团军官兵都吊儿郎当，什么事也不做。"戈林喝下一大口啤酒，语带威胁地说："我打算请元首关注这一切。"

海因里希认为没有争执的必要，他只想要离开。他按捺住脾气，勉强把这顿饭吃完。不过，戈林送这两位客人出门时，海因里希停下脚步，对着这片富丽豪华的园林，以及使人印象深刻、有炮楼与走廊的城堡缓缓四处张望，"我只能这么希望，"他说道，"等到大战来临时，我那些吊儿郎当的官兵，能挽救阁下这座漂亮的地方。"戈林冷冰冰地瞪了一眼，后跟一转，回身走了进去。

海因里希坐车离去时，心中想到戈林没多久也要失去他的卡琳宫了。海因里希根据情报，从空中观测，奥得河的洪水渐渐下降，加上从来没有辜负过他的直觉，海因里希对苏军的攻击时间，开始有了个结论。海因里希相信，攻击将在本星期展开——日期落在4月15日或16日之间。

＊ ＊ ＊ ＊

朱可夫元帅把桌上的遮布向后拉开，露出了一幅柏林庞大的立体地图，它像是模型而不是地图，图上布满了具体的政府大楼、桥梁与火车站的模型，还有主要的街道、运河与机场，完整被精确地复制出来。推估的防御阵地、防空炮塔以及碉堡全都注记得清清楚楚。小张的绿色卷标上写着号码，插在重要的目标上。德国国会标示105号、总理府106号、内政部与外交部，分别是107与108号。

元帅转身面对着他的将领，"105号目标，"他说道，"谁会先攻到德国国会大厦？崔可夫的第8近卫师吗？卡图科夫的坦克吗？尼古拉·叶拉斯托维奇·别尔扎林（Nikolai Berzarin）的第5突击集团军吗？还是谢苗·伊里奇·博格丹诺夫（Semyon Bogdanov）的第2近卫装甲集团军？会是谁？"

朱可夫故意用诱将之计，他的每一名将领都跃跃欲试，想要第一

第四部 决意战到底 257

个攻进柏林,尤其是攻占德国国会大厦。据尼古拉·基里洛维奇·波佩尔将军(Nikolai Popiel)回忆当时的清景,卡图科夫或许在内心冥想之中已攻到柏林。他突如其来说道:"想想看,如果我攻下107和108,也许就连同希姆莱和约阿希姆·冯·里宾特洛甫(Joachim von Ribbentrop)一起给抓了!"

一整天都在进行作战汇报,同时前线的攻击准备接近完成,大炮与弹药都已进入森林中的阵地。坦克向前移动,要让它们的坦克炮可以在炮轰开始时支持炮兵。在各攻击发起地点,储集了大量的补给品、桥材、橡皮舟和橡皮筏,车队相连着在马路上络绎不绝,把一个个师运到集结区。对部队兵力的需要极为急迫,苏军头一次把部队从后方空运到前线去。对各地的苏军官兵来说,攻击很快就要展开了,但在总部以下的阶层,却还没有人知道攻击的发起日期。

红军记者戈尔博夫上尉,开车沿着朱可夫的前线,目击了庞大的攻击前准备。他向所有消息来源打听,想要确定攻击日期,都不成功。他以前从来没见过攻击前会有这样的动态,他深信德军一定也在监视所有行动。不过,在很久以后他评论说:"似乎没有人在乎德军会看到些什么。"

有一项准备工作,令戈尔博夫大惑不解。所有种类与大小的防空用探照灯都运到了前线,操作人员都是女兵。此外,这些部队都驻在离前方有好一段距离的地方,小心隐藏在伪装网下。他以前从没见过有这么多的探照灯,心中奇怪在攻击时,它们能有什么功用。

* * * *

位于滕佩尔霍夫区的邮政总局大厦,德国邮政部长卡尔·威廉·奥内佐格（Wilhelm Ohnesorge）俯身在办公桌上一大张色彩光鲜的邮票，它们都是头一批印刷出来的，奥内佐格极其高兴，画家设计得很好，这项成果元首一定会很开心。他愉快地靠近检视其中的两枚邮票。一张图案是一名党卫军士兵，肩上背着一把施迈瑟冲锋枪。另外一张，则是一名穿制服的纳粹党领袖，右手高举火炬。奥内佐格认为，发行这一套特别纪念邮票适逢其时，要在希特勒的生日——4月20日发行。

这是一个特殊的日子，在埃里希·拜尔（Erich Bayer）的心目中占据着最重要的位置。这位在维尔默斯多夫区工作的会计师，几个星期以来一直担心，4月10日星期二——也就是明天，他该怎么办。这笔钱他到时候一定要付，否则各种的麻烦和警告就会来了。拜尔手头上是有这笔钱的，这倒不是什么问题。但现在重要吗？占领了柏林的军队——美军或者苏军——会不会坚持要他缴纳？如果他们都没有占领首都又该怎么办？拜尔把有关这件事的每一方面都考虑了一番。然后他到银行提出了1,400马克，走进附近的办公室，他缴了1945年自己所得税所要付的头期款。

* * * *

事情发生得太快，每一个人都大为惊讶。西线美军第9集团军司令辛普森将军，在司令部里立刻传话给手下的两位军长：第19军军长麦克莱恩少将与第13军军长小阿尔万·卡洛姆·吉勒姆少将（Alvan Gillem）。辛普森说，官方的命令就是"前进"。第二阶段开始了，这是正式命令，书面命令后补。各师要一路渡过易北河更往前挺进。第2装甲师师师长怀特将军收到消息，立刻把第2装甲师的先锋部队第67装甲团团长保罗·艾尔弗雷德·迪斯尼上校（Paul A. Disney）找来。迪斯尼还记得，人刚到"还来不及问'好'，怀特就说了：'向东出发。'"这一下子迪斯尼吓了一跳，停下来还不到24小时。他仍然搞不清楚，问道："目标是什么？"怀特只答复了两个字："柏林！"

6

美军第2装甲师的官兵，分成五路纵队向着易北河和柏林疾进。他们经过多处还灯火通明的德军司令部也不减缓前进的速度。他们横扫各城镇，当中上了年纪的国民突击队员，手里拿着步枪，无助地站在街上，吓得都不敢采取行动。他们急驰追赶过向同一方向前进的德军车队，虽然枪炮开火射击，可双方谁都没有停下来。坦克上的美国大兵，对着近距离骑摩托车的德军射击。敌人想利用工事作据点，有些美军指挥官就把自己的装甲兵当骑兵来使用。霍林斯沃思少校就遇到这种情况，他把34辆坦克一字排开，下达了现代战争中很少听到的一个口令："冲锋！"坦克炮雷鸣轰击，霍林斯沃思的坦克向这一镇的敌人阵地冲去，德军就四散溃逃、溜之大吉了。

坦克在各地杀过敌人阵地，越过崎岖地形。到4月11日星期三晚上，谢尔曼坦克以装甲兵前所未见的冲刺方式，在24小时里进军了92公里——按照公路里程为117公里。晚上过了8点不久，迪斯尼上校向师部发出了一则简洁的电文："兵抵易北河。"

有一批装甲车部队甚至在更早之前，就已经到达了马格德堡市郊。那天下午，梅里亚姆中校侦搜连的侦察车，以每小时高达89公里的速度行进,这时已冲到了易北河西岸一处城镇的郊区。他们在这里停下来了,不是因为德国的守军,而是攘来熙往的平民百姓以及忙着采买的人们。领头的侦搜排,便用机枪一连串的射击清出道路,结果反而造成混乱,女人晕倒在地,买东西的人吓得蹲成一堆,或者卧倒,德军士兵慌张乱开枪。梅里亚姆的部队,缺乏占据这个地区的兵力,而侦察车却没法甩开乱成一团的市郊到达他们的目标——机场。他们沿着机场边缘行进时,飞机正在繁忙起降。美军的枪炮便对着视线内的目标射击,其中包括了一中队正要起飞的战斗机。这时,敌人的防线动了起来,这一个排的侦察车在猛烈炮火之下动弹不得。当中只损失了一辆装甲车,但它们的出现,让马格德堡的防军有了警觉。这时,美军一个部队接续又一个部队,从马格德堡两面抵达易北河后,便开始遭遇越来越顽强的抵抗。

梅里亚姆的侦搜连撤退回来,报告了一个重大的消息,市区北边的高速公路大桥依然屹立。立刻这里就成了全师的主要目标,因为它可以使第2装甲师渡河进入柏林。但从美军遭遇到的炮火来说,显然不可能在一次奔袭就把大桥拿下来。马格德堡的守军决心奋战。同时,在市区北边与南边也有其他桥梁,如果能在敌军炸桥以前夺其中一座,第2装甲师就可以上路了。

在南边11公里的舍讷贝克(Schonebeck),还有另一座桥横跨易北河。那是霍林斯沃思少校第67装甲团的目标。在星期三那整整一个下午,霍林斯沃思的坦克,没有阻碍地冲过一镇又一镇,一直冲到称为奥斯特维克(Osterwieck)的地方。在那里,一团的国民突击队阻止了他们的前进。霍林斯沃思十分困惑,很多上了年纪的老兵似乎准备投降——有些甚至把手帕绑在步枪上,在散兵坑中高高举起——然而战斗却没有停止。在作战开始几分钟后就被俘的一名俘虏解释说：镇上有11名党卫军，他们强迫国民突击队员作战。霍林斯沃思听了非常生气，立刻采取行动。

他把吉普车叫来，除了驾驶兵之外，又多带了一名上士和一名无线电通信兵。少校迂回绕过眼前的位置，沿着一条羊肠小道进入城镇。他的装扮独特，腰部两边挂着两把四五手枪，像个西部牛仔。为了增加火力，他还带了一把冲锋枪。霍林斯沃思本人是个神枪手，打死超过150名德军。他一把抓住一个路过的老百姓，打听那些党卫军住在什么地方，那老百姓可吓坏了，连忙指着附近一栋四周有高高围篱的大房子与谷仓。霍林斯沃思见到围篱有门，便和手下三名士兵跳下车跑过去，用肩膀把门撞脱了铰链、冲进院子。一名党卫军朝他们冲来，举起了冲锋枪，霍林斯沃思的冲锋枪早把他打得一身是洞了。三名美军各把手榴弹往窗里扔进去。少校迅速一瞥四周，瞄到一名党卫军在谷仓敞开的大门，便抽出四五手枪一枪把他打翻。他们在屋子里，发现遭手榴弹炸死的六具尸体，其他三人投降。霍林斯沃思急忙赶回部队，他已经被延误了宝贵的45分钟。

三小时后，霍林斯沃思的坦克，驶到了一处俯瞰舍讷贝克与巴特萨尔茨埃尔门（Bad Salzelmen）的高地。远处，薄暮下闪闪发光的便是易北河了，这里河宽约152米。霍林斯沃思以望远镜扫视附近，见到公路大桥依然高矗——这是有原因的。德军的装甲车辆正利用这条桥渡河向东逃。霍林斯沃思想知道，附近都是敌人装甲兵，他要如何在炸桥之前，把这座桥给夺下来？

他边观察，心里头边开始拟定计划。于是他把两名连长——詹姆斯·W. 斯塔尔上尉（James W. Starr）和杰克·A. 奈特上尉（Jack A. Knight）——叫来，他大致说出自己的构想。"他们正沿着北向南的道路机动，进到巴特萨尔茨埃尔门，"他说道："然后，向东，在交叉路进入舍讷贝克过桥。我们唯一的希望,便是冲进巴特萨尔茨埃尔门,占领交叉路口。一旦我们进抵交叉路,斯塔尔,你的连便转弯冲出去把道路封锁,把从南面来的德军堵住。我会在德军纵队后方攻击,这个纵队已转向东走进入舍讷贝克,我会跟着它过桥。奈特,你的连跟在我后面,我们一定要夺下那条桥,老天在上,我们就这么干。"

霍林斯沃思知道,唯有行动够快这个计划才行得通。天色已经昏暗,运气好的话,德军坦克绝对不会知道他们在过桥时后面竟有敌人尾随跟着走。

不一会,霍林斯沃思的坦克上路了,他们关上舱盖、冲进巴特萨尔茨埃尔门。在德军还没有发现这是怎么一回事前,斯塔尔的车辆已经从南面封锁了公路,并与一列的德军坦克接战了。跑在前头的德军坦克转弯回头、向大桥驶来。它们显然听到了后面的射击声,开始加快脚步。就在这时,霍林斯沃思的坦克,填补了他们纵队中的空隙,以同样的速度前进。

就在这时,他们却遭德军发现了。附近铁路调度场、装在平板车上的大炮,对着美军纵队后方射击。正当霍林斯沃思的谢尔曼坦克转弯进入舍讷贝克,德军一辆豹式坦克转动炮塔,瞄准了领头的美军坦克。霍林斯沃思坦克上的炮手库利中士便开炮,把豹式坦克给打爆。它向旁边冲进一处围墙,顿时焚烧起来,根本没有空隙能让霍林斯沃思的坦克通过,但是在拼命左旋右转下,才算挤了过去,纵队后面的车辆也就跟着过去了。边对着敌军后面的车辆射击,还要挤过燃烧的德军坦克,美军坦克这时朝着镇上冲锋过去了。霍林斯沃思还记得,他们抵达镇上时,"每个人都在射击,各打各的,那真是一团糟,德军身体伸出窗外,不是用铁拳在对我们射击,就是打死了的尸体挂在那里。"

第四部 决意战到底 263

霍林斯沃思的坦克还没有被击中过。这时，大桥只有三四个街区距离了，但是最后这一段也最糟，当其余的坦克向前迫近时，似乎四面八方都有敌人的火力。房屋都在起火，这时虽是半夜 11 点，现场照得通明透亮，就像是白天一样。

前方便是上桥的引道，各坦克急急向前冲。霍林斯沃思稍早时在高地没有看到，引道竟有迷宫似的石墙阻挡，这些石墙从路的两侧延伸出来，彼此距离并不规则。任何车辆走到这里都要减速慢行，要走到桥中央，还得作左右来回转动的急转弯动作。霍林斯沃思跳下坦克徒步探路，看看能不能既可领路，又能用挂在坦克后面的电话，指挥炮手射击。就在这一刹那，一枚战防炮弹就在霍林斯沃思前面 4 米外炸开，搪卵石碎片在空中横飞。瞬间，少校发觉自己满脸是血。

他一手握着四五手枪，一手抓住坦克电话，坚定地向大桥前进。他的坦克撞到了一辆吉普车，霍林斯沃思便呼叫步兵上来，他引领他们上了引道，开始在路障中奋战前进，对猛烈射击的护桥德军不断地持续还击。一发子弹打中了他左膝，但他还是在前面带队，催促步兵往前推进。最后，霍林斯沃思一瘸一拐地，再加上脸上的血，已经成了半瞎的人。他被挡住了，德军阵地弹如雨下，他只得下令后退，他已经离桥不到 12 米了。等到团长迪斯尼上校到了现场，才发现营长"已经不能走路，血流得满地都是，我下令把他后送"。只差几分钟，霍林斯沃思就能攻下这座大桥，他认为如果他成功了，就能在 11 小时内攻抵柏林。

4 月 12 日凌晨，美军步兵和工兵，力图再度攻占舍讷贝克大桥时，德军就当着他们面把桥给炸断了。

* * * *

第 9 集团军前线的高空，弗朗西斯中尉驾驶他的无武装弹着观测机"蜜小姐"号正在作一个大转弯。坐在他后面的是炮兵观测员威廉·S. 马丁中尉（William S. Martin）。他们两人自横过莱茵河以来，就一直在替第 5 装甲师担任空中侦察，确定敌人的据点以及阵地后，以无线电通知逼近的坦克。这并非都是日常例行的状况。不只一次，弗朗西斯和马丁轰然在敌军部队上飞过，用他们的四五手枪对着敌军车队乱打一通。

向东飞去，云层开了，两名空勤人员可以见到远处隐约的烟囱，"柏林！"弗朗西斯叫道，手指着前面施潘道区的工厂。这段时间，第 5 装甲师每一天都在不断地向前挺进，弗朗西斯以他高高在上的视角，搜索各个不同城市的地标。"蜜小姐"号领着坦克进入柏林时，这位年轻的飞行员要自己可以立刻认出主要的道路与建筑物，以便通知坦克。他决心要在他们抵达柏林时全程款待这些"哥儿们"。

弗朗西斯差不多要飞回到先锋纵队附近的一处草地时，猛然把驾驶杆向前推，他瞥见一辆有边车的摩托车在第 5 装甲师一批坦克附近的一条公路上疾驰，他便俯冲下去查看一下这辆摩托车。他向右边一瞄，意外见到一架德军 Fi 156 鹳式机（Fieseler Storch）的炮兵弹着观测机，低飞在离树梢几百米高的位置，几乎无法看出来，"蜜小姐"号飞近一点，便看出鹳式机的灰黑色机身，衬出机身与机翼上有白色十字架国徽。它跟 L-4 幼畜式很像，都是布制蒙皮、高单翼、单发动机的观测机，但却比"蜜小姐"还要大。弗朗西斯知道，对方至少也比自己的飞机，要快上时速 48 公里以上。不过，美机却在高度上占了优势，当弗朗西斯大叫："干掉它！"时，听到马丁也在督促他这么做。

马丁以无线电报告他发现了一架德机，气定神闲地宣布"我们即将接战"。地面上,第5装甲师的坦克兵听到马丁的呼叫都楞住了,伸长脖子往天上看,搜寻这一场就要发生的空中缠斗。

弗朗西斯把座机向下俯冲时,马丁把机舱侧门打开,他们的幼畜式在德机上兜了一个小圈圈,两个人都用四五手枪轰过去。弗朗西斯希望射击会迫使德国佬飞过等待着的友军坦克上空,各坦克的机枪手就可以轻而易举把它打下去。可是敌机飞行员,虽然明显没料到这次的攻击而昏头转向,但也不是那么好搞。鹳式机猛然来了个侧滑,像发了疯似的兜圈子。弗朗西斯和马丁高飞在上面,就像西部驿车的警卫,从座机出来探身,尽可能快地扣下扳机,把手枪的子弹都打光。弗朗西斯吃惊的是,德机竟没有回击,即使这两个老美在装填子弹,鹳式机的飞行员,不但没有拉开彼此间的距离,反而在兜圈飞。弗朗西斯只能这么推测,那名飞行员还在努力想知道他究竟遭遇了什么状况。

两个老美这时把飞机降到离敌机只有6米远,一发接一发的手枪枪弹朝飞机的挡风玻璃轰过去。两架飞机靠得好近,法兰西斯看见德机飞行员"瞪着我们,眼珠就像鸡蛋那么大"。这时,德机突然发了野似的进入螺旋。空战中一直用无线电作现场实况广播的马丁叫了起来,"我们打中他了!我们打中他了!"由于很兴奋,他的声音变得模糊不清,坐在半履带车上的伊斯雷尔·B.沃什伯恩中校(Israel Washburn),还以为马丁在说:"我们被打中了!"

鹳式机打螺旋落下去,右翼触地、机身断裂,飞机一个大翻身,在草地中央停了下来。弗朗西斯把"蜜小姐"号落在旁边的田野,朝着击落的飞机跑去。德军飞行员和观测员早已出了飞机,不过观测员脚上中了一枪,人倒在地上,飞行员则扑身在一大堆甜菜后面,直到马丁开了一枪警告,才高举双手走了出来。马丁用枪指着飞行员,而由弗朗西斯检视受了伤的观测员，他把这个老德的军靴脱下来时，一发四五手枪的弹头掉了出来。他在替这个受了皮外伤的观测员扎上绷带时，德国佬不停用德语说："谢谢！谢谢！谢谢！"

这天稍晚，弗朗西斯和马丁快乐地在他们的战利品旁照相。他们所打的这一仗，或许是第二次世界大战欧洲战区最后一次的空战缠斗。毫无疑问，他们也是这次大战中，唯一用手枪打下一架德机的空勤人员。对弗朗西斯来说，"这是真正欢欣鼓舞的一天。"唯一能比这一次经验更令人欢喜的事，就是他可以引导第5装甲师进入柏林。他深深认为只要再等上一两天，命令就会传到[①]。

* * * *

中午时分，罗伯特·E. 尼科迪默斯中尉（Robert E. Nicodemus）率领的坦克排抵达了唐格明德，但周遭却是一片不祥的静寂。隶属第5装甲师的他们，目标是这座风景如划的小城中的一座桥梁，位置在马格德堡东北方大约64公里。到目前，舍讷贝克的大桥已经被炸断了，只有唐格明德的，成了这次大战中最重要的一座桥梁了——至少对美军第9集团军是如此。

尼科迪默斯的坦克行驶在唐格明德的大街上，进入了广场。这里的街道，也和市区中的其他地方一样，都空无一人。就在这时，当坦克停在广场上时，响起了空袭警报，尼科迪默斯后来说道："一下子天

[①] 弗朗西斯的优异功绩，在第二次世界大战中独一无二，却从未得到美国国防部的承认。他曾接受推荐领取"优异飞行十字勋章"（Distinguished Flying Cross），但没有得到。奇怪的是，马丁不是飞行人员，却因为参与这次作战而获颁"航空勋章"（Air Medal）。

第四部　决意战到底　267

翻地覆，灾祸就要降临了。"

在此之前，看上去都空空如也的窗户、大门和屋顶上，现在这些地方都有德军使用类似火箭筒的武器开火，美军也马上还击。有一阵子，查尔斯·豪斯霍尔德中士（Charles Householder）人站在坦克炮塔里，用冲锋枪扫射出去，直到他的坦克遭击中，不得不跳出车外为止。就在豪斯霍尔德后面，伦纳德·海梅克中士（Leonard Haymaker）的坦克也被击中，爆炸成一团火球。海梅克跳到了安全的地方，可是其他乘员却被敌军火力封在车内。他卷曲着身体，慢慢地转了一圈，然后用冲锋枪发射短促的连放，掩护组员逃出来。

当激战难解时，一名美国兵跳到尼科迪默斯坦克的后面，在嘈杂的声音中放声大叫，说自己是一名逃出来的战俘。他说，镇上有两座战俘营，拘禁了大约500多名战俘。尼科迪默斯这一下可进退两难，他原本要呼叫炮兵支持，但却不能对全是美军战俘的城镇炮轰。他决定攻破最近的营区，把战俘送出火线以外。

在战俘带路下，尼科迪默斯穿过房子和后园，越过许多围篱，到了河边一处围墙。战俘营区中的美国战俘，一眼看见前来的是美国军官，便扑向营中的警卫，这场小小冲突过程非常短暂。警卫的武装一解除，尼科迪默斯便领着战俘出来。这一批人走到敌人据守的最后一条街时，看见远处有美军坦克，一个士兵转身面对着尼科迪默斯非常高兴的说道："现在我自由了，他们杀不了我了。"他走近街道中间，一名德军狙击手一枪打穿了他脑袋。

正当尼科迪默斯在释放战俘时，全镇都一直在进行逐门逐屋的巷战。到了最后，大桥几乎在望时，德军卫戍部队的代表面见美军的前卫尖兵，说他们愿意投降。当谈判正在进行时，发生了惊天动地的爆炸，一团巨大的尘云涌起，碎石像暴雨般落在镇上，德军工兵把桥炸掉了。美军"胜利师",距柏林最近的美军部队,离那里只有56公里却到不了,给挡了下来。

* * * *

整个第9集团军开始弥漫着焦躁不安。直到4月12日中午以前,是有一切理由可以乐观的,第5装甲师在仅仅13天当中,惊人地前进了322公里。第2装甲师也前进了同样多的距离,只多花了一天时间。辛普森集团军的整体,自渡过莱茵河以后,已追奔逐北几达364公里。集团军所属各师沿着整个前线向易北河冲刺。

可是到现在为止,还没有夺得任何桥梁,也没有在河东岸建立任何桥头堡。很多人希望重演那次有名的夺桥行动,攻占雷马根在莱茵河上的大桥。那件事发生在3月初,一夜之间便改变了英美大军的战略,可是好运不再了。而今,第2装甲师师部下达了决心:必须强渡此河。各部队要向易北河东岸进行两栖攻击,以建立一处桥头堡,然后架设浮舟桥渡河。

第2装甲师B战斗群的悉尼·雷·海因兹准将(Sidney R. Hinds),在指挥部拟订了他的计划,这次作战要在马格德堡以南一处名叫韦斯特许森(Westerhusen)的小镇进行。充其量,这个计划也只是次赌博,可能桥还没有建成,就被敌人的炮火给轰了。或者更糟,可能架桥行动都施展不开。不过,海因兹等得越久,敌人的防守兵力也许就会再增加,每耽搁一小时,赶在苏军前攻到柏林的机会就更为渺茫。

4月12日上午8点,两个营的装甲步兵,搭乘两栖登陆车"水鸭子"(DUKW)悄悄向东岸渡河,登陆并没有遇到抵抗。到中午,两个营的兵力完成渡河。天刚亮时，第三个营也过去了。到了东岸，部队迅速部署，在选定的浮舟桥位置，作一个紧密的半圆形开始构筑防御工事。怀特将军高兴地打了通电话给第9集团军司令辛普森将军："我们过河了！"

★ ★ ★ ★

德军跟辛普森同时知道美军渡过了易北河。驻守马格德堡的指挥官，是诺曼底战役的老手，立刻报告了第12集团军群司令部的温克将军。

马格德堡驻军司令是个炮兵专家，很久以前就学到了可别低估敌人。1944年6月6日凌晨，他在炮兵前进指挥所里观测，目睹了盟军的登陆舰队。当时，他也跟现在一样，立刻把情况向上级报告，"登陆了，"他当时说道，"海上一定有10,000艘船舰。"对他这个惊人的消息，听的人不相信，问说："这些船是要开往哪里？"他回答得既直白又简单："正冲着我来了！"

曾在奥玛哈滩头中央指挥德军炮兵的维尔纳·普卢斯卡特少校（Werner Pluskat），眼前准备在易北河边据守。他手下的炮手沿着河岸，从马格德堡南边一直到北，会尽他们能力尽量击退美军。普卢斯卡特少校作战经验丰富，对于结果会如何并不感到怀疑。

然而，在温克将军所倚仗的年轻官校学生当中，却没有悲观的想法。他们是一支生力军，十分热血，正高兴着等待这当前的一战。波茨坦师、沙恩霍斯特师与胡滕师的机动打击部队，正急急进入阵地，准备一举消灭易北河东岸的美军桥头堡。

*　*　*　*

易北河西岸，工兵正拼命地工作，匆匆部署在各处的探照灯，直接向上照射再由云层折射下来。就在这种人工月光下，第一段浮舟架定起来推进河里，一节跟着一节，各节浮舟固定在一起。

第 67 装甲团团长迪斯尼上校站在附近监督造桥作业，心中越来越急。顿时，炮弹群呼啸飞来，它们在头一批的几节浮舟附近爆炸，激起了涌向天空的水柱。炮击的方式并不寻常，炮弹并不是一批批齐放落地，而是单发过来，显然来自阵地分散得很远的好几门炮。迪斯尼断定，这些射击是由一名藏身在附近的炮兵观测员在指挥，便下令立刻对俯瞰河岸一座破烂的四楼公寓进行搜索，结果什么也没搜到，炮轰还在继续，既准确又致命。

弹孔累累的浮舟沉了下去，破片不断溅起的水花，迫使筑桥工兵寻求掩蔽。受伤的人拖到河岸安全的地方，由别人来接替他们。整整一晚，射击不曾停过。美军工兵的艰辛白费了，海因兹最怕的这件事发生了。他冷酷地下令，派一支步兵部队向南威力搜索，到河岸下游去找合适架桥的位置。

4 月 13 日星期三下午，水鸭子拖着一条厚实的钢缆越过易北河，到达最新的桥头堡。打算用这根钢缆作为替代方案。一旦定位，便可以拖一连串载了车辆、坦克与大炮浮舟往返渡河。虽然这种方式慢得要命，但在桥材运到以前，不得不这么做。

目前，海因兹将军心中最关切的事，莫过于河东岸三个营的兵力的命运，他们背水作战，把守住埃尔本瑙（Elbenau）与格吕讷瓦尔德（Grunewalde）两座相连的村落一处约略半圆形的阵地。一处小小的桥头堡，既无装甲兵，也没有炮兵的支持，只有在西岸的几个炮兵连。

第四部　决意战到底　271

如果这三个营遭受强大逆袭，情况就岌岌可危了。海因兹这时命令迪斯尼上校，坐水鸭子过河去，担任这支步兵的指挥。

迪斯尼在树林里找到了三个营指挥所中的第一个，营长约翰·W. 芬尼尔上尉（John Finnell）正在发愁。德军施加的压力越来越大，"如果我们不赶快弄些坦克过来，"他说道，"那就会很麻烦。"

迪斯尼以无线电向海因兹汇报后，便出发去前方视察。正当他沿河行进时，炮弹落在他四周，迪斯尼扑倒在沟里，可是炮弹越来越近，所以他爬了出来，再去找另一条沟。这一回可不妙，他觉得破片如雨而下，又再来了一阵，第三发炮弹爆炸把他打翻了，迪斯尼躺在地上，身负重伤，几乎失去了意识。他的左臂被打穿，挖去一块肉，另一片炮弹，又切掉了右大腿上面的部分。

36小时内，霍林斯沃思与迪斯尼这两位坚决要领导美军进入柏林的人，都退出了战场。

* * * *

4月12日，下午1点15分，大约在第5装甲师领先的坦克驶入唐格明德时，美国罗斯福总统同时在温泉市的办公桌前与世长辞。

当时一位画家正在替他画像，突然总统一只手放在头上，抱怨说头很痛，没多久便逝世了。他办公桌上还放着一份亚特兰大市的《宪法报》（Constitution），头版标题为"第9集团军距柏林92公里。"

将近24小时以后，总统逝世的消息才渐渐传到前线部队。第84步兵师的奥尔斯·拉斐特·彼得斯少校（Alcee Peters），从一名德国人那里听到这个消息。在瓦伦霍尔茨（Wahrenholz）附近的一处铁路平交道，一个上了年纪的铁路平交道管理员到他面前表达慰问，因为"这消息太糟糕了"。彼得斯大为震惊又不敢置信,但后来还是接受了这个消息。他的纵队再度出发,目标易北河,只是心中还有别的事要懊恼。步兵 333 团的一位营长卡恩斯中校,他行经布伦瑞克北边一处炸毁的炼油厂时,听到了罗斯福的死讯。他觉得难过,但他的心思还是集中在自己工作上。"那只是另一次的危机而已,"他后来说道,"我的下一个目标是维廷根(Wittingen),我的心思都在这件事情上面。现在,罗斯福死也好,活也好,都帮不了我的忙。"随军牧师本·罗斯写信给太太安妮说道:"我们全都很难过……但我们已经见过那么多死亡了,我们大多数人都知道,即使是罗斯福也免不了……我们听到这个消息,谈到这件事时的镇静,令我大感意外。"

* * * *

戈培尔却无法压抑自己。他一听到消息,便立刻打电话给元首地堡中的希特勒。他喜不胜收地说道:"报告元首,恭喜!罗斯福死了!这件事星象早就指示了,4 月的下半月会是我们的转运点,今天星期五,4 月 13 日,正是转运点!"

早些时候,戈培尔就把两项星象预测的资料,告诉过财政部长科什未林·冯·克罗西克伯爵(Schwerin von Krosigk)。上一次在 1933 年 6 月 30 日,希特勒夺得政权的那一天,另外一次则在 1918 年 11 月 9 日,预测魏玛共和国的未来。科克罗西克在日记中写着,"惊人的事实已经很明白了。两次星相都预测到 1939 年爆发战争,一直到 1941 年都是胜利,紧接着是一连串的逆转。1945 年初的几个月,更遭受最严酷的打击,尤其是 4 月份的前半个月。然后,在 4 月下半月有一次压倒性的胜利,战争胶着直到 8 月份,在那一个月有了和平。

在以后 3 年，德国会有段困难时期。但到了 1948 年开始，她又会再度复兴。"

戈培尔也看过托马斯·卡莱尔（Thomas Carlyle）所写的《普鲁士腓特烈二世史》（*History of Friedrich II of Prussia*）使他有更进一步的理由高兴。书中有一章提到 1756 年至 1763 年间的"七年战争"，普鲁士当时以孤军迎战法、奥、俄三国联军。战争的第 6 年，腓特烈二世告诉手下大臣，如果 2 月 15 日以前他还没有改运就要自杀了。然后在 1762 年 6 月 5 日，俄国女皇伊丽莎白·彼得罗芙娜（Czarina Elizabeth）驾崩，俄军退出战争。"勃兰登堡宫中的奇迹，"卡莱尔写，"已经发生了。"战争的风向整个变得有利了。而现在，第二次世界大战的第 6 年，罗斯福逝世了，很可能会有同样的发展也说不定。

宣传部长狂喜之至，他在宣传部请所有人喝香槟酒。

* * * *

"过河！过河！一直前进下去！"美军第 83 步兵师的埃德温·布莱基·克拉比尔上校（Edwin "Buckshot" Crabill）在河岸边大踏步走来走去，哪里遇到行动迟缓的官兵，就用靴头帮他一下。

"可别错过大好机会！"他对着另一船官兵叫道："你们上路到柏林去！"别人坐水鸭子渡河时，矮个子、脾气火爆的克拉比尔训示他们："别等着编好队伍！别等人来叫你做什么！不论用什么方式，尽自己本事过河去！如果你们现在动，就可以一枪不发过河了！"

克拉比尔说得对，位于马格德堡东南边 24 公里外的巴尔比镇，正在他们的死对头第 2 装甲师拼命缆渡的下游，第 83 步兵师正一批批渡河，而且没有遇到抵抗。他们进入镇内，发现桥已经炸断了。克拉比尔不待师长下令，便立即渡河，急急忙忙把突击舟运到前面来。几小时后，整整一个营就过河去了。目前，第二个营又上路了。同时，炮兵也在用浮舟渡河，工兵则在架设车用浮舟桥，应该可以在天黑以前完成。即使是克拉比尔，也为自己的命令所引发的狂热所触动。他从这一批人冲到另一批人，要求加快脚步。他对其他军官得意洋洋地说："本宁堡的人绝不会相信这种情况的。"

一批德国人站在市政厅钟楼下的阳台安静旁观美国人的狂热现象。步兵营营长格兰维尔·阿塔韦·夏普中校（Granville Sharpe）花了好几个小时，把镇上的轻微抵抗都肃清了。他一直意识到这批在一旁观看的人，而越来越烦。他回想道："我的官兵正在挨枪，可是那里却站着德国人，兴致很高地观看打仗，看着渡河。"这时他真受够了，他走到一辆坦克前，告诉射手："对着大钟表面轰它一炮，比如说，轰在5点钟的地方。"射手遵命，对准钟面上的数字五，利落地命中，一下子阳台上的人都散开了。

不管怎样，戏演完了。第83步兵师渡过了河，在易北河东岸建立了第一个坚固的桥头堡。

4月13日晚上，工兵完成了工作，工作都彻底完成，还在桥梁引道竖起一个牌子。为了庆贺新总统就任，以第83步兵师习以为常的高昂士气，以及对广告价值的敏锐赏识，上面写着：

"杜鲁门桥，通往柏林的大门。第83步兵师立。"

※※※※

消息迅即传到辛普森将军那里，又从他那里传给布莱德雷将军。他马上打电话给艾森豪威尔。一时间，第83步兵师的桥头堡，是所

第四部 决意战到底 275

1945年4月13日夜，美军83步兵师工兵营完成建设横渡易北河便桥的任务。为了庆贺新总统的就任，士兵们把这座通往柏林的大门命名为"杜鲁门桥"。

有人心中想到最重要的事情了。盟军统帅仔细聆听这个消息，到报告完了时，他向布莱德雷问了一个问题。据布莱德雷后来回忆这段谈话时提到，艾森豪威尔问道："布莱德雷，从易北河突破和拿下柏林，你认为我们会付出什么代价？"

布莱德雷对这个问题考虑过好几天了。跟艾森豪威尔一样，目前他并不把柏林看成一个军事目标，但如果能轻易拿下来，那他也会去攻占它。但是布莱德雷如同他的长官，担心突破太深，进入苏军未来的占领区，担心美军部队的前进所引起的伤亡，而他们之后还得撤出所推进过的这些地区。他并不认为攻向柏林的途中伤亡会很高。但攻进这个都市，那又另当别论了。要把柏林拿下来，也许会付出很高的代价。

当时他是这样回答盟军统帅，"我判断，我们得要付出10万人的代价。"

电话中沉寂了一阵子，然后布莱德雷又补充道："对这么一处令人称羡的目标，所要付出的是相当可怕的代价，尤其我们在之后必须往后撤退，让别人来取代我们的情况。"①

到这里，谈话就结束了。艾森豪威尔并没有透露他的盘算，而布

---

① 布莱德雷的判断引起了很多混乱。这项判断他是什么时候向艾森豪威尔提出的？还有他是如何得到这项数据？第一个透露这件事的，便是布莱德雷本人。他在回忆录 *A Soldier's Story* 提到，但没有说明日期。布莱德雷告诉本人，对最后所造成的不确定性，他要负起部分责任。普遍公开的说法，证明早在1945年1月，布莱德雷在盟军总部这么告诉艾森豪威尔，说攻打柏林的伤亡数字会接近10万人。布莱德雷本人则说："当我军在易北河有了桥头堡以后，我立刻打电话给艾克，并提出这项判断。当然我并不乐见从这里扑向柏林要牺牲掉10万人。但我确信，德军会为自己的首都而拼死作战。以我看，在柏林我们会惨遭最大的伤亡。"

莱德雷却清楚陈述了他的意见：美国人的生命比起声望，或者对一个没有实质意义的城市作短暂的占领，前者要重要得多了。

麦克莱恩将军在第19军军部的地图前研究战况。以他的角度，敌人在易北河东岸的防线只不过是个空壳子，一旦他手下的各个师过了河、突破这一线，任何敌军都挡不了他们冲进柏林。麦克莱恩的作战处长乔治·比德韦尔·斯隆上校（George B. Sloan）则认为，对于他们渡过莱茵河后一路所遭遇到的那种抵抗——通常是来自小区域的拼死抵抗，美军虽予以打击，但完全可以让部队快速绕开他们。他有十足的信心，在重启攻击的48小时之内，美军装甲兵的先锋部队便会攻入柏林。

麦克莱恩迅速下达了几个决策。"无赖马戏团"师迅速渡河，夺取了桥头堡，然后在易北河上架好了一座桥，这一切都是在几个小时内达成的，是一项惊人的成就，已经改变了整个易北河的态势。第83步兵师的官兵，不仅仅扩张东岸的桥头堡，而且从桥头堡出兵前进。麦克莱恩有信心，第83步兵师的桥头堡会屹立不摇。他并不认为第2装甲师那微不足道的缆渡作业能挺得住德军的炮击。但是，第2装甲师有三个营已经过了河、据守。目前正安排第2装甲师的部分兵力，开始用第83步兵师的"杜鲁门桥"渡河。因此，麦克莱恩认为，正进入阵地的第30步兵师，没有理由要去进攻马格德堡、夺取高速公路大桥。以当前部队进行的速度来看，第83步兵师的桥头堡可以很快扩张开来，与第2装甲师缆索过河点对岸受到孤立的三个营联系上。从这处扩大的桥头堡，便可以继续进兵了。麦克莱恩决定完全绕过马格德堡。一如第83步兵师的预料，他们的"杜鲁门桥"，会是进入柏林的大门。

****

4月14日星期六，破晓时分。海因兹将军在第2装甲师的缆渡点等待三条浮舟连接在一起，它们会形成渡河的平台，靠两岸钢缆前后拉扯来搬运军品，供架桥完成以前使用。德军炮弹依然落在桥头堡的两岸，东岸的部队已陷入苦战，对抗敌方步兵。他们还能挺得住一段时候，可是海因兹害怕的，还是德军装甲兵的攻击。位于东岸的美军，到现在都还没有炮兵或者装甲兵的支持。

头一辆在浮舟桥上渡过的车辆，会是一部推土机，东岸一定得先推平，坦克和重武器才能爬上去。另外由一辆水鸭子拖着渡河平台，可使缆渡动作加快一些。海因兹焦急地注视着，已经损失了两条钢缆，冲到下游去了。这时只剩下一条，最后一批特大型的浮舟，已开始用来制造渡河平台。

重点来了。在大家观望下，平台缓缓驶进易北河中间。正当它接近东岸时，意想不到的事发生了。一发炮弹呼啸飞来，以百万分之一的命中率，打断了钢缆，浮舟以及推土机都消失在湍急的河水里，海因兹杵在那，震惊得一动也不动。他愤恨地说了句，"这下完了！"

这发炮弹准确得令人难以置信。这就像是预告全面性灾难到来的讯号。现在消息报来，东岸的部队此刻正遭受敌军装甲车辆的围攻。

****

易北河东岸，阿瑟·J.安德森中校（Arthur Anderson）透过团团的晨雾与炮兵射击的硝烟，目击德军装甲兵冲过了他的步兵防线。德军有七八辆装甲车，其中两辆是坦克。安德森透过望远镜见到了这一群远远在他的反坦克火箭筒射程外的车辆,有条不紊地向着美军散兵坑射击。甚至当他还在注视时,他的指挥所右方远处据守阵地的一个步兵连就已经被击溃了。官兵都从散兵坑窜出,躲到树林去。这时,德军正进攻安德森另外两个步兵连阵地,逐次把散兵坑轰垮。安德森急忙以无线电要求西岸的炮兵予以支持。但这次攻击来得太快,就在第2装甲师的炮弹呼啸而过时,安德森知道都为时已晚了。

沿着桥头堡最远处,I连连长比尔·帕金斯中尉(Bill Parkins)突然听到自己连上的机枪开火,接着便是德军一发接一发的炮声。其中一排的传令兵跑过来报告,三辆德军装甲车连同步兵正沿着战线过来了。"它们边前进,边把一切都肃清。"帕金斯派人传话给各排,据守各自阵地、持续射击。然后,他跑出连指挥所,亲自看看发生了什么情况。"我一眼看见德军三辆豹式坦克,大约在东面91米外开过来,"他后来报告说道:"似乎每一辆坦克有一排步兵伴随前进。他们把美军战俘摆在前面走,自己跟在后面开枪。"帕金斯的部分士兵用火箭筒还击,可是距离太远了,那些击中坦克的火箭弹直接在坦克上弹开。帕金斯只见弟兄惨遭重击,便令他们后退,以免遭打死或被俘。

德军的装甲车辆从桥头堡的北、东和南面快速进入。指挥步兵排的威尔弗雷德·克雷默中士(Wilfred Kramer)看见一辆德军坦克在201米外,步兵在车后成扇形散开跟上。克雷默命令弟兄等待,一到德军靠近到只剩37米时,他大喊一声开火。"我们干得很好,也挺住了,"他后来解释道:"不过那时坦克也开火了,第一发炮弹就落在距我们机枪9米的地方,然后老德一直攻进来。他们看得见我们每一个散兵坑的位置,那都是近距离射击。"克雷默尽自己的胆量挺守得越久越好。到后来,他也下令弟兄退回来。

格吕讷瓦尔德周遭打得很猛烈。营长卡尔顿·E. 斯图尔特中校

（Carlton E. Stewart）收到自己某个连的通知，要求炮兵支持，信息上说："就朝我们的阵地轰吧，我们连上弟兄都进入屋内的地窖了。"每一个人都在请求空中支持以消灭德军坦克，可是从凌晨到中午的激战，只有少数几架飞机出现。由于向易北河的奔袭过程，把战斗机基地甩在后面太远，飞机得加挂副油箱才能与地面部队齐头并进，但那也就意味着不能挂炸弹了。

中午时分，海因兹将军下令东岸的所有步兵都往后撤，退回易北河的这一边来。起先以为伤亡很高。但之后几天官兵陆续归队，最后统计在东岸伤亡官兵为 305 人。其中一个步兵营战死、负伤或者失踪的计有军官 6 人，士兵 146 人。这一仗让第 2 装甲师架桥以及渡过易北河建立桥头堡的最后希望给完全中止了。到这时，第 2 装甲师师长怀特将军别无他法，只有利用第 83 步兵师在巴尔比所架设的桥梁了。第 2 装甲师逐渐建立起来的巨大冲劲，被德军以闪电般的速度成功阻挡住了。

这处桥头堡的消灭，来得这么突如其来，战斗又是如此强烈，以致美军的指挥官们都还来不及知道攻击他们的是那个单位。事实上，他们根本谈不上是单位，一如温克将军事先所预见，他所带领的涉世未深的官校学生与教官，会替他把仗打得不错。这些生手雄心勃勃，渴望战胜的光荣，把本身以及劣质武器发挥到了极致，为温克争取到宝贵的时间。这支机动打击部队把美军第 2 装甲师打得后退回去，从他们所达成的成就来说，过去 30 个月的作战过程，没有一个德军部队比得上他们。如果第 2 装甲师能够占领任何一座桥梁，或者占据渡过易北河的任何一个桥头堡，相信他们不等待命令下来就会直扑柏林了。

* * * *

盟军统帅攻击德国的计划，已经堂而皇之地公诸于世。没有错，英美大军前进的速度很明显地连他自己都吓了一跳。北翼，蒙哥马利的第 21 集团军群正稳定前进。加拿大集团军逼近荷兰的阿纳姆，准备把残留在荷兰东北部一股被围困的德军给肃清。英军第 2 集团军已渡过莱茵河，攻占了策勒（Celle），到达了不来梅市郊。德国中部，被包围在鲁尔区的德军已近歼灭，最重要的是，辛普森的美军第 9 集团军，与美军第 1、3 集团军，快要把德国一分为二。第 1 集团军正向莱比锡挺进，巴顿的第 3 集团军已接近捷克边境。

不过这股旋风所带来的收获，也有相对的代价与付出，它们把艾森豪威尔的补给线拖长到了将近极限。除了卡车运输车队以外，布莱德雷的部队几乎没有什么地面运输可言。莱茵河上仅仅只有一座铁路桥梁还在使用。作战部队依然还有充足的补给，可是盟军最高司令部的参谋却为整体的状况感到懊恼，为了分布四周的各集团军，空运司令部上百架的运输机，奉令不分昼夜把补给品运出去。光是在 4 月 5 日一天，就有一长列的 C-47 运输机，载了 3,500 多吨的弹药与物资，再加上 75 万加仑的汽油运往前线。

除此以外，由于盟军推进深入德境，他们还得供应以千计算、越来越多的非战斗人员。以十万计的德军战俘、德国从十几个国家征来的奴工、获救了的英美军战俘，都必须有住处、食物与医疗服务。现在，需要医院、救护车队与医疗补给品；虽然这些医疗设施庞大，但未能预见的需求却突然出现了。

最近这段日子，第三帝国隐匿的最大规模的恐怖场景，正开始揭露出来了。沿着整个前线，在这个惊人推进的一个星期，美军官兵见识到了希特勒的集中营,营内囚禁的人数以十万计,加上数百万人死亡的证据,使他们震惊又反感。

历经百战的官兵,对落进他们手中的几十处集中营与牢房,对自己亲眼所见,都完全无法相信。20年后,这些人回忆起那时的清景都万分愤怒:那些体型消瘦的骷髅架子,蹒跚地走向美军。这些人在纳粹政权下,还能保有唯一的东西便是求生的意志。巨大的千人坑、乱葬岗与壕堑壕,以及一排排的焚化炉,都填满了烧焦的人骨,对"政治犯"作有系统、大规模赶尽杀绝,这些是无声的恐怖证据———如布痕瓦尔德集中营(Buchenwald concentration camp)一名德国卫兵所说,之所以要他们死,"只因为他们是犹太人。"

部队发现的毒气室,设置得和淋浴室一样,只不过水龙头喷洒出来的不是洗澡水,而是氰化物毒气。而在布痕瓦尔德集中营指挥官家中,有用人皮做成的灯光罩。指挥官的老婆伊尔莎·柯赫(Ilse Koch),还用犹太人的皮肤做成书籍封面和手套。在两个小木架上,陈列着两个干缩的人头标本。仓库中满满都是鞋子、衣物、义肢、假牙和眼镜,它们被有条不紊的分门别类,加以编号。假牙上的金子都取了下来,转送给德国财政部。

消灭掉了多少人?在最初的震惊之下,没有人能做出评估。但从前线各地传来的报告,很显然这是一个天文数字。至于死的是何许人,那就不太清楚了。以第三帝国的定义来说,他们都是"非雅利安人""玷污文化的劣等人",十几个民族与十几种信仰的人,但多半都是犹太人。他们之间有波兰人、法国人、捷克人、荷兰人、挪威人、俄国人与德国人。在这有史以来最残忍的大屠杀中,他们被以各种各样惨绝人寰的方式处死。有些人在实验室中被当成小白鼠,成千上万的人被枪毙、下毒、绞死或用毒气处死。还有些是活活饿死。

第四部 决意战到底

苏联士兵在一处俄文宣传标语牌后寻求掩护，标语牌上写着："前进，斯大林格勒的战士们！胜利就在前面！"背景处是德国的胜利纪念柱。

贝尔根-贝尔森集中营3号万人坑，由一名英国士兵在1945年4月集中营解放后拍摄。照片前景中可以看到集中营的德国医生弗里茨·克莱因博士站在尸体中间。背景中可以看到小型武器靶场。

4月12日，美军第3集团军攻占奥尔德鲁夫集中营（Ohrdruf concentration camp）。集团军司令巴顿将军是美国陆军中最骁勇善战的将领之一，他走过集中营的营房，然后转身离开、泪流满面，无法控制恶心的感觉。虽然附近村落的居民表示对集中营的情况一无所知，但隔天巴顿依然下令，要他们亲自去目睹集中营的一切。那些退缩不从的，就用步枪枪口押着进去。隔天早上，村长夫妇就此上吊自杀了。

沿着英军的前进路线所发现的，是同样恐怖的情况。英军第2集团军的军医处长休斯准将，对集中营内有传染病的可能性已经担心好多天了。有人提醒他，要留意一个叫贝尔森（Belsen）的地方。到了那里，休斯将军发现斑疹伤寒与类伤寒是他最后才需要担心的问题，"我所见到的恐怖景象，根本无法用照片或文字来表达，"他在多年后说道，"那集中营里依然住着五六千人，分居在45座营舍，原本容纳不了100人的地方，都住了600到1,000人。每一座营舍都挤满了形容枯槁、染患各种疾病的囚人。他们忍饥挨饿，患了肠胃炎、斑疹伤寒、类伤寒和肺结核。到处都有死人，有些就死在其他人还在睡的床铺上。死人躺在营区各处，没有用土掩盖的乱葬坑、壕沟、水沟、营区周围的铁刺网边、营舍旁，有10,000多具尸体。在我从医30年，从来没见过像这样的景象。"

整个前线的各集团军，为了要挽救这些还活着的人，需要立即的医疗支持。有些时候，军事上的需求不得不列为次等顺位。"我无法相信，"休斯后来说道，"会有任何人能够理解，我们遭遇到了什么情况，会需要何种医疗设施，进行何种医疗行为。"紧急需要的是医官、护士、病床，数以千吨计的药品与器材。光以休斯准将一个人来说，他就要有14,000张病床的医院。他知道即使是如此，且不论采取什么

第四部　决意战到底　285

步骤，在能控制惨状以前，每天至少会有超过500人往生。

艾森豪威尔将军也亲自到哥达（Gotha）附近的集中营巡视。他脸色铁青，咬紧牙关，走遍了营区的每一处。

"到那时为止，"他后来回忆说道，"我只是听人说过，或者从第二手数据中知道……除了当时，我此生不曾经历过同样的震撼。"

集中营对盟军官兵心理上的影响更是难以估计。在第9集团军的前线范围，靠近马格德堡的一个村落，第30步兵师的步兵营医官朱利叶斯·罗克少校（Julius Rock），检查由第30师拦阻下来的一列载货列车。上面装的都是集中营的人。洛克吓惨了，立刻要这些人下车。在当地村长的强烈抗议下，洛克把这些人分配住进德国人的家里——大发牢骚的村长本来不肯，但是洛克的营长直截了当向村长下命令，"如果你不从，"他简单说道，"我就抓村民作人质并把他们给毙了。"

见识过集中营的官兵，都下定了坚决的决心要打胜仗，而且还要快——这种念头取代了任何其他的感触。艾克的感受大致上也相同，他从哥达回到盟军总部后，拍电报到华盛顿和伦敦，敦促政府立刻把媒体和国会议员送到德国，要亲眼看看这些惨绝人寰的营地。这些证据"以这种方式摆在美国和英国社会面前，让冷嘲热讽的怀疑无立足之地"。

不过，在艾森豪威尔能加紧结束战争以前，他得巩固分布广泛的各地部队。14日晚上，他在汉斯的总部办公室，把自己的未来计划以电报报告华盛顿。

他在电文中说，他在中央的攻势已经成功地完成，现在面对两项主要任务："将残余的敌军兵力作更进一步分散，以及攻占敌人可用作有效最后据点的各个地区。"就艾森豪威尔来看，他后面所指的这些地方，就是挪威及巴伐利亚的"国家堡垒"。对付北边，他计划用蒙哥马利的部队，越过易北河前进，以占领汉堡，并长驱直入吕贝克与基尔。南翼，计划用德弗斯将军的第6集团军，向萨尔斯堡前进。

"在德国'国家堡垒'一带，"艾森豪威尔在电文中说道，"冬天进行作战会极为困难……即使我军与苏军会师，'国家堡垒'仍可能存在……因此，我军必须在德军以兵力及物力对该地防线进行充分准备以前迅速进兵。"

至于德国首都，艾森豪威尔认为"敌军或许在柏林四周集结重兵，长驱直入柏林也符众望。而且，不论什么情形，柏林的陷落会对敌人以及我方的士气大有影响。"不过盟军统帅说道："就时间上说，除非肃清我军两翼的进展异常迅速，进攻柏林一战宜采较低优先。"

简言之，他的计划为：

一、在易北河中央地区坚定据守；

二、展开向吕贝克与丹麦的作战；

三、发起一次强力进攻，与苏军在多瑙河河谷会师，并突破"国家堡垒"。

"因此，对柏林的进攻，必须等待上述三点的结果而定，"艾森豪威尔说道："本人并不把它纳入作为计划的一部分。"

* * * *

4月14日的整个晚上，位于易北河的第83步兵师"无赖马戏团"以及第2装甲师的官兵，于巴尔比从第83步兵师架设的桥梁渡河。虽然在靠近第一座桥的地方建好了第二座，过河的行动依然很慢。然而，第2装甲师师长怀特将军已经计划好，只要全师在西岸重新集结，就开始向柏林进击。第 83 步兵师的官兵中有一个传言，说：克拉比尔上校把从巴尔比"解放"来的一辆红色大型公交车（能载 50 名士兵），借给第 2 装甲师使用。第 83 步兵师有一切理由大奏凯歌，它的侦察兵已经到了采尔布斯特（Zerbst）的北面，距离柏林不到 77 公里了。

* * * *

4 月 15 日清晨，美军第 9 集团军司令辛普森将军，收到布莱德雷将军的电话，要他立刻飞到威斯巴登（Wiesbaden）的第 12 集团军群司令部去，"我有件非常重要的事要告诉你，"布莱德雷说道，"但我不想在电话中谈。"

布莱德雷在机场等待辛普森，"我们握了手，"辛普森回忆道，"当下他就把消息告诉了我。布莱德雷说：你一定要在易北河停下，不得再往柏林方向前进一步。辛普老弟，我很抱歉，就这样了。"

"你究竟在什么鬼地方得到这个命令？"辛普森问道。

"从艾克那里。"布莱德雷说。

辛普森目瞪口呆，"从那之后，布莱德雷说的话我根本没听进去几句。我只记得自己伤心之至，茫茫然地回到了飞机上。我只想到的是，自己如何告诉参谋、各科科长和弟兄们？尤其，我要如何告诉弟兄们？"

辛普森从集团军部把话传给各军军长，然后立刻奔往易北河。海因兹将军在第 2 装甲师师部遇到了辛普森，只见他忧心忡忡。"我以为，"海因兹回想说道，"也许老头子不喜欢我们渡河的方式，他问我战事进行得如何？"海因兹回答道："报告司令，我想现在都很好，我们成功撤退两次，不紧张，也不恐慌，而我们在巴尔比的渡河行动也进行得很好。"

"很好，"辛普森说道，"如果你们要的话，可以留些人在东岸，不过他们不得再前进了。"他看着海因兹，"海因兹，"他说，"这就是我们推进到最远的位置了。"海因兹大吃一惊，也顾不得阶级了，"司令，不行，"他立刻说道，"那不对吧，我们要打到柏林去。"辛普森似乎费力控制住自己的情绪，期间有一段不安的沉寂。然后，他以呆板了无生气的声音说道："海因兹，我们不去柏林了。我们的战争就打到这里了。"

* * * *

第30步兵师的部分部队，依然在巴尔莱本（Barleben）与马格德堡之间向易北河前进。消息传得很快。官兵聚集在一起，既生气又激动地比手划脚，谈个没完。第120步兵团D连的亚历山大·科罗列维奇一等兵（Alexander Korolevich）不跟着起哄，也不清楚自己是悲是喜，索性坐下，然后落下了男儿泪。

* * * *

海因里希看出所有这些迹象背后的意义。在前线的一部分，苏军来了次不算久的炮兵弹幕射击，在另一段地区，他们发动了一次小型的攻击。这些都是佯攻，海因里希很清楚。几年以前，他已经学到了苏军的一切招数，这些小行动，便是大举进攻的前奏。现在，他最关切的事情，是何时他该下令官兵退到第二防线。

第四部　决意战到底　289

正当他在衡量这个问题时，战争生产部长施佩尔来了。这是海因里希不愿有客人来访的一天——尤其是紧张兮兮，又令人烦扰，像施佩尔这样的人。进到了海因里希的办公室，施佩尔便说明此行来访的目的。他要海因里希支持他，不要遵从希特勒的焦土命令，把德国的工业、发电厂、桥梁等给摧毁。"即使德国现在打败了，为什么还要把德国的一切都毁掉，德国老百姓还要活下去啊。"

海因里希听他把话说完，也同意希特勒的命令之"恶毒"。他告诉施佩尔，会尽自己权力帮忙。"不过，"海因里希警告说，"现在我所能做的，便是尽力把这一仗打好。"

施佩尔忽然从口袋中抽出一把手枪，"阻止希特勒的唯一办法，"他突然说道，"便是用上这。"

海因里希看着手枪，眉毛跳了一下。

"这个，"他冷冷地说，"我一定得告诉你，我可不是天生就会杀人。"

施佩尔在办公室里踱来踱去，似乎没听见海因里希的话，"要希特勒放弃战争，是绝对不可能的事。"他说道，"我试过三回了，1944年10月一次，今年1月和3月又各一次。最后一次希特勒给我的答复是：'如果一个军人向我说这种话，我会认为他头壳坏掉，会下令毙了他。'然后他又补充说道：'在这种严重的危机时刻，领袖一定不能害怕，如果他们害怕了，就应当废掉。'要说服他，要他相信一切都完了是不可能的事，不可能。"

施佩尔把手枪放回口袋，用比较镇定的声音说："反正要杀掉他也不可能。"他并没有告诉海因里希，好几个月以来，他一直在想着刺杀希特勒和那一群宠信。他甚至想到了一个计划。把毒气引进元首地堡的通风系统，却无法得逞。进气口四周，已经建起一个高4米的烟囟。施佩尔继续说道："如果我因此能帮助德国人民，我可以把他干掉，可是我办不到。"他看着海因里希，说："希特勒一向信任我。"又补充了一句："再怎么说，不晓得什么缘故，总觉得那多少还是不对的行为。"

海因里希不喜欢这种谈话的语气，他对施佩尔的态度与顾前不顾后有些担心。如果有人知道施佩尔以这种方式和他谈过，肯定集团军司令部里的每一个人都会被枪毙。他巧妙地把话转回到原先的主题上，保护德国免于"焦土"。"我所能做得到的，"维斯瓦河集团军群司令再说一遍："就是尽自己所能，履行军人的职责，其余的交到天主的手中了。我可以向您保证，柏林不会成为斯大林格勒，我不会让它发生。"

斯大林格勒会战是一条街又一条街，一段街区又一段街区的巷战。海因里希无意使自己的部队在苏军压力下退守柏林，进行与斯大林格勒一样的战斗。至于希特勒的训示，摧毁重要的设施，海因里希在自己集团军的范围，已经私下撤回了这个命令。他告诉施佩尔，预料柏林卫戍司令雷曼将军马上就会到。海因里希说，他邀请雷曼来讨论这件事，也要亲自向他说明，为什么不可能把柏林卫戍纳入维斯瓦河集团军群。没多久，雷曼来了，跟他一起进来的还有海因里希的作战处长艾斯曼上校。这次的军事会议，施佩尔一直都在场。

据艾斯曼后来所记，海因里希告诉雷曼，"可别依赖维斯瓦河集团军群的支持。"雷曼的神色就像最后的希望也破灭了似的。"那么，我就不知道，"他说，"我要如何保卫柏林。"海因里希表示希望他的部队能够绕过柏林，"当然，"他又补充说，"也许我会下令部队进入柏林，但你却不应该全指望它。"

雷曼告诉海因里希，他已接获希特勒的命令，炸毁各处桥梁以及市区中的一些建筑物。海因里希气愤地回答道："对柏林的桥梁以及对任何别的事物进行爆破，只不过会使它瘫痪。如果有机会让我把柏林纳入指挥，我就会严禁这种爆破行动。"

施佩尔也提供助力，恳求雷曼不要执行这种命令。他说道，如果这么做，市区大部分就会断水断电，艾斯曼还记得当时施佩尔的话，"如果你毁了这些供应线，这个城市至少会瘫痪一年以上，这就会使几百万人发生传染病和挨饿。防止这种浩劫是你的责任！你的责任就是不执行这种命令！"

据艾斯曼回忆，气氛很紧张，"雷曼内心正在挣扎，"他说道："最后他嘶哑地回答说，他会遵行军官的荣誉，尽到自己的责任。他儿子在前线阵亡，家庭和财产都已丧尽，他所剩下的只有自己的荣誉了。他提醒我们，没有炸毁莱茵河的雷马根大桥的军官有什么下场，就是像一个普通刑事犯般被处决。雷曼想到，如果他不执行命令，便会有同样的下场。"

海因里希和施佩尔两人都努力劝他，却无法改变他的心意。最后，雷曼走了。之后施佩尔也开车离去。这时只有海因里希一个人了。他心思集中在一件非常重要的事情上：苏军攻击的时间。

集团军司令部收到的最新情报，看起来都显示攻击会立即发生。陆总情报署长格伦将军，甚至把最新的俘虏讯问资料都寄来了。其中一份报告说红军第49步兵师的一名士兵"宣称会在大约5到10天内发动大型攻势"。俘虏还说："苏军士兵之间不接受英国和美国宣称要征服柏林的说法。"第二份报告内容也类似，甚至包含有更多的猜测。这天稍早前在屈斯特林附近俘获的第79军一名士兵说，一旦攻击开始，它的主要目的是要抢在"美军之前先打到柏林"。据这名士兵说："上级已估计到可能将与美国人产生摩擦，他们将用大炮'误'炸美国人，让他们领教一下苏联炮兵的强大威力。"

* * * *

同一天的莫斯科，也就是4月15日星期日，美国驻莫斯科大使哈里曼与斯大林会晤，谈论远东方面的战事。开会以前，美国军事代表团团长迪恩将军提醒哈里曼，德国广播报导，预料苏军会随时攻击柏林。哈里曼在会议结束时，不经意地向斯大林提到这件事，便问道，红军正准备发起对柏林的攻势，是真的吗？据当天晚上迪恩将军拍回华盛顿的电报，其中有"斯大林说过会发动攻势，他说不确定这次攻势会不会成功。不过，这次攻势的主攻——正如他已经告诉过艾森豪威尔的会指向德累斯顿而不是柏林。"

* * * *

在这天的剩余时间，海因里希阅读情报报告、与参谋还有所属集团军的军官做电话讨论。然后，晚上8点稍后，他决定好了。他已经分析过战地呈上来的所有报告，已经评估、判断过宿敌的每一种细微动作。这时，他在办公室从这头走到另一头，两手紧紧反握在背后，聚精会神低着头，又停了下来。一个密切注意他的副官觉得，"好像他突然吸到了空气。"他转身面对着参谋，"我认为，"他说得很平静，"攻击会在凌晨发动，明天。"他把参谋长找来，向德军第9集团军司令布塞将军发出了只有一行的命令，写着："后撤、进入二线阵地。"这时是晚上8点45分，到了4月16日星期一，正好在7小时又15分钟以后，"恶矮人"就要开始打德国的最后一场战役了。

第四部 决意战到底　　293

第五部

激烈的血战

PART FIVE
THE BATTLE

1

沿着白俄罗斯第一方面军的前线，昏暗深沉的森林是一片寂静。松树与伪装网下，大炮一字排开，一公里接一公里地绵延排列着，并随着口径的不同向后面延伸。最前面的是迫击炮，接续是坦克——扬起了它们长长的主炮——再后面是自行火炮，跟随在后的是一连又一连的轻、重型火炮。最后，是400辆"喀秋莎"（Katushka）——多管火箭发射车，能同时发射16发火箭。而大量集中在奥得河西岸屈斯特林桥头堡的便是探照灯。这时，攻击开始前的最后几分钟，朱可夫元帅的官兵，在多处都在等待"攻击时"——凌晨4点。

戈尔博夫上尉的嘴巴干渴。在他看来，随着每一分每一秒过去，静止不动的态势，使得情况变得越来越紧张。他在奥得河东岸屈斯特林北边和部队在一起。这里，泛滥的河面几乎有457米宽。他后来说，当时四周都是"蜂拥成群的渡河突击部队，一整列的坦克，一排排的士兵带着浮舟桥和橡皮艇。河岸边，视线所及都挤满了兵员和装备，却是一点声响都没有。"戈尔博夫意识到"士兵们兴奋得几乎双手在颤抖，就像是马匹在行猎前那样"。他不断地自我安慰，"无论如何我得活过今天，我有太多要写的题材了。"他一再地说，"这不是死的时候。"

在中央，部队都挤在河西岸的桥头堡。这个主要的集结区——目前长48公里，纵深16公里——是今年3月苏军从布塞将军手中夺过来的，如今成为朱可夫攻入柏林的跳板。精锐的第8近卫集团军要从这里发动突击。只要他们一占领正前方略略偏西的关键——塞洛高地，

苏军强大的坦克不断向柏林市中心推进，第三帝国的领土正在快速缩小。

苏军喀秋莎火箭发射车，近距离对柏林市内的目标射击。

第五部 激烈的血战 297

装甲兵便会跟上。炮兵观测小组组长，21 岁的弗拉基米尔·罗扎诺夫中尉（Vladimir Rozanov）站在河西岸，靠近操作探照灯的红军女兵位置。罗扎诺夫很确定这些探照灯的灯光会逼疯德军。他还真是迫不及待等着她们把灯打开。

另一方面，罗扎诺夫却是不同于以往地关切即将来临的攻击。他父亲在南方科涅夫元帅的军中，这位年轻军官对老爸生气得很，他竟两年没有给家中写信了。虽然如此，他还是很期盼父子俩也许会在柏林会面——说不定这一仗打完就一起回家。尽管他仗都打够了，但依然高兴自己参加了这最后的主攻，不过这种等待却叫人受不了。

桥头堡远方，炮长尼古拉·斯维晓夫上士（Nikolai Svishchev）站在他的炮兵连旁边，他是历经过多次炮兵弹幕射击的老手，知道接下来会发生怎样的状况。他先警告自己的炮手，射击一开始，"用尽你们的大嗓门吼叫，以抵消压力，因为发射的炮声会吓死人。"这时，他手握击发绳，只等待发射一声令下。

屈斯特林南边的法兰克福四周的桥头堡，来自步枪团的尼古拉·诺维科夫上士（Nikolai Novikov）在观赏附近坦克车身两侧涂鸦的口号，一辆写着"从莫斯科到柏林"，另一辆写的是"到法西斯畜生窝 50 公里"。诺维科夫兴奋得发狂，团政委发表了一篇鼓舞士气的演说，激起了他的热血。这篇煽动、乐观的精神讲话，令诺维科夫感动不已，他立刻在申请加入共产党的表格上签了下去[①]。

俯瞰屈斯特林桥头堡的高地上，朱可夫元帅站在坑道里，泰然自

[①] 很多士兵在奥得河申请加入共产党，其原因倒不是完全基于政治。不像英军或美军，苏联红军并没有识别牌（"狗牌"）红军官兵战死或受伤，家里鲜少收到官方通知。但如果一名共产党员死伤，党就会通知他的家人或亲属。

若地凝望着眼前的黑暗。跟他在一起的,是斯大林格勒的守将,也是第 8 近卫集团军先锋部队指挥官崔可夫上将。自从斯大林格勒过后,崔可夫感染了湿疹,双手尤其严重。为了护手,他戴着黑手套。这时,他急不可耐地等待着攻势开始,戴着手套的双手神经质地不停彼此摩擦。"崔可夫,"朱可夫突然问道,"你部下各营都进入阵地了吗?"崔可夫的回答既迅速又确定,"报告元帅同志,过去 48 小时,你下令的每一件事情,我都完成了。"

朱可夫看看表,在坑道观察孔前站好,把军帽向后掀一点,两只手肘靠在开孔的混凝土突块上,仔细地调整着望远镜。崔可夫把大衣领子竖起,把皮帽的护耳拉下来盖住耳朵,以减缓炮轰的声响。他在朱可夫旁边站定,透过自己的望远镜看出去。参谋们要么簇拥在他们身后,要么出坑道外的山头去观察。这时,每个人都屏气凝神,盯着外面的黑夜。朱可夫再看一次手表,又再拿起望远镜,一秒钟、一秒钟滴滴答答消逝。这时,朱可夫说得很平静,"时间到,各位同志,时间到。"这时,正是凌晨 4 点。

三发红色信号弹一时直上夜空,高悬在半空相当长的一段时间,把奥得河照耀成一片亮晶晶的猩红色。同时,屈斯特林桥头堡,朱可夫的探照灯方阵开灯了,140 具巨型的防空探照灯,以耀眼的强烈光柱,再加上坦克、卡车以及其他车辆的灯光,直接照射正前方的德军阵地。这种使人昏头转向的照耀光芒,让战地记者帕维尔·伊万诺维奇·特罗扬诺夫斯基中校(Pavel Troyanoskii)联想起"一千个太阳合而为一"的景象。第 1 坦克近卫集团军司令卡图科夫上将,完全被这情况吓了一大跳。他问朱可夫的参谋波佩尔中将道:"我们究竟从什么鬼地方,搞来这么多的探照灯。""鬼才知道,"波佩尔答道,"不过我想,他们把整个莫斯科防空区的探照灯都搜罗一空了。"正当探照灯

苏军坦克于科斯琴越过奥得河，开启柏林战役的第一步。

苏军在战火下于奥得河构工，他们以系绳拴着浮桥。

照亮了屈斯特林前线时，一时间一片静寂。然后三发绿色信号弹直上天空，朱可夫的大炮开火了。

一阵震耳欲聋、地裂天崩的怒吼从前方冒起。全东线战场从未集结过这等数量，超过 20,000 门各种口径火炮，正向着德军阵地倾出狂风暴雨的火力。被压制在残忍无情探照空灯光焰下，屈斯特林桥头堡西边远处的德国乡间被炮弹所构成的巨墙中消失了。整个村庄都被分解了。泥土、混凝土、钢铁、树木全都飞上了天空，远处的森林开始熊熊燃烧。屈斯特林的南、北两面，成千上万门大炮的炮焰穿透了黑夜，成吨的炮弹砸向目标，针尖般细小的光芒，就像致命的爆竹，迅速不断地闪烁。爆炸的旋风极其强烈，形成了强烈乱流。多年以后，幸存的德军官兵对于那股奇特的热风都记忆犹新突然冒起，呼啸着穿过森林，吹弯了细树，把灰尘砂石抽刷进空中。而战线西边的官兵都绝不会忘记大炮猛烈的轰鸣声，它们劲道之强，不论部队与装备器材都因此而不自主地震动了起来。

炮声的狂暴猛烈，使人失去了知觉。斯维晓夫炮连的炮手，使尽生平力气吼叫，可是火炮的震动太大，使得他们的耳朵都流出血来了。最可怕的声音，是来自"喀秋莎"，或者部队口中的"斯大林风琴"。火箭弹猛烈地一批批冲出发射架，弹尾留下长长的白色火光在夜空中呼啸。它们那种恐怖的声响，让戈尔博夫上尉想到一块块巨大的钢砖碰在一起研磨的声音。尽管有这种恐怖的噪音，戈尔博夫发现炮轰令人十分痛快。他只见周围"部队欢呼，就像是他们在和德军肉搏，到处人们都在射击，不管是用什么武器，就算没见到目标也一样"。他看见大炮喷出一阵阵炮焰时，想起了奶奶形容关于世界末日的一些话，"那时地球就会起火，坏人就会被火给吞下去。"

炮轰的喧嚣之下，朱可夫的部队开始前进。崔可夫纪律严明的第

第五部　激烈的血战　301

8近卫集团军，领头从奥得河西岸的屈斯特林桥头堡前进。他们向前冲时，炮兵弹幕始终一直落在他们的前面，像地毯般涵盖前方大片的土地。要在屈斯特林的南、北两边强行渡过那条泛滥的河。士兵都在河里放置浮舟，把预先做好的一段段木桥拼凑在一起。他们附近是一批批的打击部队，不等桥梁完成便开始渡河。他们在各种的突击舟中颠簸、跳动着划过河去。

部队当中，有些人曾经在列宁格勒、斯摩棱斯克、斯大林格勒以及莫斯科前挺立过。官兵跨越半个大陆，打出一条血路才到达了奥得河。许多士兵亲眼见证自己的村落与城镇被德军的炮火所摧毁，粮食被焚烧，家人被德军屠杀。对所有的这些人来说，这次攻击具有特别的意义。他们活到了复仇的时刻，德国人使他们一无所有、无家可归，他们没有地方可去，只有向前推进。现在他们凶猛进攻，同样劲头十足的是数以千计最近刚获释的战俘。红军迫切需要兵员补充——这批新获得自由的俘虏，服装褴褛、形容消瘦，很多人依然显示出曾被残酷对待的痕迹——红军给了他们武器。现在，他们也奋勇向前，寻求终极报复的机会。

苏军部队又是欢呼又是吼叫的，像撒野的原始部落在奥得河东岸前进。他们处于狂热状态，根本无法等待船或桥准备妥当。戈尔博夫大惊失色，眼看着士兵全身装备，竟纵身入河，开始游过对岸去。还有些人飘浮在河面上，紧紧抓着空汽油桶、木板、木块、树干——任何能浮起的东西，画面奇观无比。戈尔博夫想起"一支浩浩荡荡的蚂蚁雄兵，利用树叶、树枝渡过水面。奥得河挤满了一船船的人，木筏上满满都是装备，浮起的圆木承载着大炮，到处都是起起伏伏的脑袋，他们正在浮过去或者游过去。"在某地，戈尔博夫遇见朋友，本团的医官，"一个大个子，名叫尼古拉耶夫（Nicolaieff），正从河岸往下跑，身后拖着一只小得离谱的小艇。"戈尔博夫知道尼古拉耶夫"该留在后方的野战医院，可是他却坐在那艘小艇拼老命在划。"戈尔博夫觉得，全世界没有一种力量能阻挡得了这种猛攻。

刹那间，炮击停止了，留下吓人的无声状态。这次轰击足足持续了35分钟。朱可夫的指挥所坑道的参谋官这时才惊觉电话在响，究竟响了多久，没有人说得上。大家全都有某种程度上的耳鸣。军官开始拿起电话，崔可夫下属军官正作头一批的报告。崔可夫向朱可夫报告说："到目前为止，事情都按照计划进行。"没多久，传来了更好的消息，他得意地宣布："第一批目标已经拿下来了。"朱可夫自攻击开启以来便很紧张，现在变得豁然开朗起来。波佩尔将军回怀，朱可夫抓住崔可夫的手说道："好极了！好极了！真的太好了！"朱可夫虽然高兴，但他经验丰富，不敢低估敌人。这位健壮结实的元帅，要等到拿下屈斯特林附近的关键——塞洛高地以后，才会觉得更安心一些。他觉得到那时，才算确保攻击成功了。但那也不会太久。除此之外，苏军轰炸机已经临空，开始轰炸眼前的范围，计划超过6,500架飞机要来支持他以及科涅夫的攻击。不过朱可夫认为，光是炮兵的轰击，就已经使敌军心惊胆寒、士气低落了。

* * * *

位于柏林北边、舍讷瓦尔德森林（Schonewalde）中，海因里希上将在前进指挥所的作战室，手放在背后，来回踱步。所有的电话猛响，参谋听取报告，仔细把资料描在中央桌子上摊开的作战地图上。时不时海因里希停下来不动，瞄一眼地图，或者看看艾斯曼递给他的电文。苏军发动攻势并不令他意外。虽然他的军官大多数都因为这次炮轰的猛烈而感到畏惧。第9集团军司令布塞称之为"有史以来最糟的一次"。艾斯曼上校根据最初的报告，认为"射击的火力，实际上已经摧毁了我们前线的工事"。

维斯瓦河集团军群的部队主力，依照海因里希的命令，在4月15日夜色掩护下，都已后退到第二线阵地。不过有碰到一些问题。有些军官对放弃第一线阵地极为不满。他们认为，这就是退却。好几个干部向海因里希发牢骚，他对着一位抗议的将领冷冰冰问道："你不是遇过这种情形吗？苏军开火以后，你那美好的第一线工事或者你的官兵，不是完全没有留下来吗？如果你在炼钢厂，不会把自己脑袋往电动铁锤下搁吧？你会及时把脑袋往后缩，这就正是我们在做的事。"

这项难行的策略，耗了大半夜的时间完成。从各方的回报来看预先撤守的地区，证明这项兵力运用是成功的。现在，官兵都在第二线，静待前进的苏军。海因里希在前线的其中一个部分占了地利之便。屈斯特林西边是塞洛高地马蹄形的沙质台地，高度从30到61米不等，俯瞰着一片布满溪流、遍布烂泥，被称为奥得河湿地的河谷。苏军从奥得河前进，一定得横穿这段河谷。海因里希沿着新月形台地部署，大炮都对准了前进路线。

这些无比紧要的高地，存有海因里希唯一的希望，能挫折朱可夫的攻击。海因里希也知道，朱可夫的计划肯定会特别注意这个问题。在海因里希的大炮能射击红军横跨奥得河的桥梁，以及前锋部队在前进越过地势低洼的沼泽中形成恐慌以前，苏军必需迅速占领台地。显然，朱可夫希望以他雄厚猛烈的炮轰，打垮几乎所有的抵抗，而使攻夺塞洛高地变得轻而易举。不过海因里希的大军与炮兵撤离了第一线，现在仍然兵力完整据守着阵地。他的防御计划进行得很好，仅有一件事不对：海因里希的部队不够，火炮也不够。空中没有德国空军的协助，没有储备的兵员、大炮、装甲车辆、弹药或油料，海因里希只能迟滞朱可夫的攻势。到头来，敌人一定会突破防线。

海因里希的两个集团军在整个前线堪用的坦克与自行火炮数量不到700门，而这些又分散在第9集团军与第3集团军的各个部队，状况最好的第25装甲师，也只有79辆，最小的单位也才分得2辆。与朱可夫的炮兵数量相比，苏军有各种口径火炮20,000门[①]，海因里希只有744门，以及转作野战炮兵使用的600门防空炮。弹药与油料的补给同样艰辛。除了囤放在各炮连阵地的炮弹以外，第9集团军的储存量仅够两天半使用。

海因里希没办法长时间挡住苏军——更没办法发动逆袭，因为他把少量的装甲与火炮分散到各部队，使每一个单位都有抵抗的机会。他唯一能做的，也是他知道可能做到的，就是能争取到一点点时间。海因里希注视地图，红色粗壮的箭头标示苏军的进攻，不禁愤怒地想起那些已经转拨给舍尔纳元帅的南集团军，准备用来阻挡苏军攻击的装甲部队。因为希特勒和舍尔纳都坚持，苏军会进攻布拉格。这些装甲部队足以装备海因里希的七个装甲师。

"如果我有了它们，"他难过地告诉艾斯曼，"现在苏军就不会有多少乐子了。"

情势恶劣，而危机依然在前方。朱可夫的攻击只是序幕，北边还有罗科索夫斯基的兵力要纳入考虑。他们还要多久就会进攻曼陀菲尔

[①] 1945年6月，朱可夫告诉艾森豪威尔及记者，当他展开攻击时，使用了所有口径的火炮22,000门。他原本计划要求大炮11,000门，但在攻击开始时是不是有那么多数量，就不得而知了。苏联的资料显示数字不一，从20,000门到40,000门都有。大多数军事学家认为，朱可夫也许至少有野战炮7,000至8,000门。口径较小的火炮，数量也差不多这样。

第五部　激烈的血战　305

的第 3 集团军？科涅夫什么时候会在南边展开攻势？

海因里希并不需要等多久就可以知道科涅夫的企图了。苏军的第二次攻势，沿着布塞集团军据守的最南线展开，进入舍尔纳元帅的责任区。恰恰在清晨 6 点，科涅夫的部队——乌克兰第 1 方面军——发动攻击，渡过了尼斯河。

* * * *

红军战斗机排成紧密的大雁队形，倾斜着机身从阵阵闪亮的粉色高射炮火和连绵不绝的红色、黄色和白色曳光弹之间穿过，朝尼斯河冲去。它们在铁灰色的尼斯河上空，飞行高度不到 15 米，机身背后喷出了浓密的白色烟幕，大马力的航空发动机则发出刺耳的尖啸声。战斗机多次钻过防空炮火弹幕，布下一层浓密、蓬松的烟雾，不但遮盖了河流，也掩盖了东西两岸。位于河岸高地的观测所，科涅夫元帅注视着这一幕，感到非常满意。转身面对着立刻就要展开渡河攻击的第 13 集团军司令尼克拉·帕夫洛维奇·普霍夫将军（N. P. Pukhov）说："我们的邻军用探照灯，因为他们需要更多灯光。我告诉你吧，普霍夫，我们要的是更暗。"

虽然科涅夫攻击的正面广达 80 公里，他下令施放烟幕的距离，却几乎有 4 倍长，好混淆德军。这时，他用三脚架上的炮兵观测镜观察，注意到烟幕静止不动，测得风速每秒只有 0.5 米，每小时风速不会超过 1.6 公里。他满意地宣称说，这道烟幕"厚度与密度都恰恰好，高度更是十分正确"。这时，正当机群继续施放烟幕，科涅夫的炮群，以巨大的咆哮开火射击。

他的炮轰跟朱可夫的同样残酷无情。但科涅夫使用火炮时更有选择性。攻击发动前,各炮兵指挥官预见本身的观测员会因为烟幕而视线受阻,已经在地形图上精确标定了所有已知的敌军防线、据点,从而使他们的火炮能全力攻击。乌克兰第1方面军的火炮,除了炮打事先选定的目标外,还仔细轰出几条从尼斯河向西的通道,好方便突击的部队与坦克照着走。沿地滚动的炮弹弹幕,就像锐利的镰刀,有条不紊地切削出几条穿过德军阵地、宽好几百米的路来。正当他们射击时,跟朱可夫的作战区相同,各处森林开始熊熊火起,片片火海从河边向前蔓延好了几公里。

科涅夫不让任何东西有机会存活,推动他的不仅仅是他的勃勃雄心。还有一个更重要的理由让他要在朱可夫之前先攻抵柏林:西方盟军出乎预料的进兵速度,现在已经距离柏林剩下64公里了。科涅夫想到两件事,其中一件事或者两件事都有可能发生:艾森豪威尔大军可能企图在红军以前先攻达柏林;而德军或许会试图与西方盟国订定个别的和平协定。据科涅夫后来的说法:"我们不愿相信盟国会和德国人进行任何形式的个别协议。可是在这种气氛……充满了真实与谣言,两方面都有,我们身为军人,没有权利排除这种可能……这一来使柏林之战更显得急迫。我们得考虑这种可能性……法西斯头子宁可把柏林交给美军和英军,也不愿给我们。德军会为他们敞开进军的大路,可是面对我们,他们却会强烈地作战,打到最后一兵一卒为止。①"科涅夫在他的计划中,"认真考虑到这一点"。为了要赶在朱可夫或者西线盟军之前打到柏林,科涅夫知道自己一定得在攻击的最初几个小时制压住敌人。不像朱可夫,他在尼斯河西岸并没有步兵占领的桥头堡,他必须实施敌前渡河,这条河是个可怕的障碍。

尼斯河河水冰冷湍急,有些地方宽达137米。虽然东岸相当平坦,西岸却斜坡矗立,德军充分利用了天然地势的优点。这时,他们已进入为数众多、工事坚固的钢筋水泥坑道,俯瞰河道以及东面的引道。科涅夫如果不想被坑道中的火力压制,就得迅速制压敌人。他的作战计划要求,当部队在西岸取得了立足点,装甲师就要投入攻击。那也就意味着,甚至保护性的烟幕还没有消散以前,就得架桥渡河;如果炮击还没有摧毁敌人,架桥就得在猛烈的火力下进行。他打算把主要的渡河点放在布赫霍尔茨(Buchholz)以及特里贝尔(Triebel),但也还有其他地点。科涅夫认为,必须完全且快速地制压住敌人。他已下令进行大规模的渡河攻击,渡河点多达150个以上。在各个渡河点,工兵都誓言要在一到三小时内有桥梁或者渡船可用。

清晨6点55分,科涅夫计划的第二阶段展开。沿着尼斯河的整

---

① 科涅夫反映了斯大林本人的猜疑。4月初,斯大林曾以电报致罗斯福,说美军与德军在瑞士的伯尔尼(Berne)达成协议,他们将"开放面对英美军的前线,让他们得以向东直入。英美两国为了投桃报李,也承诺对德停战条款……西线德军实际上已经停止作战……却持续对英美的盟友苏联作战……"罗斯福回答说,这种说法令他感到震惊,竟然说"本人在未经贵国同意下,跟敌人达成协议……坦白说,我不得不非常厌恶告知贵国这事的人,不管他们是谁。他们恶意误解我的行为,或我所信任的属下的行为"。斯大林和其将领依然不相信。即使到了今天苏联国防部编撰的历史,《苏联的伟大卫国战争,1941—1945》(*The Great Fatherland War of the Soviet Union 1941-45*)还是说"为了避免容许红军攻占柏林……希特勒党徒……准备把首都交给美军或英军……尽管既有的协议上说……将柏林交付苏联陆军的战区……"当然,事实上并没有这种协议存在。

个东岸,第一波部队在持续的炮兵火力掩护下,从森林中现身搭上各种舟艇开始渡过尼斯河。后面立刻跟上了第二波渡河部队,他们之后便是第三波。普霍夫第13集团军的打击部队在布赫霍尔茨-特里贝尔,拖着一节又一节的浮舟蜂拥渡过汹涌的河水。一马当先的第6近卫步兵师,师长格奥尔吉·瓦西列维奇·伊万诺夫少将(General Vasili Ivanovich)是个44岁剽悍的哥萨克人,他已经把所有能浮的东西都送进了河里。除了浮舟以外,他使用空军的空汽油桶,以及大型的德国化肥筒(他下令把它们焊得密不透风,然后用人力运往定点,作为架桥的支撑)。河里有上千名工兵,预造的木桥桥段一被从东岸推下水,他们就把各段结合在一起。几十个人站在尼斯河冷冰、齐颈深的河水里,把沉重的桥梁高举过头,别的人则把支撑的木柱打进河床。工兵特别小组用装了手动绞盘的小艇,把钢缆拖过河。一到西岸,他们就开设渡船站,用手绞动钢缆,把载了大炮与坦克的浮排拖过河去。有些地方,工兵把大炮运过河,根本用不上浮排。他们把大炮架在钢缆末端,放下水从河床上拉了过去。尽管全线各地都有敌人在射击,渡河作业却稳定向前推进。为了保护渡河,伊万诺夫运用岸防炮,炮弹直接从他的官兵头上飞过,轰进西岸的德军工事。他又用超过两百挺的机枪,以机枪子弹的狂暴火力支持这些岸防炮:"只为了使对方抬不起头来。"

上午7点15分,科涅夫收到好消息,已经在西岸占据了一座桥头堡。一小时以后,他知道坦克与自行火炮已经由渡河点过了河,已经与敌人接战了。8点35分,结束了2小时又35分钟的炮轰以后,科涅夫有了绝对的信心,他相信他的部队已在尼斯河西岸稳稳站住脚步了。到目前为止,他们的150个渡河点,有133处已经稳固。普霍夫的第13集团军,和第3近卫坦克集团军,已经在攻击区中央的特里贝尔突破。无论问谁，都可以知道他们面对的敌人看起来已经垮了。第 4 近卫坦克集团军的装甲兵，目前正越过同一地区，南翼第 5 近卫集团军已经过河。科涅夫认为，他的坦克有可能随时都会完成突破。

只要一达成突破，科涅夫便计划奔袭施普伦贝格（Spremberg）与科特布斯（Cottbus）。一过科特布斯，他要沿着公路网转攻吕本。科涅夫对那附近特别感兴趣，因为那是斯大林笔下作战界线的终点，那一线把朱可夫的白俄罗斯第 1 方面军，与他的乌克兰第 1 方面军分开。如果科涅夫的大军到那里的速度够快，他就计划立刻请求斯大林准许回师北进，直袭柏林。他自信会得到斯大林的"准如所请"，所以他已经发出书面命令给第 3 近卫坦克集团军司令帕维尔·雷巴尔科雷巴尔科上将（Pavel Semenovich Rybalko），"着即准备，由第 3 近卫集团军，在一个步兵师支持下，派出一个坦克军，突破敌阵，自南方攻入柏林。"科涅夫认为，自己也许能胜过朱可夫先入柏林也说不定。他十分专注于攻击的进展，却没有意识到自己还能活着是多么大的运气。渡河作战刚开始时，德军狙击手的一发枪弹，在他的炮兵观测镜三角架上利落地打穿了一个洞，离科涅夫的脑袋不到几寸距离[1]。

* * * *

距离柏林市郊东边不到 56 公里，大炮的轰击声就像是远处暴风雨的沉郁雷鸣，接近奥得河的村落与城镇，则有一些奇怪的冲击效

---

[1] 科涅夫本人并不知道这件事。20 年之后，当他看了普科霍夫将军的回忆录才晓得。

应。位于马尔斯多夫区（Mahlsdorf）的警察局，书本从书架上掉了下来，电话也无缘无故响起。很多地区的灯光变得黯淡及闪烁不定。达尔维次-霍珀加滕区（Dahlwitz-Hoppegarten）的一具空袭警报器突然狂鸣不停，谁也没办法关掉它。照片从墙上掉落，窗户玻璃和镜子都震碎。明谢贝格（Muncheberg）一座大教堂尖塔上的十字架掉了下来，到处都见狗儿汪汪乱叫。

位于柏林东边的各区，这沉闷的炮声在烧成了空壳、黑压压一片的废墟中回荡反响。松树燃烧后的香味飘过克珀尼克的边缘。突然起风的韦森塞区和利希滕贝格区，窗帘就像有鬼魅放肆般地抽抽打打。而在埃尔克讷区（Erlmer），有些睡在防空洞的人，睡梦中给摇醒过来。不是声音，而是大地震动得使人想作呕。

很多柏林人知道这声音是怎么一回事。默林家位于潘科的公寓里，收藏着韦尔特林格尔夫妇。韦尔特林格尔在一战时是个炮兵，他立刻就辨识出远处的声音正是凶猛的炮击。他把太太摇醒，告诉她出事了。至少有一个柏林人宣称他目击到朱可夫的移动弹幕射击。凌晨4点刚过，16岁的霍斯特·勒姆林（Horst Romling）爬上韦森塞区西缘一座7层楼高的塔顶，用野战望远镜朝东看。他立刻告诉邻居见到了"苏军大炮的闪光与火焰"。不过，没有几个人相信他的话——总认为他只是个很野又异想天开的孩子。

炮声并没有渗透进入柏林都中心各区。不过到处都有些柏林人说听到了不寻常的声音，大多数以为那是防空炮的声响，或者是历经前一晚长达2小时25分钟的空袭之后，部队在引爆未爆弹所造成的声响，也或许是炸弹炸坏的民居突然垮塌的声音。

有一小批平民几乎立刻就晓得苏军的攻势已经展开了。他们是舍讷贝格区温特费尔德街（Winterfeldt strasse）邮政总局电话大厦中的电话接线员。弹幕射击一开始几分钟后，长途电话与中继线电话就十分忙碌。靠近奥得河、尼斯河附近的地区，紧张不安的纳粹官员打电话和柏林的行政首长通话，各地消防队长询问是不是该去扑救森林大火，还是说要把消防车远离这附近。警察局长打电话给上司，人人都打电话给亲人。多年以后，一位电话接线生还记得，差不多所有接通了的电话，通话的头一句都是那三个字："开始了！"总机主管伊丽莎白·米尔布兰德（Elisabeth Milbrand），是位虔诚的天主教友，她取出念珠，默默暗诵起《玫瑰经》来。

4月16日早上8点，柏林很多地方都听到广播："奥得河前线，苏军继续进行猛烈攻击。"广播稿措词谨慎，可是一般的柏林人并不需要更多的细节了。经由口语传播，或者市区外亲人的消息，知道他们所害怕的时刻终于来到了。奇怪的是，市井小民所知道的消息，却远比希特勒还多。元首还在地堡里的睡梦中。他大约在凌晨3点上床，他的副官布格多夫将军有严格的规定，不可叫醒元首。

这天上午，元首地堡奇异的地下世界几乎可以说是欢悦的氛围。在狭窄的接待室、走廊休息室和小会议室里，一瓶瓶艳丽的郁金香随处可见。这都是稍早之前总理府的花匠从弹坑累累的花园中残存的几处花台剪下来的。布格多夫认为这似乎是个好主意，因为爱娃·布劳恩喜欢郁金香。这位尚未过门的第三帝国第一夫人，前一晚上就到了，为元首从慕尼黑的老朋友那里带来了礼物。其中一本书，由巴尔杜尔·冯·席拉赫男爵夫人（Baidurvon Schirach）所赠，她是前"帝国青年团领袖"的夫人。书中的主人公，历尽险阻不幸，却没有丧失希望，"乐观，"书中他这么说道，"就是当一切事情都恶化时，却还认定一切都好的一种执着。"男爵夫人认为这本书是最恰当的选择，它就是伏尔泰（Voltaire）所写的《老实人》（Candide）。

****

起先，朱可夫还不相信这个消息。他站在屈斯特林指挥所，四周都是参谋，他不可置信地瞪着崔可夫，然后怒冲冲问道："这究竟是什么意思？——你的部队被困住了？"他对着第8近卫集团军司令大吼，这一回不亲昵地称对方的名字了。崔可夫以前曾见识过朱可夫大发雷霆。"元帅同志，"他镇静着说，"不论我们是不是暂时被困住了，这次攻势多半会成功，只不过敌人的抵抗这时已经加强，暂时把我们给挡住了。"

崔可夫解释说，苏军部队与支援的坦克前进时，来自塞洛高地的猛烈炮火对着他们轰来，而且他们所经过的地形，也证实了对装甲兵移动极为困难。在奥得河沼泽区中的湿地与水圳中，自行火炮与坦克挣扎着前进，许多陷进泥淖的坦克陆续被德军命中，烧成了火球。崔可夫说，直到现在，他的第8近卫集团军才前进了1,372米。据波佩尔将军说，朱可夫连珠炮似的破口大骂，发泄着他的怒气。

原以为抵挡不了的攻势，出了什么事？波佩尔将军与朱可夫的高级将校们检讨，很快就出现了各种不同的意见。第1近卫集团军的米哈伊尔·阿列克谢耶维奇·沙林将军（Mikhail Shalin）告诉波佩尔，确定"在我军攻击以前，德军就已经从第一线撤出，部署在塞洛高地一带的第二道防线。因此，"沙林说道，"我们大部分的炮弹都落在空旷的原野。"第3步兵集团军司令瓦西里·伊万诺维奇·库兹涅佐夫将军（Vasili Kuznetsov），则严厉批评白俄罗斯第1方面军的计划。"跟过去一样，"他告诉波佩尔说道，"我们墨守成规，到现在，德军知道了我们的这一套。他们把部队往后撤足足有8公里，我们的炮兵什么都轰到了，除了敌人之外。"卡图科夫将军第1近卫坦克集团军的一位军长，是个一流的坦克战术专家，既批评又生气，尤其是关于探照灯的运用。"它们并没有弄瞎敌人的主力，"他说道，"不过我可以告诉你，它们干了些什么——绝对帮助德军炮手把光线集中到我军的坦克与步兵之上。"

朱可夫从来没有期待这次的攻击是轻松的。虽然他预估伤亡会很重，但他以为德军不可能挡得住他的前进。一如他后来所说，他期待"迅速削弱敌人的防御"。他语带讽刺地补充，"对前线第一梯次的攻击，已经证明还不足够。"他知道只凭兵力雄厚这一点就能压倒敌人，但他也在意说，"现在攻势可能会推迟下来。"朱可夫决定改变战术。他迅速下达一连串的命令。轰炸机集中轰炸敌人的炮兵阵地；同时，以火炮猛轰塞洛高地。然后，朱可夫再多采取一个步骤。虽然原先的计划他的坦克集团军要直到攻下塞洛高地后才出动，现在决定立即派它们投入作战。第1近卫坦克集团军司令卡图科夫将军刚好也在坑道里，当下接过他的命令。朱可夫清楚表达自己所要的：要不惜一切代价占领塞洛高地。他要让敌人屈服，如果必要的话，铲出一条血路杀到柏林去。这时，矮壮的元帅在参谋追随下离开了指挥所，进军迟滞的火气还是显而易见。朱可夫并不打算被敌人少数几门部署良好的大炮所迟延——也更无意让科涅夫赶在他之前攻进柏林。他走出坑道时，据恭恭敬敬站在两边让他通过的军官说，他忽然转身对着卡图科夫劈头就是一句："还不快去！"

* * * *

元首的"当日训令"在中午过后不久，送达布塞将军第9集团军司令部，发文日期为4月15日。但直到希特勒的幕僚确定了苏军大

举进攻已经开始才寄发。这项命令是发给每一位指挥官,要求将训令立刻下达到连级单位,但不得刊载在报纸上。文告的内容为:

德国东线战场的官兵们,我们的死敌犹太人共产党徒和他们的喽啰,将最后一次向我们攻击了。他企图粉碎德国,消灭我国人民。各位在东线战场的官兵,已经知道其结果会威胁到……德国的女人、女孩和儿童。老年人与孩童都将被谋杀,女人与女孩会沦落成为军妓,其余的人会被送往西伯利亚。

我们已经料到了这次攻击,自从1月份起,便做了一切准备,以建立一道坚强的前线。敌人会遭遇兵力庞大的炮兵,我军步兵的损耗,也有数不尽的新部队补充,警备部队、新成立的部队以及国民突击队都正在增援前方。这一次,共产党徒将经历亚洲的古老命运:他一定也必将在德意志第三帝国的首都前倒下去。

此时此刻,不论谁只要不善尽本身职责,就是我们人民的叛徒。任一个团、任一个师擅离阵地,这种耻辱行为,必为我国城市中忍受炸弹恐怖的妇孺所不齿。要特别留意少数叛国的官兵,他们为了贪生,会为苏联的报酬而攻击我们,甚至他们还会穿德军的制服。任何人命令你们退却,除非你们熟识他,否则即可立刻拘捕,必要时可不论他什么阶级,就地处死。如果东线战场官兵,每一个人在这些来临的时日中尽到自己的职责,那么亚洲的最后向前猛冲就将被挫败,一如在西线战场突破的敌军,不管他们如何竭尽一切,终将中止而败北。

第五部 激烈的血战 315

柏林依然是德国的，维也纳会再度是德国的[1]，欧洲不会是苏联的。

郑重宣誓来保卫吧，不是保卫观念中的祖国，而是保卫你们的家庭、妻子、子女。因此，也是保卫我们的未来。

东线战场的各位战士，在这个时刻，全德国的人民都注视着你们，你们也是唯一的希望。由于各位的坚贞、狂热，各位的武器与各位的领导，共产党徒向前猛冲将被窒息在它自己的血液里。就在这一刻，命运之神已经除掉了地球上自古以来最大的一名战争罪犯[2]，这次大战的转折点就已经决定了。

布塞并不需要每日训令来告诉他，就知道必得挡住苏军。几个月前，他就向希特勒报告过，如果苏军突破奥得河防线，柏林和德国其余地方就会沦陷。不过当他看到内容提到"一道坚强的防线"就很生气，还说敌人会遭遇"兵力庞大的炮兵"以及"数不尽的新部队"，大放厥词是挡不住苏军的。希特勒的这份每日训令，大部分都是空话。不过，其中一点倒是如水晶般清晰——希特勒立意要德军官兵打到死为止——不论是对付西线还是对付东线的敌人。

布塞心中藏有一个不为人知的希望。他谨守分寸，除了海因里希和自己最亲近的指挥官以外，他从来没有和任何人谈过。他要在奥得河坚守足够长的时间，直到美国人到来。正如他向海因里希说过的："如果我们能坚守到美军到达为止，那么也就在我们的人民、我们的

---

[1] 维也纳于4月13日为苏军攻占。

[2] 希特勒显然指的是罗斯福总统。

国家和历史面前，完成了我们的使命。"海因里希的回答很尖酸，他问道："你不知道'日食计划'吗？"布塞根本没听说过这回事。海因里希便告诉他，从一份掳获的计划显示了盟军的分界线，以及预拟的占领区。"我很怀疑，"海因里希说道，"美军甚至不会渡过易北河。"尽管如此，有段时候布塞还持续抱持这个想法。现在，他终于放弃了，即使艾森豪威尔的大军渡过易北河、攻入柏林，但可能为时已晚。除此以外，希特勒显然准备要在美军前进的每一公里上鏖战。对他而言，民主国家与共产国家之间并无区别。因此，布塞深信，只要希特勒继续战争并拒绝投降，德国的处境以及第9集团军的处境都没有希望了。他只能像过去那样，尽力阻止苏军直到最后一刻。

苏军大举进攻——第9集团军首当其冲，它再也承受不了更多了。然而，布塞的部队几乎依然据守在各地。他们在法兰克福确实地把苏军击退了。守在塞洛高地的大炮与部队，虽然遭受苏军残酷无情的空袭与炮轰，仍顽强地坚持不屈，已经把敌人困住了。虽然布塞的官兵几乎在所有地方都挡住了苏军，却付出了可怕的代价。军方报告他们在有些地区遭遇优势敌人，兵力至少为十比一，"他们成群结队冲来，一批跟着一批，根本不计生命的损失，"一名师长在电话中说道，"我们经常是在近距离用机枪射击，打得机枪红烫。我的官兵奋战到弹药打光为止。然后他们就被完全歼灭，或失去阵地。我不知道这样下去还能支撑多久。"几乎所有的消息都雷同，还有紧急呼叫要求增援的、大炮、坦克，尤其是迫切需要的弹药、汽油。但一项是无法补充的——人。布塞为数不多的预备队，不是已投入，就是正在调度的路上，大多数预备队都急忙派住战事激烈的塞洛高地投入战斗。

守住中央地区的部队，是来自第9集团军的第56装甲军。这个单位颇具威名，但也只剩这个威名了。第56装甲军曾经瓦解与成

第五部 激烈的血战 317

军多次。现在，又历经再一次整编的过程，原先还留下来的，几乎全都是一批重要的参谋了。即使如此，第56装甲军有一个不可多得的人物——战功彪炳、勋奖众多的军长赫尔穆特·奥托·魏德林中将（Karl Weidling），一个说话粗鲁，朋友称他为"击碎者卡尔"（Smasher Karl）的将领。

布塞把许多混编的部队部署在极为重要的塞洛高地，并交由魏德林指挥。魏德林手下有三个师，来自戈林的那个未经世面、靠不住的第9伞兵师，残破的第20装甲掷弹兵师，以及兵力不足的明谢贝格师。两侧各有一个军支援，左翼为第101军，右翼为党卫军第11军——而魏德林的第56军正对上了苏军进攻柏林的主力。虽然魏德林前几天才到职，用的是一支虚弱、无经验的部队，在不熟悉的地形作战。但是60岁的宿将，到目前为止已经打退了所有的进攻。

不过他急需部队的其他剩余兵力，已经到了4月16日的早上了，却还没有抵达。魏德林的难题才刚开始，在这个星期结束之前，他将会面对更大的危机，远远超过他在战场上所遭遇过的。"击碎者卡尔"注定很快既要被布塞判处死刑，然后又被希特勒判另一次死刑——而且还不止于此，当命运突然转折的奇怪安排下，他将在德国剩下的最后几个小时成为柏林的保卫者。

* * * *

西线战场的第12集团军群司令温克将军，既高兴又困惑。他指挥的年轻、没有作战经验的部队，居然打退了敌人，还把马格德堡南边、美军的桥头堡肃清，这真是一个大大成就，连他自己都不曾这么期待过。不过，巴尔比的桥头堡，那就是另一回事了。温克手下官兵想尽了一切办法要摧毁巴尔比的桥梁,从顺流而下的浮雷到蛙人都用过了。德国空军最后残余的几架飞机,也飞到这里做过轰炸攻击,却失败了。这处桥头堡目前已经稳固,美军官兵与装甲车辆如潮水般涌过河来已超过48小时了。而使温克大惑不解的是,虽然美军在增加兵力,在易北河东北巩固立足点,但他们却没有打算要直趋柏林的样子。温克对此还真搞不懂是怎么回事。

从4月12日到15日,美军所发动的猛烈攻击,使温克有各种理由相信,自己被迫要在西线打一场血淋淋的激战。然而现在,美国人却又表现出要停止一切的样子。"坦白说,我很吃惊,"温克告诉他的参谋长赖希黑尔姆上校,"也许他们的补给不够了,需要重新整顿。"不管什么理由,温克乐见这种暂时的休息。他的部队分散得很远,很多地方依然在编组之中。他需要所有能争取到的时间来整顿部队成为劲旅,以及用他所能得到的装甲兵来增援部队。有些坦克与自行火炮已经到达了,不过温克还想要多弄到一些,只是没有多少希望,他也不存任何幻想。以前承诺过要拨给他兵力充足的几个师,他一样也不存什么幻想了。温克猜测,要派给他的压根儿都没有。只有一件事可以确定,第12集团军群的单薄兵力,沿着易北河分布、挡在柏林之前,没办法长期挺住任何方式的猛攻。"如果美军发动总攻击,要摧毁我们的阵地是轻而易举,"他告诉赖希黑尔姆,"在那之后,还有什么挡得住他们?从这里到柏林之间,什么都没有了。"

＊ ＊ ＊ ＊

这个消息对卡尔·维贝格来说,真是当头棒喝。他难以置信地瞪着上司耶森-施密特——美国战略情报局柏林课课长——"你有把握吗?"他问道,"你真的有把握吗?"

施密特点点头,"那是我接收到的消息,"他说道:"我没有理由怀疑。"两个人彼此默默对看。几个月以来他们一直坚信,艾森豪威尔会挥军攻占柏林。可是施密特越过市区到维贝格公寓所带来的消息,却把他们所有的希望都粉碎了。情报网的信差从瑞典带来伦敦的重要电文,警示他们不用再等英美军了。

维贝格几个月以来都在柏林过着双面人的生活,他曾经想过有各种可能,除了这个以外。即使到了现在,他还是不敢置信。计划的改变不会影响他们的工作,至少暂时不会。他们还要继续传递情报,而维贝格他的角色是"库员",一旦命令来时,他就要把各种物资分配给情报人员。不过就维贝格所知道的,如果有受过训练的专家与破坏人员——该由他们运用相关装备器材——到达柏林,如果有的话,这种人是少之又少。施密特为了等一个人,等了好几个星期——一个无线电专家,要由他来把依然藏在维贝格地下室一堆煤炭下面的发射机与接收机组装起来。维贝格的心往下一沉,现在不知道还会不会有人来,或者这些通信器材会不会有被使用的一天。这些隐藏的物资很危险,德军也许会发现;更糟的是,可能会被苏军发现,维贝格希望伦敦方面已经把柏林这一小批间谍的事,告诉了东线的盟友。不然,这将很难解释为何会储放着这一大批的军事物资了。

维贝格也有个人原因令他很着急。经过多年的鳏夫生活以后,最近他遇到了一个年轻女子名叫英格·米勒(Inge Muller),他们计划在战争结束后共结连理。而今,维贝格心中纳闷,苏军来到之后,英格是否依然安全。他觉得柏林马上就要成为一口大油锅,他们这一小批谋反分子,命中注定就要被放进这口油锅里。他尝试着抛开恐惧,却从来没有像现在这么垂头丧气过。他们已经被抛弃了。

****

苏军第 1 近卫坦克集团军司令卡图科夫上将，把野战电话用力挂上，一个转身、猛踢他司令部的门。他刚接到报告，是塞洛高地前线第 65 近卫坦克旅先头部队的军官打来的，苏军动不了了。"我们紧跟在步兵后面挺着，"伊万·伊凡诺维奇·尤舒克将军（Ivan Yushchuk）向卡图科夫报告，"我们可被挡住了。"

卡图科夫的火气多少平息了一些，他从门前转身面对着参谋们，两只手摆在腰后，不可置信地摇摇头，"这帮希特勒鬼！"他说道，"整场战争下来我从来没见过这种抵抗。"这时，他宣布要亲自去视察，"究竟是什么把戏把这一切给挡住了。"不管是什么，他一定要在上午前把塞洛高地拿下来，如此朱可夫的突破行动才能开始。

位于南边，科涅夫元帅的兵力已经在尼斯河西岸 29 公里的正面突破了德军的防线，他的部队正蜂拥渡河。

他们现在已经有了 20 座可以承载坦克的桥梁开放了（有些桥可以载重 60 吨），此外还有 21 个渡河点，更有 17 座轻型的突击桥。伊尔 -2 攻击机炸开一条进路下，科涅夫的坦克兵历经不到 8 小时的激战后，已经深入敌军防御阵地超过 16 公里。这时，他距吕本只有 34 公里了，那里是斯大林为他的部队以及朱可夫部队所画的作战分界线的终点。一到了那里，科涅夫的坦克兵便要转向西北，通过措森直趋柏林的干道。在地图上这是 96 号国道——德军伦德施泰特元帅称这条路为"永生之路"。

＊＊＊＊

情况看来当局似乎没有准备面对柏林陷入危急的事实。红军目前离柏林不到 52 公里，不但没有发出警告，官方也没有正式的公告。柏林人都清楚晓得，苏军已经发动攻击了。炮兵低沉的轰鸣声就是第一个征兆。现在，经由难民、电话、耳语，消息已经传遍开来，不过依然是零碎又相互抵触。在没有任何确切可靠的消息之前，都只是胡乱地揣测与谣言。有些人说苏军距柏林不到 10 公里，还有人说他们已经进入市区东郊了。没有人知道真实的情况，不过大多数柏林人目前都相信，首都的末日不远了，它开始迈入临终之时了。

然而惊讶的是，大家依然在过各自的生活。他们精神紧张，要保持正常的外在表现越来越困难，可是每一个人都极力尝试着。

送牛奶的波甘诺夫斯卡只要每到一站停下来，就会有很多人围上来问他一些问题。他的客户似乎期待他知道得比任何人都还要多，通常使人愉快的波甘诺夫斯卡也无法给出什么答案，他和他的客户们一样的害怕。那名住在克罗伊茨纳赫大街（Kreuznacherstrasse）的纳粹邮政局官员的起居室，虽然依然挂着希特勒的肖像，但也不再能使波甘诺夫斯卡感到安心了。

他很高兴看到自己的年轻小朋友，13 岁的多多·马夸特（Dodo Marquardt）在弗里德瑙分区的一个角落耐心等着他。她经常坐上他的牛奶车跟着一起走一两个街区，这对保持他的精神高昂有说不出的帮助。这时，马夸特坐在他的狗"波尔狄"（Poldi）旁边，高兴得说个不停。不过今天早上，波甘诺夫斯卡却很难听她在说什么。这一带许多半垮的房子开始出现了新漆的标语和口号，他冷眼瞄了它们没有多久。其中一句标语说："柏林会是德国的"，另一句则是"唯有胜利，

柏林，1945年4月。

不作奴隶""维也纳会再度属于德国""相信希特勒就是相信胜利"。到了马夸特通常下车的地方,波甘诺夫斯卡把她从牛奶车上举起放下车来,她含笑说道:"牛奶先生,明天见。"波甘诺夫斯卡也答道:"马夸特,明天见。"他爬回车上,心中怀疑不知道还剩下几个明天了。

莱克沙伊特神父在自己残破教堂的附近墓园,主持着丧礼,根本没想到以后的苦难,还会比他现在主持的仪式更糟糕。他这座漂亮的梅兰希通教堂被炸毁,感觉是发生在非常久远以前的事了。过去几个星期,空袭造成太多人死亡,连他的教区执事都不再做相关的登载了。莱克沙伊特站在一处群葬的墓地,这里埋了前一晚空袭中牺牲的40个人的尸体。他在念丧礼祷告时,只有寥寥几人在场。结束仪式后,大多数人都走了,只有一个年轻女孩留在现场。她告诉莱克沙伊特,她哥哥是死者中的其中一人。她泪流满面说道:"他是党卫军成员,他并不信教,"她很迟疑,"您能为他祷告吗?"莱克沙伊特点点头,他不认同纳粹和党卫军,但他说,对于死者"不能拒绝让他听到天主的声音"。他低下头来说道:"主啊,求你不要向我掩面……我的年日如日影偏斜……我的生命不过是一口气……我的一生都在你的手中……"附近一堵墙,昨晚有人以潦草的笔迹写下"德国胜利"的口号。

女修道院院长库内贡德斯巴不得这一切早早了结。虽然在维尔默斯多夫区"圣心修女会"主持的达勒姆之家,是一处修女院与妇产医院,就其宗教性的隔绝而言,它几乎就像是座孤岛。虽然如此,矮胖圆润、活力充沛的修道院长也并非没有外部消息。修道院正对面,外交部长里宾特洛甫别墅中的"达勒姆记者联谊会",在前一晚关闭了。一些记者是她的朋友,来向她道别,她这才听到战争结束的日子近了。柏林的这一场激战,可能在几天内就会发生。意志坚定的修道院院长，希望战事不要拖得太久。不过几天前，盟军一架飞机摔在她的果园里，还把修道院的屋顶都撞掉，危险实在非常逼近。这场愚蠢又恐怖的战争，老早就该告一个段落。同时，她得照料的有200多人：107个新生娃娃（其中91人是私生子）、32个妈妈、60名修女和在俗修女。

就像修女们做的事还不够多似的，院长要把更多的工作推给她们。在工友的帮忙下，修女在修道院房子两侧，以及二楼屋顶新铺的油毛毡上（三楼连屋顶都炸飞了），漆出许多白色的大圆盘，再画上鲜明的红十字。院长考虑周到，要她学护理的学生把餐厅和休闲空间都改成急救站，护士餐厅成了小教堂，日夜都点着蜡烛照明。地窖隔成一间间的育婴室，以及一整排更小的房间作为分娩室。院长还确保要把所有窗户都抹上水泥，砌上砖，外面再填上沙袋。她对可能发生的事都有了准备。不过有一件事，她不知道该如何准备起。她和她们的导师与负责告解的哈皮希神父都同样的着急，这些妇女可能会遭到占领军的糟蹋。哈皮希神父安排好在4月23日向修女们谈论这件事。而根据库内贡德斯从新闻界的朋友那里得到的消息，她希望这件事不要拖太久。在她看来，苏军也许随时会到。

大家都在等待消息时，他们都说着充满黑色幽默的谈话来隐藏自己的不安。全柏林都有这种新的打招呼方式。完全不认识的人开始彼此握手，互道："活下去。"很多柏林人都讥讽宣传部长戈培尔10天前的广播。他坚持说，德国的命运会突然改变，"元首知道突变的正确时间，命运把他这个人派给我们。因此，在这个我们备受内外最大压力的时刻，我们会亲身体会到这项奇迹。"现在，到处都把这几句话说了又说，通常都嘲讽地模仿宣传部长施法催眠的样子。还有一句话也到处传遍，"我们根本没有什么好担心的。"老百姓正经八百地彼此保证:"万世名将(Gröfaz, Grösster Feldherr aller Zeiten)会救我们"。"万世名将"是柏林人很久以来为希特勒取的外号。

即使柏林几乎就在苏军炮口下了,市内绝大多数的工业依然持续生产。施潘道区的工厂刚刚造出的炮弹与弹药,立刻火速运往前线。在施潘道(Siemensstadt)的西门子工厂,生产电工器材;马林多夫分区、韦森塞区以及埃尔克讷区的工厂,生产大量的轴承与机械工具,泰格尔区(Tegel)的莱茵金属-博尔西希公司(Rheinmetall-Borsig),源源产出炮管与炮架;鲁勒本区的奥客特工厂的装配在线,轰隆隆地送出坦克、卡车和自行火炮;滕佩尔霍夫区的克虏伯工厂,坦克一修复完毕,就由工人直接拨交给各集团军。由于军情万分急迫,工厂主管甚至要外国劳工自告奋勇充当紧急驾驶。来自法国的奴工德洛奈是其中一个回绝的人。"你倒是挺聪明。"那天下午一个回到工厂的坦克驾驶告诉他:"你晓得我们把这些坦克往哪里送?直接开到前线去。"

不仅仅是工厂继续开工,连服务业与公共设施都不断运作。波茨坦的气象总台,气象员照常纪录,中午的气温为21℃;预料晚上会降到5℃。天气晴,偶多云,到了晚上,温和的西南风会转变为东南风。预报17日那天的天气变化——天阴,可能有雷雨。

可能因为天空放晴的关系,街道上挤满了人。不知道将来会如何的家庭主妇,尽可能购买那些没有配给限制的东西。几乎每家店都排了长长的队伍。在克珀尼克区,舒尔兹夫妇耗了3个小时排队买面包,谁知道他们还买不买得到面包。跟成千上万的柏林人一样,舒尔兹夫妇努力找点子好忘却忧愁。这一天,他们鼓起勇气去搭班表不确定的公共交通。他们在公交车、电车之间换了6次才到达目的地——夏洛滕堡大道的一家电影院。这是他们这个星期的第三次冒险。他们在其他地区看过的电影有《马克西米利安一样的人》(*Ein Mann wie*

Maximilian）、《竖琴天仙》（Engel mit dem Saitenspiel）、《好戏》（Die Grosse Nummer）。《好戏》是一部马戏团电影，到目前为止这是舒尔兹一周内所看过最好的一部片子。

法军战俘勒加蒂热，见到本德勒街（Bendlerstrasse）司令部里一片混乱，他的去留并没有引起多大的注意，所以下午便镇静自如地溜了出去。最近这些日子，似乎卫兵也不管了。他设法弄到一张在波茨坦广场附近，专门招待德国军人的电影票。这时正放映戈培尔的宣传部特别再度放映的电影，他在黑暗中放松心情。这是部彩色史诗电影，片名为《科尔贝格堡》，内容是拿破仑战争时代，德国格奈森瑙元帅英勇防守波美拉尼亚的英勇战绩。片子放映时，勒加蒂热为这部电影，也和他四周军人的行为举止感到入神。他们全给迷住了，欢呼、鼓掌、彼此吼叫，他们几乎为这个德国传奇军人入迷。勒加蒂热心中想，不要多久，这些军人当中有些人也许也有机会成为英雄。

* * * *

毫无预兆，暗号突然便传来了。乐团经理韦斯特曼博士的办公室就位于柏林爱乐乐团那栋包含演奏厅和练习室的大楼里。他接到施佩尔部长的消息：乐团今晚上做最后一场演出。

韦斯特曼向来知道，消息会这样传来突然，而且是在音乐会前几小时传来。施佩尔的指示是，所有要离开的团员在演出结束后立刻出发。他们会到柏林西南 386 公里外的库尔姆巴赫 - 拜罗伊特（Kulmbach-Bayreuth）地区去，前些时候，施佩尔已经把乐团大部分的贵重乐器送到了那里。据他说，美军在几个小时以内就会占领拜罗伊特地区。

只有一个问题。施佩尔原先的计划是要把整个乐团带走,但无法得逞。一开始时,就怕计划或许会传到戈培尔那里,韦斯特曼便只试探几个信得过的团员。让他大感惊讶的是,绝大多数团员由于家庭、情感以及与柏林的其他牵连而不肯离开。到投票决定时,无法得到共识。经理请年轻的小提琴家及音乐会的台柱特施纳告知施佩尔。部长想了想,就接受了这个消息,但他提供的协助依然有效,施佩尔的座驾与司机,会在最后那一夜等着想要离开的音乐家。特施纳夫妇和两个儿女,再加上团员格奥尔格·迪布尔茨(Georg Diburtz)的女儿确定了要走。可是他们是唯一要走的人。就连韦斯特曼由于见到投票结果,觉得自己一定得留下来。

但如果交响乐团团员还有人犹豫不决的话,就得告诉他们,这可是最后的机会了。那些知道这项秘密的团员,依然有改变主意决定离开的可能性。离这一晚的演出只有3小时了,韦斯特曼修改了演奏曲目。时间太急,以至于要彩排都来不及。而对疏散计划一无所知的音乐家,一定会为突如其来的改变而感到吃惊。不过对知情与不知情的人都一样,施佩尔选定的乐曲作为一种暗号,显示出这最后一次音乐会,具有阴郁而触动内心的意义。韦斯特曼这时命人放在团员乐谱架上的乐谱,标题为《诸神的黄昏》,是瓦格纳描述众神之死达到高潮的悲剧性曲目。

* * * *

而今,柏林人很快就明白,所谓的"柏林堡垒"只是神话,甚至连最没有常识的人也看得出来,柏林对抵抗敌人的攻击所作的准备是多么地差劲。主要的大道与道路依然开放,看不到有几门炮或者几辆装甲车，除了上了年纪的国民突击队员——有些穿军服，有的仅在上衣袖子缝上一条袖带——以外，根本见不到部队。

毫无疑问，到处都有许多路障与简陋的防御障碍物。不管在街上、院子里、政府建筑周围与公园，有一大堆的构筑工事的物资，偶尔有一卷卷的铁刺网、反坦克钢桩，里面堆满了石块的旧货车和废弃的电车。这些就是柏林遭受攻击时，用来堵塞交通要道的东西，可是像这一类障碍物，挡得住苏军吗？"那得至少花上苏联红军2小时15分钟来突破，"一个流传的笑话这么说！"用2小时笑掉大牙，15分钟粉碎这些障碍。"防线——堑壕、反坦克壕、障碍物与炮兵阵地——显然只在市郊才有。即使有这些工事，柏林人也看得清清楚楚，它们距离完工还远得很。

这一天，有个人开车离开柏林，发现防线的准备工作"完全无用，荒唐！"他可是位构筑要塞的专家。马克斯-约瑟夫·彭泽尔将军（Max Pemsel）原是盟军登陆诺曼底时的德军第7集团军的参谋长。由于他的部队没能阻止盟军登陆，他和其他人打那以后，就失宠于希特勒，被调去北翼担任一个名不见经传单位的师长，他也就听命去接这个"没有前途的职务"。

4月2日，出乎彭泽尔意料之外，他竟收到约德尔将军的指令飞往柏林。由于天气恶劣，飞机沿途都误点，一直到4月12日才抵达首都。因为迟到，导致被约德尔训诫了一番。"你知道吗？彭泽尔，"他说道，"原先是要派你担任柏林卫戍司令，可是你却来得太晚了。"彭泽尔后来说，他听见这些话，"才放下了心中大石"。

而今，彭泽尔并没有接掌柏林卫戍司令部，却在驶向意大利的路上。约德尔派他出任意大利军鲁道夫·格拉齐亚尼元帅（Rodolfo Graziani）的参谋长。彭泽尔认为情况就像是做梦。格拉齐亚尼的部

第五部　激烈的血战　329

队是否存在都成问题,约德尔把他的职责提示得很仔细,就像战争正走向辉煌的胜利,注定还要打上若干年似的。"你的职责,"他告诫彭泽尔,"会很困难,因为所要求于你的,不只是军事战略上的知识,而且还要有外交的手腕。"尽管约德尔的观点非常不现实,彭泽尔也乐于去意大利。路上他将经过巴伐利亚,这是他两年来第一次见到太太和家人。等他到达意大利时,或许战争也结束了。

彭泽尔离开柏林,觉得命运和天气都对他特别仁慈。显然,柏林守不住。座车经过一堆乱七八糟的树干、钢桩,和锥形混凝土块,要用这些来作为反坦克障碍物,他不敢置信地摇头。再往前走,驶过许多上了年纪的国民突击队员在慢吞吞挖掘堑壕。当他远离这座城市时,彭泽尔后来说道:"感谢上苍饶了我,避开了一杯苦酒。"

柏林卫戍司令雷曼将军,站在霍亨索伦大街的司令部里,看着墙上大幅柏林市地图上标示出来的防线。他心中纳闷,一如他后来的说法:"上帝究竟要我做些什么?"过去三天他几乎睡不着,极度困倦。打从早上起,他就接到数不清的电话,参加了几次会议,视察过几段的防线,下达了一系列的命令——他私下认为,这些命令中有大部分在苏军攻抵柏林以前,不大有机会完成。

这天早上,自诩为柏林防卫者的柏林市大区长官——戈培尔举行了他习以为常每周一次的"作战会议"。对雷曼来说,现在开这种会议就像是闹剧。下午,他把刚结束的会议内容告诉参谋长雷菲尔上校,"他告诉我的都是老套,他说道:'如果柏林战役现在马上展开,那你就可以部署各种不同的坦克,各种口径的火炮,几千挺轻重机关枪,几百门迫击炮,此外还有大量的弹药。'"雷曼停了一下,"依照戈培尔的说法,如果柏林遭受包围,"他告诉雷菲尔道,"我们所要的东西都可以得到。"

然后戈培尔突然话锋一转,他问道:"一旦柏林战役开始,你打算在什么地方开设你的司令部?"戈培尔本人计划到动物园地堡去,他建议雷曼也去。雷曼认为,他一下子就看透了这位大区长官心中的想法,戈培尔想把雷曼以及柏林的防守完全掌控在他手中。雷曼尽可能机智地避开这项提议,"本人宁可不这么做,"他说道,"因为若炮击意外地准,柏林市的军政两界同时都会被消灭掉。"戈培尔搁下了这个话题,但雷曼却注意到他的态度立刻冷淡起来。戈培尔也十分清楚,动物园庞大的地堡,即使挨上十几枚重型炸弹,也不可能被摧毁。

雷曼知道,部长不会忘记自己的建议遭打了回票。可是在这个节骨眼,在面对着试图为城市的防卫作准备这个几乎无望的任务时,雷曼最不想密切接近的人就是戈培尔。他既不相信地方长官的发言,也不相信他的承诺。没几天以前,又是在讨论物资时,戈培尔说柏林的防线,"至少有100辆坦克"来增援。雷曼便要求列出一张承诺的清单,等到他终于得到这份数据时,100辆坦克竟成了"25辆已完成,目前尚有75辆制造中"。不管有多少坦克,雷曼知道自己不会见到当中的任何一辆。在所有重要武器取得的顺序上,奥得河前线都有优先权。

雷曼认为,内阁官员中仅有一人真正了解柏林会有什么遭遇,那便是施佩尔。但即使是他,也还是有他不了解的地方。与戈培尔的作战会议之后,雷曼就接到命令要去见施佩尔。位于巴黎广场(Pariser Platz)的前法国大使馆,希特勒的战争生产部长现在总算是有了他的办公室。平时施佩尔是彬彬有礼,这一回却怒气冲冲。他在柏林市地图上,指着一条横越全市的大道,想知道雷曼"在东西轴心路上正在搞些什么东西"。雷曼一脸惊讶地看着他,"我在勃兰登堡门以及胜利

第五部 激烈的血战 331

纪念碑之间铺设飞机跑道，"他答道，"这怎么了吗？"

"这怎么了吗？"施佩尔气炸了，"这怎么了吗？你们正在砍掉我的灯柱——那就是怎么了！你不能这么干！"

雷曼以为施佩尔是了解这个计划的。在布雷斯劳会战和柯尼斯堡会战（Konigsberg）时，苏军几乎立刻就把这座城市位于郊区的机场给攻占。为了防止柏林也发生类似的情形，早已作了决定，在邻近政府机关区域的中心，沿着穿过蒂尔加滕公园的东西轴心路修建一条飞机跑道。"为了这个理由，"雷曼后来说道，"在与空军协议后，选定了勃兰登堡门到胜利纪念碑之间。也就是说，路旁装饰的铜灯柱得移走，至于行道树，为了跑道两侧各30公尺纵深都得砍掉。当我把计划向希特勒报告时，他说灯柱可以去掉，但是树却要保留。我竭尽所能进言，要他改变主意，但是希特勒就是不听有关砍树的话。虽然我向他解释，如果树不去掉，仅有轻型飞机能起降，他依然不更改心意。他的理由是什么，我不知道，但是除去少数几棵树，在这最后关头根本不会损及柏林的美。"而现在，施佩尔又在反对搬走灯柱了。

雷曼把情况向施佩尔解释。他在结论中指出，已获得元首准许移去这些灯柱。可是部长对这些话无动于衷，"你们不能拆掉这些灯柱，"他坚持这一点。"本人反对这么做，"然后施佩尔又补充了一句，"看来你并不知道是本人负责柏林市的改造工作。"

雷曼想劝施佩尔改变心意，但说了等于没说。他争辩说："我们在这里维持一条开放的跑道尤其重要。"施佩尔根本不要多听这些话。雷曼回忆说："施佩尔表达了他的想法，他要把整件事向元首报告，我们的交谈就此结束。这一阵子，他的灯柱原地未动，跑道工作也停了——即使苏军正不断向我们前进。"

就在会晤结束以前，施佩尔提到柏林市桥梁的事。这一回又和雷曼杠上了，就像他前一天在海因里希的司令部一样，认为炸桥于事无补。桥上有水管、电力线和煤气干管，"摧毁了这些生命线，就会使全市好大一部分瘫痪，使得我的改造与重建工作更为艰难。"雷曼知道施佩尔对希特勒的影响很大；他已经获得总理府直接来的命令，把列出要炸毁的桥梁删去几座。而今，施佩尔还在坚持所有的桥都要保存。雷曼也转而像施佩尔一样固执起来，除非希特勒下了相反的命令，否则雷曼打算执行所接到的指示，把其余的桥都炸掉。他比施佩尔更不喜欢这个主意，但也无意冒着自己生命与事业的危险来保全它们。

他从施佩尔的办公室出来后，到柏林市郊视察那里的防区。每检查一次，更令雷曼相信，柏林的防线只是一个幻影。在打胜仗趾高气扬的年头，纳粹根本没有考虑过这种可能，就是有一天最后据点竟会构筑在自己的首都。他们在所有地方都构筑过工事——意大利的古斯塔夫防线，欧洲海岸的大西洋壁垒，德国西部的齐格菲防线——但在柏林周围却甚至连一条堑壕都没有挖过。就连苏军以雷霆万钧的力量越过东欧、侵入德国时，希特勒和麾下将帅也没有采取任何行动为柏林构筑工事。

一直到 1945 年初，红军兵临奥得河，德军才开始加强柏林的防务，慢慢地在柏林东郊，才出现几条堑壕和反坦克障碍。然后，令人难以置信的是，当苏军在冻结的奥得河前停止进兵、等待春季冰融时，柏林防卫的准备工作也停了下来。1945 年 3 月以前，柏林的防务都不曾受到任何的重视——到 3 月时，却为时已晚了。已经不再有兵力、补给品、装备来构筑必要的工事了。

在累到让人发疯的 2 个月时间里，这里拼凑出一堆急就章的防御工事。到了 2 月底，又匆忙建立起"障碍地带"，在柏林市外推 32 公里到48公里，形成一个不连续的圆圈。这一线经过树林、沼泽，沿着湖泊、河流与水圳，大多数在柏林的北、南与东边。雷曼将军接任卫戍司令以前，曾颁发命令宣称"障碍地带"为"工事地区"。为了配合希特勒对要塞化的偏爱，当地的国民突击队奉令，要他们在这些地点固守，战死到最后一人为止。要把这些地方变成坚固的抵抗区，需要惊人数量的兵员、火炮与物资。"障碍地带"围绕在柏林市大都会区周围的地域，一圈将近241公里长。

一如雷曼马上发现到的那样，除了障碍区受到军方的直接管理之外，其他所谓的"工事区"，几乎什么都没有，只有掩护公路干线的几条堑壕，一些零落的火炮阵地，还有匆忙把钢筋水泥的建筑，用砖块把窗户砌实，开了机枪的射口改造成的碉堡。这些力量薄弱的阵地，大多数甚至没有人驻守，而在总理府的防务地图上，却标明为重要据点。

主抵抗线就在市区本身，三个同心圆构成了内线防御型态。第一环，圆周97公里，绕着整个郊区。在缺乏适当工事的情况下，任何以及所有能做成阻碍的东西都用上了，陈旧的火车车皮、货车、建筑物的断垣残壁，厚实的水泥砖墙，改造的防空洞，还有大自然的贡献：柏林的湖泊与河流。而今，一群人正日以继夜地把这些天然与人工的设施，结合成为一条连绵不断的防线以及反坦克障碍。这些工作都靠人手在做，没有动力机械。大多数巨型的推土机，好久以前便送往东线战场去经营奥得河前线的工事。剩下的少数推土机，在使用上受到限制。由于燃料短缺——可用的每一加仑汽油都运往各装甲师去了。

在各环工事构工的人，应该要有10万人，事实上却从来没有超过3万，甚至连个人工具都缺乏，报纸呼吁捐出十字镐与圆锹，却几乎没什么成效。雷菲尔上校表示，"柏林的园丁显然考虑到，在他们的马铃薯田挖沟，要比挖反坦克壕重要得多。"对雷曼来说，再怎么弄，一切都是白搭，这项周边防务绝不会及时完成。这是件没有希望的工作，距离完成还很远。

第二环或者说中环，如果由有经验的部队负责，又有充分武器的供应来把守，可能是一道不得轻视的障碍。它的圆周约为40公里，它的障碍物早已在原地很久了，柏林的铁道系统已经改成了一处致命的陷阱。有些地方，有深深挖下的铁轨路基和支线，有的地方有100到61米宽，构成了完美的反坦克壕，炮手在俯看铁轨的房屋工事里，便可以收拾掉卡在壕沟中的敌人坦克。在其他的延伸线，守军随着"柏林快铁"（S-Bahn）的高架线路，有类似于高墙的优势。

即使这些防线瓦解，市中心依然还有第三环或内环防线。这环防线称为"卫城"，位于米特区内。最后根据地位于兰德韦尔运河（Landwehr Canal）与施普雷河之间，政府机关的建筑群几乎全都挤在这最后的防御岛。各建筑之间——戈林庞大的空军部，高大的本德勒街区内的各军总部，以及室内空荡荡发出回音的总理府与国会大厦——以障碍物与水泥砖墙连结起来，由最后的守军防守。

从"卫城"向外呈放射状，透过三个防御环，分成8片扇型的作战区，每一个作战区各有一名指挥官。从东边的韦森塞区起顺时针方向，名为A区到H区，内环是Z区。从洪堡海因区、腓特烈斯海因区以及动物园，散布市区各地的6座高矗抗弹的防空炮塔，可以支持各环的防务。

但是，"柏林要塞"还缺乏很多重要的元素，最严重的便是人力。雷曼认为，即使在理想的情况下防守柏林，至少需要训练精良、具备经验的部队20万人。然而，防守面积相当于纽约市，占地831平方公里的柏林，却是一支拼凑出来的队伍，从15岁的希特勒青年团团员，到70来岁的老头都有。他指挥的有警察、工兵、防炮部队，但他唯一的步兵部队，却包括了6万名没受过训练的国民突击队员。这批年迈的老国民突击队员，目前正在挖掘堑壕，或者沿着通往柏林的路线慢吞吞地进入阵地。在军队中，国民突击队处于最低阶的位置。虽然指望他们一旦时机紧急能与陆军并肩作战，但却不认为他们是军队的一部分。他们也像希特勒青年团，是当地党部的责任，除非作战已经开始，到那时雷曼才负责这些人员的指挥。国民突击队甚至连武器装备也都由纳粹来负责，他们没有车辆，没有野战炊具，连基本的通信器材都没有。

简言之，雷曼手下的部队有三分之一的人没有武器。其余的人可以说也没有好到哪里去。"他们的武器"，他说道："来自德国攻略过的每一个国家，除了我们自己公发的以外，有意、苏、法、捷、比、荷、挪和英等国的枪枝。"步枪的种类不少于15种，机枪则有10种之多。要替这些混杂的武器找弹药，几乎是不可能。配备了意造步枪的各营，运气比大多数部队走运，每一支步枪最多可有20发子弹。当时发现，比利时的步枪可以用捷克制的子弹，可是比利时的子弹对捷克的步枪却完全无法通用。当时还有不多的希腊枪枝，也不知什么原因，希腊的弹药倒是多得很。由于子弹奇缺，就想出办法改造希腊的子弹，以便可以由意大利的步枪击发。不过这种发了疯似的临时凑合，无从解决整体问题。在苏军攻击开始的这一天，每一名国民突击队员的平均弹药补给量，大约为每一支步枪5发子弹。

这时，雷曼巡视东郊各处阵地，他完全相信苏军只要辗过它们就结束了。防御作战中许多的必要装备都付之阙如。几乎没有地雷可用，因此防御阵地至关紧要的地雷带根本就不存在。在所有防御材料中最年代久远也最有效的铁刺网，根本无从取得。雷曼的炮兵有一些机动防空炮，少数几辆坦克进入掩护整个车身高度堋壕，使坦克炮能控制敌人前进的通道。此外，还有大量部署在防空塔上的防空炮。这些防空炮虽然极具威力，但它们的射角高，在使用上有限制。又因为它们固定在高塔上，不能平射，无法阻止近距离攻击的步兵和坦克。

雷曼知道自己的情况是无望的，对其他地方的前景也差不多是同样悲观。他不相信奥得河前线守得住，也不指望退回柏林的部队能有什么帮助。参谋长雷菲尔上校，曾经与布塞将军第9集团军司令部里的军官讨论过获得帮助的可能性，那是一个很坦白的答复，"别指望我们了。"布塞的参谋长霍尔兹上校（ArturHolz）说道："第9集团军现在待在奥得河，将来也待在奥得河。如果需要，我们会倒在那里，但我们不会后退。"

雷曼一直在回想一段自己和前线一名国民突击队干部的谈话。"你当下该怎么办？"雷曼曾经问他，"如果你突然发现在远处有苏军坦克？你要如何让我们知道？现在假定坦克朝这个方向驶过来，让我看看你怎么办？"最后他大感吃惊。这名干部一转头就往阵地后面的村子跑去，几分钟以后他回来了，上气不接下气且感到气馁，不好意思地解释："我没办法找到电话，我也忘记了，邮局从1点到2点在休息。"

雷曼回程驶往柏林时心不在焉地往外看，只觉得浩劫来临。黑暗之中，柏林也许会永远地消失也说不定。

* * * *

面对敌人的巨大压力，战线正在缓慢地裂解。海因里希一整天都

第五部 激烈的血战 337

在前线，穿梭在各个指挥部之间，视察野战阵地，和指挥官谈话。他很惊讶，布塞手下的官兵以寡敌众，打得极其出色。首先，第9集团军挺过了苏军3天的预备攻击。而现在已经超过24小时，他们正承受苏军主攻的全部力量，并且还击十分猛烈。光是在塞洛高地，他们就击溃了150多辆坦克，击落132架飞机。可是他们的战力也在逐渐削弱当中。

海因里希在黑夜中驶回集团军司令部时，因为路上拥挤的难民只好慢慢开。今天，到处都见到难民——有的扛着的家当，有的推着手车，上面装满了最后的细软，有的坐在农家大车，由牛马拉着走。在很多地方，难民和苏军没有两样，数量多到成为海因里希部队的大问题。

他回到集团军司令部，焦急的参谋靠上前来，听听司令对战况的第一手消息。海因里希就自己所见，严肃地作了总结，"他们无法撑太久，官兵都筋疲力竭到在喘气，"他继续说，"但我们仍然挺住了，这是舍尔纳没办法做到的事。那位伟大的将军甚至就连一天也挡不住科涅夫。"

没多久，陆总参谋总长克雷布斯打电话来，"唔，我们都有很好的理由觉得满意，"他圆滑地对海因里希如此表示。海因里希勉强接受了对方的观点，他说道："试想，这次攻势的浩大，而我们并没有损失多少阵地。"克雷布斯乐于获得比较乐观的回应，他自己这么说，可是海因里希却不配合制造乐观，"曾有人告诉我，"他淡淡地回应克雷布斯，"不到黑夜降临，千万别赞美过去的这一天。"

＊＊＊＊

黑暗之中，维利·费尔德海姆二等兵（Willy Feldheim）紧紧抓住手上笨重的铁拳反装甲榴弹。他根本搞不清楚自己置身在什么地方，但他这一条散兵坑防线，控制着克洛斯特多夫（Klosterdorf）的三条马路，距离前线大约是 29 公里。

不久之前，等着苏军坦克驶上公路来的费尔德海姆，感到自己正在经历一次伟大的冒险。他想象着当他看到第一辆敌人坦克，并且终于能够第一次发射反坦克榴弹时的场面会是什么样子。据守在这处交叉路口的三个步兵连都接到指示，要尽可能让坦克接近才射击。费尔德海姆的教官告诉过他，55 米的射击距离正好。他很好奇敌人的坦克要多久才会来。

费尔德海姆蹲在潮湿的散兵坑里，想起了当号手的日子。他尤其记得 1943 年阳光明媚的一天，希特勒在奥林匹克大会堂的演讲。他跟一大群号手在元首进入会堂时，吹奏起嘹亮的号声，他绝不会忘记元首对集会的希特勒青年团团员的训话："你们是未来的保证……"全体团员都高呼："服从元首！服从元首！"那是费尔德海姆一生中最难忘的一天。那天下午，他深信德国有最优秀的军队，最优秀的武器，最优秀的将领，尤其高于一切的，有全世界最伟大的领袖。

夜空中，猝然的闪光照耀，梦境已逝，费尔德海姆向前方窥探。这时又听到了一时忘却的大炮低沉的隆隆声，并且觉得好冷。肚子开始痛了起来，好想哭。15 岁的费尔德海姆好害怕，所有的崇高目标和激励的言词，现在都无法帮助他了。

*　*　*　*

鼓声轻击，令人几乎察觉不到，大号柔声应和，低沉的鼓声再起，大号再次低声不祥地回应。然后，雄浑的低音部忽然响起。柏林爱乐交响乐团演奏出使人肃然敬畏的《诸神的黄昏》。"贝多芬音乐厅"黑暗中的气氛，似乎和音乐本身一样的悲惨。全场唯一的照明来自团员乐谱架上的照明灯，音乐厅里很冷，人人都穿着大衣。韦斯特曼博士夫妇和弟弟坐在包厢，旁边就是乐团指挥黑格尔的妹妹以及她的三个朋友。而在前排习惯性座位上就坐的，便是施佩尔部长。

演奏过贝多芬小提琴协奏曲后，特施纳和家人，以及迪布尔茨的女儿立刻离开音乐厅。这时，他们已经在驶往安全地区的途中了——但也只有他们这几个人。施佩尔信守承诺，他的车在外等待，甚至派了他的副官护送这一小批人安然抵达目的地。这时，身为希特勒制造庞大战争机器的建筑师，正在聆听音乐的狂风骤雨，诉说诸神的为非作歹。西格弗里德躺在火葬堆上，骑在马上的布伦希尔德（Brunnhilde）冲上火葬堆来一起升天。这时，铙钹齐鸣，鼓声雷动，乐团轰雷之声带领进入高潮：可怖的浩劫毁灭了神殿。听到这一场演奏的人，都觉得悲伤甚深，欲哭无泪[①]。

[①] 许多乐团幸存团员，对最后这一场音乐会有着各种不同的说法。他们对于演奏的日期、曲目，甚至演出团员，看法各自不同。对施佩尔的计划一无所悉的人，根本不相信有这样的安排存在。在本书中所述的种种，是基于韦斯特曼博士的忆述与各项记录，同时还包含特施纳补充的数据。

2

一度雄踞世界的第三帝国，几乎没有留下什么。在地图上，它很像一个计时用的沙漏瓶：北海与波罗的海岸形成了瓶顶，巴伐利亚、部分的捷克、奥地利以及意大利北部——目前为德国所占领——便成了沙漏瓶的下半部。连结上下两部、把美军与苏军分开的瓶颈，仅有145公里宽。北面的战争依然激烈，南面则稍微平静。中部，辛普森将军的美国第9集团军，只是持续守住易北河一带的战线，扫荡之前为冲向易北河时绕过的袋形德军抵抗阵地，击退德军偶尔对桥头堡的猛烈逆袭。第9集团军有一处要害：马格德堡，那里的德军司令官一再拒绝投降。这一下辛普森可受够了，召来轰炸机把马格德堡夷平了超过三分之一，然后再派部队攻进去。

4月17日下午，正当30步兵师与第2装甲师的部队开始攻击时，布莱德雷将军来到辛普森的司令部。电话响了，辛普森拿起电话听了一下，然后用手遮住话筒，对布莱德雷说道："布莱德，看来我们终究会要攻下马格德堡市内那座桥了。我们接下来该怎么办？"

布莱德雷实在太清楚辛普森想要他本人说出来的话，那条高速公路大桥便是通往柏林最直接也最快的路径。不过他摇摇头："该死，"他说道，"我们不再需要易北河的桥头堡了。如果你占领了这座桥，那你就要派一个营过去吧。不过，期待对方把它给炸了，免得到时候你们被困在对岸。"

布莱德雷得到盟军最高司令部的清楚指示。不得给予辛普森发兵前进的希望,命令是这样写着:"采取必要步骤,以避免大举进攻,包括在易北河及穆尔德河以东建立新桥头堡在内……"。辛普森的兵力依然保持作为对柏林形成的威胁,但仅此而已。

几分钟以后,第二通电话摆平了这个问题,辛普森放下电话告诉布莱德雷:"别再担心了,老德刚刚把桥给炸掉了。"

这座桥一炸,使得"大辛"辛普森的大梦告终。他原本要用本身强大的第9集团军攻入柏林,那里曾经一度被盟军统帅称之为"最明显的终极目标"。

* * * *

位于易北河畔的博伊岑堡(Boizenburg),北边村落的居民被远处传来的声音给吓了一跳。古怪的声音越来越响亮,没多久看到一队惊人的鬼魅出现。路上走过来的是两名苏格兰风笛手,笛声如怨如泣,风笛手后面跟着便是迪恩斯准尉的英军战俘,总共是12,000多人。他们在少数德军的押解下,排成纵队前进。俘虏们的衣衫褴褛,背上扛着一捆私人物品。他们面容憔悴,又冷又饿,但士气高昂。意志坚定的迪恩斯如此交办,"经过村子的时候,"他告诉全营战俘,"哪怕难受也要抬头挺胸,给这些所谓的超人瞧瞧,究竟这一仗是谁打赢的。"

迪恩斯自己的交通工具是一辆老爷自行车,前轮因为打了补丁而鼓起一大块,随时有解体的可能。虽然骑起来崎岖颠簸,他还是感谢能有这样的机动力。他骑在车上,穿梭在各队之间,检视手下的弟兄,也观察在队伍两侧行进的德军卫兵。每一条路都被战俘挤满了,一个队伍将近2,000人,虽然迪恩斯决定要涵盖整个范围这终究是一件使人筋疲力竭的事。经过10天几乎毫无目标的行进之后,弟兄们的情况都很差。虽然德军在队伍里有几辆的物资车，但是大部分战俘都靠田地里的东西维生。德军战俘营司令奥斯特曼上校，对这次漫长的行进以及食物的短缺，显得十分难为情。他告诉迪恩斯说道："我没有办法做什么。"迪恩斯相信他，然后告诉皇家空军的罗纳德·莫格准尉（Ronald Mogg）说："我认为他从头一天到第二天都不知道我们要去的目的地。"

英军战俘自从离开法灵博斯特尔以后，就像是浪迹天涯的游民。现在他们正前往格雷塞（Gresse），据说载了红十字会食品包裹的卡车在那里等着他们。迪恩斯希望他们就停在那里，不要再往前走了。他告诉奥斯特曼，这种行进没有用，因为英军马上就会赶上他们。迪恩斯希望自己说得对，因为战俘从营地中所带出来的珍贵秘密收音机，已经能收听到很多盟军的消息。莫格是个速记能手，他一天会抄写两次英国广播公司的内容。只要能找到电力插座时，便使用留声机里的收音机。行进中，就得全靠电池运作的接收机了。德军的一名卫兵，也是奥斯特曼的传译员"查理"·贡巴赫中士（"Charlie" Gumbach），认为英军战俘约翰·布里斯托上士（John Bristow）背上扛着一个沉重的老留声机真是蠢，便建议说："为什么不把它扔掉？""查理，我越来越离不开它了，"布里斯托很认真地回答，"而且，如果我们晚上没有音乐，弟兄们绝不会饶了我的。"布里斯托用怀疑的眼神看着这名德国兵，问道："查理，难道你不喜欢跳舞吗？"贡巴赫无奈地耸了耸肩，心里想：这些英国佬全都是疯子。

迪恩斯的队伍转向一处新的村子的路上前进时，风笛手把风笛握在准备位置，队伍里疲困的战俘一排排对正看齐，步伐整齐划一。莫格一下利落地出列，走在迪恩斯自行车的旁边："至少，我们留给本地人无比难忘的回忆。"

第五部　激烈的血战　343

＊＊＊＊

东线战场上，苏军崔可夫的近卫军与卡图科夫的坦克兵，单凭兵力的优势，终于在塞洛高地取得了立足点。4月16日快要到午夜之前，据波佩尔将军后来回忆："在塞洛北边郊外的头三座住宅攻下来了……那真是一场苦战。"16日晚上一整夜，红军的攻击一次又一次地遭德军防空炮近距离射击的火力所摧毁，"德军根本不用瞄准，"波佩尔说道，"他们只要朝向目标就可以射击了"。17日中午，崔可夫亲自到了塞洛，发现抵抗异常激烈，悲观地判断"得花上一整天才能突破奥得河与柏林之间的每一道抵抗线"。一直到4月17日晚上，才把塞洛高地拿下来。的确多花了48小时多一点的时间，才突破了头两条战线。苏军相信在柏林之前，至少还有三条防线。

波佩尔试着前往离塞洛有段距离的卡图科夫司令部去，一路上可以看到战斗造成的极大混乱。到处都是部队与坦克挤在每一个角落、巷弄、街道与菜园。朱可夫的部队分散了，这时必须重新集结才能再度前进。朱可夫好生气，他十分清楚科涅夫的攻击进度，要求部下要全力以赴攻击。

作战过程中，苏军坦克兵运用应急的办法来对付德军大量的铁拳反装甲榴弹。尤舒克将军惊讶地发现，自己的坦克兵到德国人家里去找弹簧床垫，找到一张拿一张。他们把这些有钢丝弹簧的奇怪玩意挂在坦克的前面，阻挡钝头榴弹的冲力。在弹簧床垫的保护下，苏军坦克如今准备好用他们的大炮领头对柏林发起猛攻了。

＊＊＊＊

在科特布斯附近一座俯瞰施普雷河的中世纪城堡内，科涅夫元帅等着与莫斯科作无线电联络。某个地方，德军还有一个孤立的炮兵连依然在射击。那是很典型德军炮兵的射击法，科涅夫仔细听着那种精细计算过时间、有条不紊的炮击。他好奇他们究竟在射击什么目标——或许是这座城堡，还是他司令部的无线电天线？不论目标是什么，这种射击阻止不了科涅夫指挥的坦克，它们自中午开始渡过了施普雷河。现在，它们已经在几公里外了，正摧毁瓦解中的敌军，轰隆轰隆驶向吕本，接近科涅夫集团军与朱可夫部队作战界线的终点。对科涅夫来说，是时候打电话给斯大林，请求准许他的坦克朝北转向、直奔柏林。

科涅夫是有理由感到兴高采烈的。他的坦克兵以前所未有的速度前进，虽然有些地区的战斗残酷艰辛，还有些地方遭遇惨重伤亡。4月17日早上，科涅夫驱车前往第一线，目击横渡施普雷河情形的时候，他才第一次意识到这场激战有多么恐怖。他的车经过燃烧的森林，沿着炮兵射击后弹坑累累的原野驶过。他回想当时，"那一带有大量损毁与焚毁的坦克，溪涧与沼泽深陷着武器装备，一堆扭曲的废金属，到处都是死人——是那些通过这里，继而在此遭遇敌人、激战之后的部队所遗留下来的东西。"

科涅夫原本就预料到渡过施普雷河会遭遇很大的困难，有的河面还宽达 55 米。到他抵达雷巴尔科将军第 3 近卫坦克集团军司令部时，已经有几辆坦克用渡船运了过去，可是这样太慢了。在施普雷防线必须迅速威力渡河，科涅夫与雷巴尔科匆匆赶到一处地点，据侦搜的斥候报告，有证据表明这个地方有可以涉水之处。虽然该位置河面接近

第五部 激烈的血战 345

46米宽,科涅夫检查过地形后,决定冒险派一辆坦克涉水看看。雷巴尔科在自己的前卫部队中,选了一组优秀的坦克乘员,并说明他们打算要达成怎样的结果。这辆坦克下了河,在西岸德军的射击下,它开始缓缓驶过河去,河水淹过了坦克履带就没有到更高的位置了。这个位置河水深度仅有1米,雷巴尔科的坦克便一辆跟着一辆轰隆隆驶过河面,德军的施普雷防线因此垮了。科涅夫大军渡过河,全速向前冲刺。

同时,在科特布斯城堡,科涅夫元帅正在联系莫斯科。一名副官把无线电递给他,说话时遵照斯大林一向要求的军中规矩,他说道:"乌克兰第1方面军司令报告。"斯大林回答道:"我是斯大林,说吧。"

"报告本方面军作战状况,"科涅夫报告道,"本方面军的装甲兵,目前已在芬斯特瓦尔德(Finsterwalde)西北23公里处,步兵目前在施普雷河西岸。"他停了一下:"建议准许本方面军装甲兵立即向北前进。"他小心避开提到柏林。

"朱可夫,"斯大林说道,"这一阵子很艰难,他还在突破塞洛高地的防线,那里的敌军抵抗似乎很坚强。"短短沉默了一下,斯大林说道:"为什么不让朱可夫的装甲兵穿过你前线造成的缺口,让他从那里进攻柏林?这可能吗?"

"斯大林同志,"科涅夫说得很快:"那会花更多的时间,造成更大的混乱,毫无必要从白俄罗斯第1方面军转拨装甲兵,本方面军的责任区作战进行得很顺利。"他打定了主意,"本方面军有适当的兵力,而且处于完美的位置,可以让各坦克集团军直趋柏林。"

科涅夫解释说,他可以派麾下大军,经由措森攻向柏林,那是在柏林南边40公里的位置。"你用的是什么比例尺的地图?"斯大林突然问道。科涅夫回答说:"20万分之一。"斯大林参看自己的地图时，停顿了一阵子，然后说道："你知不知道措森是德军参谋本部的所在？"科涅夫说他知道。又沉默了一会儿，斯大林最后说道："很好，我同意，把你的各坦克集团军转向柏林。"斯大林大元帅还补充说，他会颁布新的作战界线。然后，他突然就把通信挂断了。科涅夫放下自己的话机，感到极为满意。

* * * *

从斯大林那里，朱可夫知道了科涅夫直驱柏林的消息对将军来说，这显然不是什么愉快的谈话。他们说了些什么，没有人知道，可是方面军司令部的参谋，却能够从对司令的影响上看得出来。据军方《红星报》(Red Star) 资深记者特罗扬诺夫斯基中校在后来回忆到这件事时说："对于攻击受挫，斯大林申斥了朱可夫。那是很严重的情况，而斯大林申斥人时，说出来的话通常都不会有多少温和的字眼。"特罗扬诺夫斯基可以清楚见到"朱可夫，满脸钢铁般的意志，不愿把自己的光荣和别人共享的人，这一下受到了极大的刺激。"波佩尔将军对朱可夫当时的心境作了简要的叙述，"我们手上有头狮子了"。他告诉参谋同僚，这头狮子不久就伸出它的利爪。当天晚上，冷酷的朱可夫向白俄罗斯第1方面军下达了命令："去把柏林给我拿下来！"

* * * *

这时，德军战线已开始处处陷入混乱。各地所有的军品都出现短缺，极端缺乏车辆，油料要见底了。路上满是难民，使得部队的大规模调动几乎是不可能。失去机动性衍生了最可怕的结果：部队变换阵

第五部　激烈的血战　347

1945年，白俄罗斯第2方面军司令员康斯坦丁·康斯坦丁诺维奇·罗科索夫斯基元帅（右）与蒙哥马利在一起。

地时，他们的装备器材，包括珍贵的大炮在内都得放弃。通信系统也时有时无。有些地方，根本断了信。结果，当命令传到目的地时，通常已过时甚至刚刚发布命令，就已经无效了。到前方去接管各部队的军官，发现所要接管的什么都没有，官兵不是已经被俘，就是已经遭到歼灭，使得这种混乱变得更加复杂。有些地区，没有作战经验的士兵，没有军官率领，不知道自己在什么地方，在自己侧翼的部队是谁。甚至老兵较多的单位，司令部被迫频频移动，常常使得官兵不晓得自己的司令部何在，要如何才能联系上。

部队不是被困，便是被俘，或遭到制压与屠戮。其他人士气低落、崩溃、弃守。维斯瓦河集团军群的前线仅有两个地方还保持完整无缺。北翼的曼陀菲尔将军的第3装甲集团军，还没有遭到朱可夫大举进攻的重击——但是曼陀菲尔预料随时都会被罗科索夫斯基元帅白俄罗斯第2方面军的攻击。南翼，布塞将军的第9集团军依然坚守。但也开始受到全面瓦解的影响。他的左翼在朱可夫坦克势如破竹下已开始失守。右翼已因为科涅夫从南方以雷霆万钧之势攻向柏林而处于半包围。事实上，维斯瓦河集团军群已经分解成碎片，当中充斥着混乱、骚动和死亡——正如海因里希一开始所料到的那样。

曼陀菲尔也和海因里希一样，从来不低估苏军，而且他也曾在别的地方与苏军作战过多次。这时，他坐在鹳式侦察机飞越奥得河研究敌情。罗科索夫斯基的部队根本没有隐藏攻击准备的工作，炮兵和步兵单位正大喇喇进入阵地，曼陀菲尔对苏军的趾高气扬大为惊讶。到现在为止有好多天了，他在苏军阵在线来来回回飞行，苏军甚至连头都懒得抬起来看上一眼。

曼陀菲尔知道，一旦进击来临，他没有能力支撑很久。他是装甲兵将领，却没有装甲部队。为了阻止朱可夫冲进第9集团军的责任区，海因里希曾经把曼陀菲尔集团军中剩下来的少数装甲师调走。他们是党卫军第3军，在埃伯斯瓦尔德（Eberswalde）的森林据守战斗区的南缘。党卫军费利克斯·马丁·尤利乌斯·施泰纳将军（Felix Steiner），被德国陆军军官认为是党卫军中最优秀的将领。他报告说，自己失去了坦克，却获得了其他的增援兵力，他郑重其事地报告曼陀菲尔说道："我刚刚接收了德国空军飞行员5,000人，人人脖子上都挂着小小一枚铁十字勋章，告诉我，我该怎么用他们？"

"毫无疑问，"曼陀菲尔告诉他的参谋道，"在希特勒的地图上，有一面小小部队旗，上面写着第7装甲师，即使它能够到达这里，它连车辆、坦克、卡车、一门炮甚至一挺机关枪都没有。我们有的只是一个虚有其名的部队。"

这时，曼陀菲尔在座机上俯瞰苏军的攻击准备工作，心里盘算，苏军的主攻可能会在4月20日前后。到那时他知道自己该怎么办。他会尽可能坚守阵地，然后打算"一步一步往后撤退，部下官兵手连手、肩并肩，一直退往西边。"曼陀菲尔无意让任何一个官兵落进苏军手里。

德军第9集团军的情况，目前已接近大难边缘了。然而它的集团军司令却没有考虑后撤。对布塞将军来说，除非是接到命令，否则撤退视同叛国——而希特勒的命令是坚守不退。朱可夫的坦克在突破塞洛高地后的猛扑，已经在集团军的北翼撕开了一处裂口。而今，白俄罗斯第1方面军正以不要命的速度向柏林冲刺。由于通信可以说是全无，布塞不可能判断突破的范围，他甚至不知道实施逆袭能不能封闭防线上的缺口。他最可靠的信息便是朱可夫的坦克已经距离柏林市郊只剩40公里了。使人更为惊惶的消息，便是科涅夫在第9集团军南翼闪电式的推进。乌克兰第1方面军目前已越过了吕本、实施大包抄，在第 9 集团军的后面向北边的柏林推进。布塞心中疑惑，第 9 集团军会不会被切断，就像莫德尔的 B 集团军兵困鲁尔区一样？就某方面来说，莫德尔的运气算是较好，至少包围他的是美军[①]。

对魏德林将军来说，战况特别使人急躁。他的第 56 装甲军首当其冲，承受了朱可夫在塞洛高地突破的全力猛攻。第 56 装甲军挡住了朱可夫长达 48 小时，造成了重大伤亡，可是魏德林躁急等待着的预备队——党卫军第 11 "北地"（Nordland）装甲掷弹兵师，与装备齐全、火力强大的第 18 装甲掷弹兵师却没有及时抵达发动逆袭。如果有了他们，也许就可以把朱可夫的坦克给挡住了。

北地师的某一个人的确露了面——他就是师长，党卫军约阿希姆·齐格勒少将（Jurgen Ziegler），他的车到了明谢贝格北边的魏德林司令部。齐格勒说得非常平静。他的师在几公里外，只是汽油都已经烧光了。魏德林听了脸色铁青。每一个装甲师都会有多余的油料以应对这种紧急情况。可是齐格勒不愿意在陆军将领指挥下作战，显然并不认为他的师有必要赶来。到现在为止，已经损失了宝贵的 20 个小时来补给油料，而齐格勒依然没有到达预定位置。第 18 装甲掷弹兵师本来应该在前一天——4 月 17 日——向魏德林报到。计划中要这支部队发动的逆袭却没有执行！但该师到达时，正好赶上了退却。

魏德林似乎厄运缠身。朱可夫的坦克大军从台地上一涌而出时，德军部队中打得最惨，也是海因里希最担心的一支兵力，便是戈林的第 9 伞兵师。伞兵们一置身于塞洛高地的战斗的那一刻起便士气低落。当苏联坦克连续开炮，猛冲进他们的防线时，他们更惊恐万

[①] 鲁尔被困的德军袋形阵地，在 4 月 18 日被完全消灭。3 天以后，莫德尔自杀。

状，溃败了。魏德林新到任的炮兵指挥官汉斯·奥斯卡·韦勒曼上校（Hans Oscar Wöhlermann），是在苏军发动攻势、渡过奥得河的那天才到职。他目击了伞兵之后的溃散。他说到处都是"像疯子般逃跑"的士兵。即使他拔出手枪，发了狂的伞兵还是停不下来。韦勒曼发现伞兵师师长"完全孤立，对手下官兵溃逃感到泄气，他试图止住那些还留在后面没有逃亡的人"。最终这个不顾后果的逃跑被阻止了，可是戈林大肆吹嘘的伞兵，"依然——以韦勒曼的话来说"对整个会战的进行构成威胁。"至于海因里希，当他听到这个消息，便打电话给卡琳宫的戈林，"我有些事情要告诉您，"他说得很尖酸，"您麾下的这些卡西诺部队，有名的伞兵——唔，他们已经逃掉了。"

虽然魏德林拼命设法要堵住苏军装甲兵的攻击，第56军的前线却没办法守得住。他的参谋长特奥多尔·冯·杜夫芬中校（Theodor von Dufving），见到苏军"以两翼包抄的方式——从两侧痛击我们，一再的向我们包围，要以这种恐怖的压力，迫使我们后退。"第56军也遭受了残酷无情的空中攻击。杜夫芬在4个小时内，被迫寻找掩蔽30次。苏军的钳形夹击战术，迫使魏德林在中午以后把司令部迁了两次，结果导致跟布塞的集团军司令部失去了联系。

入夜以后，魏德林在明谢贝格西北方的瓦尔齐费尔斯多夫（Waldsieversdorf）一处点了蜡烛的地窖内，接待一位贵客——外交部长里宾特洛甫。他神色不稳，忧心忡忡。"他若有所思、不停地看着我们，"韦勒曼回忆当时，"他的眼神忧伤而焦急。"他听到第56军战况的真相时，"似乎对他有摧毁性的效应。"外交部长以粗干低沉的声音问了几个问题，不久以后便离去。韦勒曼与司令部的其他参谋，多半都在期待里宾特洛甫"告诉我们，我方已经与英方及美方开始谈判。在这个最后时刻，会带给我们希望"。他却没有留下这些话。

外交部长刚走，又来了希特勒青年团的独臂领袖，32岁的阿图尔·阿克斯曼（Artur Axmann）。他认为自己所带来的消息，一定可以使魏德林感到高兴。他宣布说，希特勒青年团团员都准备好作战了，甚至当下已经在把守第56军后方的道路了。魏德林对这项消息的反应，出乎阿克斯曼预期。据韦勒曼回忆说，魏德林非常生气，有一阵子他几乎气得说不出话来。然后，"用了极端难听的字眼"谴责阿克斯曼的计划。"你不能为了一个已经失败的理想，而去牺牲这些孩童。"他气愤地告诉这位青年团领导，"我不会利用他们，而且我要求把派这些儿童来打仗的命令取消。"矮胖圆润的阿克斯曼连忙向魏德林保证，这项命令会被取消。

* * * *

如果有颁发了这种指示的话，它根本没有下达到上千个希特勒青年团团员那里。他们在柏林的几条通道上枕戈待旦。他们仍然留在阵地。在之后的48小时会被苏军的攻击粉碎。费尔德海姆和他同连的130来个孩子吃足了苦头。他们慌张往后退，最后停了下来。在几条堑壕和一处掩体保护下想守住这一线。到了最后，费尔德海姆由于恐惧而筋疲力竭，在战斗停歇时，在一条板凳上把身体伸展开来，睡着了。

几小时以后，他醒了过来，怎么有种怪怪的感觉，仿佛哪里不对劲。有一个声音说："我不晓得怎么回事？好安静。"

孩子们冲出掩体——见到"怪异而难以置信的景象，眼前仿佛一幅拿破仑战争时代的古画。"阳光璀璨，到处都是尸体，没有一样东西是直立的，房屋成了废墟，许多车辆损坏被抛弃，有些还在燃烧。

最可怕的震撼还是积成了一堆堆的死人。"那是使人毛骨悚然的场面。他们的步枪和铁拳榴弹发射器摆在身边。真够疯狂。那时候我们才意识到，现场只剩下我们了。"

换句话说，整个作战过程中他们都睡着了。

* * * *

柏林的紧张气氛每一小时都在提升。雷曼将军兵力不足的部队，正把守着市区防线的外环。他们接到预警，只要收到"克劳塞维茨"这个暗号，那就表示对柏林市的攻击已经开始了。许多的紧急措施都已经实施。柏林人都清楚，最后一击的时刻近在眼前。除了上述的事情，障碍物也开始封闭各主要大道。

甚至连戈培尔也不能再忽视眼前的威胁了。宣传部倾倒而出可笑的新闻以及口号。纳粹的机关报《国民观察者报》，报导苏军进兵渡过奥得河，说道："一次崭新而沉重的考验，或许也是最重的一次考验，正出现在我们面前。"报纸继续写道："敌人必须透过血战才能取得每一平方公尺的土地，掷弹兵、国民突击队员，以及希特勒青年团团员所击毁的每一辆苏军坦克，在今天，都比在这场战争中的任何其他的时刻，更具有意义。今天的口号是：'咬紧牙关，拼死奋战！不轻易放弃寸土！在决定的时刻里，要求作最后、最伟大的努力！'"柏林人被提醒，苏军已经决定如何处置全市居民，戈培尔发出警告，那些没有死在防御工事上的人，会遭到清算，"作为奴工充军去"。

4月18日下午，柏林卫戍司令雷曼将军接到总理府的一则命令，后来再由戈培尔亲自打来的电话予以证实。命令中说"所有部队，包括国民突击队在内，遵照第9集团军要求，据守第二线阵地。"换句话说，已经没有人据守柏林的外围了。雷曼大惊失色，匆忙召集了10个营的国民突击队，再加上大德意志装甲掷弹兵师的团级的一个防空炮单位，经过几小时的搜刮与申请，才集结了一批庞杂的车辆，这支部队便向东前进。雷曼眼望着他们开走，转身面对着戈培尔的副部长气愤地说："告诉戈培尔，再也不可能防守第三帝国的首都了，居民已经完全陷入无助了。"

* * * *

维贝格喜怒不形于色，可是他注意到自己的双手在颤抖。在经历了几个月漫长的暗查之后，他几乎不能相信自己听到的一切。他与其他顾客站在黑市食品商店的主柜台旁边，他弯下身子，轻拍着小巧的腊肠犬，这个动作也让他能够听得更清楚一些，不过那两个站在他身旁、衣着考究的女人也没有试着要保密。

大多数柏林人对这一家存货充足的商店并不知情，它仅卖给自己选定的顾客，包括那些纳粹的上层人士。维贝格是这里的老客户了，他只要细细倾听像这两位营养充足的女性谈话，就可以搜集到很多精确的消息。他认为她们的消息应该可靠，因为两人的丈夫都是纳粹要员。

维贝格认为听到的消息足够了，便收起自己买的东西，向老板脱汉堡帽告别、溜出店门。一到街上加快步伐，他要赶快找到施密特。

几个小时后，两个人经过长时间的讨论，都同意维贝格的消息为真。4月18日星期三下午，一封电文发往伦敦。虽然其他的希望都已幻灭，维贝格却非常希望盟军能依这项报告而采取行动。根据他在食品店中听到的消息，希特勒肯定人就在柏林周遭——位于柏林东北方仅有 23 公里的贝尔瑙（Bernau）的总部。在他 4 月 20 日 56 岁生日这一天，还有什么能比大规模空袭更好的生日礼物？

＊＊＊＊

希特勒统帅部的作战厅长约德尔将军，4 月 20 日凌晨 3 点回到家。由于担忧与筋疲力竭而满脸皱纹，他告诉太太路易丝，危机已经来了，"你最好开始收拾行李准备离开。"路易丝不肯走，她还要继续在红十字会工作。但是约德尔很坚持，他说道："你有约德尔这个姓，苏联人半天都不会等，立刻就会把你送进莫斯科的卢比扬卡监狱（Lubianka）。"她就问，可以去哪里？约德尔耸耸肩，说道："往北还是往南——没有人说得上，但我希望我们能一起面对末日。"他们谈了大半夜。到上午 10 点前不久，空袭警报响了。"我敢打赌柏林今天会有特别多的炸弹分配量，"约德尔说道，"每逢希特勒生日时一向如此。"

约德尔回到元首地堡以前，匆匆忙忙到楼上刮脸，元首今年的生日与往年没有什么不同，通常都有政府官员及内阁阁员前来列队向希特勒祝贺。约德尔也该到场。他下楼时，路易丝把军帽及腰带递给他，他拿起地图包与她吻别，"我得赶快去祝贺了。"他说道。路易丝心中萌生奇怪的感觉——现在天天都如此——不知道他们彼此还能不能再见到面。他上了车，她高声说："祝福你。"

希特勒的"宫廷"中，还有一个人也准备要去参加祝贺典礼。帝国大元帅戈林打算亮亮相，证明自己依然忠诚不二，但是他之后就要往南走了。他已经决定是时候向柏林西北边 89 公里处的巨大城堡卡琳宫以及周边的产业告别的了。苏军在凌晨 5 点 30 分开始炮轰，他不久就下定决心，立刻打电话到普伦茨劳附近、海因里希的集团军司令部。得到的消息是：北面的攻击已经开始了。罗科索夫斯基的白俄罗斯第 2 方面军，终于发动了攻击，进攻曼陀菲尔的第 3 装甲集团军。戈林十分清楚，曼陀菲尔的兵力不足。几个星期前，他到过前线好几次，他大声地讽刺着每一个将军，因为"到处都在懈怠闲混，什么准备都没做，苏联人只需一路大笑着走过你们的防线就可以了"。

对于当前时刻，戈林本人早已做好了准备。在他城堡大门外的主干公路上，排了 24 辆德国空军的卡车，装满卡琳宫的财物——他的古董、油画、银器与家具。车队会立刻南下，德国空军总部在柏林的大部分官兵连同装备器材，将在这一天稍晚搭乘另外一支车队离开[①]。

这时，戈林站在大门边，向车队指挥官讲了几句最后的话。周围由摩托车维护着的车队出发了。戈林站在那里，看着这栋有壮观厢房与拱壁的巨大城堡，空军一名工程官走过来报告说，一切都准备好了。戈林在手下少数官兵与当地村民注视下跨过马路，俯身压下起爆杆，一声轰然巨大爆炸，卡琳宫炸开了。

不待尘埃落定，戈林便走向自己的座车，对着手下一名工程官，他说得很镇定："一旦你成了王储，有时不得不做某些事。"他砰然关上车门，军车开往柏林，为元首祝贺去。

****

---

① 戈林应该有 24 辆以上的卡车，海因里希认为有"四个纵队"。不过，这也许包括了德国空军在那天稍晚离开柏林的其他车队。奇怪的是，在当时飞机由于油料短缺而停飞，车辆因而停驶，戈林不但尚有卡车能支配，而且还有充裕的油料供应。

第五部　激烈的血战　357

希特勒安乐地在早上 11 点起床。从中午起，他开始接受身边最亲信人员的祝贺——其中有戈培尔、鲍曼、里宾特洛甫、施佩尔，以及各将官元帅，包括邓尼兹、凯特尔、约德尔、克雷布斯和希姆莱。在他们之后来的是柏林地区的大区长官、参谋以及秘书。此时，在远处的隆隆炮声衬托下，希特勒和身后这一批随从出了地堡。原本的总理府花园，现在已经被炸成了废墟，他检阅来自两个单位的人，一个是甫自库尔兰集团军来到的党卫军佛洛兹堡师①。另一个单位则是阿克斯曼引以为豪的一小批希特勒青年团团员。"每个人，"阿克斯曼很久以后说道，"对元首的出现都大感震惊。他走路弯腰驼背，双手在发抖。即使如此，大家还是惊讶于这个人依然散发着强大的意志力与坚决的气质。"希特勒和这些孩子们握手，经过阿克斯曼介绍后，为"最近在前线表现特出"的青年团员颁授勋奖。

然后，希特勒走到党卫军队伍前，和每一名官兵握手，并且很有信心地预料，敌人在抵达柏林以前会遭到击败。在旁边看着的，便是党卫军司令希姆莱。自从 4 月 6 日以后，他就与瑞典红十字会理事长福尔克·贝纳多特伯爵（Folke Bernadotte）暗中会晤过好几次。希姆莱曾经向贝纳多特试探，与盟国达成和谈条件的可能性。这时他走上前去，重申自己以及党卫军对希特勒的忠心。不过，他已经安排好几小时后，又要与贝纳多特见面了。

检阅仪式一结束，希特勒的军事会议立即开始。这时，戈林也到了。克雷布斯将军先作简报，虽然每一个人对战况都很了解。柏林被

---

① 库尔兰集团军完全被困在波罗的海各国境内，残余兵力终于用船撤退，4 月初抵达斯维内明德（Swinemunde）。该集团军原本 18 个师的兵力，装备尽弃，仅剩几船官兵返抵德国。

包围只是接下来几天之内的事情——如果不是几个小时之内的话。柏林包围以前，如果不下令撤退的话，布塞的第9集团军也会被困住。希特勒的将帅认为有一点很清楚，目前仍然在柏林的元首以及重要部门首长，一定要离开首都到南部去。凯特尔和约德尔尤其敦促成行，可是希特勒拒不承认事情已经到了那么严重的地步。据元首的空军副官尼古劳斯·冯·贝洛上校（Nicolaus von Below）说："希特勒宣称柏林战役是德国可以免于全面溃败的唯一机会。"他也作了一些妥协：一旦苏军与美军在易北河会师，德国分成南北两区，北部由海军元帅邓尼兹统治，南部可能由凯赛林元帅指挥。同时，准许政府各部门立即撤离柏林。

希特勒并没有透露他个人的计划。但在地堡中，至少有三个人深信他绝对不会离开柏林。希特勒的秘书之一乔安娜·沃尔夫，便在几天前听他说过，"如果情况已经无可救药，他会了结自己的生命。"贝洛也深信，"希特勒已下定了决心要待在柏林，死也要死在那里。"约德尔回家告诉太太说，希特勒私底下谈话时说道："约德尔，我会和身边的忠诚分子一起打下去，然后我开枪自杀。"[①]

大多数政府机构已迁离柏林。但是德国其他的行政部斗，似乎许多天以来都还在为这个时刻做准备，就像赛跑选手等待起跑枪响。现在，真正的大逃亡开始了，这种情况会持续不断，直到柏林终于被包围了为止。德国空军参谋长科勒将军在日记中记载，戈林已经离开，"理所当然，"科勒写道，"要把我留在这里，好让希特勒的气全

---

① 希特勒告诉约德尔的话，约德尔太太路易丝都详细记载在日记里。这一段后面有一行批注："外子说道：'除了在别的场合之外，自我的前妻死去以来，这还是希特勒对我说过的唯一有关他个人的谈话。'"

出在我身上。"大小官员都溜之大吉。在"托特组织"（Organisation Todt）建筑师卡尔·杜斯特曼博士（Dr. Karl Dustmann）办公室担任绘图员的年轻法国奴工菲利普·昂贝尔（Philippe Hambert），老板突然给了他 1,000 马克（约 250 美元）作礼物后便离开柏林，昂贝尔吓呆了。位于夏洛滕堡区，玛格丽特·施瓦茨在自己的公寓楼上看见下面街道一辆由专用司机驾驶的蓝色大轿车，停在附近一栋房子边。她的邻居奥托·佐利曼（Otto Solimann）也过来看。他们看见"一名传令兵，身穿笔挺的白军服跟着一名海军军官。军官的军服上有好多金星"。他们离开了房屋，车子很快就装上了行李。然后两个人进到车内，"以最快的速度开走"。佐利曼对施瓦茨说道："这些老鼠离开要沉老鼠的船了，那位就是海军元帅埃里希·雷德尔（Erich Raeder）。"

柏林卫戍司令部一共发出了 2,000 张离市许可证，"政府与党部机关要求离市的理由，有些可笑得很，"参谋长雷菲尔上校后来回忆说道，"虽然戈培尔下令'能拿武器的人，均不得离开'，我们对这些要通行证的'家庭战士'并不刁难。为什么我们要留住这些卑鄙货色呢？他们以为逃走可以挽救他们的宝贵生命，市民中大部分都留了下来，因为缺乏交通工具，他们想逃走也没有办法。"

在选帝侯大街 213 号，金发的克特·霍伊泽尔曼接到老板的电话。纳粹的首席牙医师布拉施克马上就要离开了。前几天，布拉施克和克特说过，把所有的病历、X 光片、齿模和其他器材全部装箱，好带走送到南方去。布拉施克说："总理府的人随时会走，我们要跟他们待在一起。"克特却说自己要留在柏林，布拉施克很生气，问道："你知不知道苏军到了这里之后，会变成怎样吗？"可是克特就是"不认为会那糟"，后来她回想："当时我并不了解情况的严重性。也许是蠢，但我当时确实很忙，并没有意识到事情已经到了无可救药的地步。"而现在布拉施克更是坚持,"收拾东西,马上走,"他催促着,"总理府的人和眷属都要走了。"可是克特铁了心就是不要走,要待在柏林。"好吧!"布拉施克说道,"记住我告诉过你的话。"说完,就把电话挂上了。

克特突然想起布拉施克几天以前交待她要做的事。假如他离开柏林,而她留下来,就要警告他的一些朋友,说纳粹的大官都逃走了,说话要用暗号,布拉施克说过:"电话也许有人监听。"假如希特勒的所有随从都走了,她就得说:"昨晚把牙桥拆下来了。"倘若只有一些人走,这句话就得改成"昨晚只拔了一颗牙齿。"她不知道布拉施克的朋友是何许人,只晓得"他的大名为加尔维茨(Gallwitz)或者格拉维茨教授(Grawitz)。记得他曾经提过,这位教授是党卫军的高级牙医师,"布拉施克只把电话号码给了她。现在,既然知道整个"总理府的人"都走了,她就拨这个电话出去。有人接了电话,克特便说道:"昨晚把牙桥拆下来了。"

几个小时后的傍晚,德国红十字会会长,同时也是希姆莱的朋友,格拉维茨医师(Ernst Grawitz)坐下来和家人共进晚餐。大家都就座以后,格拉维茨俯身下去,拉出两枚手榴弹的保险插销,把自己和家人都通通炸死了[①]。

* * * *

柏林人将永远以"金雉鸡逃亡"的印象记得这一次的大逃亡。但

---

① 纽伦堡大审的证词透露,兼任希姆莱外科主任医官的格拉维茨,准许以集中营的人员作医学人体实验。

是绝大多数的老百姓，对当时苏军的推进比纳粹的逃亡更有印象。电影导演卡尔·伯泽（Karl Boese）的太太海伦娜（Helena Boese）记得，当时唯一关心的事便是"无论如何都得活下去。"苏军已经兵临明谢贝格与施特劳斯贝格（Strausberg），距离市区东边约24公里。而今又有消息传出，苏军另一支大军正从南方向措森推进、杀向柏林来了。人在滕佩尔霍夫区的编剧格奥尔格·施勒特尔（Georg Schroter），亲身听到苏军前进的消息。他的其中一个女友是位酒馆舞女，名叫特露德·贝利纳（Trude Berliner），住在柏林南郊。他为贝利纳担忧，便打电话到她家里去。贝利纳接了电话说道："等一下。"然后沉寂了一会，才说："我这里有位先生，他很乐意和你说话。"施勒特尔这才知道自己竟和苏军一位上校通话，一口德语溜极了。"你们可以指望我们，"他告诉惊骇莫名的施勒特尔道："两三天就可以到柏林了。"

各地——不论北、南、东——前线都在缩小。在支离破碎、断垣残壁的大都会区，所有的运作差不多都慢了下来，甚至停顿。工厂关门、电车停驶，除非要运送重要的工人，不然地铁也不运作了。柏林市卫生局化验室技术员伊尔莎·柯尼希（Ilse Kbnig），记得她收到一张红色通行证，可以继续乘车上班。全市的垃圾没人收了，邮件不再投递，在奥拉宁堡大街（Oranienburgerstrasse）邮政总局上班的格特鲁德·埃弗斯（Gertrud Evers），还记得"总局挂着无法投递的食品包裹，散发出一股刺鼻可怖的腐烂臭气"。因为大多数警员目前不是在战斗部队，就是在国民突击队，因此大街小巷不再有警察巡逻。

4月20日这一天，因为发生了这一件事，导致很多人确切知道局势的真正严重性——动物园关上了大门。上午10点50分，动物园停电，使得园内无法打水。电力在4天后又来了一次，可是只维持了19分钟。自那以后便不再有电力，直到作战结束以后才恢复。可是打从

希特勒最后一次的公开行程。1945年4月20日生日当天表扬他认为有尽到保卫第三帝国国民义务的包括青少年在内的一些非正规人员。

这一天起，管理员们都知道，许多动物一定必死无疑——尤其是池沼中早些日子救活下来的河马与水族馆中的鱼类。禽鸟管理员施瓦兹，已经在为那只稀有鹳鸟阿布的情况感到担忧了。它在施瓦兹的卧室里铁定会慢慢饿死，现在更不知道没有了水，阿布如何活得下去。他会用桶去提水，直到自己累垮为止。施瓦兹63岁了，决心要这么做为的不只是阿布，还有大河马洛莎以及两岁的小河马克瑙施克。

动物园园长黑克十分为难，知道到头来一定要杀死园内的一些危险动物，尤其是价值不菲的狒狒。但他总是把这个时刻往后延。越是心烦意乱的时候，就更需要有片刻的宁静。赫克做了件一辈子从没做过的事——和园内一名管理员一起到兰德韦尔运河去钓鱼。他在河边"心里却想着别的事"，两个人钓到了两尾白斑狗鱼。

这一天，柏林地铁局局长弗里茨·克拉夫特（Fritz Kraft）和柏林市市长尤利乌斯·利珀特（Julius Lippert）开会。市长对克拉夫特和与会的地铁局经理下达了很现实的指示，"如果是西线的盟军先到这里，"利珀特告诉大家，"把地铁设施纹风不动地交给他们，如果是苏军比他们先到……"他停了一会儿，耸了耸肩，说道："那就尽你所能地破坏。"小型的自动电话交换台也收到类似的指示。在布科（Buckow）交换总机的机械员也收到吩咐，宁可把设备毁了，也不交给苏联人。不过，担任维修工作的赫伯特·马格德（Herbert Magder）突然想到，虽说要破坏，可是却没有人下达任何关于要如何破坏的指示。就他所知，没有任何的交换机遭受破坏。几乎所有机器在柏林战役的整个过程都在持续运作。

为了遵从希特勒的"焦土"政策，各工厂也奉令要夷平。位于夏洛滕堡区先灵化工厂，化学部主任格奥尔格·海因里希·亨内贝格教授（Georg Henneberg）记得厂长曾经集合所有化学部人员，宣读一份刚刚接到的命令，指示当敌人迫近时，要将给水、煤气、电力、锅炉等各项设施予以破坏。亨内贝格的老板把命令宣读完后，沉默了一会儿，这才说道："现在，各位知道什么事情不该做了吧。"他向大家道别，把工厂关了，设备保持原状。亨内贝格回忆说道："我们彼此道别来生再见。"

多年以后，柏林人依然还记得 4 月 20 日这一天是还有另外一个原因的。究竟是为了庆祝元首的生日，还是因为预期的攻城即将开始，谁也不知道。不过到了这天，政府对挨饿的平民百姓配给了特别多的食品，并称之为"危机口粮"。以 25 岁的独臂退伍老兵于尔根——埃里希·克洛茨（Jurgen-Erich Klotz）为例，他记得当时发给的额外口粮，有 454 克的培根或香肠，680 克的米饭或麦片，250 粒干扁豆、豌豆或蚕豆，1 罐蔬菜；907 克的白糖，57 克的咖啡，一小包代用咖啡和一些油脂。那一天的空袭虽然长达 5 个钟头，柏林的家庭主妇却不把炸弹当一回事，执意要去领这些额外的配给。这些东西可以吃上 8 天。安妮-莉泽·拜尔（Anne-Lise Bayer）对她丈夫说："有了这些口粮，现在我们就可以升天了。"显然，柏林各处都有人持同样的想法：把这份额外的食物，称为"耶稣升天节口粮"（Himmelfahrtsrationen）。

* * * *

易北河北方的格雷塞，红十字会的包裹送到了迪恩斯准尉 12,000 名英军战俘的手上。迪恩斯做好了所有的安排，其中包括说服战俘营司令奥斯特曼上校破例允许英国皇家空军的战俘前往位于吕贝克的国际红十字会中心，然后开着卡车回来，以便加快包裹运送的速度。现在，排成纵队的战俘挤满了小镇周围的道路，那里正在分发包裹。迪恩斯宣布道："一个人两包。"卡尔顿·扬格扬格士官长（Calton Younger）记得，"这些如同奇迹一样的包裹极大地提升了战俘们的士气，我们立刻授予迪恩斯圣徒的地位。"

迪恩斯骑着那辆轮胎随时会分解的老爷自行车从一队到另一队，确保每个人都有领到自己的份额，也警示饿得半死的战俘——他们大部分一直都靠野菜为生——不要吃太多，"尽可能节省下来，因为我们还不晓得老德对我们还有什么招数。"话虽如此，迪恩斯却见到大多数战俘"大口大口吃，仿佛像是最后一餐。"杰弗里·威尔逊士官长（Geoffrey Wilson）打开包裹狼吞虎咽，里面有罐头牛肉、饼干、巧克力糖。最棒的地方，是还有120根香烟。他可是"发了疯般地嚼，发了疯般地抽，因为我决定死也要做个饱死鬼，不做饿鬼。"

他们坐在地上吃时，被英国军机发现了。皇家空军9架台风式战斗机先在上空盘旋，然后以威尔逊所记得"梦幻般引人入胜的方式"脱离编队，俯冲下来。有人说道："我的老天！他们冲着我们来了！"战俘们发了狂似的朝四面八方散开，有些人想抽出在紧急时应用的彩色识别布板，有的扑进沟里、躲在墙后、冲进教堂，或者躲进镇上的防空洞。可是有很多人动作太慢，台风式机一架跟着一架冲下来，对着队伍发射火箭和投下人员杀伤弹。战俘们都大叫："我们是你们的弟兄！我们是你们的弟兄！"8架飞机都展开了攻击，只有第9架，或许意识到错误，拉起机头飞走了。这一切才几分钟的事，60名战俘死亡，几十个人受伤，还有人在德国医院中因伤重死去。

迪恩斯在路上巡视，目睹了这次的屠杀，绝望得呕吐起来。他立刻下令辨识死去的人，有些尸体完全无法知道是谁了。后来他回忆说："只剩下片片血肉，只能用圆锹铲进墓穴。"

死者下葬、受伤的人送进德国医院后，冷静而坚定的迪恩斯，骑着自行车到战俘营临时营部去找奥斯特曼上校。这一回迪恩斯不来什么军事礼节了。"奥斯特曼，"他说道，"我要你开一张通行证，让我能到英军战线去，这种事情不能再发生了。"

奥斯特曼吓了一跳，看着他说道："迪恩斯先生，我不能这么做。"

迪恩斯狠狠瞪着他，"我们不知道谁会来接管这一批人，"他警告说道，"可能是英军——或者是苏军，谁来解救我们，我一点都不在意，但你愿意向谁投降？"迪恩斯盯着眼前这个德国人。"不晓得什么缘故，我并不认为你和苏军一起会有多好的未来可言。"他停顿了一下，好让最后这一句话深深打进奥斯特曼的脑海，然后他才平静地说："司令，开通行证吧。"

奥斯特曼坐在桌子边，拿出德国陆军的公文纸写了一张便条，让迪恩斯可以凭它穿过敌方战区。"我不晓得你要如何穿过前线，"他告诉迪恩斯，"不过至少这张便条可以让你到他们那里去。"迪恩斯说道："我乐于带卫兵贡巴赫一起走。"奥斯特曼考虑了一下说道："同意。"也替贡巴赫开了一张通行证。迪恩斯又说："我还想要有一辆不会四分五裂的自行车。"奥斯特曼看着他、耸耸肩，说他也可以安排。迪恩斯离开办公室时，最后一句话说："我会跟着贡巴赫一起回来，把我们的人带走。"这时，他利落地来了个敬礼，说道："我向你保证做到，谢谢你，司令。"德军战俘营司令也回礼，说道："谢谢你，迪恩斯先生。"

当天晚上，不屈不挠的迪恩斯，在德军"查理"贡巴赫中士的陪同下，骑着自行车出发，要长途跋涉到英军的战线去。

第五部 激烈的血战　367

****

入夜时分，当朱可夫的坦克直趋柏林时，科涅夫焦急地看着地图，催促自己的将领速度要更快。"雷巴尔科，不要担心你的两翼，"他告诉第3近卫坦克集团军司令雷巴尔科将军，"不要担心与步兵分离，只管前进吧。"多年以后，科涅夫说道："当时，我知道自己的坦克指挥官一定在想什么：'你在这里把我们往洞里扔，强迫我们前进，两翼没有掩护兵力——难道德军不会切断我们的交通线，从后面来打我们吗？'"身材魁梧的科涅夫，双手轻拍自己的元帅肩章，告诉坦克兵将领："本人会在场，你们用不着担心，我的观测所会在队伍的中央跟你们一起前进。"雷巴尔科和第4近卫坦克集团军司令列柳申科将军（D. D. Lelyushenko），他们对司令作出极其出色的响应。坦克集团军的冲刺宛如美军第2与第5装甲师的奔袭易北河，苏军坦克兵切过敌军——即使如此，一如雷巴尔科所说："没有消灭掉的德军各师，依然留在我们的后面。"他们连续24小时一路开打。雷巴尔科闪电般的冲刺了61公里。列柳申科的坦克则长驱直入45公里。这时，雷巴尔科欢欣鼓舞地打电话给科涅夫。"元帅同志，"他说道，"我们正在措森市郊外作战。"乌克兰第1方面军的部队，距离柏林只剩40公里了。

****

措森市响起了警报。现在看来，苏军可能在24小时内抵达陆军总部了。疏散命令下达，重要官员已经离开前往波茨坦新开设的总部去了。总部的其余人员，连同办公室打字机、密码机、保险柜与公文箱都已装上巴士与卡车。正当装箱与装车进行中时，人们着急地走来走去，巴不得立刻就走。当时，据接替克雷布斯原先职务的参谋次长埃里希·德特勒夫森将军（Erich Dethleffsen）说："我们可提供了敌人空军一个大好的目标。"天黑前不久，车队开车了，向巴伐利亚驶去。德特勒夫森则驶往柏林，去参加元首的夜间会议，路上很高兴看见一批德国空军的飞机在头上向南飞去。后来在会议简报中，他听见空军一名军官向希特勒报告，说"对苏军向措森前进的坦克，发动了一次成功的攻击，以阻挡在当地发动的攻击。"德国空军的轰炸机确定是成功攻击了，但所谓的"苏军坦克"，其实就是南下的陆军总部的车辆。德机炸毁了己方的车队。

＊＊＊＊

4月20日午夜，海因里希心情沉重地审视着地图，努力分析状况。几小时以前，他所害怕的一件事成了事实。现在他不但是维斯瓦河集团军群司令，而且还要指挥柏林卫戍司令部。几乎在接到命令的当下，他就打电话给柏林卫戍司令雷曼，告诉他市内桥梁不得破坏。雷曼抱怨说柏林无从防守，现在他最精良的国民突击队又被抽调去守战线了。海因里希对这一切都很清楚。事实上他正要告诉雷曼，把其余的国民突击队也调派出去。"雷曼，"海因里希说得很为难，"你不了解我想做的吗？我就是要把这场仗在市区外面打，而不是在里面。"

海因里希了解在目前的情势下柏林无从防守。他无意让手下各个集团军退进城里，坦克在市区中无法施展。建筑物集中、缺乏射界，炮兵也派不上用场。如果企图在市区中作战，就会有大量的平民伤亡。海因里希希望要不惜一切代价，避免上演逐街逐巷的可怕巷战。

当时他最关切的还是布塞的集团军。他很确定,如果第9集团军不迅速后撤,就一定会被包围。他要参谋长把一份电文递给陆总参谋总长克雷布斯:"如果布塞集团军不立即后撤,本人不能接受此项职务或指挥此一情况——并且要总长向元首报告这个状况。"

他开车走遍整个前方,到处都是崩解的迹象。他见到"公路上满满都是难民的车辆,中间经常夹杂着军车。"他头一次冲进了显然正在撤退的部队。在前往埃伯斯瓦尔德途中,他说道:"我发现几乎所有军人,都众口一辞地说,他得到了命令到后方去领弹药、油料或者别的东西。"他大感震惊,立刻采取行动。在埃伯斯瓦尔德北边,发现"部队向西北方前进,说他们那个师会在约阿希姆斯塔尔(Joachimsthal)附近整备。"他止住他们,并让他们在埃伯斯瓦尔德附近重新整备。在同一地区的几处运河渡河点,发现党卫军第4"警察"师的部分兵力正在下船。官兵都很年轻,是最近才编组的,但只有部分武器,"叫他们到埃伯斯瓦尔德来领武器。"在那南边的路上,他发现挤满了大量的军民,海因里希下车命令士官带着他们的人掉头,说道:"回到前线去。"

来到舍恩霍尔茨(Schonholz),他看见"年轻的军官无所事事,只是在东张西望。必须要鼓舞他们,下达命令,组成战线,集合零散的官兵。"从那里到特兰珀(Trampe)之间的森林,"满满的都是流散的士兵,不是休息,便是往后退,没有人是有命令或者指派在身的。"在别的地方,他发现"一个坦克侦搜排的士兵,竟靠在停下来的几辆坦克边休息",他下令这一组人"立刻向比森塔尔(Biesenthal)前进,去把那里重要的交叉路口再攻下来"。埃伯斯瓦尔德附近的情势纷乱,海因里希日后回想说道:"没有人能告诉我是否还有一道前线存在。"到了半夜,他已经恢复了这地区的秩序,并下达了新的命令。

很明显，他的集团军兵力、武器不足，而且经常没有称职的干部在场领导。海因里希知道，这段战线没办法挺很久。北边的曼陀菲尔，他的第3装甲集团军抵抗罗科索夫斯基的苏军虽然达成了一些成果，但他被迫要向后退，也只是时间的问题而已。

半夜12点30分，海因里希打电话给克雷布斯，告诉他情况来到无法控制的边缘了，尤其是第56装甲军"尽管对苏军一再发动逆袭，还是被压迫得退了又退。"他说道，这里的情况"紧张到快要炸开了"。白天他亲自打了两次电话给克雷布斯，谈到第9集团军的状况迅速恶化。每一回，克雷布斯都一再把元首的决定告诉他："布塞要坚守住奥得河。"而这时，海因里希要再度为布塞争取后退的命令。

"一直以来，"海因里希这时告诉克雷布斯，"就不准我有调动第9集团军的自由。现在我请求这项自由——不然就要错过了。我一定要指出，抗拒元首的命令不是出于顽固或者无理由的悲观。从我在苏联作战的纪录，你知道我并不是轻易放弃的人，但现在最重要的便是采取行动，挽救第9集团军免于歼灭。"

"我接到的命令，"他说道，"本集团军一定要在目前阵地守住前线，把所有可用的兵力都抽调过去填补第9集团军与南翼舍尔纳集团军间的空隙。但我真的很痛心，必须这样说，我无法执行这项命令。这一着根本没有成功的机会。我要求批准撤退第9集团军。正是基于元首本人的利益，我才提出这个要求。"

"事实上，"海因里希说道，"我真应该要做的，就是亲自前去报告元首，跟他说：'我的元首，既然您不同意我的建议，认为撤退危及您的安全，而我又无法实施您的作战命令，那请撤我的职吧。让更有能力的人来带领本集团军作战。然后我将以一名普通的国民突击队员的身份在战场上与敌搏杀，履行我作为军人的最后职责。"海因里希摊牌了。他在向顶头上司说明，宁愿以最低层的士兵身份去作战，也不愿去执行一项只会平白牺牲生命的命令。"

"你真要我把这些话向元首报告吗？"克雷布斯问道。海因里希的回答得很简短，"我要求这么做，"他说道，"我的参谋长与作战处长便是我的证人。"

没多久，克雷布斯的电话来了。第9集团军坚守原阵地。同时，所有堪用兵力，应尽力堵上与南翼舍尔纳之间的缺口，"再度形成一条连续的战线。"这时，海因里希知道，第9集团军等同于被歼灭了。

* * * *

希特勒的夜间军事会议，于凌晨3点在元首地堡召开。会议中，希特勒责怪第4集团军——在科涅夫攻势开始的那一天，该集团军便被打垮了——认为自那以后的所有问题，都源自于该集团军，他痛斥他们叛国。"报告元首，"德特勒夫森将军大为震惊，问道："您真的认为这支部队叛国了吗？"希特勒"用带着自哀的眼神看着德特勒夫森，仿佛只有呆子才会问这个蠢问题。"然后他又说道："我们在东线的所有失败，都源自于叛图——除了叛国之外没有别的原因。"

正当德特勒夫森要离开会议室时，里宾特洛甫的外交部代表瓦尔特·黑韦尔大使（Walter Hewel）进来了，表情非常担忧，"报告元首，"他说道："您有什么命令要给我吗？"停顿了一会儿，黑韦尔说道："如果我们依然想在外交层次上达成任何成果，现在正是时候。"据德特勒夫森说，希特勒"用完全变了调的声音说得很柔和"，说道："政治，我跟政治再也没关系了，政治令我想吐。"据德特勒夫森回忆，他"慢慢地"走向门口，"十分疲惫，步伐拖拖拉拉的"。他转身对着黑韦尔说道:"我一死你们这些搞政治的,就有得忙了。"黑韦尔更进一步,说道:"我认为现在我们该有所行动。"希特勒走到门边,黑韦尔又极为急切地补一句,"报告元首,差5秒就要到12点了。"希特勒似乎没有在听。

3

这种声音与柏林人以前所听到过的完全不一样,既不像炸弹落下来的呼啸声,也不像是防空炮火的轰击炸裂声。位于赫尔曼广场(Hermannplatz)的卡尔施塔特百货公司(Karstadt)外面排成长龙买东西的人都在细听,但都搞不清楚是什么声音。那是来自于远方,一种低频的尖锐声,可是一下子迅速升高成了恐怖的、刺耳的呼啸声。有那么一个时候,买东西的人都好像催了眠似的静止不动。排成长长队伍的人忽然都四散逃开,可是却太迟了。头一批轰到市区的炮弹,就在广场爆炸开来,碎裂的尸体四溅到上了木板的店面。男女老幼躺在街上厉声高叫,在痛苦中翻腾打滚。时间是4月21日,星期天上午11点30分,柏林市变成第一线了。

炮弹开始轰击每一处,整个市中心的屋顶都窜起了火舌,原被空袭炸松了的房屋倒坍下来,汽车车底朝天,火焰四起。勃兰登堡门惨遭命中,一片飞檐从城斗上方摔碎在地面。炮弹从菩提树下大道的这一头轰到另一头;已经被炸毁的皇宫,再度被炸得引起了火灾,国会大厦也是如此,一度支撑大厦圆顶的大梁垮落,大片金属如暴雨般从天而降。选帝侯大街,人人发疯似地奔跑,把公文包与手提包都甩了,急急忙忙从这个门口冲到另一个。蒂尔加滕公园街末端专饲养赛马的马房,挨了一发直接命炮弹。马匹的嘶鸣声,夹混着路人的哭叫声,一会儿之后,马匹踏出火狱,在选帝侯大街奔驰,它们的鬃毛与马尾都还在燃烧。

一阵又一阵的炮弹,轰击着柏林。它们的轰击有条不紊,十分有计划。瑞士《联邦报》(*Der Bund*)记者马克斯·施内策尔(Max Schnetzer)人站在勃兰登堡门旁边,注意到威廉大道政府区中央,至少每五秒钟落下一发炮弹。然后相隔半分钟到一分钟的暂停之后,炮弹又再度轰下来。施内策尔从他所站的地方,可以见到腓烈特街车站方向火焰直冲天空。"由于烟霾与太阳光线交织在一起,"他后来说道,"看起来就像云层都在燃烧。"

柏林的其他部分炮轰是同样的猛烈。在维尔默斯多夫区,伊尔莎·安茨(Ilse Antz)和妈妈、妹妹都觉得她们的房子在摇动,两个女孩在地板上卧倒,妈妈紧紧抓住门栓,尖声叫道:"我的天啊!我的天啊!我的天啊!"在诺伊克尔恩区(Neukolln),多拉·扬森(Dora Janssen)目送她先生———位德国陆军少校——在车道上走向他的车子,传令兵刚把车门打开,突然被一发炮弹"炸成了碎片"。炮弹硝烟散去时,她看见先生站在车旁,头抬得高高,可是痛楚却使得他脸部扭曲。多拉往先生那儿跑去,只见"他一只裤管里浸透了血,正从马靴上缘溢出来,还流到了人行道上"。眼见先生被人用担架抬走时,多拉觉得有一种奇怪的情绪,与她关怀先生的安危形成强烈的拉锯、挣扎。她无法阻止自己迸出这样的想法,"尽管受了伤,他还是站得那么直挺挺的。真是一位真正的军官!"

不远处,有位军官不敢相信苏军能靠得这么近。狂热的空军会计官卡尔上尉,就是向家人打招呼,依然行希特勒式的敬礼的那位——越来越绝望了。苏军如此逼近,卡尔一席贴身的耀眼军服光彩夺目,

1945年5月2日，胜利者在勃兰登堡门前广场留下了这张象征柏林战役结束的照片。

战败的柏林蒂尔加滕公园全景。前景是一辆破损的德国 15 厘米 s.FH 18 榴弹炮炮架。国会大厦位于照片左侧的后面。

1945 年 5 月 2 日，勃兰登堡门旁的菩提树下，一群受伤的平民。

风采依然，甚至还变得特别显眼。他的太太格尔达虽然从来不敢告诉他，但她觉得卡尔穿着军礼服，再配上完整的金袖扣与一排排毫无意义的勋表看上去很可笑。这段日子，他也从来不脱下手上镶有纳粹党徽的钻石戒指。

不过，卡尔十分清楚正在发生惊天动地的大事。中午他从滕佩尔霍夫区办公室下班回家，举起一只手，一声很平常的"希特勒万岁"打招呼，然后向太太下达各项指示。"现在炮击开始了，"他告诉她道，"你要到地窖里去，永远呆在那里。我要你坐在地窖入口的正对面。"格尔达惊讶地看着他，似乎那里是最不安全的地方。可是卡尔却很坚持："我听说在别的城市，苏军以火焰喷射器朝地窖喷射，大多数人都被活活烧死。我要你坐在地窖入口的正对面，所以你就会第一个死掉，就用不着坐等轮到自己的死。"这时，他二话不说，紧紧握住太太双手，再来上一个纳粹敬礼，大踏步走出公寓。

格尔达一脸茫然，照着吩咐她的话来做，坐在距离其他人的前方远处，正好对着地窖入口的里面。炮轰在头顶上震动，她不断地祈祷。自结婚以来，这是头一遭在她的祈祷词中，不包括卡尔在内。下午，正当卡尔通常回家的时候，格尔达不理先生的命令，冒险上楼去。她害怕又发抖，等了一阵子，不过卡尔并没有回来，她再也没见到他了。

空中的轰炸刚停，炮兵的轰击就接续开始。西方盟军对柏林的最后一次空袭，也是二战期间的第363次，于上午9点25分发动。来袭的是美国陆军第8航空军的轰炸机。44个月以来，苏军与美军都在轰炸这个空勤人员口中的"大B"。柏林人对着轰炸机挥舞拳头，悼念死去的亲友与毁坏的家园，然而他们的愤怒，就像炸弹本身，并没有特定的对象，只是指向他们不曾见过的人。而炮轰则不然，它们是来

第五部 激烈的血战 377

自站在柏林大门之外的敌人。而且很快,他们彼此将要面对面了。

炮轰与空袭还有一点不同。柏林人已经学会了如何在轰炸中过日子,可以预料几乎像时钟般准时的空袭频率。每一枚炸弹落下来的呼啸声,大多数老百姓都能告诉你大致上会落在什么地方。很多人变得很习惯了空袭,经常连防空洞都懒得去找。也说不出什么原因。炮弹可就危险得多了,它突如其来打下来,无从预测。一块块像镰刀的破片,锐利得像剃刀,向四面八方飞散砍杀,往往会从爆发点飞击出去好几米远。

新闻记者汉斯·武勒-瓦尔贝格(Hans Wulle-Wahlberg)走过遭受多发炮弹轰击的波茨坦广场,看见到处都是尸体和奄奄一息的人。在他看来,有些人遭炸死,是由于空气压力的震爆"把他们的脾脏震破了"。正当他闪躲着炮弹时忽然想到,柏林人以前团结一起抵抗共同的敌人——轰炸机,"现在却没有时间去管别人的死活了,人人忙着拯救自己的命。"

残酷的炮轰没有模式可言。既没有准头,也没有停歇,似乎炮击一天比一天猛烈。迫击炮和鬼哭神嚎的火箭弹,很快就加入了这种嘈杂噪音之中。大多数人目前花大部分时间待在地窖、防空洞、防空炮塔、地铁站,他们失去了时间观念。日子糊里糊涂就过去了,周围总是弥漫恐惧、混乱与死亡。那些仔细记录日记的柏林人,到了4月21日,突然把日期给搞混了。很多人记得苏军进入市中心是在4月21日或22日。实际上,当时苏联红军还在郊区作战。他们因为感到罪孽深重,也就往往越加惧怕苏联人。至少有一些德国人,知道德军在苏联的行为,以及第三帝国在集中营内犯下的恐怖、不为人所知的暴行。苏军越逼越近时,整个柏林上空便笼罩着梦魇般的恐惧。自从罗马大军夷平迦太基城以来,任何城市都不曾再有过这种感受。

埃尔夫丽德·瓦塞尔曼（Elfriede Wassermann）和先生埃里希·瓦塞尔曼（Erich Wassermann）到安哈尔特火车站（Anhalter）旁边的大型地下室避难。埃里希于1943年在苏联前线断了左腿，只能靠拐杖行走。他很快就听出来是哪一种类型的火炮在射击，连忙催促太太到地下室去。埃尔夫丽德把他们的物品装进两个手提箱和两个大袋子里。在自己的衣服上，还盖了一条埃里希旧的军裤，在所有东西上面，盖上自己的毛衣和皮大衣。因为埃里希要用双手支撑拐杖，她就把一个袋子捆在他背上，另一个袋子则悬挂在胸前。其中一袋装的是食物，一点硬皮面包、几罐肉类和蔬菜。埃尔夫丽德的一只手提箱里，则装了一大罐奶油。

他们抵达安哈尔特火车站时，地下室已经挤满了人。埃尔夫丽德最后在楼梯口找到头上有一盏微弱灯光的位置。在灯光的照耀下，只见地下室楼梯与空间都挤满了人。地下室的情况真是令人不敢想像，上一层专供受伤的人躺着，日夜都可以听到他们的哀嚎声。洗手间不能用，因为没有水，大小便到处都是。起先那种臭气令人作呕，过了一阵子以后，埃尔夫丽德也就不再理会它了。他们在一种全然冷漠无情、很少谈话、不知道外面发生了何事的状况下过了好几个小时。

只有一件事占据着每一个人的思绪：小孩子不断的厉声哭叫。很多做父母的，喂光了食物和牛奶。埃尔夫丽德看见"从楼上抱下来的三个小婴儿，都是因为没东西吃，死了。"埃尔夫丽德身边是一个年纪轻轻的女性，带着一个出生才3个月的婴儿。他们待在地下室的这段时间，埃尔夫丽德过了一阵子之后，注意到小婴儿已经不在妈妈的怀里，却躺在埃尔夫丽德一旁的水泥地上，死了。妈妈似乎神志不清，埃尔夫丽德也是，她到现在都还记得"我看着那个孩子死了，却没有感到有多难过。"

波茨坦街的游客中心也遭到炮轰。中心的地下防空洞有44间房，挤进了2,000多人避难，负责这里的玛格丽特·普罗迈斯特（Margarete Promeist）正忙得不可开交。除了老百姓以外，最近又有两个营的国民突击队搬进来，因为他们告诉玛格丽特："俄国兵逼近了。"不久前，玛格丽特接到一通电话，既苦恼又几乎快要被榨干的她，没有什么比听到这个消息更令她心存感恩的事情了。一位闺密告诉她，要送点食物过来。正当她在防空洞里走动时，街上抬进来了44个受伤的平民，她连忙过去帮忙。其中一个已经回天乏术——觉得"真羡慕她平静安祥的笑容，至少她受到了宽恕，不用再走我们的这条'受难的苦路'了。"

柏林激战期间，大多数老百姓都躲进地下。夏洛滕堡区俾斯麦街（Bismarckstrasse）61号公共防空洞的管理员、药剂师汉斯·米德（Hans Miede）正在区内巡逻。炮弹在他附近炸开时，他恶狠狠地瞪着防空洞对面房子墙上的标语，斗大的字写着"黎明前的时刻最为黑暗"。

对许克尔医师来说，黎明还远得很。几个星期以来，这位著名的病理学医师就一直是他太太极为担心的源头。她认为先生就快要精神崩溃了。前些时候，许克尔医师给太太看了看含有氰化钾的胶囊，致命的毒效由于他添加了乙酸而变得更强。许克尔医师告诉过她，假如柏林情况恶化，他们就要双双自杀。打从那时候起，许克尔太太便见识到"战事的激烈、战争的空洞、无意义，而我先生对希特勒感到暴怒的这件事，会令他失控。"如今，许克尔医师的忍耐已经来到极限，在听了几个小时的炮弹怒吼之后，许克尔突然爬起身来、跑到窗前，使尽生平力气大喊道："一定要宰掉那个家伙（希特勒）！"

****

希特勒一只手指边戳着地图，边大吼："施泰纳！施泰纳！施泰纳！"元首找到解决的办法了。党卫军施泰纳将军的部队，应该立刻从他们位于埃伯斯瓦尔德的阵地，朝曼陀菲尔将军第 3 装甲集团军的侧翼发动攻击，切断苏军对柏林的进攻部队。施泰纳的攻击就可以把北翼布塞将军第 9 集团军溃败之后所形成的缺口堵起来。

这在希特勒的地图上，看得出是很精彩的一招。目前看来，朱可夫大军的攻势就像一枝箭头，基底在奥得河，箭镞尖端正指向柏林。朱可夫北边侧翼，有一面小小标志旗，上面写着"施泰纳群"。希特勒再度有了信心，施泰纳的攻击，就能把第 3 装甲集团军与第 9 集团军被切断的联系重新接合起来。

元首的计划只有一个错误：实际上施泰纳可说没有一兵一卒。早些时候，海因里希决定把遭苏军驱往北边的第 9 集团军交由施泰纳指挥。不幸的是，前线大范围的混乱以及时间不足，德军无法集结足够的兵力让施泰纳群能遂行作战。事实上，根本就没有施泰纳群这部队。可是他的名字还是摆在那里，那面小旗也还在希特勒的地图上。

这时，希特勒打电话给施泰纳。"据我记得，他打给我的那通电话，"施泰纳说道，"是在晚上 8 点 30 分到 9 点之间。希特勒是这样说的，'施泰纳，你知道戈林在卡琳宫有一支私人部队吗？这应该立即解编并派去作战。'正当我在弄清楚他的意思时，他继续说道，'从柏林到波罗的海，一直到斯德丁与汉堡，每一名现有的男丁，都要集结起来加入我下令发动的这次攻击。'那时我抗议说，要我指挥的部队都没有作战经验。而当我再问，攻击确定要在什么地方发动，元首并没有回答，他干脆把电话挂上。我对在什么地方发动攻击，什么时候攻击,要用什么部队攻击,完全没有概念。"

施泰纳打电话给克雷布斯,说明自己的情况。他向陆军参谋总长报告,他手下没有部队。"我还记得希特勒这时打电话来,打断我们的谈话,那时我正向克雷布斯解释,我的部队完全没有作战经验,而且也没有重武器。希特勒把我长长训了一顿,结尾时这么说:'你会看得到的,施泰纳,你会看得到的,苏俄军队会在柏林大门前惨遭最大的一次败仗。'我说,我认为柏林没有希望了,他却完全不理会我的话。"

不久之后,施泰纳接到了攻击的正式命令,最后一段这样写道:

尤严禁向西退却,凡未对此命令无条件遵从之将校,应即逮捕,立即枪决。

而,施泰纳,应以项上人头负责此命令之执行,帝国首都之命运,在于你能否成功达成任务。

希特勒

希特勒与施泰纳结束谈话以后,便打电话给空军参谋长科勒将军,"在北部地区所有能使用的空军人员,都拨交施泰纳指挥,调到他那里去,"希特勒说道,声音也提高了,"任何指挥部扣住官兵不放,就在5小时内要他的命,一定要把这句话告诉他们。"然后他厉声叱叫:"你,你自己,也要用你自己的人头保证,绝对会充分运用每一名官兵。"

科勒目瞪口呆,他可还是头一遭听到有"施泰纳群"这么一支部队。他打电话到陆总问德特勒夫森将军:"施泰纳人在那里?我们的部队该派到什么地方去?"德特勒夫森也不知道,不过答应尽快查出来。

在这个令人昏头转向的过程，有一个人，海因里希，对于新的计划却完全不知情。等到终于知道了，他马上打电话给克雷布斯。"施泰纳并没有兵力发动这等规模的攻击，"海因里希说得很气，"我反对这个命令，我还是坚持要把第9集团军向后撤。否则的话，克雷布斯，唯一能在战线保卫希特勒与柏林的部队，就会被歼灭。现在，我告诉你，如果连这项最后请求都不准，那么我一定要求解除职务。"海因里希提议，是否能与希特勒见面，讨论一下状况。克雷布斯立刻否决了，"那根本不可能，"他说道，"元首正忙着。"

为了留下纪录，海因里希在他自己的战争日志写下这次谈话的结果："我吁请最高当局记住他们对部队的责任，却被这些话打了回票，'责任由元首负担。'"

* * * *

维斯瓦河集团军群的生命期快要接近结束了。海因里希知道它仅能再支持上几天。他的职业生涯似乎也到了尽头。集团军司令十分清楚，他对于如何来打这一场败仗所展现的顽强，已经被克雷布斯认为是一种最糟糕的失败主义。这时，正是4月21日晚上，毫无预告地，海因里希接到消息，维斯瓦河集团军群参谋长金策尔将军换人，来接他差事的这位仁兄便是伊福-蒂洛·冯·特罗塔少将（Thilovon Trotha），他是希特勒狂热的门徒之一。海因里希认为，克雷布斯故意把特罗塔调到这个位置，想要影响他的决策。如果真是这样，那无异是没有意义的举动，"我对特罗塔这位仁兄很了解，"海因里希告诉作战处长艾斯曼道："也许他是个人才，可是他擅于粉饰太平，是一种华而不实的乐观派，他一双脚，"集团军司令尖刻地说，"站在空中。"

第五部　激烈的血战　383

特罗塔到职，海因里希决定要把他架空，只和艾斯曼共事。和希特勒的亲信来这一手很危险，可是事到如今，海因里希也没法考虑到自己了。

4月21日拂晓以前，第二项人事命令又到了海因里希手里。柏林卫戍司令雷曼将军打电话来说："我调走了。"雷曼去职以后的一些事件，与闹剧相去不远。接任卫戍司令的是名高阶的纳粹官员，一位叫克特尔的上校（Kaether），此公没没无闻，结果他的全名遗落在了历史之中。克特尔跳过准将，立刻升上少将。他十分开心，用这一天的剩余时间到处打电话把这个消息告知许多亲朋好友。入夜之前，克特尔又再度成了上校，柏林卫戍司令也换人接手。希特勒决定由他本人来暂任。

同时，有一位将领，他的未来与柏林的末日有最密切的关联，结果他却捅出了天大的麻烦。第56装甲军军长魏德林将军，完全与所有的司令部失联，包括了他的顶头上司第9集团军司令布塞将军在内。魏德林装甲军遭受重创，并不时被苏军卡图科夫第1近卫坦克集团军包围，以致他与部队之间失去接触。谣言满天飞，说魏德林故意要后撤，而当事人又没有立即反驳。谣言传到了希特勒那里。布塞也听到了。经过24小时等待最新消息之后，他们两人都下达了指令，立即逮捕魏德林，就地正法。

＊＊＊＊

当笼罩在柏那镇郊外的烟雾消散的时候，戈尔博夫上尉看着第一批俘虏走出他们的阵地。在这里上演的战斗宛如大屠杀。朱可夫的部队几乎耗了半天时间才前进了8公里，距离柏林东北方约23公里。目前，镇里有好几个地方正火舌四窜，不过坦克群还是快速通过，攻向西南方的潘科区和韦森塞区。戈尔博夫坐在自己新缴获的德军摩托车上观望着眼前的俘虏。他想，这批人看来令人难过——"面色灰白，一身尘土，疲劳困顿得没半点精神。"他向周围张望，感叹大自然的杰作与人造作品之间的差距。果树繁花正盛，"花儿看上去就像是雪球，郊区每一处花园都有花丛。同时，那些庞然大物、黑色的战争机器——坦克，却在花园里辗过去。多可怕的对照！"

戈尔博夫从军服口袋抽出折叠的《红星报》，仔细撕成细长条状，然后在上面撒些烟草，卷成香烟。人人都用《红星报》，它的纸质比较薄，比《真理报》和《消息报》容易点着。正当他把烟点着时，看见一名德军少校在路上踉跄向他走来。

"放过我太太！"那男人用波兰话喊叫，"放过我太太！"戈尔博夫看着他，大惑不解，这个眼睛发直的军官蹒跚着向他走来。对方走近了，戈尔博夫下了摩托车迎过去，德军少校的双手鲜血直流。

德国人把两只淌血的手臂高高举起。戈尔博夫看到他割开了自己的手腕。"我要死了，"德国人喘着气，"我自杀了，瞧！"他把两只血淋淋的手向戈尔博夫一伸："好了，你们能放过我太太吗？"

戈尔博夫瞪着他，"你这个蠢货加白痴，"他说道，"我多的是事情要做，哪会去惹你老婆？"他把医护兵叫来，把这家伙两只手腕绑住止血，等待急救班的人来到，不过再怎么样，或许都已太晚了。在医护兵把这名少校领走时，他还在叫："放过我太太！放过我太太！"戈尔博夫背靠着摩托车，再点着一根烟，心里想，戈培尔的工作做得很好，他们把我们当成什么了，怪兽吗？

第五部　激烈的血战　385

＊＊＊＊

查齐兹基泪流满面、站在街道上，亲眼见到他等待了很久的解放大军在大路上通过。他是柏林东边19公里外、诺因哈根-霍珀加滕（Neuenhagen-Hoppegarten）的共产党领导。他很开心，因为现在每一个人都可以见到他早就知道了的事——戈培尔有关苏军的宣传，都是用最恶毒的鬼扯编织的。红军的部队整整齐齐，训练有素地进入诺因哈根区，然后迅速通过这里，向西边的柏林市韦森塞区与利希滕贝格区前进。事实上，这里并没有发生战斗。当地大部分的纳粹，早在4月15日就离开了。当时，查齐兹基就告诉镇长奥托·施奈德（Otto Schneider）："只要我一见到第一批苏军时，我就会举起白旗去迎接他们，打也没有用了。"镇长也同意这么办。只有一人上前应战，狂热的赫尔曼·舒斯特（Hermann Schuster），他是当地纳粹社会福利科科长。他把自己的家放上障碍，对着苏军的第一批侦搜部队开火，那是场一面倒的交战。苏军只用手榴弹就干净利落地把舒斯特和他的房子给解决掉。查齐兹基和其他共产党小组的成员，把国民突击队的臂章烧掉，举着白旗去迎接苏军。查齐兹基想起没有比这更快乐的事了，他把自己所知道的情报都告诉苏军官兵，并让对方知道自己和这些朋友都是"反法西斯，而且一直都是如此"。对查齐兹基来说，朱可夫大军来到，带来了他几周以前便预料到的神效灵药：胃溃疡消失了。他头一次可以吃东西而不呕吐，也不胃痛了。

这种神效灵药为时很短，查齐兹基在几个星期以后，满怀信心地向征服者呈上他精心策划本镇未来的社会主义行政体系，却遭到回绝。苏联一个官员听完他所说的话，只用两个字回应："不行！"就在这一天也就是在查齐兹基以骄傲与惊讶的心情，眼看着他心目中崇拜的人们来到后的3个月——他一向称为"法西斯所引起的"——胃溃疡又发作了，而且比以前更为严重。

※ ※ ※ ※

莱尔特街监狱里已经被判有罪的科斯奈伊下士，不知道自己的运气还能挺多久。民事当局已经宣告了他的死刑，但军事法庭还没有确定。4月20日这天他得到消息，军事法庭会在隔天听他这一案。他知道会是怎样的判决，也许立即处决也说不定。可是到了第二天上午，当他被押到普勒岑塞（Plotzensee）的法庭时，里面空空荡荡。所有人都逃进防空洞里去了。

虽然苏军的突袭炮击救了他一命，这也只是暂时性的缓刑。科斯奈伊被告知，4月23日星期一审判。苏军是科斯奈伊最后的希望，如果他们没有在这天以前攻抵监狱，那他就死定了。

由于炮击，犯人都搬到地下室。科斯奈伊发现警卫突然变得友好起来。有谣言说，部分犯人已被释放，其他的在以后的几小时内也许会获准离开。科斯奈伊认为自己一定还会受到羁押，但却希望弟弟库尔特能够出狱。

库尔特也知道这些谣言，却知道科斯奈伊所不晓得的事情——至少有一部分是真的。有些"耶和华见证会"的教友——这些人因为出于良心拒服兵役而被定罪者，在狱中做着各种粗活——被叫了出去，发给每人放行条，准许他们出狱。其中一位教友，似乎并不急着走。他坐在地下室，仔细吃干净自己的铁皮餐盘里的一点点食物。库尔特看到了便问道："为什么你不和大家一起出去？"这个人的回答很简单，"我家在莱茵兰（Rhineland），刚好在西线盟军的后面，"他说道，

第五部 激烈的血战 387

"回不去。我打算就在这儿待着，等到事情过了再说。"

库尔特看了一下这个人的放行条，如果这个见证会教友不用它，他知道谁用得着。正当这个犯人还在吃时，库尔特一边和他交谈，一边靠近这张象征自由的黄纸条。经过一阵子亲切的谈话之后，库尔特设法把纸条塞进自己的口袋，没有人察觉。他便走了出去。

他很快就找到了科斯奈伊，把宝贵的通行条给他。令他惊讶的是，科斯奈伊不要，说因为他被判了死刑，盖世太保无论如何都会抓到他。而库尔特被关，仅仅因为他被怀疑是共产党员，而且还没有被以任何罪名起诉。"你的机会比较大，"科斯奈伊告诉弟弟，"你走。"然后假装得很乐观地说道："反正，我们可能都会在今天出去，所以不如你先走。"

不久之后，库尔特扛着铺盖卷和其他办理出狱的"耶和华见证会"教友一起，走进了一楼的警卫室。其中一个警卫，党卫军上士巴瑟（Bathe）是认得库尔特的，便狠狠瞪他。在那恐怖的一瞬间，库尔特料想自己会被一把抓住、拖回地下室去。可是巴瑟却掉过头去，办公桌后的人问了："下一个。"库尔特把放行条送过去，5分钟以后，他手中便拿着官方盖章的放行条，成了站在监狱外面街上的自由人了。街道上炮弹横飞，"空气中塞满炮弹碎片"，可是，库尔特根本不在意这些，觉得"快乐得精神错乱就像是喝了20瓶白兰地"。

* * * *

苏军攻进了措森。雷巴尔科将军的第3近卫坦克集团军，已经把德国陆军总部完整占领，还俘获了一批工兵、士兵与技工，其他人都跑掉了。

雷巴尔科手下疲惫、肮脏的坦克兵，面对着巨大的地下室明亮的灯光，惊讶地眨着眼睛。他们漫步走过走廊、宿舍与办公室时，到处都是急急忙忙逃走的迹象。配属在科涅夫方面军司令部的政委鲍里斯·波列伏依少校（Boris Polevoi），看见地板上撒了一地的地图和文件。其中有个房间，办公桌上有件睡袍，旁边一只皮箱，里面装满了家庭照片。

"500号交换机"是庞大的电话总机，毫无损伤地落入苏军手里。大家站在门口，凝望着机台上闪烁的灯光，现在没有人在操作了。电话机板上，贴着一张大型标示，用教科书似的俄文写着："各位官兵，不要损坏机件，它对红军大有价值。"波列伏依和其他军官猜想，这些逃走的德国工人，贴上这张标示，为的是保住自己的命。"

在指挥中心俘获到的德军官兵其中一人是汉斯·贝尔托（Hans Beltow），他是这套复杂的电子系统的总工程师。

这时，他示范操作"500号交换机"给苏军官兵观看。他透过苏军一名女传译员，说明有一名接线员，直到总部遭攻击时都还留在总机工作，钢丝录音机放出他的最后通话，苏军官兵便在这间一尘不染的大房间里细听。当措森还在德军手中的最后时刻，在迅速缩小的帝国范围各地，持续不断进来的电话，全都录在录音机里。

"奥斯陆紧急电话。"一个人用德语说。

"对不起，"措森接线员说道，"我们不能接电话了，我是这儿的最后一人。"

"我的天啊，出了什么事了……"

另外一个声音，"注意，注意，我有紧急电文……"

"我们不接任何电文了。"

"和布拉格有接触吗？柏林是怎么了？"

第五部　激烈的血战　389

"老俄几乎到了大门口,现在我关机了。"

措森陷落了,科涅夫的大军除了到这里简短地看看以外,几乎没有停留。一支坦克搜索部队正向波茨坦进军,另一支已经跨过努特运河(Nuthe Canal),抵达柏林南边的滕佩尔霍夫区的利希滕拉德(Lichtenrade)。其他坦克推向泰尔托(Teltow)。这时正冲过了泰尔托运河以南的防线,前面就是柏林的采伦多夫区与施泰格利茨区(Steglitz)了。

4月22日入夜,科涅夫的大军已经打垮了柏林南区的防线,比朱可夫早整整一天多进入柏林。

* * * *

元首地堡里,例行的军事会议在下午3点开始。第三帝国过去12年的历史,从来没有一天是像这样的,通常显现的乐观态度都烟消云散了。奥得河前线已经全部崩溃,第9集团军基本上已被包围。集团军中最强大的部队——第56装甲军失联,找不到了[①]。施泰纳一直没有兵力可发动逆袭,柏林差不多已经被包围住了。各指挥官几乎是每小时换一个,帝国已陷入死亡的巨痛,把帝国搞成这样子的那个人,这时也放手不管了。

希特勒的训话,来到了狂暴、毫不节制、滔滔不绝的辱骂高潮,

[①] 海因里希的战时日记,所有电话的通话都以速记记下了每一个字,其中有一段惊人的记载:"4月21日,12点30分,布塞致海因里希:'甫得消息,第56军在昨夜无特定命令下,自霍珀加滕进入奥林匹克村(Olympic Village)。请逮捕……'"没有人知道布塞从何处获得这项消息,但那却是个错误的消息:奥林匹克村在柏林西侧的德伯里茨区(Doberitz)。但魏德林一直都在柏林的东部奋战。

他痛斥将帅、幕僚、军队，乃至他一手领导走上浩劫的德国人民。他口沫横飞大声嚷嚷：末日来了，所有事情都分崩离析，他不能再这样下去。希特勒决心留在柏林，决心要亲自接管柏林的防务到最后一刻。意思就是说他会举枪自杀。陆军参谋总长克雷布斯将军和空军代表埃克哈特·克里斯蒂安将军（Eckhardt Christian）都很惊恐，他们两个人都觉得希特勒似乎已经精神崩溃。只有约德尔还维持镇静，因为 48 小时以前，希特勒就已经把上述这些告诉过作战厅长了。

每一个在场的人，都竭力说服几近发狂的元首还有机会，他一定要留下继续指挥帝国，他们认为希特勒应该离开柏林，因为现在要在首都执行国政已经不再可能了。把他们的世界维系在一起的这个人，这时却凶狠狠一口回绝了他们的请求。希特勒说过，他要留在柏林，其他人爱去哪里就尽管去。这一下每个人都像五雷轰顶，希特勒为了强调他说话算话，宣称他决定公开宣布自己就在柏林。当场立刻要人录下他的话，马上广播出去。别人设法劝他不要立即播放，到隔天再宣布。就在这段时间，地堡的将帅及侍从人员，都向柏林市外的袍泽与同僚通电话，要他们向元首施加压力。希姆莱、邓尼兹，甚至戈林都打来了电话，跟其他人一样向元首恳求改变心意，希特勒却不为所动。

有人打电话来找约德尔，他走开后，凯特尔想劝希特勒理智一点，请求私下谈谈。会议室清场后，据凯特尔说，他告诉希特勒，还有两项行动方案依然可供参考。一是在"柏林成为战场以前宣布投降，或者安排希特勒飞往贝希特斯加登，并且在那里立即展开谈判。"据凯特尔说，希特勒"不让我再说下去，插嘴说道：'我已下定决心不离开柏林，要防守这个城市到底，不是我打赢了保卫帝国首都这一仗，就是我成为帝国的象征倒下去。'"

第五部　激烈的血战　391

凯特尔认为这项决定很疯狂,"我一定要坚持,"他告诉希特勒说道,"您就在今天晚上到贝希特斯加登。"希特勒拒绝再听任何劝说。他把约德尔找回来,和这两位将领开了一次私人会议,"下达他的命令给我们。要我们飞到贝希特斯加登,在那里与戈林一起接掌政权,戈林是希特勒的副元首。"

"过去7年,"凯特尔抗议道,"您给我的命令,我从没有拒不执行。不过这一次,我却不会执行,您不能把德国陆军置之不顾。"希特勒答道:"我待在这里,就这么定了。"这时,约德尔建议,要温克集团军从目前在易北河的阵地转向柏林[①]。凯特尔说,他会立刻驰赴西线去见温克将军,"解除他之前所有的职务,命令他向柏林进军,与第9集团军会师。"

希特勒终于听到了一项他可以批准的建议。对凯特尔来说,这项提议似乎"为希特勒在极度可怕的情况中,带来了一些解脱"。会后,凯特尔立刻前往温克的集团军司令部。

有些没有参加会议的将领,如空军参谋长科勒将军听说元首崩溃后,惊讶得不得了,无法相信自己派去开会的代表所做的报告。他连忙赶到约德尔最近的总部去,地点在波茨坦东北8公里处的克兰普尼茨(Krampnitz),弄到了一份逐字记录。"你所听到的事情都正确无误",约德尔告诉科勒,希特勒已经死了心,打算在最后时刻自杀,"希特勒说,由于身体的理由,他无法参加战斗。此外,他之所以不这么做,或许一旦负伤,就有落入敌人手里的危险。我们全都努力劝

---

① 约德尔彻底研究过"日食计划",他认为温克集团军东进,不会受到美军的阻止。他很肯定美军会持续停留在易北河。

他。"约德尔继续说道:"希特勒说他已经不再有能力继续下去,现在就全靠戈林元帅了。有人说,部队不会为了戈林而打仗,元首答道:'你说的是什么意思,打仗?一到谈判时,就没有多少仗要打了,戈林元帅能做的比我还多。'"约德尔又补充说:"希特勒说,部队都不再打仗了,柏林的反坦克障碍已经洞开,不再有人防守了。"

元首地堡里,现在大家都很清楚希特勒说话算话,他花了好几个小时筛选出公文与文件,拿到外面院子焚毁。这时,他又把戈培尔夫妇和子女找来,他们就在地堡和他待在一起,一直到末日。戈培尔的副部长瑙曼博士早就已经知道,"戈培尔认为,在国破家亡时唯一正当的行动方案,便是参与血战或自杀。"戈培尔太太也有同样的觉悟。瑙曼听见戈培尔一家人马上要搬到总理府,就知道"他们会通通死在一起。"

戈培尔几乎和希特勒同样看不起"卖国与卑劣的人"。在元首大发脾气的前一天,他召集了宣传部的幕僚,说道:"德国人民失败了。在东线,他们溜之大吉,在西线,举起白旗向敌人投降。德国人民本身选择了他们的命运,我不强迫任何人做我的同伴,你们为什么要和我一起工作?现在你们的小小咽喉要被割了!不过相信我,当我们告别时,大地都会为之震动。"

以希特勒的标准来说,唯一忠诚的德国人,就是那些现在要计划自杀、葬身在自己坟墓中的人。就在这天晚上,一帮党卫军还在住宅中搜寻逃兵,就地正法。附近的亚历山大广场(Alexanderplatz),一个刚刚逃到柏林的难民,16岁的埃娃·克诺布劳赫(Eva Knoblauch)便发现一根电线杆上,有一具德国国防军年轻士兵被绞死的尸体,腿上捆着一大张白色硬纸卡,上面写着:"叛徒。我背弃了我的民族。"

* * * *

在这个决定性的一天,海因里希一直在等那个被认为一定会来的消息:希特勒准许第9集团军撤退。布塞集团军已经跟两翼的部队切断联系,几乎就要陷入包围,快要被歼灭的地步。然而克雷布斯还是坚持要第9集团军坚守阵地。他甚至更进一步要求,提议以布塞的部分兵力,试图向南突围,与舍尔纳元帅会师。布塞自己也把事情搞得很复杂。海因里希想要他不等命令下达就往后撤,布塞就连是否考虑撤退一事都一口回绝,除非元首有特别指示。

4月22日上午11点,海因里希警告克雷布斯,入夜以前第9集团军会被切成几段。克雷布斯却很有信心地预测,舍尔纳元帅的大军会北进与布塞会师,届时战况就会扭转。海因里希比他更清楚,"要舍尔纳发动攻击,得耗上好几天,"他告诉克雷布斯,"到那时,第9集团军将不复存在了。"

随着每一小时过去,状况越来越绝望。海因里希一再敦促克雷布斯采取行动。"你把我的部队钉得死死,"他怒火中烧说道,"而却告诉我,要我尽可能避免元首在柏林面对被围的耻辱。你们一再违背我请求调职的意愿,却阻止我撤出唯一能保护元首及柏林的部队。"统帅部不仅制造了难题给布塞,现在还要求曼陀菲尔的第3集团军,把苏军罗科索夫斯基给打回奥得河的东岸——这是一项不可能的命令,海因里希接到时差点气个半死。

半夜12点10分,海因里希警告克雷布斯:"我认为,现在是撤退第9集团军的最后机会了。"2小时后,他再打电话,可是克雷布斯已经离开陆总去开元首召集的会议了。海因里希对德特勒夫森将军说道:"我们一定得决定。"清晨2点50分,克雷布斯打电话给海因里

戈培尔太太以及她和戈培尔生的6个孩子，以及与前夫的孩子哈拉尔德·匡特（后排站立者）。匡特是通过修改被加进了这张照片中的，他在战争中侥幸存活。

希，元首同意第9集团军的部分兵力可以沿着北翼外缘向后转进，并放弃法兰克福。海因里希嗤之以鼻，这只是半吊子的做法，对改善战况一点帮助都没有。他并没有告知克雷布斯，法兰克福一直由比勒尔上校稳稳守住，而这个人却是希特勒曾经断定说"不是格奈森瑙元帅那种料"的人物。而今，比勒尔也会发现，要退却已经很困难了。再怎么说，命令来得太晚，第9集团军已经被围困住了。

差不多又过了2小时后，克雷布斯又来了电话。这一回，他告诉海因里希，元首会议已经决定将温克将军的第12集团军群从西线阵地调走，温克向东方以及柏林发动攻击以舒解压力。这是一项出乎意料之外的宣布，海因里希淡淡地说了一句："那太好了。"可是依然没有对第9集团军下达全军撤退的命令。海因里希认为，布塞即使被围，依然强大得足以开始向西转进。而这时克雷布斯把温克集团军的消息传来——海因里希在此以前，根本没听说过温克——提供了一个新的可能。"这个消息带来了希望，"海因里希后来说道，"毕竟，危急状况中的第9集团军依然有救。"海因里希告诉布塞说："克雷布斯刚刚告诉我，温克集团军会向后转，朝你那个方向前进。"他指示布塞，抽调一个最强的师，突破苏军包围，向西前进与温克会合。布塞抗议说，这么一来，他的集团军会丧失主力。海因里希真是受够了，以坚决的声音岔进去："这是下给第9集团军的命令，抽掉一个师进兵与温克会合。"他不想再争执下去了。

※ ※ ※ ※

柏林的周围，夜空中环绕着一圈红光。几乎每一区都布满火坑，炮轰更是永无止息。可是在莱尔特街监狱的地下室，欢庆和兴奋的气氛正持续蔓延当中。这天下午有21人走出了监狱。后来，部分留在里面的犯人也取回他们值钱的物品。据警卫说，这是上头指示的，以加快释放程序。犯人随时都会得到自由。有些人还觉得，也许天亮以前就回到家了。即便是科斯奈伊这时也觉得他将比刽子手更早一步离开了。

一个警卫进入地下室，他依据手里的名单，迅速念出姓名，每叫一个名字，大家都紧张地听着。念出的名字之中，有一个是共产党员，一个是苏军战俘，还有几个人是科斯奈伊认识的。这些人都是1944年谋刺希特勒的嫌犯。警卫快快叫出名字："豪斯霍费尔（Haushofer）……施莱歇（Schleicher）……蒙青格尔（Munzinger）……佐西诺（Sosinow）……科斯奈伊……莫尔（Moll）……"科斯奈伊顿时涌起了希望，自己的名字被叫到了。

一共挑出了16个犯人。清点过后，警卫领着他们到警卫室。每次只叫一个人进去，其余的人在外面等候。轮到科斯奈伊进去时，他见到房内有6名党卫军，全都喝得酩酊大醉。其中一个看了他的名字一眼，便把逮捕他时没收的个人物品交还给他。东西少得可怜——他的薪饷记录簿、一支铅笔、一个打火机。科斯奈伊先在收条上签收，又在释放他的表格上签名，其中一个党卫军告诉他说："好啦，你马上就会见到太太啦。"

他们回到地下室，被吩咐打包，科斯奈伊无法相信自己的运气。行李打包得很快，他小心地把结婚四周年太太送给他的高级西装折好。他捆好行李后，便来帮室友豪斯霍费尔的忙。豪斯霍费尔的私人物品中有些食物，包括一瓶葡萄酒和一条黑面包。面包无法塞进背包，豪斯霍费尔送给了科斯奈伊。他们等了很久。约莫一个半小时后，这16个人集合、排成两列，被带着走到地下室梯口，过了一道

第五部 激烈的血战 397

门,进入一间不见光的房间。突然,他们身后的门砰的一声关上,他们全站在乌漆墨黑之中。差不多同一时间,有支手电筒亮了。科斯奈伊眼睛习惯了黑暗之后,他才看出手电筒是挂在一名党卫军军官腰带上。这个人,一名中校,头戴钢盔,手持一把枪。"你们要被转送,"他告诉他们,"任何人想逃,格杀勿论。把你们的东西装上外面的卡车,我们要步行到波茨坦车站。"

科斯奈伊的希望幻灭了。有段时候,他想冲进附近的囚室去躲藏。他这时可以确定苏军几小时内就会到达附近。可是就在他想躲起来时,这才意识到还有别的党卫军在,他们手持冲锋枪,站在这 16 人的周围。

这些犯人给赶上了莱尔特街,往恩瓦利登大街(Invalidenstrasse)方向走。天下着雨,科斯奈伊的外套衣领竖了起来,把一条当做围巾用的毛巾,打一个结缠在脖子上。走到一半这些人就停下来搜身,刚才交还给他们的私人物品又被拿走了。之后队伍又向前走,每一个犯人旁边有一名背着冲锋枪、手持另一枪的党卫军。他们走到恩瓦利登大街,班长提议走快捷方式,跨过乌拉普(ULAP)展览馆的废墟。他们走过废瓦颓垣,进入只剩几根柱子的建筑废墟。突然,每个犯人的脖子都被党卫军警卫一把掐住,一批犯人向左,一批向右,一直走到建筑物的墙边,每个人相距 1.8 到 2.1 米。这时,他们全都知道会有什么情况要发生了。

有些犯人开始乞求饶命,科斯奈伊旁边的狱友厉声尖叫道:"饶命啊,我没做过什么事啊!"就在这时,科斯奈伊感到了冷冰冰的冲锋枪枪管抵住了自己的脖子,正当班长一声口令:"发射!"时科斯奈伊把头一转,所有的警卫猛然齐放,他觉得突然被狠狠地挨了锐利的一下后,躺在地上,一动也不动了。

中校走过倒下的犯人身边,对每一个脑袋再补上一枪。他走到科斯奈伊身旁,说道:"这只猪受够了。"然后说道:"走吧,弟兄们,我们一定要赶快,晚上还有更多的事要做。"

科斯奈伊不知道自己在那里躺了多久。过了一阵子,他小心翼翼地把手举起、摸摸脖子和脸部。血流了好多,可就在转头那一刻,他的命保住了。他觉得自己右臂与右腿都不听使唤。科斯奈伊慢慢爬出了废墟,直到恩瓦利登大街。然后站起身来,发现自己还能走,便在受伤的脖子上把毛巾更绑紧一点。慢慢地、痛苦地开始向夏洛特医院走去。一路上倒下好几次,有一次他被一批希特勒青年团团员拦住,起先要看他的证件,后来一见他身受重伤,也就让他过去了。

路上他在某地点把脚上的皮鞋脱下来,因为"觉得太重了"。还有一阵子,他遇到了猛烈的火炮射击。究竟走了多远,他也记不得了——只是迷迷糊糊地走——但终于到了弗兰泽基街(Franseckystrasse),自己的家门前。这时,这位见证莱尔特街监狱大屠杀而唯一活着的证人,用尽生平力气反复敲门。他的太太海德薇(Hedwig)把门打开,根本认不出来面前站着的这个人是谁,他脸上一大堆鲜血,外套也是。太太吓坏了,说道:"你是谁?"科斯奈伊在自己倒下去以前,勉强说了一声:"我是赫伯特。"[①]

* * * *

[①] 其余的 15 具尸体在三个星期之后被发现。豪斯霍费尔其中一只手,依然抓住他在狱中所写的几首十四行诗,其中一首为"有时候,由疯狂所摆布,而他所绞死的他们,却是最优秀的人。"

第五部 激烈的血战 399

4月23日下午1点,德军第12集团军群司令温克将军在维森堡(Wiesenburg)森林中的集团军司令部电话铃响了。这位德国陆军中最年轻的将领穿着一身军服,就在扶手椅上打盹。他的指挥所"古老地狱"(Alte Holle),位置在马格德堡东方56公里,原本是猎场看守人的住家。

温克抓起电话,集团军底下的一位指挥官报告,凯特尔元帅刚刚通过防线,在前往司令部的路上。温克把参谋长赖希黑尔姆上校找来,"我们来客人了,"他说道,"凯特尔。"温克一向打从心里不喜欢希特勒的这个参谋总长。目前全世界他最不想谈话的对象,就是凯特尔。

过去几个星期,温克看到的悲惨、艰难与痛苦,远比他在作战经历过的还要多。由于德国的范围日趋缩小,他的作战区成了广大的难民营地,到处都是无家可归的德国老百姓——他们沿着马路、田野、村落、森林,睡在马车、帐篷、破烂货车、铁路车厢,还有的人露天而睡。温克把战区内每一处可住人的房子——住宅、教堂,甚至村子里聚会场所——都改成了难民的避难所。"我觉得,"他后来说道,"自己就像是巡回的教士,每天我到处走,尽自己的能力帮助难民,尤其是小孩和病人。"他一直在想,不知道美军还要多久才会从易北河岸的桥头堡开始发动攻击。

他的集团军目前要供应50万人的粮食。全德国的火车来到柏林与易北河之间这一条狭长的区域,就不能再往前开了。运货的列车为第12集团军群载来了物资,但也是负担。各列车上,只要是想得到的物资,从飞机零件到一车车的奶油,应有尽有。几公里外,曼陀菲尔的装甲师,由于缺乏汽油而动弹不得。温克则刚好相反,他几乎被汽油淹没。他把这些剩余物资向柏林报告,但却没有通知说要如何运用，甚至没有人说收到他至今为止的报告。

正当他在等候凯特尔时，温克边想边担心，万一统帅部参谋总长知道了他对难民做的非作战事务，一定会表示反对。根据凯特尔那种军事伦理的标准，这些行动简直不能想象。温克听见一辆车子开过来，一名参谋说道："现在看凯特尔演英雄角色了。"

凯特尔身穿陆军元帅的全副戎装，还手持元帅杖，后面跟着一名副官和一名侍从进入小小的指挥部。"当德国的每一条路上都有人在诉说着伤心悲惨故事、德国已经大败亏输时，凯特尔和他这一伙人却耀武扬威、不可一世，仿佛他们才刚拿下了巴黎似的。"在温克看来，这简直是丢人现眼的举动。

凯特尔用元帅杖触触军帽、行正式的军礼。从这位客人一板一眼的举止，温克立刻看出了他既焦急又激动。凯特尔的副官拿出地图在他们面前摊开，凯特尔也不客套，俯身下去，用力指着柏林，说道："我们一定要救元首。"

可能觉得自己太唐突，凯特尔先搁下这个话题，要求第12集团军群作出状况说明。温克没有提及难民以及集团军的部分人力在照料他们这件事，只就易北河地区作了一般的报告。甚至到了端上咖啡与三明治时，凯特尔都没有因此感到轻松，温克也没打算让他觉得自在一些。"事实上，"他后来解释道，"我们觉得自己无上优越。凯特尔还能说些什么我们还不知道的事？要告诉我们说大限已经到了吗？"

凯特尔忽然站了起来，在屋子里踱步。"希特勒，"他说得很沉重，"已经精神崩溃了。更糟的是，他放手不管。由于这种情况，你一定要和布塞的第9集团军一起调整兵力，直趋柏林。"凯特尔说明情况时，温克一语不发地聆听着。"柏林战役已经开始了，"他说道，"德国与希特勒的命运都危在旦夕，"他严肃地看着温克，"你的职责便是攻击和拯救元首。"温克却突然涌出一个与现况无关的想法——或许这是凯特尔这一辈子唯一到过最接近前线的地方了。

很久以前,温克和凯特尔打过交道,当时他就已经学到了"如果你主动跟他争论,就会发生两种结果的其中一种:挨上2小时的训话,或者丢官。"这时他不假思索地回答,"报告长官,当然遵从您的命令。"

凯特尔点点头,"你们要从贝尔齐希-特罗伊恩布里岑(Treuenbrietzen)地区开始攻击,"他说道,指着第12集团军群前线东北外19公里的两个小镇。温克知道这不可能,凯特尔所谈的计划,是基于早就被消灭掉的兵力——兵员、坦克与各师——或者根本不存在的兵力。事实上,一无坦克,二无自行火炮,只有数量不多的士兵,温克不可能同时既在易北河抵抗美军,还能攻向柏林去救元首。再怎么说,光是要从东北方攻进柏林就有很大的困难。这条路线有太多的湖泊与河流。以他指挥的有限兵力,他只能从北方进入柏林。他向凯特尔建议,第12集团军群可以"经由瑙恩(Nauen)与施潘道区,在各处湖泊以北"直趋柏林。温克补充说道:"我应该能在大约两天内发动攻击。"凯特尔起身,沉默了一阵子,然后面无表情地说:"我们等不到两天了。"

温克依然没有辩驳,他不能浪费时间了,很快就同意了凯特尔的计划。参谋总长离开集团军司令部时,转身向温克说道:"本人祝愿贵部队一战成功。"

凯特尔的车子一开走,温克便把集团军参谋召集在一起。"现在,"他说道,"这是我们要处理的方法。我们要尽可能迫近柏林,但不放弃易北河的阵地。以我们集团军的两翼在易北河维持一条逃往西边的通道。冲进被苏军包围的柏林,那可是荒唐的举动。我们试着与第9集团军会师,然后我们把能逃得出来的每个军人和老百姓护送到西方去。"

至于希特勒,温克只说"一个人的命运已经无关重要了。"温克宣布这项攻击命令时突然想起,这一晚的冗长讨论过程中,凯特尔始终没有提及柏林的老百姓。

* * * *

马格德堡曙光乍现。三个德军溜过易北河,向美军第30步兵师投降。其中一人是现年57岁的德国陆军中将库尔特·迪特马尔(Kurt Dittmar)。他每天广播来自前线的最新作战公报,整个德国都知道他就是"德国统帅部之音"。

和他一起来的,还有他16岁的儿子埃伯哈德(Eberhard),以及诺曼底战役老兵普卢斯卡特少校。他的手下在马格德堡的大炮扮演了重要的角色,阻止美军辛普森的第9集团军渡过易北河。

一般都认为迪特马尔是德国军方所有播音人中最准确可信的一个。他拥有大批听众,不但是那些身在德国的,还有许多是盟军负责监听的人员。他立刻被送到第30师师部去讯问,他带来的一项消息震惊了所有情报官。他说得很肯定,希特勒人在柏林。对盟军军官来说,这是一项令人恍然大悟的消息。到这之前为止,没有人能确定德国元首身在何处[①]。大多数谣言都说他在德国南部国家堡垒。可是迪特马尔对自己的说法非常坚持。他告诉讯问官,元首不但在柏林,而且

[①] 显然伦敦在接获维贝格的报告后,还来不及传达给各单位。

认为"希特勒就算没有在战斗中阵亡,也会自杀身亡。"

"说说国家堡垒的事给我们听听。"有人强烈要求他说这个。迪特马尔露出大惑不解的神情。他说,自己所知道唯一一处有关国家堡垒的事,是今年1月在瑞士一家报纸上看到的。他同意,在德国北部有许多的袋形阵地,"包括了挪威、丹麦以及意大利境内阿尔卑斯山南部也有一处,"他补充道,"那都是环境所迫,而不是蓄意建立的。"讯问官继续追问有关据点的事时,迪特马尔摇了摇头,"国家堡垒吗?那是一个空想,是个神话。"

整个事情就是如此——源自于妄想。美军第12集团军群司令布莱德雷将军,后来写道:"国家堡垒的想法大部分都是少数纳粹狂热分子的想象,它却变形成为一项夸大的计划。让我惊讶的是,我们竟然天真地信以为真。但当这个传说被硬说是存在,……竟影响了我们的作战规划。"

＊＊＊＊

一队队的德军坦克在扬起的尘土中,轰隆穿过卡尔斯霍斯特区的圆石街道。那里是柏林东边利希滕贝格区的郊区。埃莉诺·克吕格尔的犹太裔未婚夫利普希茨,正躲藏在她家的地窖里,诧异地看着眼前的一切。这些坦克打从什么地方来的?要开到什么地方去?它们不向柏林开,反而向南冲向舍讷韦德(Schoneweide),就像是要逃离柏林似的。苏军跟在后头吗?如果他们跟来了,那意味着利普希茨终于自由了。不过,为什么德军部队要离开这个城市?是放弃了柏林?还是撤退?

埃莉诺并不知道,但她却见到了德军魏德林将军第56装甲军惨遭痛击又失联的残部，正努力要与主力部队结合。他们被压迫得退到柏林市郊时，才以最迂回的方式，和布塞目前已被围的第9集团军重新建立了联系。他们一退到市郊，立刻以公用电话打到柏林的统帅部，然后经过那里用无线电转接到第9集团军。第56装甲军接到命令，要立即向首都南方前进，穿过合围的苏军包围圈，与第9集团军在距柏林24公里外的柯尼希斯武斯特豪森（Königswusterhausen）与克莱恩基尼茨地区（Klein Kienitz）再度集结。到那里，他们要集中兵力把科涅夫的部队给切断。

不过，魏德林还得去处理一些没有了结的事。他现在听说从布塞与希特勒总部都派了军官要以擅离职守的罪名逮捕他，使得他的部队群龙无首。他气愤地命令官兵继续前进，自己则进入市区去和克雷布斯对质。

经过好几个小时之后，魏德林穿过柏林到达总理府，到了地堡被称为"侍从室"的房间。克雷布斯与布格多夫在那里各有一间办公室。他们态度冷淡地迎接他，"究竟是怎么回事？"魏德林厉声问道，"告诉我，为什么我要被枪毙？"他说得很激烈。作战一开始，第56装甲军的司令部位置几乎就在第一线，怎么会有人说他溜走了？有人提到德伯里茨区的奥林匹克村，魏德林咆哮说道，第56军根本不在德伯里茨区附近，说他们要是在那里"才是最蠢的事"。克雷布斯和布格多夫神色渐渐柔和起来。他们马上答应"立即"向元首澄清这些事。

这时，魏德林对这两个人就自己的情况作简报。魏德林告诉他们，第56军就要在柏林市南攻击——然后顺便"提到在我离开部队以前接获报告，说在鲁多（Rudow）附近已见到苏军坦克前卫部队的踪影了。"鲁多刚好就在西南方诺伊克尔恩区的边缘。克雷布斯立刻看出危险之所在。他说道，如果是那种情形，第9集团军下达给第56军的命令就得改变。魏德林一定得留在柏林。这时，克雷布斯与布格多夫两个人匆匆去见希特勒。

过了一阵子，有人通知魏德林，希特勒要见他。走去元首地堡，可真是一段漫长遥远的路程，魏德林后来称这里是"地下城市"。从克雷布斯的办公室，他得先走过一条隧道，然后再经过厨房与餐厅，终于下了楼梯，进入元首的私人起居室。

克雷布斯与布格多夫介绍了魏德林。"在一张堆满了地图的桌子后面，"魏德林写道，"坐着第三帝国的元首。我进到室内，他转过头来，我只见到一张发肿的面孔和一对布满血丝的红眼睛。他试着要站起来，我注意到他的四肢持续在发抖，颇为吃惊他费了好大劲才站了起来，带着不自然的笑容和我握手，并且用一种几乎听不清楚的声音问我，以前是不是见过。"魏德林说道，一年以前，元首曾经颁给他一枚勋章。希特勒说道："我确实记得姓名，但记不得样子。"希特勒坐下时，魏德林注意到即使坐着，"他左腿依然不停地抖动，膝盖像钟摆般摇来摇去，只不过更快一些就是了。"

魏德林把第56装甲军的情况向希特勒报告。希特勒同意克雷布斯的意见，魏德林部队要留在柏林，元首这时又滔滔不绝地谈他的柏林防御计划。他提到把温克从西线抽调回来，东南面则抽调布塞集团军，北面抽调施泰纳群，如此设法把苏军切断。"听到元首这番大话，"魏德林写道，"我越来越吃惊。"魏德林只清楚一件事情："没有奇迹会出现，战败的日子正在倒计时了。"

当天晚上，第56装甲军遭受了惨重的损失后，设法摆脱南方的苏军，转个方向进入柏林。24小时后，魏德林接获命令出任柏林卫戍司令。这令他感到惊恐万分。

＊ ＊ ＊ ＊

斯大林下达了 11074 号命令。这份命令是同时给朱可夫与科涅夫，要把他们对柏林的作战线一分为二。命令上写着，自 4 月 23 日起，白俄罗斯第 1 方面军与乌克兰第 1 方面军的作战分界线，自吕本至托伊皮茨（Teupitz）、米滕瓦尔德（Mittenwalde）、马林多夫，终于柏林的安哈尔特车站（Anhalter）。

科涅夫虽然不能公开发牢骚，他却真的是被整惨了。大奖确定给了朱可夫。这条作战分界线在中间直直通过柏林市，使科涅夫的部队隔绝在德国国会大厦西面约 137 米的地方。而德国国会大厦一向是苏军认定的柏林市特等大奖，是要在那里把苏联的国旗插上去的地标。

＊ ＊ ＊ ＊

现在，柏林开始步向死亡。大多数地区都已经断水断气。各家报纸纷纷开始关门，最后一份是纳粹党报《国民观察者报》，也在 4 月 26 日停刊（由戈培尔办的每日四版、称为《装甲熊》（Der Panzerbar）的报纸给取代，并被形容是"大柏林守军的战斗报"，一共出刊了 6 天）。由于市区街巷不能通行、汽油缺少，以及车辆损毁，市区内所有交通都渐渐停摆。货运也关门，几乎没有任何的物流了；冷冻工厂不再开工。4 月 22 日，柏林市的百年电报局也关门了，这算是它历史上的头一次。所接到的最后一份电报来自东京。上面写着："敬祝各位好运。"也在同一天，最后一架飞机离开滕佩尔霍夫机场飞往斯德哥尔摩，机上有 9 名乘客。而柏林市 1,400 个消防队员，都奉令要退到西部去[1]。

目前，所有的警员不是在陆军，便是在国民突击队服役，柏林慢慢开始变得无法无天起来。老百姓开始抢劫，停在调车场的货运列车，光天化日之下就有人撬开进去。玛格丽特·普罗迈斯特冒着危险，在炮火猛烈轰击下跑到铁路调车场，却只为了一块培根。"回想起来，"她事后说道，"那毫无疑问简直是疯狂了。"埃莱娜·马耶夫斯基（Elena Majewski）和薇拉·翁格纳德（Vera Ungnad）匆匆忙忙走到莫阿比特（Moabit）的铁路货运站。她们看见大家在抱一箱箱的李子、梅子和桃子罐头，此外也还有一袋袋外形奇怪的豆子。可是这两个女孩不屑一顾，毕竟他们不知道那是未经过烘焙的咖啡豆。她们弄到了一箱货品，标示是"李子"，可是到了家才发现是苹果酱，是两个人向来都讨厌的食物。罗伯特·舒尔兹（RobertSchultze）的结果更糟，他耗了5个小时在一间大食品店跟一群人想弄点马铃薯——可是轮到他时，马铃薯都被抢光了。

那些不肯把商品白送出去的店主，往往不得不这样做。希特勒青年团团员屈斯特跟阿姨进到商店，要求提供一些食物。老板不肯，说他只剩下一些五谷杂粮。屈斯特掏出枪来，并要求拿出食物。老板很快从柜台下搬出各种食品。屈斯特拿得动就尽可能搬，和他那位觉得丢脸极了的阿姨走出了店面。一到外面，阿姨便叫骂道："你这个无法无天的东西，竟用美国土匪的方式。"屈斯特回嘴道："吼！住嘴，现在是攸关生死的时候。"

埃尔夫丽德·迈加特（Elfriede Maigatter）听说谣言，位于赫尔

---

[1] 有两项服务不曾中断过。波茨坦气象台的气象纪录在1945年全年没有缺过一天。其次，全市17家酒厂中有11家根据政府命令，从事"必需"的生产作业，还在继续酿造啤酒。

曼广场的卡尔施塔特百货公司正在被人洗劫。她连忙赶过去,只见百货公司里挤满了人。"人人又推又踢地要进去店里面,"她后来回忆说道,"再也没有人排队了,也没有服务人员,看上去根本没人管。"大家只是见到了什么便抢什么,如果抢到手的东西没有用,直接往地上扔。食品部地板上,有一层十几公分厚、黏糊糊的烂泥,都是炼乳、果酱、面条、面粉、蜂蜜——是被趁火打劫的人推翻或者抛弃的所有东西。

少数几个管理员似乎都已经走了,时不时有个男性吼上一声:"出去呀!出去呀!百货公司就要炸掉了!"谁也不理会他的话,这一招也太明显了。女人抢的是女装部的大衣、套装和皮鞋,还有人从货架上把床褥、床单和毛毯拖下来。在糖果部,迈加特看见大人从小男孩手里把一盒巧克力抢过去,那孩子哭了起来。这时,那个男人叫道:"我再去抢一盒。"他真又抢了一盒。

可是一到出口大门,戏就演完了。两名管理员拦住那些想带着抢来的东西出去的人,拿吃的人可以走,别的不行。一下子门旁堆积了一大堆货品。人们推、攘、拖、拉想强行通过管理员。迈加特想夹带自己拿的大衣过关,管理员便从她手上抢过去,她哀求道:"拜托让我拿一件吧,我冷啊。"管理员只耸耸肩,从那一堆东西上把大衣拿出来给了她,说道:"快走!"民众不断推搡,乱抢一通,直到有人不停地叫嚷:"出去啊!出去啊!这里要炸掉了!"

莱克沙伊特牧师是其中一位目睹卡尔施塔特百货公司被掠劫的人。他出现的原因是非常不可思议的。他教区中的一名教友,孩子胎死腹中,生下来后火化了。这个悲痛的妈妈,要把骨灰坛好好安葬,莱克沙伊特也同意在场——哪怕这代表要冒着不断的炮轰走上好几公里的路,才能到要埋葬孩子的诺伊克尔恩区墓园。他们长途跋涉,妈妈把小小骨灰坛放进一个购物袋里，经过卡尔施塔特百货公司时，看见很多人在抢掠。妈妈看着看着，突然说道：

"等一下！"莱克沙伊特愣然站定，只见"她离开我的身旁，消失在百货公司里，手上还带着骨灰坛和购物袋，以及其他东西。"没多久她回来了，欢欣鼓舞地摇摆着一双看起来耐用的靴子，她转身面对着牧师说道："我们走吧。"

回来的路上，莱克沙伊刻意让她避开百货公司，但还是一样。那天下午，商场大楼摇摇晃晃，炸药把它炸得四分五裂。据说，党卫军储存了价值2,900万马克的供应品在地下楼层。他们把商场炸掉，以防苏军夺取这些财物。引爆时还炸死了一些妇孺。

很多商店老板面对抢掠，选择直接放弃。为了不使店面被无法无天的暴徒给砸毁，他们把货架的商品出清，所有东西不收钱、不收配给券地送出去。这么做还有另外一个原因。商店老板们都听说，如果苏军发现囤积食粮，就会放火把店铺焚毁。一星期以前，电影放映师京特·罗塞茨（Gunther Rosetz）想到诺伊克尔恩区的滕格尔曼（Tengelmann）杂货店买点橘子酱，却遭到拒绝。这一回，罗塞兹见到同一家杂货店大卖成堆的橘子酱、燕麦、白糖和面粉——全都是卖每克10马克。店家在恐慌中出清存货，所有东西都是往店外面搬走。兴登堡大街（Hindenburgstrasse）转角，亚历山大·克尔姆（Alexander Kelm）无法相信自己亲眼所见：卡斯帕里葡萄酒专卖店（Caspary）把所有的酒见人就送。希特勒青年团的屈斯特，在住家附近又抢了一次。他在一处地方抢到200根免费香烟，另外一处抢了2瓶白兰地。当地酒品店的老板说道："好吧，你们就把它们给喝光。苦日子就要来了啰。"

即使动手抢，其实也抢不到多少的肉类了。起初，几家肉店老板有点货，分送给特定的顾客，不过很快就没有了。现在全柏林市，人人都开始割马肉，那些都是在街头被炮弹炸死的马匹。夏洛特·里希特（Charlotte Richter）和妹妹在布赖滕巴赫广场（Breitenbachplatz）就看到许多人带着刀子，把一匹死掉的灰白马的肉给割下来。"那匹马，"夏洛特记得，"并没有倒下去，而有点像蹲坐在后臀上，头依然高高的，张大着眼睛。还有一些女性用切肉刀在它的腿上切肉。"

＊＊＊＊

鲁比·博格曼很乐于用香槟酒来漱口、刷牙，这使得牙膏特别容易起泡。舍勒开设的时尚餐厅格鲁班 - 苏夏，豪华地下室里，鲁比和她的先生埃伯哈德过着相当于异国情调的生活。舍勒说话算话，炮轰一开始，他就邀博格曼夫妇跟他一起住在奢侈豪华的地下宅邸。这里储放着餐厅的银制餐具、水晶器皿与上等瓷器，而舍勒也提供舒适的物资享受。地板上铺的是东方地毯，进门的两边，睡床用厚实的灰绿帷幔遮挡起来。做工复杂的豪华座椅、沙发和矮几——上面都盖着餐厅灰褐与深朱色的亚麻桌布——布置在房间内。已经有很多天不提供自来水了，可是香槟酒却多的是。鲁比回忆说："我们喝香槟，早上喝，中午喝，晚上也喝，酒流得像水一样——而我们却没有水。"

食物才是真正的问题。博格曼夫妇的好朋友范赫芬——有时同他们共享地下室的舒适——来访时偶尔还能变出些面包，甚至一点点肉来。不过，大部分时间，地下室的住客只靠金枪鱼与马铃薯过日子。鲁比很好奇，究竟有多少种方法可以烹调这些食材。餐厅喜怒无常的法国大厨莫普提（Mopti），到现在为止还没有重复过一回，但他不可能无止尽地做下去。眼看老美似乎也不会来了。这一小批人便决定过

第五部　激烈的血战　411

过好日子，毕竟他们随时都可能会死。

* * * *

"老爹"萨恩格尔过世了。

历经了4年的轰炸，以及最后这几天的炮轰，78岁的一战老兵一直都不怕威吓。事实上，他太太费尽九牛二虎之力，要求他别出去和那些同生共死的军中伙伴继续惯常的聚会。她曾经要老爹在菜园里挖个浅坑来藏她的酸菜罐。老爹认为这是个好主意，便把他的旧军刀和果酱、果冻一起埋进去。这么一来，苏军在屋子里就找不到武器了。

可是埋东西的工作一做完，尽管一家人全都劝他，老爹还是出门上街去。结果，他们找到他全身弹孔的尸体倒在离家不远正在起火的马丁·尼默勒牧师（Martin Niemoller）屋外的树丛里。正当炮弹在附近铺天盖地落下来时，家人用手推车把老爹运了回来。埃纳走在手推车旁，记起了他们最后一次的谈话，她的意见与老爹稍微不同。谈到要用《圣经》的哪一句，才能契合现况，老爹坚持："一个人只能按照《诗篇》第90篇活下去，尤其是第4节：'在你看来，千年如已过的昨日，又如夜间的一更。'"埃纳不同意，"以我个人来说，"她告诉老爹，"这一篇太悲观了，我喜欢第46篇：'神是我们的避难所，是我们的力量，是我们在患难中随时的帮助。'"

当时找不到棺材，再怎么说，去一趟墓园也太危险了。但他们也不能把遗体存放在暖和的屋子里，只好放在斗廊上。埃纳找到两张小木板，便把它们钉成十字架，轻轻放在丈夫的手里。她低头看着老爹时，很想告诉老爹，他是对的。《诗篇》第90篇还继续说道："我们因你的怒气而消灭，因你的忿怒而惊惶。"

＊＊＊＊

哈皮希神父低头看他讲道的笔记。达勒姆之家教堂里有柔和的烛光照耀，可是外面一直到维尔默斯多夫区的天空却几乎是一片血红。从凌晨3点就把修女们给惊醒的炮轰，到现在依然还持续不断了将近12个小时。附近有玻璃被震碎，一声极大的撞击，使得教堂都震摇起来。哈皮希神父听见街上有高声喊叫，然后在道路另一边的产房与孤儿院，又传来捷克制防空炮的沉重轰击声。

坐在他对面的修女们都没有动弹。他看着她们，看见她们遵照了库内贡德斯院长的规定。修女把平常戴着的厚实银十字架卸下来，换上不显眼的小金属十字架——称为"死亡十字架"——挂在身上。连带银十字架和戒指、手表这些都收了起来。

哈皮希神父自己也作了一些准备。在教士居住的达勒姆村，装好了一个大箱子，里面放了些医疗器材，包含有药品、绷带以及邻居捐赠的白色床单。哈皮希在成为神父以前，曾完成医学学位，现在他又做上这两个专业的工作。每天要照料炮轰伤亡以及意外死伤的民众，还要治理紧张过度和弹震症的病人。他的医师袍，开始如神父服般常穿了。

他再看看自己要照顾的小批修女、护士和在俗修女，默祷天主会赐他以正确的言词。他这样说："在不久的将来，预料苏军就会实施占领，"他说道，"关于苏俄军队，有很糟糕的谣言，有一部分证明确实如此，但不能一概而论。"

"如果你们在场的任何一人将来遭遇到恶事，请记住圣阿格尼丝（St. Agnes）的故事。她12岁时，有人命她崇拜假神，她举起双手向着基督，画了一个十字架。为了这样，她的衣服被剥下来，当着大批异教徒的面前备受苦刑。然而这都不能威吓住她，而异教徒们都感动得落泪。她的赤身暴露引起了一些人的欢喜，甚至提出嫁娶的事。她却回答道：'基督是我的最爱。'因此被判死刑，她挺身站立祷告，斩首后天使很快引她进入天堂。"

哈皮希神父停了下来，"你们一定要记住，"他说道，"如同圣阿格尼丝，假使你们的身体受到接触，而你们并不要这种接触，那么你们在天堂永生的奖励会加倍，而且会戴上殉道者的冠冕。因此，不要觉得有罪。"他停了下来，再强调说上一句："你们无罪。"

当他沿着侧廊走回去时，会众唱起退场赞美诗，"你的同在，时时我都需要……除你恩典，何能使魔败逃？"这些都是来自古老的圣歌《求主同住》（Abide with Me）的歌词。

* * * *

位于舍讷贝格区的温特费尔德街长途电话局的总机，由于苏军的进攻，市外各区一个跟着一个切断通信，灯光也一个接一个熄灭。然而，在电信局工作的人依然忙碌。主管米尔布兰德和接线生夏洛特·布尔梅斯特（Charlotte Burmester）不但没有到地下室去，反而把躺椅、床垫、枕头带到办公室来。这2名女性职员打算留在5楼的总机房，尽可能维持运作。

突然，电信局的扩音器响起。地下室医院中的接线生海伦娜·施罗德（Helena Schroeder）听到了消息而欣喜万分。5楼的米尔布兰德和布尔梅斯特记下了这个消息，便对依然还有与总机联系的各地区打电话。"注意！注意！"播报员说道，"不要慌张。温克将军的大军已与美军会合，他们正向柏林进攻，鼓超你们的勇气，柏林还有希望。"

****

他们摧毁了柏林防线的外环,正要向第二环进攻。他们蹲伏在T-34坦克与自行火炮后面,打过一条条街道、公路、林荫大道,穿过了公园。打先锋的是科涅夫与朱可夫近卫军中精良的攻击部队,跟着他们的是来自四个强大的坦克集团军、头戴皮帽的官兵,再后面是看不到尽头的步兵。

他们是一支奇怪的队伍,来自苏维埃联邦的各个共和国。除了精锐的近卫军各团以外,他们的体形和战斗服装也各自不同,他们中间有太多的语言和方言,军官往往没办法同自己的部队交谈[①]。士兵中有各色人种,如俄罗斯、白俄罗斯、乌克兰、卡累利阿(Karelians)、格鲁吉亚、哈萨克斯坦、亚美尼亚、阿塞拜疆、巴什基尔(Bashkirs)、摩尔多瓦、鞑靼、伊尔库次克、乌兹别克、蒙古和哥萨克(Cossacks)。有些人穿深棕色的军服,有些穿卡其或灰绿色。有些穿深色军裤配高领上衣,上衣的颜色从黑色到灰棕色都有。他们戴的军帽也同样五花八门——有护耳的皮兜帽,软毛皮帽,卡其色汗迹斑斑的帽子都有。似乎人人都配带自动武器。他们有的骑马,有的步行,有的骑摩托车,有的坐马车,或者掳获自敌人的各种车辆。这一伙人全都是要扑向柏林。

[①] 作者还记得1944年在诺曼底登陆时,便见到两个身着德军制服的俘虏,对美军第1集团军的情报官造成莫名的难题。没有人听得懂他们说的话。两个人都被押往英国,到了那里才发现他们原本是西藏牧人,被强征进入苏联红军,在东线战场被德军俘虏之后,再度强征成为德军。

第五部 激烈的血战 415

****

舍讷贝格区的电话总机大楼,扩音器中响起下达命令的声音:"注意,丢弃个人的党徽和党证,以及请脱下制服。把这些东西丢进院子的大沙坑,或者送到锅炉房烧掉。"

****

送牛奶的波甘诺夫斯卡把牛奶车停了下来,并目瞪口呆看着5辆苏军坦克在步兵围绕下,轰隆隆在街道上驶过。他把牛奶车调头,赶回达勒姆杜曼农场,和家人躲进了地窖。

他们等了一阵子。突然,地窖门给踏开了,几名红军士兵走进来,他们默不作声、四周张望,然后就走了。一会儿过后,有几个士兵回来,命令波甘诺夫斯卡和其他员工到行政大楼去。他在那里等待时,只见马匹全不见了,只有乳牛还在。一名苏军军官,德语说得很溜,命令这些人回去工作,并说要他们照顾牲口和挤牛奶。波甘诺夫斯卡不敢相信,他原以为苏军会坏得不得了。

在其他各区全都是一样。老百姓都见到了头一批进来的苏军部队。苏军的先头部队态度坚毅,但是行为举止中规中矩,并不是惊恐的柏林市民以为的那个样子。

晚上7点,在舍讷贝格区的公寓,范赫芬正坐在通往地窖的走廊削着马铃薯。同一栋公寓的几个女性正在一起聊天,背对着敞开的地窖门。范赫芬突然抬头一看,不禁目瞪口呆,只见到两名手持冲锋枪苏军士兵,枪口正对着她。

她回想当时,"我安静地把双手举起,一只手里还拿着刀子,另一手拿着马铃薯。"别的女人看见她这么做，转身一看，也都把手举了起来，出乎范赫芬意料之外。其中一名士兵用德语问道："这里有德兵吗？有国民突击队吗？有枪吗？"这些女人通通摇头，苏联兵赞许地说："好德国人。"他们走了进来，取下几个女人的手表，然后就走了。

夜色渐深，范赫芬看到更多的苏军。"他们都是战斗部队，很多人都说德语，"她回忆当时说道，"但似乎他们的兴趣仅在于进军和作战。"范赫芬和她公寓中的女性都断定，戈培尔所说的贪得无厌的红军，只是一堆鬼扯。

"如果所有俄国人的举止都像这样，"范赫芬告诉她的朋友，"那我们就没有什么好担忧的了。"

玛丽安娜·邦巴赫（Marianne Bambach）也有同感，那天早上，她从维尔默斯多夫区家中的地窖出来，看见家门前苏军开设了野战厨房。苏军作战部队的士兵，在舒瓦兹公园（Schwarzer Grund）里宿营，正把吃的东西和糖果分给附近的小孩。他们的行为举止特别使玛丽安娜印象深刻。苏军把四方形的垃圾桶倒过来当餐桌用，在桶底再盖上桌布，明显是从附近的别墅拿来的。他们在原野中间，坐在从别处拿来的直背椅，靠着垃圾桶吃饭。苏军除了对孩子们很友善外，似乎不理会老百姓。他们只待了几个小时，然后又出发了。

多拉·扬森和丈夫的勤务兵遗孀两个人可吓惨了。自从勤务兵因为炮轰送命，扬森少校受伤以后，多拉便邀勤务兵的遗孀来和自己一起住。两个毫无防卫能力、精神状况被悲伤和害怕所折磨的女性，正在扬森家的地窖里。多拉忽然看见"一个好大的黑影出现在墙上"，影子双手还握有一把枪。对多拉来说，这个鬼影子的"出现，就像一只大猩猩爪子中握着一管炮。那个士兵的脑袋看上去又大又奇怪"。

她连气都喘不过来了,那个苏军先进来,后面又跟着一个,命令她们走出地窖。"这一下,"多拉心中以为,"要出事了。"两个女人被带出屋子,两名苏军却把扫帚递给她们,指着人行道上的碎石、碎玻璃。两个女人都愣住了。很显然是出于她们意料且又松了一口气的表情,让两名苏军都哈哈大笑起来。

其他人则与刚刚到达的前卫部队有更为磨人的遭遇。伊丽莎白·埃伯哈德(Elisabeth Eberhard)差点就被枪毙。她是康拉德·冯·普莱辛伯爵主教(Konradvon Preysing)雇佣的社工,多年以来都协助窝藏犹太人。她去看一个朋友时,遇到了两名苏军,这还是她第一次见到苏军——一个年轻的金发军官,带着一个女翻译。两个人全副武装进了屋内。翻译带着冲锋枪,他们一进来,电话响了。伊丽莎白的朋友把电话拿起来时,那位很帅的军官伸手把电话从她手中抢走。"你们两个都是叛徒,"女翻译告诉她们,"和敌人有接触。"说完便把她们推出屋外进到花园,背抵在墙上。军官宣布要枪毙她们,伊丽莎白两膝发抖,对着他大叫:"我们一直在等你们!我们一向都反对希特勒!我先生是被关在监狱的政治犯,判了12年!"

红军女翻译翻译了她的话,军官缓缓放下了他的枪,似乎很难为情。然后他走到伊丽莎白面前,拿起她右手亲了一下。伊丽莎白也和苏联人有同感,她用尽可能做到的轻松口吻,彬彬有礼地问道:"两位能和我们喝一杯吗?"

前锋部队的纪律严明和井然有序,使人感到诧异。药房老板米德留意到,苏军士兵"除非他们肯定屋内藏有防守的德军,否则他们几乎避免朝屋子开枪。"海伦娜一直活在害怕苏军到来的恐惧中,可是却在她自家地窖阶梯上,面对面遇到了一名红军,他"年轻、英俊,一身干净笔挺的制服"。她从地窖出来时,他只是对望着她,然后做了一个示好的手势，给了她绑着白手帕代表投降的木棒。同样在维尔默斯多夫区，伊尔莎·安茨一向都认为，柏林人会被像饲料一般抛给苏军吃。她第一个见到的苏军进屋时，她正睡在公寓的地下室，惊醒之后万分恐惧地呆看着对方。可是黑头发的年轻苏军，只是对她微笑，用不流畅的德语说道："有什么好怕？现在都没事了，睡吧。"

对部分的柏林人来说，苏军的到达，根本不是一件令人感到害怕的事。这些犹太人老早就习惯害怕这回事了。以前在滕佩尔霍夫区做生意时，施特恩费尔德曾被迫替盖世太保做垃圾清洁工，苏军前进的每一公里路都付出了他的辛劳。他有一半犹太人血统。战争期间都生活在痛苦的未知数之中，不晓得什么时候他和家人会被送进集中营。在战争的大部分时间，他的姓名使得他以及家人都不受防空洞里的人欢迎。可是炮轰开始之后，施特恩费尔德就注意到邻居态度有了显著的改变，"同栋的住户，"他回想说道，"几乎是把我们往防空洞里拖进去的。"施特恩费尔德在滕佩尔霍夫区见到第一批苏军部队时，高兴得不得了。这批部队秩序井然，举止和善。在他来说，这就是解放者。苏军一名营长问能不能在施特恩费尔德的家里安排房间举行庆祝派对。施特恩费尔德告诉他们，"我的东西，你们都可以使用。"附近邮局在几天前炸毁时，他家的一半也毁了，但还有三间房，"你们可以用有天花板的这一间。"为了表示回报，苏军还邀请了他一家人和一些朋友参加派对。苏军来时，带来了一篮篮食物和饮料。施特恩费尔德说道："有段时间在我看来，仿佛整个苏联陆军都参加了派对。"苏联人喝了大量的伏特加酒，然后在手风琴伴奏下，营长——承平时期是个歌剧明星——开始唱了起来。施特恩费尔德沉醉在气氛中。多年来他第一次感受到自由的气息。

在卡尔斯霍斯特区，利普希茨从藏身的克吕格尔家的地窖出来迎接红军部队。躲藏期间,他花了几个月的时间自学俄语。现在他用缓慢、结巴的俄语,试图说明他是什么人,并表达对获得解放的感激之情。他惊讶的是,苏军哈哈大笑,然后猛力拍他的背,说他们也很开心。不过士兵补上一句,再笑得连气都透不过来,说利普希茨的俄语可真逊。利普希茨并不介意,对他和埃莉诺·克吕格尔而言,漫长的等待已经过去了。战争一结束,他们就要成为第一对新人,只要拿到结婚证书,埃莉诺说,那就代表"我们个人对抗纳粹的胜利,我们赢了。再也没有什么可以加害我们了"①。

随着各地区沦陷,藏匿的犹太人都出来了。不过,有一些人依然感到害怕,还是待在他们的密室,直到来自纳粹的威胁过去了很久以后才出来。在利希滕贝格区,20岁的罗森塔尔待在1.8乘1.5米的小屋子直到5月——整整躲藏了28个月。部分地区,犹太人自由了。但当苏军遭遇虽然暂时却又猛烈、分布广泛的逆袭,并且被赶退回去的时候,他们又面对不得不转入地下的可能。

潘科区的韦尔特林格尔一家人,最奇特的经历就发生在他们身上。他们属于早一批被解放的。那个来到默林家,进入他们密室的苏联军官,经常被他视为"总领天使圣米迦勒的化身"。苏军见到他们,用蹩脚的德语叫道:"俄国人不是野蛮人,我们对你们好。"他曾经在柏林留学过一段时间。

突然间,全场陷入一阵紧张情势。这名军官和手下士兵,开始搜查整栋房子——找到了6把左轮手枪。苏联人对着集合起来的住户宣布,他发现这些是跟被遗弃的军服藏在一起。他下令每一个人都走出

---

① 利普希茨后来成为西柏林最有名的官员之一。1955年任参议员,主持内政委员会,主管全市的警力。直到1961年逝世,他始终是对东德共产政权毫不留情的敌人。

公寓，背靠墙排成一列。韦尔特林格尔向前走一步，说道："我是犹太人。"年轻军官微微一笑、摇摇头，比划了一个割断他脖子的手势说道："活犹太人已经没有了。"韦尔特林格尔一再说他是犹太人，他看着排队靠着墙的这些人，几个星期以前，要是人们知道他是何许人，一定会把他交给官员。然而，韦尔特林格尔这时以清晰、响亮的声音说道："他们都是好人，他们全体把我藏在这屋子里，我求你们别伤害他们，这些武器是那些国民突击队扔掉的。"

他这一番话救了所有住户的性命，德国人和苏联人又彼此拥抱起来，韦尔特林格尔说道："大家虽然喝醉了，可是快乐、欢庆。"这名苏军军官立刻为韦尔特林格尔家人带来了食物和饮料，站在一边热切地看着他们，催促他们吃。韦尔特林格尔夫妇吃后病得很惨，他们已经许久没有吃到这么丰盛的食物了。"马上，"韦尔特林格尔说道，"人人对我们都非常和气起来。给了我们一间没有其他人住的公寓，还有食物和衣着，而我们头一遭能站在新鲜的空气中，走在大街上了。"

可是后来苏军遭德国党卫军逆袭而被逐出这带地区，前一天韦尔特林格尔挽救过性命的同一批住户，立刻对他敌视起来。韦尔特林格尔说道："那真是难以置信。"第二天，苏军重新攻下了这带，他们再度得到解放，不过却是另外的苏军部队。这一回，苏军可不相信韦尔特林格尔是犹太人了，公寓中所有的男人，全都被装进卡车送去讯问。韦尔特林格尔与太太道别，他不知道，所有过去被剥夺、所有过去的藏匿，是否现在来到了一个毫无意义的结局。苏军把他们带到柏林东北郊区在一处地下室里，一个跟着一个讯问。韦尔特林格尔被带进一间房，置身在一盏耀眼的灯光下，黑暗中长桌坐着一些军官在看他。韦尔特林格尔又一次坚称自己是犹太人，他已藏身两年多了。这时,黑暗中有一个女声说道:"向我证明你是犹太人。""怎么证明?"她便要求他背诵希伯来的信仰宣誓。

在安静的房间,韦尔特林格尔看着眼前坐在黑暗中的这些忽暗忽明的脸孔。然后,右手抚脸,声音充满了感情,开始颂念所有祈祷文中最古老的一首《听啊!以色列》(*Sh'mah Yisroël*),以希伯来文缓缓念道:

听啊,以色列!
上帝我主,
唯一的我主。

这时,那个女人又说话了,"去吧,"她说道,"你是犹太人,一个好人。"她说道,她也是犹太人。第二天,韦尔特林格尔与太太团圆了。"我们再度相逢时,"他说道,"没有言语能形容出我们的感受。"他们手牵手在阳光中散步,"自由自在,快乐就像小孩一样。"

如果院长库内贡德斯院长有感到害怕的话,那么都没有在她那圆润、平静的脸上显露出来。在达勒姆之家周围,仗打得正猛,坦克每一次开火,整栋建筑都会震动,甚至在沙包堆集的地下室都可以感到冲击。不过,库内贡德斯院长已不再理会射击的机枪和呼啸的炮弹。正当射击暂停之际,她在餐厅改成的小教堂中祈祷,有一阵子战斗的喧嚣声似乎渐渐消失了。然而,库内贡德斯院长还跪在那里未起。一名修女进入了小教堂,轻声对院长说:"苏联人,他们进来了。"

库内贡德斯院长镇静地为自己祈福,跪拜一下,赶快跟随修女出了小教堂。第一批进入达勒姆之家的苏军,都是从后面进来,穿过菜园,在厨房各处窗口出现,张开嘴笑,用枪对着修女和在俗修女们。

这时，10名士兵由一名年轻的中尉率领着在等待院长。乌克兰籍厨工丽娜（Lena），马上被叫来充当翻译。据院长说，这名军官"看起来很帅，行为举止极好"。

他问到达勒姆之家，库内贡德斯便解释说，这是妇产科之家、医院和孤儿院。丽娜补充说，院里只有"修女和娃娃"。中尉似乎懂了，问道："这里有士兵或者武器吗？"库内贡德斯说："没有，当然没有，这屋子里没有那些东西。"有些士兵这时开始要拿手表和珠宝，中尉严厉斥责，这些人也就十分不好意思地退回去了。

库内贡德斯这时告诉年轻军官，达勒姆之家需要保证能得到保护，因为院里都是孩子、待产的孕妇和修女。中尉耸了耸肩；他是一个作战的军人，他所关心的，只是肃清敌人和继续前进。

苏军离开产院时，有几个士兵停下来，仰望圣米迦勒大雕像，"为上帝驱除一切罪恶的战斗骑士。"他们绕着雕像走，摸一摸雕像袍上的褶纹，抬头仰望圣像的脸孔。中尉向库内贡德斯道了再见，似乎有什么事困扰着他，他看了一下仰望圣像的士兵，对库内贡德斯说道："这些都是有纪律、守规矩的好兵。但我必须跟你说，就在后面跟上来的那一些人，都是猪！"

* * * *

苏军前进的狂潮没有停止过。德国以及首都残余的部分，都遭受到这些入侵大军的宰割。这时候，元首地堡里的那个疯子，发出了许多垂死挣扎的命令。命令之后又被相反的命令取代，相反的命令又被取消，再颁发新的命令。柏林卫戍司令魏德林的参谋长杜夫芬上校，总结这个状况，"混淆导致混乱，命令导致相反命令，终于所有事情

第五部　激烈的血战　423

都弄得乱七八糟。"

德军的指挥体系已经崩溃。正当西线的盟军与东线的苏军越来越接近时，负责西线的统帅部与指挥东线的陆总变得纠缠不清，看不出要如何解决这个问题。陆总参谋次长德特勒夫森将军，收到来自德累斯顿司令部的电话，说苏军科涅夫的坦克正向西进与美军会师，接近德累斯顿了。他吩咐守军司令把所有兵力集中在穿过市区的易北河东岸。10 分钟后，统帅部下令给德累斯顿守军司令，要他的部队部署在西岸。

所有地方都是类似的清形，几乎没有什么联系手段了。统帅部现在的总部在柏林东北方约 80 公里外的莱茵斯贝格（Rheinsberg），完全靠一支附着在阻塞汽球上的发射天线来通信。在柏林，希特勒的命令无法以电话下达，要经由动物园里的两座防空炮塔中较小那座的通信中心以无线电发出。L 塔里那宽大的通信室，坐在打字电报机与密码机前的女空军中尉格尔达·尼迪克（Gerda Niedieck），注意到这段时期，希特勒的大多数电文都只有一个主题。他疯狂地询问一些消息——通常问的都是已经不再存在的部队。无线电报打字机一再发出这些电文："温克的阵地在什么地方？""施泰纳在何处？""温克在何处？"有时候连这位年仅 24 岁的尼迪克都受不了了。当她发出希特勒的电文、威胁与命令，要这个垂死的国家，战到最后一个德国人时，止不住在打字电报机前饮泣起来。

＊＊＊＊

终于，历经了 6 年的战争之后，统帅部与陆总两个总部——它们的大军一度相隔 4,828 公里——合并成为联合总司令部。原统帅部参

一位美军宪兵与一位苏联红军女哨兵一起守卫易北河上的一座桥。

美军士兵举着一面代用的旗帜,向苏联红军表明自己的身份,代用旗是用床单涂上水彩做成的。

第五部 激烈的血战

谋总长凯特尔元帅,立刻对两个总部合并后的官员进行训话。"我们的部队,"他十足有信心地说,"不但愿意作战,而且他们完全能够作战。"统帅部作战厅长约德尔将军,与陆总参谋次长德特勒夫森将军,注视着他在新总部里踱来踱去。4月24日这一天,在元首下令高阶将领离开首都,以便他们在柏林市外指导作战,以解柏林之围以前,凯特尔向希特勒描绘了同样的光明远景。那是德特勒夫森最后一次去元首地堡的地底城。他到达时,只见到极端的混乱,大门竟没有卫兵。令他惊讶的是,他发现有20来个工人,躲在地堡门的后面。他们接到了命令,要"挖一条从停车场到大门的散兵壕",但因为炮轰,他们没办法工作。德特勒夫森从楼梯往下走时,连接待室也没有卫兵,更没有人搜查他的公文包,或者"检查一下看有没有携带武器。"给他的感觉就是已经陷入"完全瓦解"的状态。

希特勒小简报室外面的小厅,"摆着许多空酒杯和喝了一半的酒瓶"。在他看来,"保持冷静,并避免恐慌发生的军人守则,已经完全被忽视了。"每个人都紧张且焦躁不安——只有女人除外。"许多女秘书、女性官兵……爱娃·布劳恩,戈培尔太太和她的子女……都很亲切友好,她们的榜样使很多男人惭愧。"

凯特尔呈给希特勒的报告很简短,"用乐观的字眼,"德特勒夫森回想当时说道,"报告温克第12集团军群的情况,以及为柏林解围的期望。"德特勒夫森觉得,很难判断"凯特尔对自己的话相信多少,或许他的乐观,完全是基于愿望,而不想要让元首感到担忧。"

可是现在面对统帅部陆总的将领,即使希特勒人不在身边,凯特尔谈的还是同一套。他在屋子里踱来踱去,说道:"我们的失败的确是出于缺乏勇气,在高层以及中层司令部缺乏意志力。"就好像是希特勒在讲话。德特勒夫森想到,凯特尔"是他主子地地道道的学生"。

德国统帅部作战厅长约德尔上将（右），于1945年5月7日在法国兰斯签署德国投降书。

1945年5月23日战后被扣押的纳粹高官。左起为战争生产部长阿尔贝特·施佩尔、接任希特勒的总统卡尔·邓尼茨海军元帅、最高统帅部作战厅长约德尔大将。

从他那份充满着热情，陈述柏林会如何解围的报告，"显然他对部队的绝境完全不了解。"凯特尔继续谈下去，事情样样都会很好，苏军迅速迫近柏林的围阵，必将被摧毁，元首定会得救……

＊ ＊ ＊ ＊

人在巴伐利亚的空军总司令戈林元帅，觉得自己处在荒唐的情况当中，他竟遭到党卫军卫兵软禁。

4月22日，希特勒召开的那次至关重大的会议之后，空总参谋长科勒将军就飞到巴伐利亚来见戈林。拜勒向戈林报告，说"希特勒已经精神崩溃"。而且元首还说："一旦谈判来临，戈林元帅要比我高明。"戈林马上采取行动。他先发一封电报给元首，措词极尽谨慎。

"元首钧鉴，"他的电文这么报告："基于元首您决心坐镇柏林要塞，依据您1941年6月29日令，您是否同意由本人以副元首的身份立即接管治理我国之全权，具有国内及海外全部行动之自由？如今夜10时以前，未获回复，我即认为您已丧失自由及行动的能力，而将为国家及人民之最佳利益行使职权……"

戈林很快就接获答复——毫无疑问是他的死对头、野心勃勃的鲍曼所怂恿。希特勒火速发出电报，指责戈林叛国，宣布说除非他立即辞职，否则将遭处决。

4月25日晚上，柏林广播电台郑重报导，"空军总司令戈林元帅的心脏状况严重恶化，已请求辞去空军总司令以及所有相关职务……元首已准如所请……"戈林告诉太太埃米（Emmy）说道，他认为整个事情荒唐透顶。到最后还是得由他来谈判。她后来告诉冯席拉赫男爵夫人说，戈林当时还在想着"第一次与艾森豪威尔见面，应该穿那一套军服"。

****

正当柏林烈焰腾空，第三帝国死亡之时，希特勒从不曾猜疑会背叛他的一个人，已经采取比戈林的夺权更进一步的行动。

华盛顿4月25日下午，美国战争部主管作战的代理参谋次长约翰·埃德温·赫尔将军（John Edwin Hull），奉召到五角大楼陆军参谋长马歇尔将军的办公室。马歇尔告诉他，杜鲁斗总统要从白宫到五角大楼来，现正在路上，要用保密电话和丘吉尔谈话。一个德国人提出了谈判的要求——经由瑞典红十字会会长贝纳多特伯爵——已经收到了。这个试探和平的人不是别人，正是希特勒称为"忠诚的海因里希"——海因里希·希姆莱。

希姆莱的秘密建议，正从美国驻瑞典大使馆以密码发来。马歇尔告诉赫尔，准备一间电话室，并且立即向国务院查明，电报是否已经收到。"我打电话给国务卿迪安·艾奇逊（Dean Acheson）了，"赫尔说道，"他告诉我，他对任何有关希姆莱提议的电报一无所悉。实际上，那份电报正发往国务院，但没有人见过。"

美国东部时间下午3点10分，杜鲁斗总统来了。他在五角大楼电话室里和丘吉尔首相通话，"总统拿起电话时，"赫尔回忆说道，"甚至还不知道德国的提议内容是什么。"据赫尔说，邱吉尔"劈头就说：'你对这电报的想法如何？'杜鲁门回答道：'这电报现在还正在传送中。'"

丘吉尔就把英国驻瑞典大使维克托·马利特爵士（Sir Victor Mallet）寄到的电报，念给杜鲁门听，说希姆莱愿意会见艾森豪威尔

第五部 激烈的血战 429

将军以及投降。这位党卫军司令报告说,希特勒已病危,甚至可能已经死亡,不管是什么情况,都只剩几天时间了。很清楚希姆莱愿意投降——但只向西线的盟军,而不向苏军投降。"如果西方盟军拒绝你的请降,"贝纳多特伯爵问他道,"又将如何?"希姆莱答道:"那么我就会接管东线战场的指挥,战死沙场。"在另外一部电话旁听的赫尔,这时听见丘吉尔说道:"好了,现在你的想法如何?"

上任才 13 天的美国新总统,毫不迟疑回答道:"我们不能接受,"他说道,"那么一来就不正大光明了,因为我们和苏联有过协议,不接受个别的和平。"

丘吉尔立即同意。一如他后来所说,"我告诉他(杜鲁门),我们认为,应当以无条件、同时向三强投降。"丘吉尔与杜鲁门两人通知斯大林有关希姆莱请降以及他们的答复,大元帅谢谢他们两位,也用类似的答复承诺红军"为了我们共同主张的利益,要保持对柏林的压力。"

* * * *

美军第 69 步兵师的艾伯特·科茨布中尉(Albert Kotzebue)坐在吉普车上,看见远处的农场。想到那里太安静了,便下了车,走在 26 名士兵所组成的侦搜排前面,如此他才能独自一人抵达目标房子。

靠近易北河的整个田野,都安静得出奇。村庄都飘扬着代表投降的白旗,可是却没有什么动静。村民都待在家里,科茨布跟几个村长谈过话,但都是同样的内容:苏军来了,他们一定会被宰掉,女人会遭强奸。

科茨布小心走到这户住屋前面,大门半开,他站在一边,用步枪把门完全推开，却吱呀一声反弹回来。他张开眼细看，围着饭桌坐着的是个农夫、他的老婆，还有三个儿女，好一副和乐的家庭写照——只是他们全是死人。他们一定怕得要死，因此全都服毒自杀。

侦搜排的人跟了上来，中尉跳回自己的吉普车，加速驰向易北河。就在抵达这条河以前，科茨布创造了历史。他在莱克维茨村（Leckwitz）见到一个看起来很奇怪，骑在马上、穿着一身不常见军服的骑士。这个人在马鞍上掉过头来看着科茨布，科茨布也回望他。这两个人作战打过了半个世界，为的就是这一刻。科茨布看来，他遇到第一位苏军了。

有个会说俄语的士兵问这个骑马的人。不错，他说道，他是苏军。科茨布问道："他的单位呢？"这个人答得简单："易北河。"侦搜排便出发向易北河前进，骑士看着他们离开。到了河边，科茨布和几名士兵找到一艘划艇，便用步枪当桨，划到了对岸。他们从划艇上岸时，科茨布只见上百米的河岸，堆了一地的老百姓尸体，男女老幼都有，还有翻覆的大小车辆，行李和衣物扔得到处都是。没有半点迹象能指出这次屠杀是如何发生的？或为什么发生的？不久之后，这批美军遇见了头一批苏军。科茨布敬礼，苏军士兵也敬礼。没有欢欣鼓舞的见面，没有搂抱，没有拍背。只是站在那里彼此对望，时间是4月25日下午1点30分。东线与西线的盟国军队在施特雷拉（Strehla）这座小镇会师了。

下午4点40分，易北河北边32公里处的托尔高（Tograu），也是第69步兵师的威廉·D. 罗伯逊中尉（William D. Robinson），遇到了一些苏军，他带了4名苏军回到连部。他们的碰面加载史册，成为官方版本的美苏两军会师的时间。不管是哪一种情况，1点30分也好，4点40分也好，希特勒的帝国已经遭美军霍奇斯将军的第1集团军，

1945年4月25日下午4：40，美国69步兵师的罗宾逊中尉于易北河北边20英里处的托尔高，正式与苏联的第58近卫师会师。

以及苏军科涅夫元帅的乌克兰第 1 方面军的官兵切成两半。

也就是 4 月 25 日这一天——似乎没有人能确定正确的时间——柏林陷入包围了。

* * * *

德军第 9 集团军的整个北侧翼已经崩溃，完全被包围了。第 9 集团军受到苏军轰炸机日以继夜的轰炸，补给情况已到绝境。德国空军试图空投，但所有事情都不对劲。不但没有足够的飞机执行空投，飞机也没有足够的汽油——而这些空投都丢错了地方。尽管这一切的一切，第 9 集团军依然顽强死战，向温克的第 12 集团军群推进。

不过到了这时，海因里希了解到温克集团军的真实情况与克雷布斯所说的刚好相反，第 12 集团军群几乎已经没有什么兵力了。痛苦万分的他打电话给克雷布斯，指责他蓄意提供虚假不实的情报。"那是个不存在的集团军。"海因里希怒气十足地说道，"它根本没有战力向第 9 集团军推进过来，然后和第 9 集团军会师北上去救柏林，等到它们会师时，两个集团军都剩不了多少人了——而你是知道的！"

事实上，维斯瓦河集团军群剩下来的只有曼陀菲尔的第 3 装甲集团军。曼陀菲尔顽强地挺住了，但他战线的中央已经突破凹了进来，这不妙。更糟的是，朱可夫的坦克正沿着南翼前进，目前的位置可以旋回向北攻，把曼陀菲尔包围，唯一挡住他们去路的德军部队，便是党卫军施泰纳将军的那支乌合之众。

希特勒解救柏林的计划，要求施泰纳从柏林侧边向南攻击，切过苏军的路线。而第 9 集团军与第 12 集团军群则从柏林的另一侧，合力北攻。理论上，这是个行得通的计划。实际上却没有成功的希望，

第五部 激烈的血战 433

施泰纳就是不利条件之一。

"他总是找任何借口不展开攻击,"海因里希说道,"慢慢地,我感觉到事情不对劲。"

维斯瓦河集团军群司令知道施泰纳并没有根据希特勒的要求行动。他并没有足够的兵力抵达施潘道区,但海因里希还是要求他发起攻击。至少,施泰纳还足够强大得足以推迟朱可夫的冲势。如果他办得到,也许可以阻止苏军包围曼陀菲尔集团军。这一来可以给海因里希足够的时间,把曼陀菲尔的兵力,一步步退到易北河。现在除了拯救官兵以外,没有什么事可以做的了。帝国免不了全面崩溃,这明显会在几天之内发生的事情。海因里希带着的一份地图,在上面画了五条由北到南的撤退路线,从奥得河退到西线。头一条线的名称是"沃坦"(Wotan),第二线是"于克尔"(Uecker),其余各线则以数字表示,各线间隔24到32公里。曼陀菲尔目前正在"沃坦"线。现在的问题是:他在那里能支撑多久?

4月25日上午,海因里希去看曼陀菲尔,他们在曼陀菲尔司令部后面的小花园散步。第3装甲集团军司令平静地说:"我无法再支撑下去了。"他露出坚定的表情,"没有坦克,没有战防炮,我指挥的那些没有经验的部队不能独立作战,怎么还会有人指望我能撑下去?"

"你还能撑多久?"

曼陀菲尔摇摇头。

"也许再撑一天。"

* * * *

在炸开的炮弹与起火的浓烟中,备受摧残的城市上空,来回飞行的飞机撒下的传单正在空中飞舞、飘荡。夏洛特·里希特在维尔默斯多夫区便捡到了一张，上面写着："坚持住！温克将军与施泰纳将军来救柏林了！"

* * * *

目前最重要就是看施泰纳打算怎么做。海因里希在纳森海德（Nassenheide）的第25装甲投掷兵师师部找到了他，跟施泰纳在一起的是约德尔。他们已经讨论过施泰纳的攻击应该如何展开。现在大家再谈一次，施泰纳开始谈到自己部队的状况，"你们有谁见过他们没有？"

约德尔说道："他们的状况很好，士气也很棒。"施泰纳惊讶地看着约德尔。

海因里希平静地问："施泰纳，为什么不攻击？为什么把攻击往后延？"

"很简单，"施泰纳说道，"我根本没有部队，毫无成功的希望。"

"你有什么部队？"海因里希耐心地问道。

施泰纳解释他的战力只有6个营，包括党卫军"警察"师的一部分，再加上第5装甲师与第3海军步兵师。

"海军兵员我可以略而不计，"施泰纳说道，"我敢赌他们在船上很棒，却不曾接受过这种作战方式的训练。我根本没有炮兵，非常少的装甲车辆，只有不多的防空炮。"他停了一下，"我可以告诉两位，我有的是什么：一个完完全全的大杂烩部队，绝对无法从格门多夫（Germendorf）打到施潘道。"

"这个，施泰纳，"海因里希冷冰冰说道，"你得为了元首攻击。"

施泰纳瞪着他,大叫:"他也是你们的元首!"

海因里希心中有底。他和约德尔离开时,知道施泰纳没有发动任何攻击的打算。

＊＊＊＊

几个小时以后,位于比肯海恩的维斯瓦河集团军群司令部的电话响了。海因里希抓起电话,是曼陀菲尔打来的,他的声音听起来气急败坏,"我一定要请司令准许我从斯德丁与施韦特撤退。我没办法再挺下去了,如果我们现在不撤,就会被包围了。"

这一下子,海因里希记起今年1月份希特勒对高阶将领所下的命令,他们要"亲自对希特勒负责",如果事先没有正式通知希特勒,在元首作出裁决以前,不准部队撤退或者放弃阵地。这时,海因里希说道:"撤退!听到我说的话吗?我说的,撤退!听着,曼陀菲尔,同时也放弃斯德丁要塞。"

海因里希身穿羊皮大衣,打着一战时期的绑腿,站在办公桌边,反复想着自己刚才做的决定。他在军中不多不少已经40年了,现在知道即使他不遭到枪毙,他一生的事业也完了。这时,他把参谋长及作战处长艾斯曼上校找来,"通知统帅部,我已经下令第3装甲集团军撤退了。"他想了一下,又说道:"到他们接到电文时,已经来不及撤销了。"

他看着狂热的希特勒拥护者特罗塔参谋长以及老友艾斯曼,说明打从现在起,他打算,绝不会不必要时让部队暴露,他会更快撤退部队,而不把人命作不必要的牺牲。他问他们两人:"你们有什么意见?"艾斯曼立即建议,应该下令"退到'于克尔线'以后,停留在梅克伦堡湖一带，等待投降。"特罗塔一听到后面这两个字就跳了起来，"身为军人，想到投降乃至用到投降这两个字，都有玷荣誉，"特罗塔说得急急忙忙、口水四溅，"这不是我们该做的事，要由统帅部下达命令。"

海因里希平静地说："本人已不肯再执行这种自杀式的命令了。为了本集团军，我有责任拒绝这些乱七八糟的命令。而我打算要这么做，这也是我的责任，我的行动也要对得起德国人民，"然后他对特罗塔说，"尤其，特罗塔，更要对得起天主。"

"晚安，两位。"

* * * *

凯特尔整整过了48小时才知道海因里希已下令曼陀菲尔撤退。他是亲自目睹到他们的撤退行动。他驱车经过第3装甲集团军战区，吃惊地看见各地的部队都在往后撤。他气坏了，下令海因里希及曼陀菲尔两人前往菲尔斯滕堡（Furstenberg）附近的十字路口与他开会。

曼陀菲尔的参谋长布克哈特·米勒-希勒布兰德将军（Burkhart Muller-Hillebrand）听到这项安排大惊失色，然后又担心起来，为什么要选在十字路口？为什么要在露天举行？他连忙出去找手下的参谋。

就在那处十字路口，海因里希与曼陀菲尔下了自己的座车，看见凯特尔和副官已经到了。希特勒的参谋总长这时完全按捺不住愤怒，脸色严酷，不断用元帅杖一次再一次地敲打着戴上手套的手掌心。曼陀菲尔迎向他，海因里希敬礼，凯特尔立刻大吼大叫起来，"为什么你下令后退？你的命令是守住奥得河！希特勒要你守住！他命令你不得移动！"他指着海因里希，"而你！你竟下令撤退！"

第五部　激烈的血战　437

海因里希一句话也不吭。据曼陀菲尔说,等到这一阵大发雷霆结束后,"海因里希极其平静地说明状况,而他的论点完全合乎逻辑。"海因里希说道:"我向你报告,凯特尔元帅,以我手头现有的部队,我无法守住奥得河。我不打算牺牲他们的生命,尤其是,我们还不得不向更后面退一点。"

曼陀菲尔这时也插嘴,他想解释为何战术情况导致不得不后撤。"我很遗憾地向您报告,"他作了结论,"海因里希将军做得对,我甚至不得不更退后一点,除非我有了援军。我到这里来,就是要问,我有没有援军。"凯特尔炸开来了。"没有预备队了,"他叫道,"这是元首的命令!"他用元帅杖打了一下手掌心,"你们一定要守住原来的阵地!"他又敲了一下手掌,"现在你就要在这里把你的部队调头!"

"凯特尔元帅,"海因里希说道,"只要我当集团军司令,我不会下这种命令给曼陀菲尔。"曼陀菲尔说道:"凯特尔元帅,第3装甲集团军听从曼陀菲尔。"

此时,凯特尔完全失去了自制力,"他大发脾气到了这种程度,"曼陀菲尔回忆说道,"海因里希也好,我也好,都没法听懂他在说什么。"到最后他嚷嚷道:"你们的行为要对历史负责。"

曼陀菲尔一下子也火上心来,"我曼陀菲尔家族为普鲁士鞠躬尽瘁了200年,一向对自己的行为负责。而我曼陀菲尔,乐于接受这项责任。"

凯特尔一转身对着海因里希,"你就是要负责的那一个!"他说道,"你!"

海因里希转过去,手指着曼陀菲尔集团军正在撤退的一条路,答道:"凯特尔元帅,我只能这么说,如果你要派这些人回去送死,为什么你不自己去?"

在曼陀菲尔看来，凯特尔"似乎向海因里希踏出了威胁的一步"。然后厉声说道："海因里希上将，从现在起，撤除你维斯瓦河集团军群司令一职，你回到司令部去等人接替。"话一说完，凯特尔爬上座车开走了。

就在这时，希勒布兰德将军和所有参谋从森林里出来，每人都手持冲锋鎗，他解释说："我以为会有些麻烦。"

曼陀菲尔依然认为，也许真的会有点麻烦，他向海因里希表示会派卫兵保护他"直到结束"，可是海因里希婉拒了。他向这些军官敬礼后上了座车，在军中待了40年，到了战争的最后时刻，却受到撤职处分。他把那件旧羊皮大衣的领子折了起来，告诉驾驶兵，回司令部去。

* * * *

到处都是蜂拥而来的苏军。柏林薄弱的防线被打得往后退，全市一区跟着一区沦陷。有些地方，武装有限的国民突击队还没接战就掉头逃跑。希特勒青年团、国民突击队、警察与消防队并肩作战，但各有各的指挥官，他们奋战守住了一些目标，可是他们彼此的命令却经常相互抵触。事实上，很多人不知道自己的指挥官是谁。新上任的柏林卫戍司令魏德林将军，把自己拥有丰富作战经验的第56装甲军底下还存在为数不多的老兵，遍布防区的每一处，以加强国民突击队和希特勒青年团的战力，但用处不大。

采伦多夫区几乎立刻就失陷了。区公所前试图构成据点的国民突击队悉数遭到歼灭，区长挂起白旗，然后自杀。韦森塞区，在希特勒崛起以前，共产党控制的地区，很多街巷立即投降，连红旗也出现了——很多红旗还显示出匆忙拆掉纳粹党徽的痕迹。潘科区撑了两天；韦丁区（Wedding）三天。还有小股的德军守住小据点顽强抵抗，一直打到最后。但各处都没有连贯的防线了。

路障就像是火柴盒被摧毁得稀巴烂，苏军坦克行进快速，遇到建筑物中有狙击兵射击，根本不派兵进去，直接把它轰垮。红军绝不浪费时间。有些障碍物，像电车和装了石块的马车，干脆用大炮近距离射击把它们摧毁。遇到了较为坚固的防线，苏军就绕过去。苏军分别在维尔默斯多夫区和舍讷贝格区遇到抵抗，便从这条街的街区两侧攻进去，从一个地窖攻进另一个地窖，用火箭筒轰出一条路。然后他们从后面出来把德军扫光。

排列成阵的炮兵，把柏林市中央各区，一米、一米地夷为平地，每占领一区之后，苏军便涌进大量的火炮，以及在奥得河与尼斯河使用过的"斯大林风琴"。滕佩尔霍夫区与加托机场，大炮一门接着一门放列成行，在格吕讷瓦尔德，在泰格尔区森林、公园、空地，甚至在公寓房屋的花园都是如此，主要大道上挤满了一列列的"斯大林风琴"——"喀秋莎"火箭炮，倾泄出含磷的火箭弹不间断的弹流，使得整个区域烽火四起。"火头太多，以致没有夜晚，"国民突击队员埃德蒙·黑克舍（Edmund Heckscher）回忆当时说，"如果你手边有份报纸，晚上还可以读报呢。"威廉·诺尔特博士（Dr. Wilhelm Nolte），一个被强迫在消防局[①]工作的化学家，见到苏军的炮兵弹着观测机队，

[①] 部分 4 月 21 日离开柏林的消防车，在消防局长果尔巴哈（Walter Golbach）警告后，又回到了柏林。根据战后报告，把消防车调出柏林的命令，是戈培尔下达的，好使它们不致落入苏军手中。果尔巴哈听说，由于他取消了戈培尔的命令而会被捕。他自杀未遂，就在脸上的伤口还流血不止时，被党卫军架了出去处决。

柏林交通要道可以看到用来作为路障的路面电车，他们发挥的效果不大。

导引火炮对着想救火的消防队员猛轰。最近才征召进入国民突击队的赫尔曼·黑尔里格尔黑尔里格尔（Hermann Hellriegel），一发炮弹在身边爆炸，把他震得两脚悬空，掉进附近一个弹坑里。更使他毛骨悚然的是，他掉在三具士兵尸体上。这名58岁的国民突击队员，以前是旅行业推销员，这时赶快爬出弹坑、逃回家去。

苏军越来越深入市区，国民突击队开始消失不见，制服和臂章都扔在街上。有些部队更是指挥官主动解散的。在帝国体育场，一个营级的国民突击队经过一番苦战后，营长卡尔·冯·哈尔特（Karl Ritter von Halt）把还在身旁的队员集合起来，告诉他们回家去。反正有一半人派不上用场，他们用的是德制步枪，发给的却是意大利制子弹。

"让他们回家是我唯一能做的事了，"哈尔特说道，"不这么办，那就得用石头砸苏军了。"

到处开始出现逃兵。赫尔姆特·福尔克上士（Helmut Volk）觉得没理由为了元首卖命，他是个会计，在情报局工作，忽然发给他步枪，要他去格吕讷瓦尔德站值勤。他一听说自己的单位已经奉令到总理府地区，他也就动身了，去的是自己在乌兰德大街（Uhlandstrasse）的家。家人见到他并不高兴，他那一身军服会连累全家。福尔克连忙把军服脱掉，换上便装，把军服藏在地窖。做得刚是时候，一小时内苏军就攻进这一区来了。

在弗赖桥（Frey Bridge）附近的连部，一等兵维利·塔姆（Willi Thamm）听到了一些事情，使他下定决心在单位里待到最后。一名中尉到连上来，向塔姆的上尉连长报到，喝过一杯咖啡和一杯杜松子酒以后，说："想想看！各地的步兵都要开小差，今天就有三个不假外出。"塔姆的连长看着他，问道："那你怎么办？"中尉啜着咖啡说道："我毙了他们。"

党卫军成群结队在柏林市内搜寻逃兵、执行私刑。几乎任何穿军服的人，他们都会叫住，检查军人身份证和部队单位。任何人只要有从连上开小差的嫌疑，立即予以枪决，或者绞死在树上或电灯柱上以儆效尤。16岁的希特勒青年团团员阿里贝特·舒尔茨（AribertSchulz），到施皮特尔市场（Spittelmarkt）一家歇业的电影院报到，看见一个高瘦红发的党卫军手持步枪，押着一个人走上街头。舒尔茨问是怎么回事，党卫军告诉他，这个人是个陆军士官，却发现他换上了便服。舒尔茨便跟着他们后面走，一直走到莱比锡大街，然后党卫军把陆军士官猛力一推，士官脚步跟跄想站稳的时候，党卫军就在后面开枪把他打死了。

当天晚上，舒尔茨又见到了这个红发的家伙，他和同单位的其他青年团团员在一起，站在一处障碍物旁站岗。

苏军一辆T-34坦克驶过来，炮塔正缓缓转动时，却直接挨了一发命中弹而爆炸开来，乘员唯一剩下的一人立刻被俘。在这名苏军的口袋中，青年团团员发现许多柏林地目标照片。到了司令部，这名苏军坦克兵接受讯问，问完以后，便把他交给那个有步枪的人——就是同一个红发的党卫军。他押解这俘虏到外面，不过这一回他友善地拍拍苏军，做势要他走。苏军俘虏笑了笑便举步离开，这名党卫军也是从后面开枪把他打死。这才使年轻的舒尔茨醒悟过来，这个高瘦的枪手，原来是司令部派来的刽子手。

目前，柏林各地的守军，都被迫退到市中心各区的废墟里。为了阻滞苏军，全市248座桥梁被炸掉了120座。分配给魏德林的卫戍司令部，炸药少到只好用空军的炸弹来代替。狂热分子经常不顾及后果，连非关键设施也炸掉。党卫军把一座6公里长的隧道炸毁，但这条隧道位于施普雷河和兰德韦尔运河河床下方，而且恰好是一条铁路

德国平民，尤其是柏林妇女试图逃离苏联暴力，但没有地方可以足够安全。

柏林人在清理城市街道上的废墟时拍摄的合影。

支线。有上万名民众躲在里面，河水开始涌进隧道时，老百姓疯狂地沿着铁轨向高处跑，隧道中不但挤满了站立的人，还有四列载送伤员的火车也停在里面。埃尔夫丽德·瓦塞尔曼和她的丈夫埃里希，刚刚从安哈尔特车站的防空洞进去隧道，正想推挤出去，却听见火车上的伤兵厉声尖叫："抬我们出去！抬我们出去！我们要淹死了！"但是没有人肯停下来。河水涨到了埃尔夫丽德的腰部那么深，撑着拐杖的埃里希被水淹得更深。大家拼命逃生，彼此踩踏，埃尔夫丽德几乎要绝望了，但是埃里希不停地叫："往前走！往前走！我们快到了，我们可以的！"他们都办到了。究竟有多少人逃了出来，埃尔夫丽德永远无从得知。

到了4月28日，苏军逼近柏林市中心，包围圈越来越紧。令人绝望的战斗，分别在夏洛滕堡、米特以及腓特烈斯海因三区的边缘上演。通往施潘道的一条狭窄通道依然开放，魏德林所剩不多、作战经验丰富的部队，正努力据守住这条通路，以备作最后一分钟突围用。死伤惨重，大街小巷堆满尸体。由于炮轰导致老百姓没有办法走出避难所拯救在附近受伤的亲友。很多人为了取水，在老式的手压汲水器前排队而受了伤。军人也好不到哪里去，受伤的人能走到急救站就算是幸运的了。那些不能走的，经常是躺在倒下来的地方，血流过多而往生。

国民突击队员库尔特·博格（Kurt Bohg）其中一只脚的大部分脚跟被炸掉了，他又爬又跛地，一步步前进了好几公里。到最后终于走不动了，便躺在马路上哀声求救，但少数敢于冒着炮击的危险离开防空洞的人，也都忙着自保。

博格躺在沟里，看见一个路德会修女，从一家跑向另一家。"修女，修女，"他叫道，"你能救救我吗？"修女停下脚步，"你能爬到

第五部 激烈的血战 445

教堂隔壁的聚会所那里吗？"修女问道，"从这里去只有5分钟，到了那里我就可以帮你了。"也说不上是哪来的力量，他竟爬到了聚会所。所有的门都是打开的，他爬进大门，然后进了一间休息室，终于倒了下去。等到他醒来才发现自己躺在一大滩血中间。他慢慢抬起头，看看血是从哪里来的。眼光扫过房间，看到通往花园的地方。那扇门大开，挤在门中间、缩成一团的，是一条黑白相间的荷兰乳牛，一双柔和的眼睛看着他，嘴里冒出大量的鲜血。人、牛一言不发，充满同情地彼此凝视着对方。

  苏军孤立了柏林市中心。魏德林部队受到的压力越来越大，补给用罄，他拼命要求空投，得到了6吨的补给品，和不多不少16发的铁拳反装甲榴弹。

  难以置信的是，如此可怕的战斗环境，却有架飞机突然飞进来降落在东西轴心路上。这是一条宽敞的道路，西从哈弗尔河起，一直到东面的菩提大道止。这是一架小型的鹳式机，机内的两人，一位是罗伯特·冯·格赖姆（Ritter von Greim）将军，另一位是知名的女飞行员汉娜·赖奇（Hanna Reitsch）上尉。飞机遭到防空炮火击中，汽油机翼油箱直往外溢漏。担任驾驶的格赖姆在降落以前，一只脚受了伤，汉娜抓住驾驶杆和油斗，作了一次漂亮的落地。两名飞行员都应希特勒的命令到总理府来，格赖姆一到便立即被晋升为元帅，接替"叛国"的戈林担任当下已不存在的空军总司令。

  元首地堡遭到炮轰。但在当时来说，这里面相对比较安全。市中心还有一处安全岛屿——高耸在动物园的两座防空炮塔，高40米的G塔里面挤满了老百姓，究竟有多少人，没人知道。德国空军医官瓦尔特·哈格多恩（Dr. Walter Hagedorn）估计，除了军人之外，平民多达3万人。每一层楼的楼梯、梯口，都是或坐或站的人，没有多余活动最后关头,戈林元帅离开了柏林,在巴伐利亚期间曾一度遭到党卫军卫兵软禁。希特勒最后指责戈林叛国。图片为纽伦堡大审中的纳粹高官,从左向右依序为戈林、赫斯、里宾特洛甫、凯特尔,后排:邓尼茨、雷德尔、席拉赫、绍克尔。

变成废墟的总理府。

第五部　激烈的血战

的空间。红十字会的工作人员,像19岁的乌尔苏拉·施塔拉(Ursula Stalla)便在尽一切可能减轻老百姓的痛苦。她永远不会忘记那种混杂在一起令人作呕的臭味——"汗酸气、臭衣服、小婴儿的尿布臭,再混入医院用的消毒药水的味道。"在地下室待了多天之后,有些人都快发疯了,有的人选择自我了断。两位老太太并肩坐在一楼的楼梯口服毒药自杀有一段时候了,但没人说得出确切时间——她们周围的人太挤,她们死的时候又坐得笔直,等到有人发现时,人都死了好几天了。

哈格多恩医官在自己的小型医院一直在为病患开刀连续不停达5天。他的困难在于掩埋遗体。由于炮轰的关系,根本无法出去。"在炮击暂停期间,"他后来回忆说道,"我们想把遗体和截下的肢体抬出去埋掉,却几乎不可能。"此时,炮弹从四面八方打穿了地下室穿不透的墙壁,炮弹的碎片炸散在百叶钢窗上。哈格多恩有500具遗体和1,500名伤员,再加上还有不清楚人数的半精神状态不佳的人。同时,四周围也都有人自杀,但由于过于拥挤,甚至连统计这些数字都没有办法。可是医官还记得,地下室中有人说:"我们挺住直到温克或者美军打到这里为止。"

炮塔周围是动物园没有开发的大片荒地。对待动物的屠杀也是很恐怖。每一发炮弹落下来,鸟儿便向四面八方飞散。狮群都遭射杀了,河马"洛莎"被一发炮弹炸死在水池中。禽鸟管理员施瓦兹感到绝望,也不知道什么缘故,他关在浴室的那只稀有鹳鸟阿布,却躲过了这一劫。这时候,动物园园长赫克接到防空炮塔指挥官的命令,要把狒狒除掉。它的兽笼已经坏了,如果逃出来会有危险。赫克手持步枪向狒狒笼走去。这只狒狒是他的老朋友,正缩成一团坐在兽笼铁杆边。赫克举起步枪,枪口对正狒狒的头。狒狒轻轻把步枪推到一边,赫克吓坏了，它再度举起枪，狒狒又把枪口推向一边。赫克很难过，全身发抖，决定再试一次。狒狒默默地看着他，然后，赫克扣下了扳机。

*　*　*　*

正当双方交战在激烈进行之时，另外一场野蛮的攻势也正在进行当中。它既凶狠，且是针对个人。苏军第一线军纪严明的官兵后面，跟上来的一大群部队，这时要求征服者应有的权利：被征服者的女人。

四名苏军用枪托撞门时，乌尔苏拉·克斯特（Ursula Köster）正在采伦多夫区家中的地窖里睡觉。跟她一起的有爸妈、她的一对双胞胎女儿，6岁的英格丽德（Ingrid）与吉塞拉（Gisela），还有七个月的儿子贝恩德（Bernd）。苏军进入地窖到处搜，找到一个空行李箱，便把一罐罐的罐头水果、钢笔、铅笔、手表、克斯特的皮包都倒进去。其中一名苏军找到一瓶法国香水，打开闻一闻，就一整瓶全倒在身上。第二名苏军用枪对着克斯特的双亲和孩子，把他们推到地窖的小房间里，然后，一个跟着一个，四个人轮流对她施暴。

第二天上午约6点左右，憔悴的克斯特正在喂母乳。两名苏军士兵来到地窖，她两手抱着孩子，想跑到门外去躲避，可是她身体太虚弱，一名士兵从她手中抢走小孩放进摇篮，第二个大兵淫笑看着她。两人全身邋遢，衣服都是灰沙，皮靴上带着小刀，头戴皮帽。其中一人的军服下摆还垂在裤子外面，两个人都强暴了她。他们一走，克斯特抓起能找得到的毯子，抱起小孩，把两个小女儿召唤过来，跑到对街一户花园住宅去。她找到一个浴缸，不晓得是被人丢掉的还是从住宅里炸出来的,她把浴缸翻转朝天,带着三个孩子爬进去躲起来。

18岁,住在维尔默斯多夫区的博赫尼克听见苏军来了,便冲到地窖的沙发下面躲起来。她父亲是位语言学家,正用俄语抗议他们擅闯民宅。苏军要知道博赫尼克在什么地方,她爸爸大叫:"我要向政委告发你们!"却在枪尖对着下,被押出屋外来到街上,博赫尼克静静躺着,希望苏军会走。她把脸和金发都涂黑,好使自己比实际年龄更老一些。然而,还是不要冒险,她人还是待在沙发下面。

在相连的地窖里有两个老人,突然博赫尼克听见其中一人用可怕的声音喊道:"她在那里!在那里!在沙发底下!"博赫尼克便被人从藏身的地方拖了出来,她站在那里,吓得浑身颤抖。苏军交头接耳谈了一下,然后全都走了,只留下一人。"他是个年轻的军官。"她后来说道,"在他的手电筒灯光下,他倒还满中看的,轮廓分明。"他的一举一动,那意思是绝对错不了的。她向后退,他向前逼近。他微笑着,"人算斯文却孔武有力",开始脱掉博赫尼克的衣服,她拼命挣扎。"他要得逞得费一番功夫,"博赫尼克回忆说道,"他一只手拿了手电筒,散发着苏军典型的不信任感随时注意后面,以防有突如其来的攻击。"

尽管她使尽力气,渐渐还是被他把衣服脱了下来,她想求饶,却又不会说俄语,最后她哭出来,人也跪下去,求求对方放过她,年轻的苏军军官只是看着她。博赫尼克停止哭泣,振作起来,想想别的方法。她用坚定但有礼貌的方式对他说。"我告诉他,这完全不对,"她回忆说道,"我说人不能这么做。"那个苏军表情开始显露烦躁。这时,博赫尼克的衣服快要全被脱下来时,她又崩溃了,"我根本就不爱你!"她哭道,"要这么做毫无道理,我根本就不爱你!"苏军突然大叫一声:"啊——"声音听得出来十分厌恶,就冲出了地窖。

第二天早上，博赫尼克和另外一个女孩逃到道明会修女修道院，在那里躲藏了四个星期。她后来才知道，她的朋友罗茜·霍夫曼和母亲，曾发誓一旦苏军来了就会自杀，两人都遭到强暴，也都服了毒自杀①。

教师格尔德·布赫瓦尔德（Gerd Buchwald）眼见苏军在赖尼肯多夫区的横行霸道。他的公寓被苏军女兵洗劫一空，她们"深深爱上我太太的衣服，就像是被磁铁吸附般喜爱。她们喜欢的便拿了就走"。他把其余的东西都烧掉，把手枪分解，藏在花园。当天晚上，一批苏军来了，全都喝得酩酊大醉，对着他大吼："女人！女人！"他含笑迎向他们。"我两天没刮胡子，一头乱发，也许我的说法行得通，加上我看起来又老了一些。我停下脚步、两手一摊，说：'我的女人死了！'"他们显然都懂，说了句：他老婆死了。当他躺在沙发上时，他们东张西望，拿了他一副吊带就走了。他们一走，布赫瓦尔德把门闩紧，把沙发推开，帮助太太埃尔莎（Elsa）从0.9乘0.9米的洞口爬出来。那是他在混凝土地面挖开的洞穴，以后几个星期她每天晚上都躲在里面。

威廉皇帝纪念教堂的牧师格哈德·雅各比博士（Dr. Gerhard Jacobi），也成功藏匿起他的太太。虽然很多女人从他的地窖被拖出去强暴，但他善用一张毯子把太太藏了起来。他睡在一张狭长的沙发外侧，太太睡在内侧，她的脚对着他的头，用上一床厚厚的毛毯盖得紧实，几乎看不到她。

住在维尔默斯多夫区的伊尔莎·安茨两姐妹和妈妈，对苏军的印

---

① 由于医师行动够快，救了她们一命，当今依然健在。

第五部　激烈的血战　451

象起先都很好，有一阵子都没有麻烦事情发生。可是某一天晚上，就在快要拂晓之前，伊尔莎的妹妹安内莉泽（Anneliese）遭人从与妈妈一起睡的床上拖了下来。她一路尖叫着被人带上公寓楼上，并受到一名苏军军官残暴地侵犯。对方完事后，摸了摸她头发说：

"好个德国妞。"要她不能告诉别人有苏联军官强暴了她。隔天，一名苏军士兵送来装有食物指名给她的包裹。

不久之后，又来一名对伊尔莎打主意的苏军。他进屋时，双手各持一把手枪，她记得"我坐在床上，不知道他要用哪一把枪打死我，左手还是右手的"。地窖很冷，伊尔莎穿了好几件毛衣和滑雪裤。他摸她身上，把她的毛衣剥掉，这时苏联士兵突然大惑不解地说道："你是德国兵吗？"伊尔莎回答："你会误会我并不感到惊讶。我饿得太瘦了，看起来几乎不像女人。"不过苏军很快发现是自己误判，她遭到了强暴。苏军士兵走时，说道："德国兵在苏联就是这么干的。"过没多久，他又回来——真的令她意外，竟然待在伊尔莎的床边保护她，好让她这晚幸免于其他好色的苏军士兵。

自那以后，伊尔莎这一家一再遭受野蛮的虐待。有一回，她们都被带到屋外靠墙站好，准备要被枪毙。又有一回，伊尔莎再遭玷污，她们开始想自杀，伊尔莎回想说："如果我们有毒药，我一定就是取自己性命的那一个。"

就在苏军强暴劫掠时，自杀到处发生。光以潘科区来说，三个星期自杀的纪录就有215宗，大部分都是女性。夏洛滕堡区圣卡尼修斯教堂（St. Canisius Church）的耶稣会教士约瑟夫·米夏尔克神父（Josef Michalke）和阿尔方斯·马茨克尔神父（Alfons Matzker），看到一个妈妈和两个孩子被从哈弗尔河打捞起来，就明白苏军的残暴把女性逼迫到了什么程度。这个妈妈两手各夹住一个小孩跳水，双臂都各绑了一个塞满砖块的购物袋。

米夏尔克神父教区的一位教友汉内洛蕾·冯·克穆达（Hannelore von Cmuda），是个17岁女孩，遭到一群喝醉的苏军反复强暴。等他们完事以后，对她开了三枪，虽身受重伤却没有死，由当地唯一的交通工具——一辆娃娃推车送到了教会。当时米夏尔克神父不在，等到他回来时，女孩却不见了。他找了整整一天一夜，终于在圣希尔德加德医院（St. Hildegard's Hospital）找到人。神父为她作了临终的圣礼，整晚坐在床边，告诉她不要忧伤。最后她活过来了（一年后，她和母亲双双遭一辆大货车撞死）。

玛格丽特·普罗迈斯特负责管理一座防空洞。"两天两夜，"她回忆说道，"一批又一批的苏军进入我的防空洞里抢劫和强奸。女人如果不从就被打死，有些女性则不管怎样还是被枪杀。光在一个房间，我就发现六七具女性的尸体，全都躺在她们遭受奸污的位置，脑袋都打凹了。"玛格丽特本身也遭受性攻击，尽管她向那个年轻人说："我比你年纪大太多了。"她看见三名苏军抓紧一名女护士，由第四人强奸她。

希特勒青年团团员屈斯特这时换上了便服，遇到两个坐在吉普车上的苏联军官然后谈了起来。其中一人能说德语，而且滔滔不绝，屈斯特鼓起勇气，问了一个很直接的问题。"报纸上说，"他问道，"苏军士兵强奸和抢劫，是不是真的？"对方热情地给他一包香烟，说道："我以身为军官的荣誉向你保证，苏联军人不会骚扰任何人，所有那些写在报上的都是鬼扯。"

第二天，屈斯特在巴比将军街（General Barby Strasse）看见三个苏军，抓住一个女人，把她拖进走廊。一个士兵用冲锋枪作势，要屈斯特退开，第二个苏军抓住那个厉声尖叫的女人，第三个苏军开始

1945年夏天，一名苏联红军士兵试图抢走柏林女人的自行车，而其他平民却无力保护一名妇女。

1945年7月，美军抵达柏林后不久，美军士兵与德国女孩在柏林万湖畔。与装备精良的前敌人如此交往本应是一件可耻的事，但正如当时一位女士所说："食物是第一位的，道德才是次要的。"

施暴。然后屈斯特看见施暴者从走廊走出来。他喝得醉醺醺、泪流满面,大叫道:"Ja bolshoi swinja。"屈斯特便问其中一个苏军,那句话是什么意思。苏军大兵吃吃笑着用德语说:"他说'我是头大肥猪。'"

玛格丽特·普罗布斯特(Margareta Probst)所待的克罗依茨贝格区防空洞,一个名叫默勒(Moller)的狂热纳粹分子,把自己锁在屋子里。苏军打听到他的所在位置,想破门进去。默勒朝着外面喊道:"等一下,我要用枪自杀了。"苏军再想撞门时,默勒又叫道:"等等!枪卡壳了。"然后便是一声枪响。

在接下来的几小时,这个防空洞涌进了好多想寻找女人的苏军。玛格丽特如同许多女性,竭力使自己尽可能看起来不那么吸引人。她的一头金发藏在帽子下,戴上墨镜,用碘酒涂在脸上,一边腮帮子上贴一块大药布,她没遭受毒手。不过很多其他女性却受尽折磨。"他们干脆把所有女的都赶到一起,然后再带到楼上的公寓。"她回忆说,"整夜我都听到她们的尖叫声——甚至一直传到防空洞来。"一个80岁的老太太后来告诉玛格丽特,两个苏军把牛油塞进她嘴里抑制她的叫声,许多士兵轮番对她施暴。

多拉·扬森和丈夫的传令遗孀之前还以为可以轻易脱身,现在却不这么想了。就在她们的防空洞,传令的遗孀英格(Inge)受到一名苏军的残酷施暴。对方说,德军进攻苏联,他娘就被强迫送到柏林来了,以后就没有再见到过了。多拉逃过了这一劫,她说自己有结核病,苏军似乎十分害怕这种病。但英格又被强暴了一次,创伤很重,连路都不能走了。多拉跑出去到了街上,看见一个像是军官的苏军,便把发生的事告诉他。对方冷冰冰地看着多拉说道:"在苏联,德国兵所做的事比这更坏。这些都只是刚好而已。"

17岁的埃莱娜和19岁的薇拉,都见到了苏军好的和坏的一面。

当蒂尔加滕公园一带抢劫与强奸开始发生时,有一个年轻的苏军士兵,睡在她们地窖门前,以确保他的战友不会进去里面。他走了之后的那天,七八个苏军进到她们的屋子,要求她们参加苏军在隔壁举行的派对。两个女孩无计可施,只有接受邀请。她们原先也认为没有什么真正的理由需要害怕。举行派对的地点,却是间睡房,里面大约有30来个士兵,但是一切看来似乎都还好,床铺已经被推到墙边,挪出空间放了长桌,上面有银烛架、餐巾和玻璃器皿。一个金发年轻军官,在留声机上播放英语唱片。他对这两个女孩微笑说道:"尽兴吃,尽兴喝吧。"埃莱娜在桌边坐下,可是薇拉马上就想走,也不知道是什么缘故,总觉得这并不是表面上看起来那么单纯的派对。

她想离开那个地方。一个接一个苏联兵拦住她,还呲牙咧嘴的。这时一名苏军告诉她:"和30个大兵在一起你会烦,和我一起就不会了。"这时,薇拉很清楚,派对的原因已经呼之欲出了。但接受一个士兵,如果只为了摆脱,总比30个要好得多。她对附近的每一个角落都很熟悉,只要走得出去,他们就再也不会找得到她。不过,眼前的士兵可不愿冒这个险,一把揪住她头发,把她拖进一间空房。过程中她扭啊、叫啊、抓的。半路她挣脱了,设法绊倒了对方,然后踢掉高跟鞋好跑得快些,打着赤脚在满地碎玻璃和瓦砾的后院跑过去。一直跑到普特利茨街(Putlitzstrasse)的废墟,就在那儿她拼命挖开一个泥坑,拉出废弃的水桶罩在头上。她决定要待在那里直到死去为止。

埃莱娜依然在派对里面。她很不安,但也饿了,桌上有一堆的鱼子酱、白面包、巧克力,还有俄国人正在生吃的牛肉。他们还用大玻璃杯倒满了伏特加往肚里灌,喝得越来越醉。埃莱娜终于逮到了机会,悄悄站起身来往外走,高兴的是,竟然没有人跟着她。可是隔壁房间一个表情凶悍,蓄着八字胡的士兵一把抓住了她,拖进一间空间不大的休息室，把她按倒，剥下她的衣服之后，她就昏过去了。好久以后，她才恢复意识，把那个醉醺醺、酣睡的士兵推开，痛苦地爬出屋外。跟薇拉一样，埃莱娜也躲藏起来，到附近一家屋子的大型炉灶后面藏身。

那个把希特勒玩具的脑袋砍掉的小孩雷施克，亲手救了妈妈免于凌辱。一个苏联兵想把妈妈拖出去，却跟雷施克和妹妹克丽斯塔在拉扯。苏军把他们妈妈的一只手越使劲拖，雷施克和克丽斯塔就越是抓住妈妈裙子不放，厉声尖叫哭喊着："妈妈！妈妈！"苏军只好放手了。

有些女性免于性侵，全凭自己奋力反抗，使得苏军停手去别的地方找下一个目标。约伦塔·科赫（Jolenta Koch）上了一个苏联兵的当，骗她说空屋里有人受了伤。她进入屋内，里面却有个苏军一把抓住她，想把她往床上摔。约兰达抵抗十分激烈的结果，两个士兵很庆幸看到她离去。

约伦塔一个名叫舒尔茨（Schulz）的邻居就没有这么运气了。她在枪口逼迫下，当着自己无计可施的丈夫和15岁儿子面前被性侵。苏军一走，陷入半疯狂状态的丈夫开枪打死了太太、儿子，然后再自杀。

在达勒姆之家，库内贡德斯院长听说带着三个年幼子女的母亲，被人从家里给拖了出去，施暴了一整夜。等到早上获得释放，他急忙赶回家去看儿女，却发现自己的母亲和哥哥已经把三个儿女以及他们自己上吊。这个女人也割腕自尽了。

达勒姆之家的修女，这时日夜不停地工作，大量的难民以及苏军的残暴行为，使得她们工作得喘不过气来。

一个苏联士兵打算强暴院内的乌克兰厨工莉娜，库内贡德斯去阻

第五部 激烈的血战 457

止，他兽性大发，掏出手枪对着她就是一枪。幸好他喝醉了，这一枪打歪了。其他士兵进入产房，不管修女如何抵抗，他们一再强暴孕妇以及还在休养的女子，库内贡德斯说当时"她们的厉声尖叫声日夜不断"。院长说医院附近遭受强暴的妇女，上至70多岁的老奶奶，下至10到12岁的小女孩。

她完全无法阻止这些性侵行为。院长把所有修女以及院内其他妇女集合起来，把哈皮希神父说过的话再讲一遍给他们听。"也还有其他的办法，"她继续说道，"那就是我们至圣天主的协助。尽管发生了这些事情，他还是让圣米迦勒待在这里，别怕。"她所能予她们的安慰也就仅此而已。

在维尔默斯多夫区，担任美国间谍的维贝格和上司施密特，终于成功向苏军证明了自己的身份。当维贝格与一位苏军上校在维贝格屋外谈话时，另一名红军军官在防空洞里想强暴维贝格的未婚妻英格·米勒。维贝格听见她的惨叫声，便冲进屋去，邻居喊着说那家伙已经把米勒带进另一间房，把门锁上了。维贝格和苏军上校把门撞开，米勒的衣裳都撕破了，施暴的苏军也脱掉了衣服，上校一把抓住这个家伙，吼叫道："美国人、美国人！"凶狠狠用手枪搂他，把他赶出屋外，然后要施暴军官靠墙站好要毙了他。维贝格连忙冲到这两个人中间，求上校饶对方一命，说道："你不必就这样把一个人给毙了。"上校终于息怒，命人把施暴的军官逮捕、带走。

****

苏军到了无法无天的地步，在波茨坦附近巴伯尔斯贝格（Babelsberg）的"国际红十字会"库房，英军战俘在工作。红军醉醺醺地乱开枪，毁掉了上万个包裹，当中包含了供应生病战俘的药品、医疗补给，以及各种食品。"他们一进来，"约翰·埃亨中士（John Aherne）回忆说，"进入地下室，看见大批的包裹，不分青红皂白就用冲锋枪扫射。各种不同的液体从破碎的包裹中流了出来，真是傻眼。"

这些库房旁边是乌法电影公司（UFA）的大型制片场。留学生亚历山大·科拉布（Alexander Korab）眼见上千个喝醉了的苏联大兵，冲进道具部后又出现在街上，穿着"各种古怪的衣着，从白皱领的西班牙紧身衣，到拿破仑时代的军服、帽子和有裙衬的大裙子。他们在手风琴伴奏下，在街上跳起舞来，还朝天开枪——这一切举动都是发生在战争正激烈的时候。"

上万苏军大兵，以前从来没有在这么大的都市里待过，他们把电灯泡拆下，小心包起来要带回家乡去，以为自己把光保存下来了，可以在任何地方发亮。还有把墙上的自来水水龙头拔下来也是同样的道理。对很多苏联兵来说，厕所里的冲水马桶真是神奇，他们有时用马桶水洗东西和削马铃薯皮，可是却根本不知道浴缸有什么用，上万个浴缸澡盆就给扔到窗外。士兵不知道厕所是做什么用的，也因为无法找到茅房，只好随地大小便。有些苏联兵至少努力过一番。布赫瓦尔德发现，"我太太大约有一打玻璃密封罐，里面装的都是小便。盖子拴紧后，再放回原处。"

亨内贝格博士在夏洛滕堡的先灵化工厂见到苏军冲进他的实验室，吓坏了。他们拿实验用鸡蛋玩传接球，这些都是培养了伤寒菌的鸡蛋。亨内贝格急得发狂，他终于找到一位苏军上校，由他下令士兵离开厂房，他们再把门给锁起来。

在这一切无谓的抢劫和暴行当中，战斗仍然在激烈进行着。在战斗地带的中心，几乎被鏖战的守军和受尽凌虐的老百姓所忘记的，便是元首地堡和在那里面的人。

地堡的生活已经变成没有目标、梦幻般的日子。"那些还待在那里的人，"希特勒的秘书格特鲁德·荣格（Gertrud Junge）后来说道，"还持续指望能有些什么结论，可是却什么也没发生。地图摊开在桌子上，所有的门都洞开，再也没有人能睡得着了，也没有人知道日期或者时间。希特勒没法忍受孤独，在几间小房间里走来走去，跟还留下来的任何人谈话。他说到自己快死了，末日已经到来。"

就在这段时间，戈培尔一家却搬进了地堡。他的几个孩子在地堡玩耍，唱歌给"阿道夫伯伯"听。

现在没有任何人怀疑希特勒自我了断的决心，他频频提及这回事。人们也十分清楚戈培尔夫妇计划好要自尽——还有他们的六个小儿女——哈尔嘉（Helga）、霍尔德（Holde）、希尔德（Hilde）、海德（Heide）、哈达（Hedda）和赫尔穆特（Helmuth）。看来唯一不知道这些事的便是这些小孩，他们告诉地堡的服务生埃尔温·雅库贝克（Erwin Jakubek），他们要搭长途飞机离开柏林。长女哈尔嘉说道："我们要打上一针以防晕机。"

戈培尔太太一颗牙齿发炎，派人把在总理府地堡医院工作的牙科医师赫尔穆特·孔茨（Dr. Helmut Kunz）找来拔掉蛀掉的臼齿。拔完牙后她说道："孩子们不能活着落入苏军手里。如果情况恶化到了极点，我们又没办法出去，你一定得帮我的忙。"

爱娃·布劳恩听到了孔茨替戈培尔太太拔牙的事情，便提议他也为她解决牙齿的毛病。话谈到这里，忽然又想起来某件事，便向孔茨说道："啊，我忘记了，这有什么意义？几小时后一切都过去了！"

爱娃·布劳恩决定要服毒自杀。她把一颗氰化钾胶囊拿出来示

柏林卫戍司令赫尔穆特·雷曼中将,他在测试一支意大利步枪。

这张苏联人拍摄的照片意在表现投降后的魏德林,估计是摆好姿势拍摄的,因为实际的投降仪式于滕佩尔霍夫区的一幢房子里举行,而不是在一座地堡里。

第五部 激烈的血战 461

人，说道："太简单了——只要一口咬下，便一切结束。"希特勒的其中一位医师路德维希·施通普费格尔（Dr. Ludwig Stumpfegger）凑巧也在场，说道："不过你如何晓得它管用？你怎么知道当中有毒药？"这句话令全场瞠目结舌，立刻拿出一颗胶囊，用希特勒的狗"布朗迪"（Blondi）来做实验。孔茨说，施通普费格尔用钳子弄破一颗胶囊，放进狗儿的嘴里，它当场就死掉了。

* * * *

希特勒人生最后一次的打击，发生在4月29日下午，12,875公里外的旧金山。这源自于一位坐在打字机前的人。此人名叫保罗·斯科特·兰金（Paul Scott Rankine），是路透社的记者，他来这里采访联合国组织成立大会的消息。那天，他听到英国新闻服务处处长杰克·威诺库尔（Jack Winocour）说——他的消息，是直接来自英国外相艾登——希姆莱已向西方盟国请降。兰金发出这则报导几分钟不到，消息便传遍全世界了。

这报导使希特勒头一次察觉到希姆莱有可能不忠于他。当天晚上天黑后不久，他正在开会，与会的有魏德林、克雷布斯、布格多夫、戈培尔，以及戈培尔的副部长瑙曼。消息这时传来，魏德林说，"有电话找瑙曼，没多久他就回来了。然后告诉我们，据斯德哥尔摩的广播，党卫军司令希姆莱已经与英美军统帅部开始谈判。"

希特勒面色惨白，晃晃悠悠着站了起来。"他看着戈培尔博士好久，"魏德林说道，"然后他嘀咕说了一些话，没有人听得懂。"他看起来昏昏沉沉，"后来我见到了希特勒，"荣格说道，"他面色惨白，双眼深陷，仿佛已经失去了一切。"他的确是如此，爱娃·布劳恩告诉荣格和另一名秘书说:"今天晚上我们真该掉泪。"

希姆莱派在元首地堡的联络官,党卫军中将汉斯·赫尔曼·费格莱因(Hermann Fegelein)是希特勒的连襟,娶了爱娃·布劳恩的妹妹。他立刻被怀疑跟希姆莱的叛国有关。前几天他不在元首地堡,被人发现在家中穿了便服,准备离开柏林。他被带回地堡并且被看管着。这时,希特勒断定菲格莱因计划好要离开柏林,这事与希姆莱的变节有关。据党卫军京舍上校说:"菲格莱因经过军法审判,于4月28日到29日夜间枪毙,他的大姨子不肯为他说情。"

希特勒显然明白末日已近。拂晓时刻,他口授了个人与政治遗言,把政权交给邓尼兹海军元帅担任总统,戈培尔担任总理,再和爱娃·布劳恩举行婚礼。"婚礼过后,"荣格回忆说道,"希特勒和新娘子同戈培尔、克雷布斯、布格多夫、瑙曼、贝洛,坐了一个小时。"荣格和这批人只待了15分钟,足够"表达她对这对新婚伉俪的祝贺"。她说:"希特勒谈到纳粹主义的结束,他认为将来不可能轻易东山再起。他又说了:'在我来说,死只不过是摆脱烦恼与极其艰困的人生。我被至友欺骗,也尝到了背叛。'"

就在这一天,希特勒收到了更多的坏消息。墨索里尼和他的情妇双双被游击队员捕获,处决以后倒悬示众。晚上,希特勒向地堡中的每一个人道别。隔天,在苏军坦克离地堡只有0.8公里远的时候,他决定时间已到。午餐他和两名秘书,以及素食厨师一起进餐,服务生雅库贝克还记得,这最后的一餐是"意大利面搭配清淡酱汁"。用餐结束后,希特勒又作了更多道别,他对荣格说:"现在事情已经到了无法挽回的地步,一切都结束了,再见。"爱娃·布劳恩拥抱这位秘书,说:"到慕尼黑为我向大家致意,把我的皮大衣拿去作纪念吧——我一向喜欢穿着得体的人。"最后,他们进入自己的寝室。

京舍上校在通往希特勒套房的休息室门外值班,"那是我必须做的最困难的事情,"他后来回忆道,"那时大约是3点30分到3点40分,我努力让自己不要有任何情绪,我晓得他一定会自杀,没有别的路可以走——正当他在等待时,发生一件短暂但令人不知所措的事情。心神错乱的戈培尔夫人快步赶到他面前,要求晋见元首。京舍拦不住,只好去敲希特勒的房门。"元首正站在书房里,爱娃不在房中,但浴室有水龙头放水的声音,所以我断定她在里面。希特勒对我擅自闯入表示非常厌烦,我问他要不要见戈培尔夫人,他说道:'我不要再跟她说什么了。'我就出来了。"

"5分钟后,我听见一声枪响。"

"鲍曼第一个进去,我跟在侍从林格(Linge)的后面进去,希特勒坐在一张椅子上,爱娃躺在睡椅,脱下的皮鞋,整整齐齐摆在睡椅的一头。希特勒血流满面,那里有两把枪。瓦尔特PPK手枪是希特勒的。另一把小手枪,是希特勒一向都放在口袋里的。爱娃身穿一袭白领白袖口的蓝色套装,眼睛张得大大的,一股强烈的氰化钾臭气。味道好重,接下来好多天我都以为身上的衣服有这气味不过——也许只是我的错觉。"

"鲍曼一语不发,但我立刻进入会议室,室内坐着戈培尔夫妇、布格多夫,还有其他人,但是我现在记不起来了。我说道:'元首死了。'"

"过没多久,两具尸体都裹进毛毯,放在地堡入口外面一个浅坑,接近一具已经停用了的水泥搅拌机,尸体被倒上汽油、点火。希特勒的司机埃里希·肯普卡(Erich Kempka)认为,即使尸体都已经火化了,'我们还是被希特勒的存在所囚禁,'地堡的进气口吸进了火化尸

464 最后一役

体的臭味,并游走在每一间房,'我们无法摆脱掉这气味,'肯普卡回忆道:'那跟烧着的培根很像。'"

* * * *

夜色降临,新总理戈培尔作了就职以后的第一件重大决策。他决定要以柏林的投降为前题进行谈判——并且按照他的条件进行。一封电文向苏军无线电的频率发出,要求双方会面,很快得到苏军的响应,对方同意派出特使,并且指定了地点,德国军官可以从那里通过他们的防线。

快接近午夜时,克雷布斯中将以及魏德林的参谋长杜夫芬(刚刚升上校),由一名传译官及两名士兵陪同越过废墟,进入苏军战线。苏军士兵迎接他们,要看他们的身份证件,还想收缴他们的手枪。俄语说得很溜的克雷布斯,很强硬地说道:"谈判期间,可以容许勇敢的对手保留本身武器。"苏军面红耳赤,准许他们保有自己的随身手枪。

一辆汽车把他们送到滕佩尔霍夫区的一栋公寓,带他们进了一间不大的餐厅。室内的陈设显示依然有老百姓在住的迹象———张长桌、靠墙大衣橱、几张椅子。一面墙上,有达芬奇的石版画"最后的晚餐",桌上也有好几部电话,对克雷布斯和杜夫芬来说,这地方似乎都是高阶军官。彼此没有打招呼,苏军军官也不介绍自己。所以,克雷布斯也就没法知道坐在他对面的,便是鼎鼎大名的崔可夫上将、斯大林格勒的守军主帅、第8近卫集团军司令。他也不晓得其他的苏军"军官"中有两名战地记者,还有崔可夫的副官(他的小舅子)与两名翻译官[①]。事实上,德军猝然要求谈判,完全出乎崔可夫的意料之外,以致他无法集合全部的参谋。

克雷布斯首先要求与"苏军首席谈判代表"私下会谈。崔可夫从他面前的香烟盒里,拿出一根苏联制的长香烟,把烟点着,笑眯眯地对着坐在他两边的人挥挥手说道:"这是我的参谋——是我的作战委员会。"

克雷布斯继续抗议,可是他终于让步,"本人的任务,"他说道,"是送达一份极其重要与高度机密性的文件。本人要您知道,您是知悉希特勒已在4月30日自尽的第一个外国人。"

这对崔可夫来说,的确是新闻,但他却眼皮都不眨一下,说道:"我们知道。"

克雷布斯大吃一惊,"你怎么知道?"他问道,"希特勒才在几个小时前自杀。"他又说明,希特勒和爱娃·布劳恩在29日结婚,她也自杀了,两个人的尸体都已火化掩埋,这些事都发生在元首地堡里。崔可夫又一次掩饰自己的惊讶之情。苏军指挥部里不管是他还是其他人,谁都不晓得元首地堡的存在,更不要提他们听说过爱娃·布劳恩了。

这时,他们开始进行费力的谈判。克雷布斯告诉崔可夫,希特勒身后留有遗嘱,列举了他的继承人,同时把一份遗嘱副本递给崔可夫。他说道,问题在于无法进行全面性的投降,因为新总统邓尼兹此

[①] 崔可夫在这次会议中召集了两名战地记者与会,还有一位来访的作曲家马特维·伊萨科维奇·布兰特(Matvei Isaakovich Blanter)。斯大林派他来创作一首庆祝柏林胜利的交响乐曲。两位记者问崔可夫,要拿布兰特怎么办,崔可夫说道:"带他一起来吧。"可是布兰特到达时,穿的还是便服,很显然不能当成是苏军军官看待,只好急忙把他推进毗连会议室的衣橱里。正当访客离去以前,他因缺氧而晕倒,还掉进会议室里,吓坏了德国人。

幸福时光中的希特勒与爱娃·布劳恩，他们在自杀身亡之前完成结婚仪式。

刻并不在柏林。克雷布斯建议,第一步便是停火或者局部投降。之后,或许邓尼兹政府会与苏军立即谈判。经过崔可夫急忙以电话向朱可夫报告后,这种分裂盟军的企图便被断然拒绝了(这项决定后来也得到莫斯科的认可)。

谈判进行了一整夜,到天亮时,克雷布斯从苏军方面得到的只有一个要求:柏林立即无条件投降,包含元首地堡的全体人员在内。

正当克雷布斯在和崔可夫讨价还价时,杜夫芬做了次危险的动作,回到自己的防线去。途中他遭到德军党卫军的枪击,还是苏军的一位中校把他拖到了安全的地点。最后他才到达了元首地堡,向戈培尔报告苏军坚持要无条件投降。戈培尔焦躁起来,叫道:"对于这一点,我绝对不同意。"

双方坚持下,谈判破裂。元首地堡里充斥着恐慌气氛。似乎目前在这一地区的每一斗苏军大炮,都正瞄准着总理府。杜夫芬后来推想,这是因为克雷布斯透露了地堡的所在位置的直接后果。对困在元首地堡的人来说,目前只有两条路可走:自杀,或逃跑。每个人立刻开始订定自己的计划。他们要分成多个小组,穿过总理府以及周围空地底下的地堡与隧道系统。出去以后,用地铁到腓特烈街车站,在那里他们希望与一个战斗群会合,领他们到北面去。戈培尔的副手瑙曼后来回忆道:"一旦我们突破苏军在施普雷河北方的封锁线,那我们肯定可以安全地朝任何方向去了。"

有些人则选择了另一条路。

戈培尔一家选择了自杀。瑙曼曾经花费好几个星期试图说服戈培尔太太,可是她不为所动。而今时间到了。5月1日大约8点30分,瑙曼正和戈培尔夫妇谈话,突然"戈培尔太太起身,进入孩子的房间,没多久以后,她回来了,一脸苍白,全身发抖"。戈培尔开始向每个人道别。瑙曼后来说道:"他向我说了几句私人的话——与政治或者未来一点都无关,只是道别而已。"戈培尔离开地堡时,要副官京特·施韦格曼(Guenther Schwagermann)在他们死后,把他和家人的尸体火化。然后,就在瑙曼注视下,戈培尔夫妇慢慢上到地面,到花园里去。戈培尔戴着帽子和手套,而他太太"却抖得好厉害,几乎走不上楼梯"。以后便没有人见过他们活着了。

6个孩子也都死了,而且出于最不可能的一个人之手。"仅仅只有一个人,"瑙曼说道,"在戈培尔夫妇自杀前的最后一刻进过孩子们的房间,而那个人就是戈培尔太太。"

选择出走的人有些结果也不怎么好,很多人都被打死。还有些人几小时内就落入苏军手里。希特勒的随身护卫京舍,在苏联牢里关了12年。有些人没多久就成了伤残,例如带着希特勒送给他的腓特烈大帝小幅画像,希特勒的座机飞行员汉斯·鲍尔(Hans Baur)被一发炮弹袭来,炸掉了一条腿。醒来时人在苏军医院,画却没有了。其他人如鲍曼神秘失踪。少数几个真的逃脱了或者,可以说算是好事,被英美军俘虏。

有3名军官在地堡自杀,希特勒的副官布格多夫将军、陆总参谋总长克雷布斯将军,以及地堡警卫的党卫军弗朗茨·舍德尔上尉(Franz Schedle)。

这时,所有掌权的人物都走了,保护柏林的安全、全市守军与老百姓的整个责任,都落在一个人身上——魏德林将军。这时,柏林已经成了燃烧的杀戮战场。部队被迫退进市中心,苏军的坦克已经驶上菩提树下大道与威廉大街,在蒂尔加滕公园与动物园内发生了激战。苏军火炮从东西轴心路猛轰市区,部队攻进了亚历山大广场与腓特烈大街的地铁车站,总理府发生了猛烈的战斗。除了投降之外,魏德林已经别无他法。然而，他觉得应该向部属说清楚，便召集所有指挥官说明当前的状况。"我告诉他们，"魏德林说道，"有关最近24小时的情况以及我的计划。最后，我准许他们每一个人选择自己要走的路，但他们都没有其他的解决方案。不过，那些愿意逃走的人，可以走。"

5月2日凌晨快一点，红军第79近卫步兵师收到一通无线电通讯，"哈啰！哈啰！"无线电话的声音说道，"这里是德军第56装甲军，我们请求停火。在柏林时间12点50分，我们派出停火谈判代表到波茨坦桥。识别信号为一面白旗，敬候回答。"

苏军回答道："知道了，知道了，正在把你们的要求报告参谋长。"

崔可夫将军收到这项消息，立即下令停火。5月2日半夜12点50分，柏林卫戍司令魏德林将军的参谋长杜夫芬上校和另外两名军官，在一面白旗下到达波茨坦桥。苏军把他们带往崔可夫的司令部。不久，魏德林也到了。这天下午，柏林全市各地的扩音器宣布敌对状况中止。"每增加一小时的冲突，"魏德林的命令中写道，"都造成柏林市民及我军伤兵的受苦受难……本人下令立即停止战斗。"虽然零星的射击还会继续好几天，但柏林战役算是正式结束了。当天下午敢冒险到共和广场（Platz der Republik）的人，都见到了红旗在总理府上空迎风招展。那面旗升上去时，战斗还在进行当中。当时时间正好是4月30日下午1点45分。

* * * *

苏军虽然知道元首地堡就在总理府下面，却耗了他们好几个小时锁定位置。他们从街上抓住路人，要他们为苏联兵带路。摄影师格哈德·门策尔（Gerhard Menzel）就被问倒了，他压根儿没听说过这

希特勒地下室的入口，左侧是放下希特勒及爱娃·布劳恩的遗体后浇灌汽油后焚化的位置。

1945年5月2日，站在德国国会大厦高点的苏联士兵，手执旗杆上的苏联国旗，正准备要插在象征德国主权的建筑物上。此后该照片曾出现于大量出版物，成为公认的第二次世界大战著名照片。

第五部 激烈的血战

处地堡,但他依然随着一批士兵,到化成废墟的总理府。苏军工兵手持金属探测器,领着大家进入充满通道与地下坑道的迷宫。一到一间房或者一条走廊搜索完毕,就由其他士兵把文件、档案、地图收集起来。苏军发现一副望远镜,把它送给门策尔,告诉他可以走了。他们已经到达元首地堡了。

他们最先发现的是布格多夫和克雷布斯两位将军的尸体。他们坐在走廊的接待室一张长桌前,酒杯与酒瓶散落长桌上。两个人都开枪自尽,他们的身份是经由军服中的文件辨识的。

几个头一批进入地堡的搜索小组当中,其中包括波列伏依少校。他对整个地堡作了一次快速的检查,有一间小房间,墙上固定着类似火车上的卧铺。在那里他发现了戈培尔一家的尸体,戈培尔夫妇的尸体在地上,"两具尸体都被火焚烧过,"波列伏依说道,"只有戈培尔本人的脸部还可以辨识。"苏军后来想了好久尸体是如何到得了这间房的,只能假定还没有完全火化之前,有人把他们搬回到地堡,但究竟是谁搬动的,苏军则无从得知。6个孩子的尸体也在屋内。"小孩死状真可怕,"波列伏依少校说道,"看上去唯一挣扎的是长女哈尔嘉,她身上有瘀伤。他们全都死了,但躺在那里的其余五个孩子表情都很平静。"

苏军医官立刻检视他们,发现嘴里有灼伤的痕迹。医官们认为孩子先服了安眠药,然后在他们睡着时,大人用氰化钾胶囊压碎在他们牙齿间把他们毒死。从哈尔嘉的瘀伤,医官们猜测在下毒时她惊醒过来挣扎,不得不把她按住所导致的。这些尸体都被抬到总理府的"荣誉厅"去拍照存盘,并以标签识别。波列伏依对房间做最后的巡视,发现放在地板上的,是孩子们的牙刷和一管挤扁了的牙膏。

一个专家小组几乎立刻就找到埋在浅层泥土底下的希特勒尸

体。苏军历史学家鲍里斯·谢苗诺维奇·杰利普霍夫斯基将军（B. S. Telpuchovskii）认为那确实就是元首本人。"尸体严重烧焦，"他说道，"后脑虽被一发子弹打碎，但头部却很完整，假牙已经取了下来，放在头部旁边。"

后来，出现了一些令人不解的地方。附近发现的其他尸体，有一些也有被火烧过。"我们发现一具尸体，身穿军服，面貌很像希特勒，"特波却夫斯基说道，"可是他的袜子有补丁，我们确定这不会是希特勒，因为很难相信第三帝国元首会穿补过的袜子。那里也有一具刚被杀而没有焚化的尸体。"

这两个令人不解的问题，当把第一具遗体放在第二具旁边时，就更形混乱了。地堡的卫兵与其他德国人被要求辨识尸体，他们不是认不出，就是不愿意这么做。几天以后，瓦西里·丹尼洛维奇·索科洛夫斯基（Vasili Sokolovskii）上将下令检查尸体的牙齿。弗里茨·埃希特曼（FritzEchtmann）和克特·霍伊泽尔曼是曾在希特勒的牙医布拉施克诊所里工作过的牙科技师，他们被找来。埃希特曼被带到柏林西北边40公里外的埃伯斯瓦尔德附近的菲诺（Finow），首先要他画出希特勒的牙位图。一画好，讯问他的人拿了图到另一间房。没多久，他们回来了，告诉埃希特曼："是吻合的。"然后苏军便把希特勒下颚牙齿及牙桥给他看。

5月7日，克特·霍伊泽尔曼被找来。她马上就认出了牙齿与牙桥。几个月以前，她和布拉施克做过的工作，她很容易就认得出来的。克特得到一袋的食物，送回柏林市。两天以后，又来接她，这一回带到埃尔克讷。空地上是一排挖开的坟墓，里面的尸体都露了出来。陪着她的那名苏军说道："去辨识。"克特马上认出戈培尔和几个孩子的尸体，她说道："女孩依然穿着印花的法兰绒睡袍，上面是小小

第五部 激烈的血战 473

红玫瑰与蓝色花朵交织的图样。"却找不到戈培尔太太的尸体。

显然由于她辨认出了希特勒的牙齿，霍伊泽尔曼其后的 11 年，都在苏联的监狱中度过，大部分时间都是单独囚禁。

希特勒尸体的下落如何？苏联人说在柏林市郊火化了，但却不说在什么地方。他们说从没发现爱娃·布劳恩的尸体，那一定是被火完全焚烧了。任何一般可以用作辨识的部分，一定在猛烈炮轰政府建筑群时被摧毁，或者遗失了[①]。

* * * *

4 月 30 日早上，海因里希走过集团军司令部的走廊要去道别。一名年轻上尉向他走过去。"报告司令，"他说道，"司令不认识我，我一直在作战处工作。和别人一样，我知道司令被解职了，奉令到普伦（Plön）报到。"

海因里希没有说话。

"我请求司令，"年轻上尉说道，"别急着赶到那里去。"

"你这是在说什么？"海因里希问道。

"好多年以前，"上尉说道，"在施瓦本格明德（Schwabisch Gmund）每逢星期天的教会游行，我常走在团乐队的后面，那时您是少校。长官，我后来和一个人很熟，他当时是您的副官。"

海因里希说道："对了，隆美尔。"

---

① 作者认为，苏联人对爱娃·布劳恩不感兴趣，也没有花功夫辨识她的尸体。他们到 1963 年 4 月 17 日才向索科洛夫斯基元师、作者，以及约翰·埃里克森教授第一次证实希特勒死了，这已经在事件发生将近 18 年之后。

"这个，长官，"上尉继续说道，"希望司令恕我直言，我不喜欢发生在隆美尔元帅的命运也发生在司令身上。"

"你说这话什么意思？"海因里希问道，紧紧盯住他，"隆美尔是作战中阵亡的。"

上尉回答道："长官，不是，他不是阵亡，而是被迫自杀的。"海因里希瞪着他，劈头问道："你怎么知道这些事？"

"我是隆美尔的副官，"这名军官告诉他，"我叫赫尔穆特·朗（Hellmuth Lang）。我求求司令，尽可能慢慢开车到普伦去。慢慢走的话，等到司令到那里，战争大概已经结束了。"

海因里希迟疑了一下，然后和朗握了握手。"谢谢你，"他说话时，声音僵硬，"感谢。"

海因里希走过走廊，出了大楼。他少数几个幕僚都集合在一起，有人下了口令，全体举手敬礼，海因里希走到每一个人面前，说道："我要谢谢大家。"他的副官比拉上尉把车门打开，海因里希上了车，比拉也上车坐在驾驶兵旁边，说道："普伦。"

海因里希俯身向前，拍拍驾驶兵的肩膀，说道："我们不急着赶路。"

第二天晚上深夜，海因里希抵达普伦的营区。他进入自己的房间，一架收音机正在广播，忽然广播停止了，一阵低沉的鼓声后，播音员宣布元首逝世了，时间正是5月1日晚上10点。

* * * *

英军战俘迪恩斯准尉坐在德军守卫贡巴赫的旁边，正在收听新闻，这可是他很久以来听过最好的消息，新闻播报员严肃地宣布：

第五部 激烈的血战

1945年5月1日上午，克雷布斯将军在崔可夫的司令部外面。这张来自苏联国防部档案馆的独一无二的照片，在本书英文版中第一次面世。

20年之后同一栋房子，本书作者经过崔可夫的指点之后发现的。这栋房子在滕佩尔霍夫区舒伦堡环路2号，屋主仍是同一个人，格贝尔斯太太。"房间里最醒目的是一幅达·芬奇的《最后的晚餐》的石版画。"崔可夫回忆道。这幅画还在那里，但签署投降书的那张桌子，现在却在附近的圣犹达天主教教堂图书馆里。

1945年6月，柏林废墟中的勃兰登堡门。

第五部 激烈的血战

"……在对抗共产主义的战争中，元首奋战直到逝世前的最后一口气。"迪恩斯向周围张望，他和贡巴赫大约在劳恩堡（Lauenburg）东边的一带，藏身在德军战线后面一所屋子的地窖里。播报新闻时，这一家人都在场，太太听到消息时流下了眼泪。迪恩斯压抑住自己的高兴，虽然元首死了，战争还没有结束。德军战线就在前面。迪恩斯一定要过去，这很不容易，炮火还正猛烈。

大家都要在这个不舒服的地方安顿下来过一夜，迪恩斯很容易就入睡了。他骑了好多天的自行车，要通过战区到英军战线那里去。现在，只需要再一点点的运气，他也许就可以达成目标——倘若自己能说服下一批老德让他过去的话。他记得这是自己入睡前，所想到的最后一件事。

几个小时后，一下剧烈摇晃使他醒了过来，一把冲锋枪抵住了他的肋骨，一个声音说道："好了，好朋友，站起来。"迪恩斯抬头一看，是英军第6空降师一名伞兵凶悍的脸孔，这附近在晚间他们睡梦中被英军占领了。迪恩斯喜出望外，跳起身来、解释自己的身份。他和贡巴赫被押解到连部，先送到师部，然后转军部。终于见到了英军第8军军长伊夫林・休・巴克中将（Evelyn H. Barker）。

迪恩斯迅速说明情况，"有12,000名皇家空军战俘正向着前线行军，"他紧急说明，"而我们的飞机却对着他们扫射！"他把自己离开弟兄时的位置指给巴克看，巴克神色大变，连忙抓起电话——取消预定在这带地区实施的另一次空中攻击。"现在没问题了，"巴克将军的神色如释重负，"我们在48小时内就要攻占这一带，你最好休息一下。"

"不行，长官，"迪恩斯说道，"我答应过战俘营指挥官奥斯特曼上校我会回去的。"

巴克吃惊地看着他。"这不会有点傻吗？"他问道，"反正，我们几个小时后就会攻到那里。"

可是迪恩斯还是坚定不移，"好吧，"军长说，"我给你一部有红十字旗的车，也许可以送你通过。遇到德国佬就告诉他们，倒不如现在结束的好。"

迪恩斯举手敬礼，他经过参谋长办公室时向里面探了探，问道，"我那个德国卫兵贡巴赫那里去了？""正送他进战俘营。"迪恩斯急得跳脚，"没有他我就不走，"他吼道，"我要说话算话。"贡巴赫很快就被放回来了，他们坐了一辆车盖上有红十字旗、缴获的奔驰车出发。

两天以后，迪恩斯率领他的弟兄，由风笛手带头，行军踏入英军战线。英军官兵站立着注视这些消瘦、疲惫的皇家空军士兵头抬得天高，齐步走进英军地区。德军战俘营指挥官奥斯特曼上校和卫兵这时由英军拘押。迪恩斯和一些弟兄送他们到战俘营。这两批人面对面，并立正站好。奥斯特曼向前一步，他与迪恩斯都举手敬礼，迪恩斯说道："再见了，奥斯特曼上校！"奥斯特曼也说道："再见了，迪恩斯先生，希望我们能再相见。"然后迪恩斯一声"立正！"奥斯特曼和德军卫兵齐步进入英军的战俘营。贡巴赫经过时，还向迪恩斯挥手。

* * * *

来自四面八方的火力异常猛烈。德军第9集团军司令布塞将军四处视察，对着官兵吼叫："站起来！向前进！只要再几公里了！温克在等着！"布塞疲惫异常，不知道现在是几点，也不知道今天是几号。第9集团军奋战向温克第12集团军群的前进，似乎已经过了好几个

第五部 激烈的血战 479

星期的样子。他们弹药所剩无几，根本没有炮兵，只有一些迫击炮，他们的机关枪极少，也差不多没有可供射击的子弹了。布塞在每一处地方，只见到士兵倒下去，没力气动弹，要他和麾下军官使尽生平气力，才能使他们前进。使情况变得更复杂的是上万的难民加入了他们的行列，导致粮食短缺，就连供应弟兄吃的都不够。

温克的部队就在几公里外，可是苏军的抵抗依然猛烈。布塞把自己残余的最后一辆坦克调上来，他一直留着这辆坦克，为的就是这一刻。他告诉沃尔夫·哈格曼中将（Wolf Hagemann）引领前进，哈格曼一跳上车，告诉驾驶兵加速。坦克费劲向前冲，越过一条水沟和一带崎岖地面，突然哈格曼发现坦克前面的苏军四散奔逃，他环顾四周想找子弹来发射，机枪弹药早就没有了。他便抓起一把霰弹枪，对着溃逃的苏军轰上几发。

这时，他听到另一个方向——苏军的后面——有射击声，那是温克集团军的弟兄。两个集团军的会师来得这么突然，事后没有人记得是如何达成的，筋疲力竭的官兵倒在彼此的怀抱，温克集团军与布塞集团军会合在一起了。

温克后来回忆道："第9集团军的官兵好疲倦，没有力气了。这惨象令人不敢置信。"他站着注视时，一个人从队伍中间走出来向他走近，温克只见这个男人容貌憔悴、灰头土脸、满脸胡渣。一直要对方走到跟前，温克这才认出是布塞将军。他们一句话也没说，紧紧握着彼此的手。温克这才说道："谢谢天主，你们到了。"

5月7日，两个集团军退到易北河，超过10万名官兵过河到了西岸，由美军接受投降。布塞的第9集团军原来有官兵20万人，却只有4万人幸存。

* * * *

德国半官方的"海通社"（Trans-Ocean）发出的最后一则消息却是用法文发布的。"为了自保逃命"（Sauve qui peut），柏林人懂得它的涵义。坦克、部队、婴儿推车、汽车、马车、装甲车、自行火炮、骑马的人、成千上万步行的人，都集体逃出柏林，跨过大桥去到施潘道区。这支庞大的逃亡潮已经流动了好几个小时。降书也许都已经签过了，可是射击却依然持续不断。难民们所要做的便是逃离出去。炮弹偶尔落到这些溃逃的德国人队伍中间，显然南、北两边的苏军炮兵还没有接到停火的命令。

年轻的布丽吉特·韦伯坐着她继父的司机驾驶的车子离开柏林。她包在自己的皮毛大衣里，脚边放着一篮家传的银器。车一开到施潘道区就被人流堵住了，花了10个半小时才走了几公里。最后她只得抛下车子，和上万人一起长途跋涉往西方前进。

16岁的舒尔茨惊讶地发现自己又见到那名党卫军的刽子手。舒尔茨躺在防空洞的急救站，旁边就是那个瘦长、红发的党卫军枪手。对方的腹部扎扎实实地挨了一发，厉声叫了16个小时才死去。

一大批人挤在通往各处桥梁的道路上时，炮弹一再落在他们之间。希尔德加德·潘策尔（Hildegard Panzer）和库尔特·阿赫上尉（Kurt Ache）一起走，艾奇帮助她照料两个孩子——9岁的沃尔夫冈（Wolfgang），和5岁的海尔嘉（Helga）——在拥挤的人潮中两个小孩走失了，她再也没有找到他们。估计这次疯狂的逃亡潮造成2万人死伤。

然后，炮弹终于不再轰来，难民渐渐听不到炮声。他们为了安全起见再走远一点，然后在地上躺下去，男女老幼躺着躺着就睡着了田地、泥沟、空屋、废车、路肩，还有就在马路中间。现在他们安全了，最后一役已经结束了。

* * * *

"阿布！阿布！"施瓦兹走过一片狼藉的动物园。他想到，什么都没有剩下了。动物园再不会和以前一样了，到处都是死去的动物和瓦砾。他走向池边，大叫道："阿布！阿布！"

一阵拍翅的声音出现。就在这处空阔池塘的边缘，那只稀有的鹳鸟阿布，一只脚站立着，看着施瓦兹。他走过水池，提起它来。"阿布，没事了，"施瓦兹说道，"没事了。"他两手抱起阿布走了。

* * * *

5月4日，伊尔莎·安茨从维尔默斯多夫区的地窖慢慢走了出来。自从4月24日以来，大白天出来还是头一遭。街上安静得出奇。"一开始真还不习惯这么亮，我什么也没看见，眼前只是黑圈圈。这时，我四周观望，太阳灿烂，春天已经来了。树木正在开花，惠风和畅，即使在这个备受酷虐与垂死的城镇，大自然依然带来了生命。一直到这个时候为止，已经没有任何事物可以触动我，我所有的情感都已经消逝了。当我望向公园，春天正在降临到眼前。我再也无法控制自己。自从这场浩劫发生以来，我还是头一遭落下了眼泪。"

伤亡数字

即使已经过了 20 年,还是没人能够确切知道柏林战役中老百姓的伤亡人数到底是多少。甚至到目前,还有尸体从废墟、菜园、公园战斗过程中匆匆掩埋乃至万人坑被挖出。然而,经过统计的研究,这一场战役最后导致老百姓死了将近 10 万人。至少有 20,000 人死于心脏病,约有 6,000 人自杀,其余的不是在炮轰、巷战当时死亡,就是伤重而死。最后那几天逃离柏林,死在德国各地的人数,也从没有准确的统计数字。如果说,至少有 52,000 人死于轰炸,而这个数字又可以被接受的话,那么死去的人数就多达 15 万人以上,而且还不包括受伤的人在内。

有多少妇女遭到性侵?又是没有人知道的数字。我经由不同医师的判断计算,人数在 2 万到 10 万人之间。堕胎行为被官方暗地里许可进行,基于再明显不过的理由。没有人愿意去猜测这个人数有多少。

至于德军的伤亡,也和平民的数字一样,没有人真正清楚。这个问题之所以会复杂化的原因,是由于此役的伤亡数字被纳入德国在整场战争期间的伤亡人数之中。因此便不可能算得出来光是在柏林战役死了多少人。苏军对本身的损失则相当确定，苏联国防部权威人士说，他们从奥得河开始一直到占领柏林，"超过了10万人战死"。对本人来说，这个数字似乎高了一点，或许是故意灌水，好使这次胜利看起来更像是那么一回事。另一方面，科涅夫元帅告诉本人，光是他的方面军"从奥得河到柏林的整个战役，再加上右翼进军易北河……有15万人战死。"似乎朱可夫与科涅夫两个方面军在攻下柏林时，至少死了10万人。反观，美军第12集团军群司令布莱德雷将军则警告艾森豪威尔，如果他要想攻下柏林，也许会有10万人的伤亡。不过布莱德雷所说的是整体的数字，包括了阵亡、受伤与失踪在内。

致谢

本书中的信息主要来自参与战役者本身，他们包括盟军各国的军人、与他们交战的德军，以及在交战中存活的柏林市民。对本书有贡献的人总计超过2,000人。自1962年起的三年间，有大约700多人提供了书面的忆述或接受当面访谈。他们给了我各种的记录，包括日记、地图、个人传记与珍藏的记事本。

他们提供的信息由我加入一套以英、美、德、俄等国数据源为基础的军事架构中。我取得了各单位的作战报告、战争日志、师级战史、情报摘要与审讯报告，还有当代重要的军人与政治人物的个人专访，以及来自这些人当中多位交给我的个人档案、文件与笔记。这些研究总共累积10个档案柜的资料，其中甚至包括此战役之前柏林加油站存有的油料数量，以及有关罗科索夫斯基元帅戴了一只附内建罗盘的手表等细节。

这个计划得到了非常多人的协助。若是没有《读者文摘》（Reader's Digest）的莉拉·华莱士（Lila Wallace）和德威特·华莱士（Dewitt Wallace）夫妇的相助，这个计划根本不会开始。他们交给我的是《读者文摘》的大量研究资源，并且承担许多开销。我想感谢我的朋友霍巴特·刘易斯（Hobart Lewis），他是《读者文摘》的总裁与执行总编辑，并且投入了无尽的努力让这本书得以付梓。我还想感谢美国与欧洲各地《读者文摘》分社的大家，他们收集了许多研究成果，并访问了许许多多参与战役的人。若是要我单独提出某些人，那就太不公平了。我希望依分社与姓名的字母顺序列出他们。柏林编辑部：约翰·弗林特（John Flint）、黑尔佳德·克拉默（Helgard Kramer）、苏珊娜·林登（Suzanne Linden）、露特·韦尔曼（Ruth Wellman）。伦敦编辑部：希瑟·查普曼（Heather Chapman）、琼·艾萨克斯（Joan Isaacs）。纽约编辑部：格特鲁德·阿伦德尔（Gertrude Arundel）、尼娜·乔治斯-皮科（Nina Georges-Picot）。巴黎编辑部：于尔叙拉·纳卡什（Ursula Naccache）、约翰·D. 帕尼察（John D. Panitza，欧洲首席记者）。斯图加特编辑部：阿尔诺·亚历克西（Arno Alexi）。华盛顿编辑部：布鲁斯·李（Bruce Lee）、朱莉娅·摩根（Julia Morgan）。

我还必须感谢美国国防部允许我们进入历史档案库作研究。其中，我尤其想要感谢美国国防部军事历史处（Office of the Chief of Military History，OCMH）处长哈尔·C. 帕蒂森（Hal C. Pattison）准将，以及他的同事：玛格达·鲍尔（Magda Bauer）、德特马·芬克（Detma Fincke）、查尔斯·冯·吕蒂肖（Charles von Luttichau）、伊斯雷尔·威斯（Israel Wice）、汉娜·蔡德里克（Hannah Zeidlik），以及厄尔·齐姆克（Earl Ziemke）博士等人，他们全都拨出时间协助我和我的同事。我还要感谢二战记录处处长谢罗德·伊斯特（Sherrod East），他允许我们每天调查文献，长达数月之久。

该部门的其他人也和他一样，人都很好，包括资料组的主任威尔伯·J. 奈伊（Wilbur J. Nigh），以及他的同事洛伊丝·奥尔德里奇（Lois Aldridge）、莫顿·阿珀森（Morton Apperson）、约瑟夫·埃弗里（Joseph Avery）、理查德·鲍尔（Richard Bauer）、诺拉·欣肖（Nora

Hinshaw）、托马斯·霍曼（Thomas Hohmann）、希尔德雷德·利文斯顿（Hildred Livingston）、V. 卡罗琳·穆尔（V. Caroline Moore）、弗朗西斯·鲁布赖特（Frances Rubright），以及黑兹尔·沃德（Hazel Ward）。本团队还得到了朱丽叶斯·怀尔德斯托瑟（Julius Wildstosser）博士的协助，他检查了数公里长的微缩胶卷，并翻译数千份德文文件，供我和我在《读者文摘》的同事使用。

我还亏欠美国前总统艾森豪威尔先生、阿拉曼子爵蒙哥马利元帅、布莱德雷上将、摩根爵士中将、史密斯上将、辛普森上将、加文中将、伊斯梅勋爵、霍罗克斯爵士中将、斯特朗勋爵、哈里曼大使、福伊·D. 科勒大使（Foy D. Kohler）、戴维·布鲁斯大使（David Bruce）、查尔斯·波伦大使（Charles Bohlen）、艾德礼伯爵、安娜·罗森堡·霍夫曼太太（Anna Rosenberg Hoffman）、德甘冈少将爵士、邓普西爵士、巴克中将、莱恩少将、罗纳德·弗雷德里克·贝尔彻姆（R. F. Belchem）少将与莫斯利教授。上述人士与英美两国许多其他官员、外交人员都协助我了解当代的军事与政治背景，并让我明白英美两国为什么没有继续前往柏林的原因。

我很感谢苏俄政府慷慨地允许我查看一些至今没有公开过的文件、命令、审讯报告与其他来自国防档案库的数据。我们对许多事情的看法并没有共识，我的方法也不见得像以前那么八面玲珑。但我发现面对苏军，我对他们坦白直接，他们也就会对我坦白直接。举例来说，对于在柏林发生的强暴事件，美国国务院和英国外交部的部分官员都向我建议，说提起这个话题在外交上而言不太好。肯尼迪总统不同意这样的看法。他在我出发前往苏联之前对我说的话，基本上就是说他认为俄国人完全不会在乎，因为他们其实是很愿意谈条件的人。他认为我应该直接把整件事"摊在桌面上讲"。我确实这么做了，而苏联的官员也相当善意地响应。但还是有一些相当尴尬的状况。虽然我是应赫鲁晓夫政府之邀而进入苏联作研究，但莫斯科机场的边防警察居然想没收苏联国防部直接开给我的文档！苏联红军的军官，科涅夫、罗科索夫斯基、索科洛夫斯基和崔可夫等几位元帅人也都非常好，他们给了我很多时间和信息，就像其他接受我访问的苏军人士一样。如此的联系能圆满完成，相当大部分要感谢我这次苏联行的同伴：曼彻斯特大学的埃里克森教授。他的语言能力与对俄国事务的熟悉，事后证明非常有用。

在德国，波恩政府媒体信息部的格拉夫·施魏因茨（Graf Schweintz）博士替我敲开了许多大斗。华盛顿北大西洋公约组织的阿道夫·霍伊辛格将军（A. Heusinger）替我写了很多介绍信。最后一位柏林卫戍指挥官魏德林将军的前参谋长杜夫芬上校花了好几天的时间，帮我把最后一役的过程整理了一番。温克上将、布塞上将、加赖斯上将、德特勒夫森上将、雷曼中将、曼陀菲尔上将、彭泽尔中将、弗里德里希·西克斯特中将（Friedrich Sixt）、施泰纳党卫军上将、希勒布兰德上将、古斯塔夫·克鲁肯贝格党卫军少将（Gustav Krukenberg）、雷菲尔上校、韦勒曼上校和路易丝·约德尔女士。他们都尽一切可能的方法帮我重建这场战役，以及柏林的最后几天。

然后还有许多人以各种方式帮助了我：慕尼黑苏联研究会的副顾问莱昂·J. 巴拉特（Leon J. Barat）、时任柏林电台总编辑的罗尔夫·门策尔（Rolf Menzel）、德国军事档案协会的迈尔·韦尔克（Meyer Welcker）中将；柏林报纸《晚报》（*Der Abend*）的编辑弗兰克·E. W. 德雷克斯勒（Frank E. W. Drexler）先生、柏林美国占领区电台的长官罗伯特·洛克纳（Robert Lochner）、《巴黎竞赛画报》（*Paris Match*）的雷蒙·卡蒂埃（Raymond Cartier）、慕尼黑现代史图书馆的尤尔根·罗韦尔（Jurgen Rohwer）博士、柏林市立档案库的阿尔布雷希特·兰珀（Albrecht Lampe）博士、德匪老兵组织 WAST 的卡尔·勒德尔（Karl Röder）先生、卡尔·约翰·维贝格（Carl Johann Wiberg）先生、法国国立前德国战俘协会（Amicale Nationale des Anciens P. G. des Stalags）的马塞尔·西莫诺（Marcel Simonneau）先生、西格贝特·莫恩出版社（Siegbert Mohn Verlag）的迪特尔·施特劳斯（Dieter Strauss）博士。我希望对上述这些人与其它许多人士致上最诚挚的感谢。

我将对海因里希上将的感谢留到了最后，因为他提供了德军那边的故事。在三个月期间，我们进行了无数的访谈与对话。他又将该战役的每个阶段都再打了一轮。他让我使用他的个人笔记、文件与战争日志。虽然他有病在身，但他仍大方献出自己的时间。若是没有他，这本书恐怕将无法完成。在我当作家的 20 多年间，我很少遇到如此具有威严和荣誉感的人，也很少遇到像他这样记得这么清楚的人。

我该怎么感谢那些在我写作时陪伴我的人呢？我亲爱的妻子帮我收集、建档、编辑、重写了许多资料。同时又在我长年研究、写作的同时照顾着我们的家庭；我的好友与最严厉的评论作家杰里·科恩（Jerry Korn），他锐利的笔锋在纸上来去自如（但这一页没有他动手的机会）；我珍贵的两位秘书"霍蒂"·范特雷斯卡（"Horty" Vantresca）和芭芭拉·索耶（Barbara Sawyer）负责打字、重新打字、建文件、接电话、支持我们之外的其他人。苏珊（Suzanne）与查利·克利夫斯（Charlie Cleaves）总是在我需要的时候出现；西蒙与舒斯特出版社（Simon&Schuster）的彼得·施韦德（Peter Schwed）和迈克尔·科达（Michael Korda），他们和海伦·巴罗（Helen Barrow，产品经理）、弗兰克·梅茨（Frank Metz，美术总监）、伊芙·梅茨（Eve Metz，版

致谢　489

面设计），以及索菲·索金（Sophie Sorkin，编辑部主任）一起应付我的种种不合理要求。拉斐尔·帕拉西奥斯（Raphael Palacios）的精致地图与幽默感，是作家难以奢求的珍宝。泛美航空的戴夫·帕森斯（Dave Parsons）将庞大的研究资料在欧洲各地搬来搬去，连一件也没有遗失过。我的朋友比利·科林斯（Billy Collins）和罗伯特·拉丰（Robert Laffont），他们分别是我在英国与法国的出版商，他们等这本书等很久了，甚至都快开始称之为"紧盯瑞恩大作战"了；我的律师保罗·吉特林（Paul Gitlin）也提供了优异的协助、指导和抗压性；我的权利代表人玛丽·舍贝克（Marie Schebeko，在法国）和伊莱恩·格林（Elaine Greene，在英国）也都提供了机会、勇气、支持和信任。我要对以上的所有人致上最深的谢意。

★二战史诗三部曲★
作战手册

紫图图书 出品

目 录

《二战史诗三部曲》年表 | 2

《二战史诗三部曲》相关地图 | 12

二战欧洲战场全过程 | 34

《二战史诗三部曲》
年表

1943 年 11 月 28 日	德黑兰会议在罗斯福、斯大林和丘吉尔之间展开，会议通过了在 1944 年 5 月 1 日以前在欧洲开辟第二战场的决定。
1944 年 3 月 6 日	英国皇家空军轰炸机司令部开始在法国上空发动一场大规模攻势，为诺曼底登陆做准备。
1944 年 3 月 12 日	为了防止入侵法国的细节泄露给敌人大不列颠和中立国爱尔兰之间的所有旅行都被禁止。
1944 年 4 月 17 日	英国皇家海军和皇家空军轰炸机司令部开始在英吉利海峡附近布雷，为即将到来的入侵欧洲做准备。
1944 年 4 月 22 日	美军在英国英格兰德文郡的斯拉普顿进行集结和登船演习。
1944 年 4 月 27 日	美军在英国英格兰德文郡的斯拉普顿进行了一次两栖攻击演习。美军使用实弹炮击德军的防御；在一次友军误击中，大约有 400 名美国人因炮弹落在第二波攻击的士兵中间而丧生。
1944 年 4 月 28 日	一群德国海军鱼雷快速攻击艇在英国英格兰的斯莱普顿遇到美军登陆演习，并发起攻击，击沉了两艘坦克登陆舰，损坏了其他船只，造成 198 名水手和 551 名士兵死亡。

1944 年 5 月 2 日	一位 54 岁的物理教师伦纳德·西德尼·道在这一天编制了一个字谜，并发表在《每日电讯报》上。由于字谜中包含了美国在法国诺曼底登陆海滩的代号，他受到了军情五处的调查。
1944 年 5 月 8 日	艾森豪威尔将跨海峡入侵的日期定在 1944 年 6 月 5 日。
1944 年 5 月 9 日	盟军开始对法国的机场和铁路线进行空袭，为跨海峡入侵做准备。
1944 年 5 月 20 日	艾森豪威尔通过广播向法国抵抗组织发表讲话，为计划中的跨海峡入侵做准备。同一天，5000 架盟军轰炸机对法国和比利时的许多铁路目标和 9 个机场进行了协同打击。
1944 年 5 月 22 日	在《每日电讯报》的填字游戏中，"奥马哈"一词是答案之一。这引起了盟军入侵计划人员的极大恐慌，因为"奥马哈"是美国第 1 步兵师将在登陆日攻击的法国海滩的代号。
1944 年 5 月 23 日	德国非洲军团最后一任指挥官汉斯·克拉默将军因健康状况不佳被交换回国。在他离开英国之前，有人向他展示了盟军大规模集结的证据，但这些部队的位置却误导了他。当他后来在德国柏林进行汇报时，这一错误信息帮助欺骗了德国人，让他们不知道入侵的实际目标。就在克拉默被遣返的同一天，美国空军一架 B-24 轰炸机在八架 P-51 战斗机的护航下，满载新型绝密 Azon 制导炸弹，成功摧毁了通往法国诺曼底的四座桥梁。

1944年5月24日	英国首相丘吉尔正式宣布,西班牙不会成为盟军即将入侵西欧大陆的目标。
1944年5月27日	在《每日电讯报》的填字游戏中,"霸王"一词是答案之一,也是整个登陆日行动的代号。
1944年5月30日	在《每日电讯报》的填字游戏中,"桑树"一词是答案之一,也是入侵法国登陆时使用的浮动港口和设施的代号。
1944年6月1日	在《每日电讯报》的填字游戏中,"15.下"的谜底是"海神",这是登陆日海军攻击行动的代号。
1944年6月2日	两艘袖珍潜艇(X-20和X-23)从英格兰出发,潜航穿过英吉利海峡,驶向法国诺曼底海岸。
1944年6月2日	英国皇家空军第98和第609中队的台风战斗轰炸机袭击并摧毁了位于法国迪耶普的敌方雷达站(它会向德国人发出盟军入侵舰队的预警),这是诺曼底登陆的一个重要前奏。
1944年6月3日	皇家空军飞机对法国加来海峡和瑟堡地区进行了空袭。
1944年6月4日	由于天气原因,盟军入侵法国诺曼底的"霸王行动"被推迟。与此同时,英国皇家空军的轰炸机袭击了法国沿海的德军防御工事。
1944年6月5日	隆美尔向伦德施泰特指出,法国海岸没有被盟军入侵的迹象。

1944年6月5日	美国海军"安康"号离开英国英格兰,前往法国塞纳河的附近海域。
1944年6月6日	15万盟军(大约一半是美军,一半是英军和英联邦军队)登陆法国诺曼底海滩;这是规模最大的两栖作战行动。英国连队军士长斯坦利·霍利斯在入侵法国诺曼底期间,使用反坦克火箭发射器摧毁了数个德军碉堡和一门野战炮,挽救了许多人的生命。他因此被授予维多利亚十字勋章,这是对登陆行动首日的唯一嘉奖。
1944年6月9日	利用双面间谍向德国人提供虚假情报的"坚忍行动"掩护计划进一步被扩大,以让德国人相信西方盟军即将在法国加来海峡地区发动登陆。
1944年6月16日	在法国,前一天晚上竣工的奥马哈海滩附近的桑树港迎来了第一艘坦克登陆舰。尽管仍有人怀疑浮桥因无法承受谢尔曼坦克38吨的重量而坍塌,但值得庆幸的是,这项任务在安全系数很小的情况下完成了。
1944年6月17日	希特勒在法国会见了隆美尔和施派德尔;希特勒同意前往法国前线,但最终未能成行。
1944年6月19日	位于法国诺曼底奥马哈海滩的美国桑树港被暴风雨摧毁。不过,此时,盟军在法国已经有20个师上岸,而德军在该地区却只有16个师。
1944年7月20日	竟在刺杀希特勒、推翻纳粹德国政府的"女武神行动"失败了,造成许多与阴谋有牵连的人被捕并被处决。

1944年8月20日	美军第79师抵达法国巴黎外的塞纳河。
1944年8月23日	希特勒下令摧毁巴黎地区的所有桥梁,甚至是那些被视为文化瑰宝的桥梁;由施派德尔拒绝执行这一命令。
1944年9月2日	加拿大军队越境进入比利时。
1944年9月3日	蒙哥马利在与布莱德雷会面时暗示,将尝试开展一次行动,夺取荷兰阿纳姆下莱茵河上的桥梁,以便装甲部队跟进。
1944年9月10日	加拿大陆军的英军第1军团开始围攻法国北部最大的港口勒阿弗尔,该港口已被指定供美军使用。通往勒阿弗尔的道路被洪水、地雷、反坦克壕沟和主要用于海防的巨大混凝土炮台严密保护。德军的抵抗没有预期的顽强,盟军伤亡相对较轻,不到400人。尽管如此,在夺取港口时,人们发现码头已被彻底摧毁,四个多星期后港口才得以使用。
1944年9月10日	盟军在比利时的巡逻队在德国亚琛附近越过德国边境。
1944年9月17日	盟军发起了"市场—花园"行动,这是一次空地联合攻击行动,目的是经由荷兰渗透到德国北部。
1944年9月18日	在荷兰,德军在阿纳姆附近发起猛烈反击,而盟军则攻占了埃因霍温。
1944年9月20日	英国第30军在荷兰奈梅亨与美国空降部队会师。

1944年9月21日	波兰第1独立伞兵旅的士兵在荷兰的阿纳姆和奈梅亨之间降落，当时阿纳姆的英国空降部队正面临巨大的压力。
1944年9月23日	经过六天的围困，加拿大军队迫使法国加来海峡布洛涅的德军投降。加拿大人伤亡634人，俘虏9,500人。
1944年9月25日	剩余的2,163名英国第1空降师士兵从荷兰阿纳姆撤离，编制内原有官兵10,005人。
1944年10月1日	法国加来的德军守备部队投降了。加拿大第3师在围攻该镇的战斗中仅伤亡300人，但却俘虏了7,500名德军；他们在清理英吉利海峡港口时俘虏的人数达到近30,000人。然而，码头设施却遭到了严重破坏，该港口直到1944年11月才能用于航运。
1944年12月11日	希特勒在与德军高级指挥官举行会议时，强调即将发动的阿登战役的重要性。
1944年12月16日	德军发动了守护莱茵作战，越过德国边境向比利时进发，揭开了突出部之役的序幕。
1944年12月27日	美军在阿登地区击退了德军，从而结束了德军的攻势。
1945年1月1日	德军开始从比德边境地区的阿登森林撤退。
1945年1月12日	苏军出动200万人，从波兰维斯瓦河的桥头堡向德国东部的奥得河发起进攻。同一天，三支苏军包围了波兰华沙。

1945 年 1 月 20 日	费迪南德·舍尔纳上将接替担任德国东部 A 集团军群的司令。
1945 年 1 月 28 日	阿登突出部最终被击退到原来的防线,突出部之役就此结束。
1945 年 2 月 2 日	苏军白俄罗斯第 1 方面军抵达德国法兰克福附近的奥得河,维斯瓦河—奥得河攻势结束。
1945 年 2 月 4 日	雅尔塔会议在俄罗斯召开。
1945 年 2 月 12 日	《雅尔塔协定》在俄罗斯莫斯科和英国伦敦几乎同时公开宣布,内容涉及战后如何处理德国问题。
1945 年 2 月 17 日	美国第 3 集团军突破齐格菲防线,向德国领土发起大规模进攻。
1945 年 2 月 20 日	巴顿写信给布莱德雷,敦促布莱德雷说服艾森豪威尔,让他允许布莱德雷的集团军向莱茵河发起猛烈进攻。
1945 年 2 月 25 日	布莱德雷授权巴顿向莱茵河推进。
1945 年 3 月 2 日	美国第 9 集团军的部队抵达德国诺伊斯的莱茵河。在北面,美国第 3 集团军占领了德国特里尔。
1945 年 3 月 6 日	美国第 3 集团军抵达德国科布伦茨附近的莱茵河,而美国第 1 集团军则占领了科隆。
1945 年 3 月 7 日	美军第 9 装甲师出其不意地夺取莱茵河大桥,并在德国雷马根河东岸形成桥头堡。

1945 年 3 月 19 日	巴顿得到上级许可,率领美国第 3 集团军渡过莱茵河。
1945 年 4 月 16 日	苏军白俄罗斯第 1 方面军和苏军乌克兰第 1 方面军在奥得河—尼斯河防线上的阵地开始向德国柏林发起最后的进攻。希特勒在前一天向所有德军发布了当天的命令,所有在苏军进攻面前逃跑的人都将被逮捕或枪决。
1945 年 4 月 17 日	就在苏军白俄罗斯第 1 方面军沿塞洛高地遭遇意想不到的激烈抵抗时,苏军乌克兰第 1 方面军突围至德国柏林。
1945 年 4 月 18 日	苏军白俄罗斯第 1 方面军最终攻入德国柏林的塞洛高地防线。戈培尔在苏军逼近时烧毁了办公室里的文件。
1945 年 4 月 21 日	苏联步兵抵达德国柏林。希特勒下令由党卫军指挥官施泰纳将军负责全面反击柏林的苏军;但这次反击从未尝试过。
1945 年 4 月 21 日	科涅夫率领的苏军攻占了德国柏林南部措森附近的德军总部。
1945 年 4 月 23 日	苏军抵达德国柏林郊区。
1945 年 4 月 24 日	德国南部的达豪集中营被疏散。6000 到 7000 名囚犯向南踏上了前往奥伊拉斯堡的死亡行军之路,他们将在那里向东转向泰根塞。在为期六天的行军途中,数千人将死于疲惫、饥饿、曝晒和处决。

1945年4月25日	苏联白俄罗斯第1方面军和乌克兰第1方面军在基岑附近会师，完成了对德国柏林的包围。德军第3党卫军装甲部队试图打破这一新形成的包围圈，但以失败告终。在南面约70公里处，美军和苏军在托尔高会师。
1945年4月26日	温克将军的德国第12集团军开始行动，试图解救德国柏林，但这一企图被苏军击退。
1945年4月27日	西方盟国拒绝考虑希姆莱的和平谈判的提议。
1945年4月28日	在德国柏林，科涅夫元帅的部下几乎清扫了波茨坦大街。苏联军队现在距离总理府和国会大厦不到2公里，斯大林明确希望苏联国旗能及时飘扬在那里，以庆祝五一节。希特勒在总理府下面的地堡里等待着温克开始的反击的进展报告。
1945年4月28日	德国柏林的滕佩尔霍夫机场被苏军占领。随着柏林被包围，南部郊区的大部分地区已落入苏军手中，希特勒的最后一条退路也已被封死。
1945年4月30日	在德国柏林的蒂尔加滕区，朱可夫发起进攻，拒绝停战，只要求无条件投降。苏军步兵距离国会大厦仅800米，在克罗尔歌剧院遭到党卫军死忠分子的后方攻击；经过数小时惨烈的徒手搏斗，国会大厦被攻占。新婚不久的希特勒和爱娃·布劳恩在地堡自杀。他们的尸体在总理府地堡附近被焚烧。

1945 年 5 月 2 日	魏德林将军接受了崔可夫将军无条件投降的条件；德国柏林守备部队的投降将于 15 时生效。苏联锤镰旗在德国柏林国会大厦顶端升起。
1945 年 5 月 7 日	约德尔将军在法国兰斯附近的艾森豪威尔总部签署了所有德军向盟军无条件投降的文件，并于次日生效；苏联人在兰斯见证了投降，但直到在苏联征服的领土上签署了另一份文件后，才正式承认投降。
1945 年 5 月 8 日	英国以盛大的公众庆祝活动和感恩仪式纪念欧洲胜利日。在德国柏林，朱可夫元帅接受了德国的投降。
1945 年 5 月 23 日	盟军解散了邓尼茨的政府。
1945 年 7 月 4 日	布莱德雷将军从苏联手中接管了德国柏林美军防区的控制权。
1945 年 7 月 20 日	杜鲁门在德国波茨坦宣布，盟军胜利后将不要求任何领土。
1945 年 7 月 21 日	盟军领导人选择德国纽伦堡作为审判被指控的德国战犯的地点。
1945 年 10 月 18 日	德国纽伦堡战争罪审判开始。
1946 年 10 月 1 日	在德国纽伦堡进行的重大战争罪审判结束时，12 名被告被判处死刑。但在行刑前一天晚上，戈林服毒自杀。

《二战史诗三部曲》相关地图

瑟堡

709 空降师

美第 1 集团军（布莱德

美第 7 军（柯林斯）　　美第

U 部队
美第 4 步兵师

瓦洛盖

91 海防师

PETER
QUEEN
ROGER
SUGAR
TARE
UNCLE
VICTOR

犹他
23,300 人

奥马
34,000

梅尔德雷河
圣埃格利斯

拉马德莱娜

普帕维尔

圣玛丽迪蒙

美第 82 空降师
美第 101 空降师

ABLE　BAKER　CHARLIE　DOG　EASY

格朗康迈西

霍克角

维耶维尔

圣洛朗
圣奥

第 352 步兵师

欧尔

卡朗唐

滨海伊西尼

盟军空降师
伞降与机降区

第 6 空降
猎兵团

莱宝

托特河

维尔河

第 7 集团军
（多尔曼）

圣洛

第 30 机动旅　　第 84 军

霸王行动（诺曼底登陆）

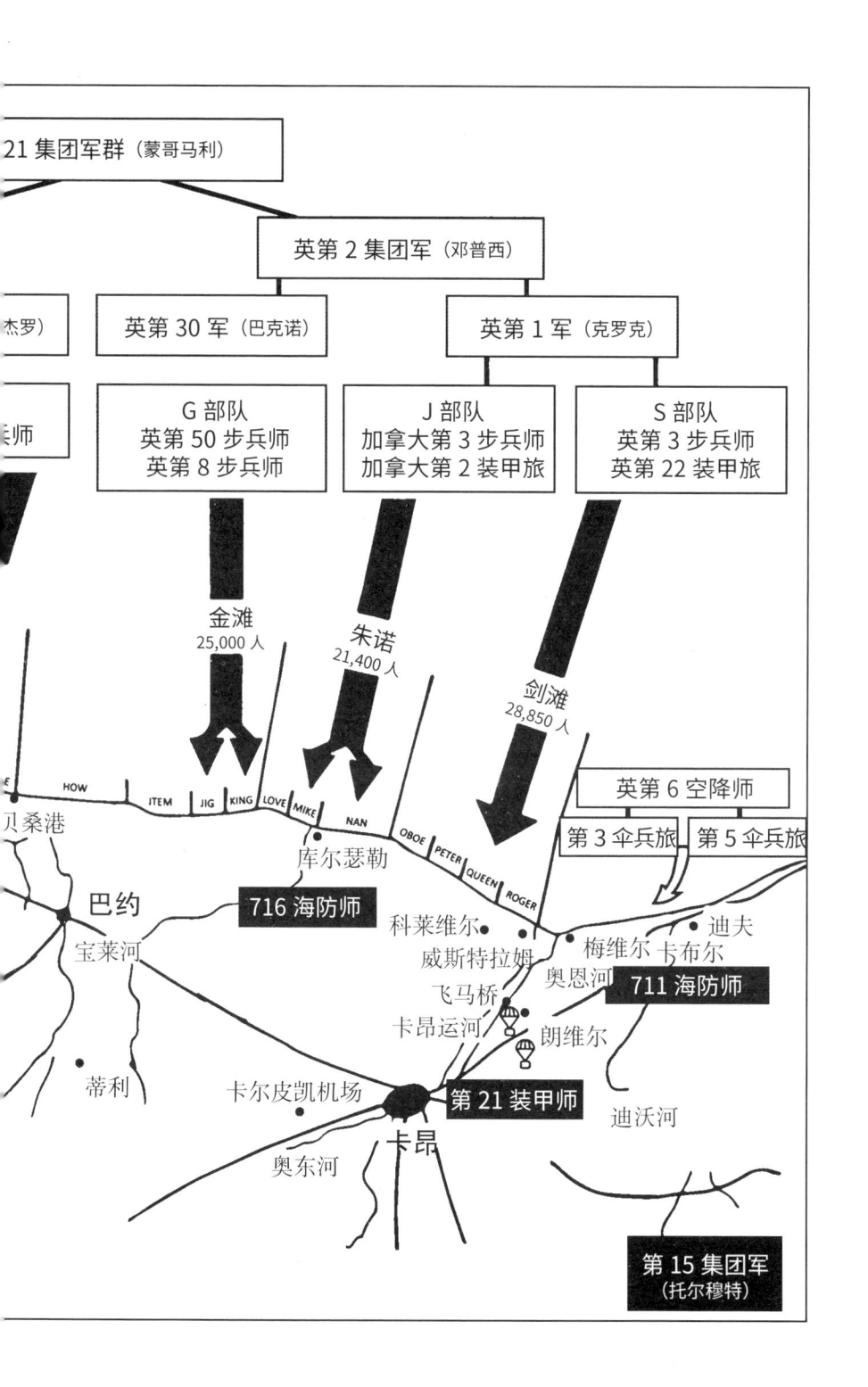

```
                    21 集团军群（蒙哥马利）
                              │
                    英第 2 集团军（邓普西）
                      ┌───────┴───────┐
        英第 30 军（巴克诺）        英第 1 军（克罗克）
              │                    ┌──────┴──────┐
          G 部队                 J 部队         S 部队
        英第 50 步兵师      加拿大第 3 步兵师   英第 3 步兵师
        英第 8 步兵师       加拿大第 2 装甲旅   英第 22 装甲旅
```

金滩 25,000 人
朱诺 21,400 人
剑滩 28,850 人

HOW ITEM JIG KING LOVE MIKE NAN OBOE PETER QUEEN ROGER

英第 6 空降师
第 3 伞兵旅　第 5 伞兵旅

贝桑港
巴约
宝莱河
蒂利

库尔瑟勒
科莱维尔
威斯特拉姆
飞马桥
卡昂运河

梅维尔　卡布尔　迪夫
奥恩河
朗维尔
711 海防师

716 海防师

卡尔皮凯机场
卡昂
奥东河
第 21 装甲师
迪沃河

第 15 集团军
（托尔穆特）

北 海
须 得 海
阿姆斯特丹
海沃勒
哈梅尔的党卫军第 10 装甲师
（弗伦茨贝格师）
贝克贝亨
哈策尔的党卫军第 9 装甲师
（霍亨施陶芬师）
海牙
乌得勒支
鹿特丹
下莱茵河
阿纳姆
奥斯特贝克
莫德尔的司令
部 9 月 15 日
杜廷赫姆
比特里希的军部
荷
兰
瓦尔河
马斯河
菲赫特
赫拉弗
奈梅亨
斯图登特的指挥部
蒂尔堡
贝亨奥
普佐姆
威廉敏娜运河
威廉斯运河
索思
弗利辛恩
布雷斯肯斯
奥斯坦德
冯・灿根
第 15 集团军
斯图登特
德第 1 伞兵集团军
埃因霍温
布吕赫
默茨河—埃斯科河运河
安特卫普
根特
内币尔特
马斯河
9 月 5—6 日，开赴阿纳姆
埃森
鲁尔—蒙哥马利
的出击目标
杜塞尔多夫
克里勒
加第 1 集团军
邓普西
英第 2 集团军
阿尔贝特运河
德
国
布鲁塞尔
比 利 时
科隆
蒙哥马利

1944 年 9 月 14 日的前线

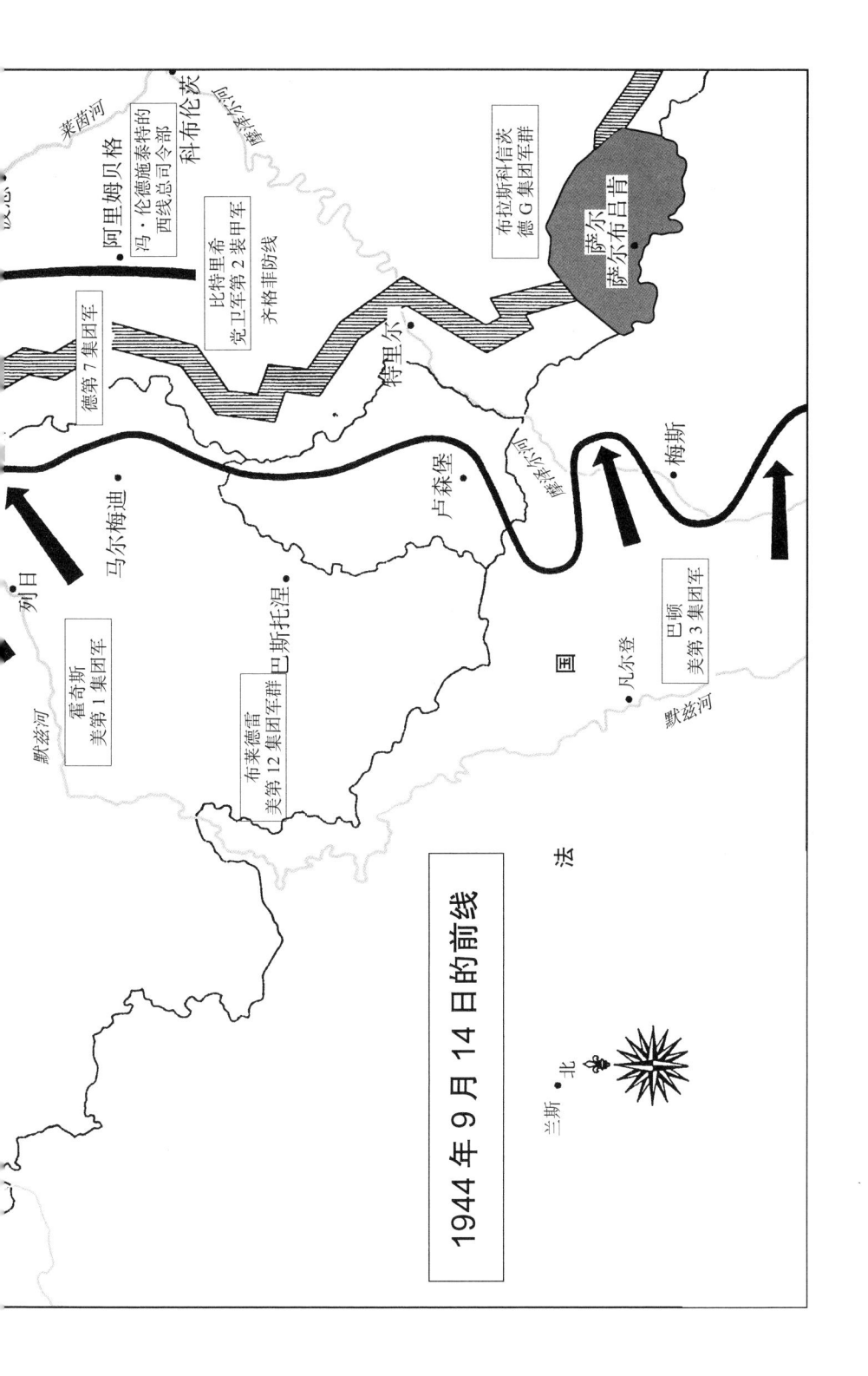

- 莱茵河
- 科布伦茨
- 摩泽尔河
- 阿里姆贝格
- 冯·伦德施泰特的西线总司令部
- 比特里希党卫军第 2 装甲军 齐格菲防线
- 布拉斯科维茨 德 G 集团军群
- 萨尔布吕肯
- 德第 7 集团军
- 特里尔
- 梅斯
- 马尔梅迪
- 卢森堡
- 霍奇斯 美第 1 集团军
- 布莱德雷 美第 12 集团军群 巴斯托涅
- 巴顿 美第 3 集团军
- 凡尔登
- 默兹河
- 法国
- 兰斯 · 北

冯·伦德施泰特的计划：冯·灿根的第15集团军于9月6日开始撤退

斯豪文岛

北海

北

北贝弗兰岛

瓦尔赫伦岛

弗利辛思
布雷斯肯斯

南贝弗兰半岛

斯海尔德河河口

冯·灿根的指挥部

阿克塞尔

荷兰
比利时

布吕赫

加第1集团军

根特

鹿特丹
下莱茵河
瓦尔河
多德雷赫特
马斯河
菲赫特
威廉敏娜运河
布雷达
蒂尔堡
贝亨奥普佐姆
翁斯德雷赫特
荷兰
比利时
大错铸成：英军未能切断冯·灿根的第15集团军的撤退路线
1944年9月5日前线
默兹河—埃斯科河运河
安特卫普
阿尔贝特运河
英第2集团军

"市场—花园"行动计划
蒙哥马利的主要出击目标
英军第 1 空降师
英军第 82 空降师
英军第 101 空降师
关键桥梁
阿姆斯特丹
海牙
北
海
鹿特丹
多德雷赫特
穆尔代克
斯豪文岛
布雷达
北贝弗兰岛
瓦尔赫伦岛
贝亨奥普佐姆
南贝弗兰半岛
弗利辛恩
布雷斯肯斯
1944 年 9 月 17 日的前线
安特卫普
比
利
时

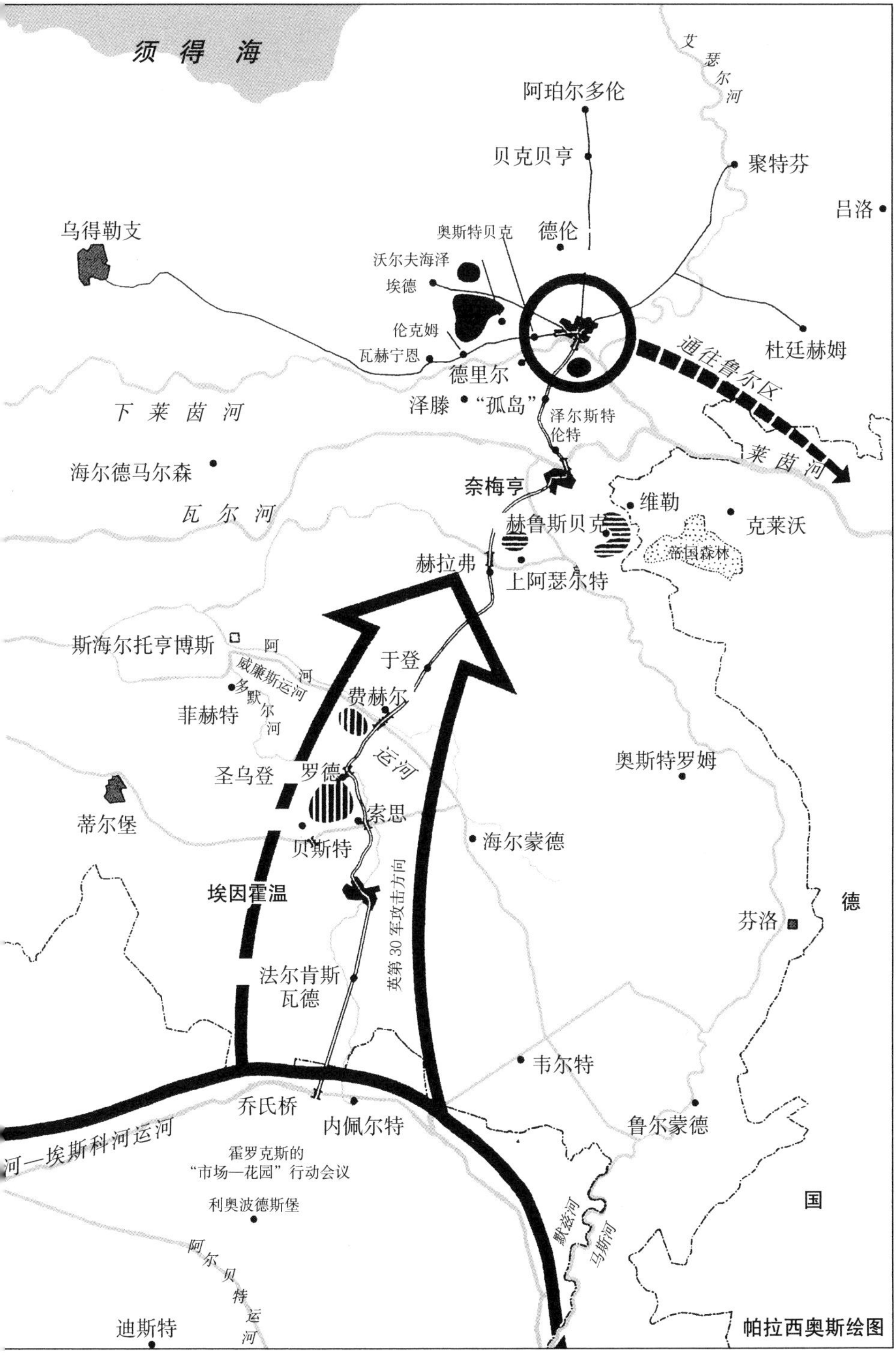

须得海
艾瑟尔河
阿珀尔多伦
贝克贝亨
聚特芬
吕洛
乌得勒支
奥斯特贝克
德伦
沃尔夫海泽
埃德
伦克姆
瓦赫宁恩
德里尔
杜廷赫姆
通往鲁尔区
泽滕
"孤岛"
泽尔斯特伦特
下莱茵河
海尔德马尔森
莱茵河
奈梅亨
瓦尔河
维勒
赫鲁斯贝克
克莱沃
帝国森林
赫拉弗
上阿瑟尔特
斯海尔托亨博斯
阿河
于登
威廉斯运河
多默尔河
费赫尔
菲赫特
运河
奥斯特罗姆
圣乌登
罗德
索思
蒂尔堡
海尔蒙德
贝斯特
英第30军攻击方向
埃因霍温
德
芬洛
法尔肯斯瓦德
韦尔特
乔氏桥
内佩尔特
鲁尔蒙德
河—埃斯科河运河
霍罗克斯的
"市场—花园"行动会议
利奥波德斯堡
国
默兹河
马斯河
阿尔贝特运河
迪斯特
帕拉西奥斯绘图

英 国

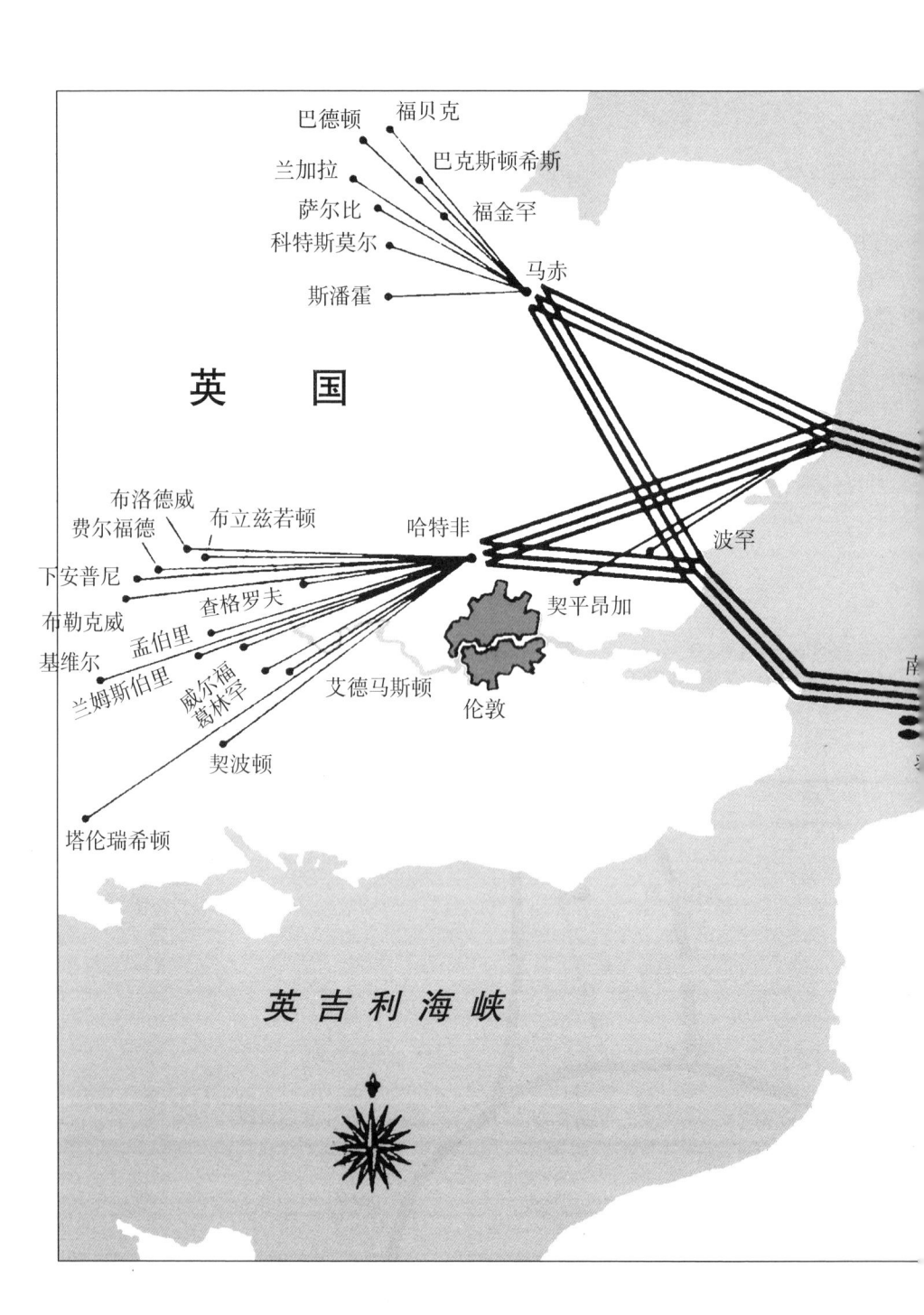

巴德顿
福贝克
兰加拉
巴克斯顿希斯
萨尔比
福金罕
科特斯莫尔
斯潘霍
马赤

布洛德威
费尔福德
布立兹若顿
下安普尼
哈特非
波罕
布勒克威
查格罗夫
基维尔
孟伯里
契平昂加
兰姆斯伯里
威尔福葛林罕
艾德马斯顿
伦敦
契波顿
塔伦瑞希顿

英吉利海峡

市场空降部队飞行路线
1944.09.17

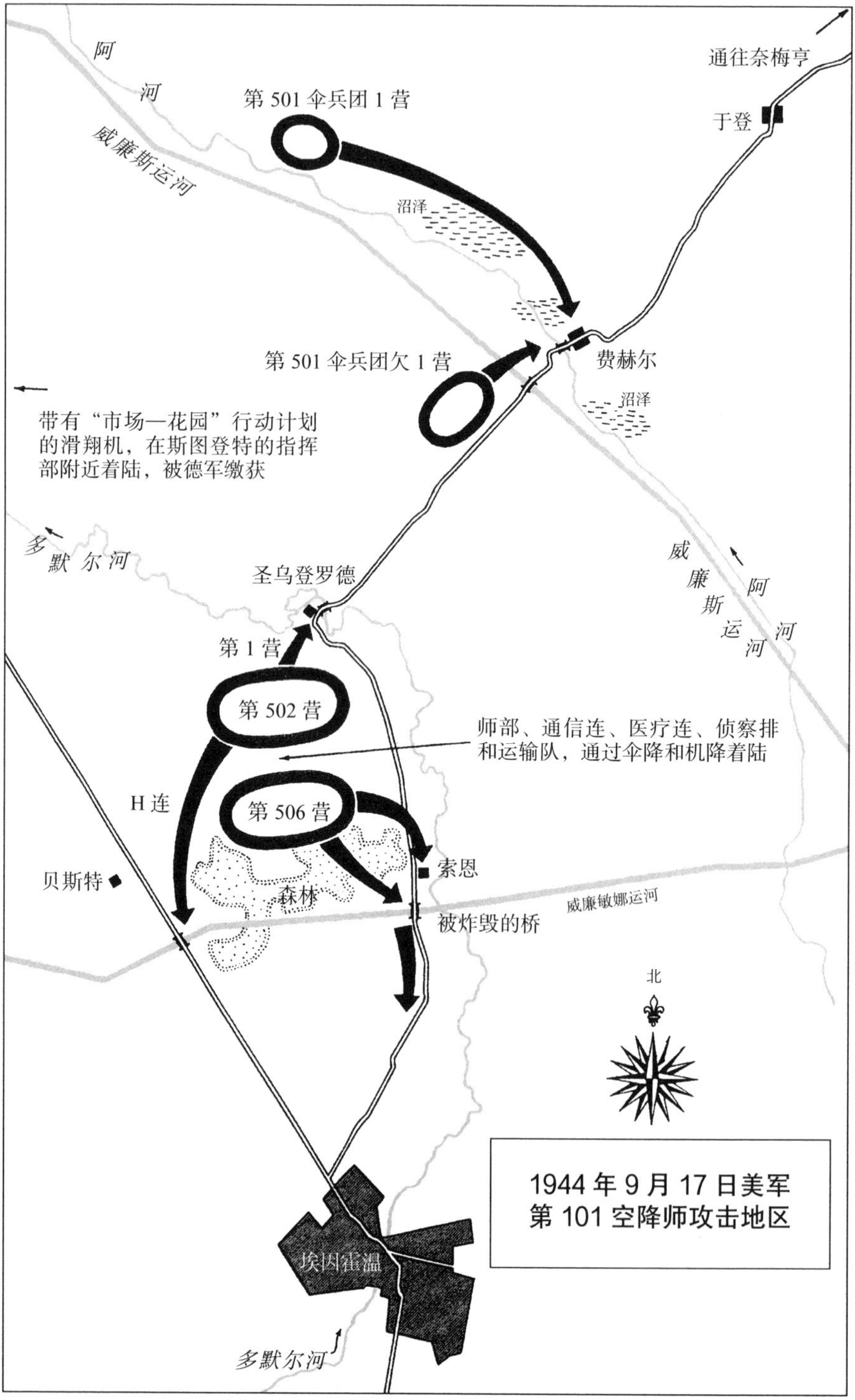

1944年9月17日美军第101空降师攻击地区

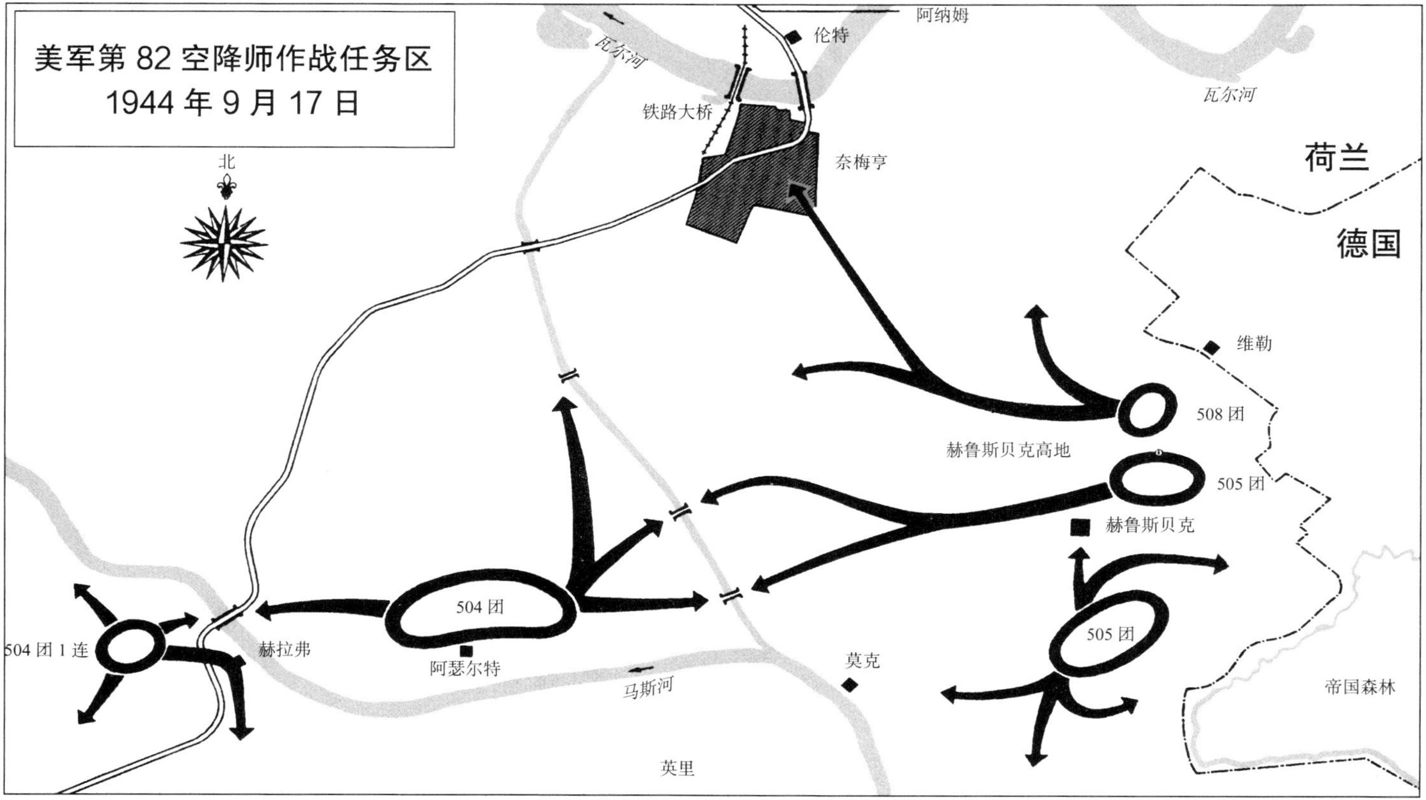
美军第 82 空降师作战任务区
1944 年 9 月 17 日
北
阿纳姆
伦特
瓦尔河
铁路大桥
奈梅亨
瓦尔河
荷兰
德国
维勒
508 团
赫鲁斯贝克高地
505 团
赫鲁斯贝克
505 团
帝国森林
莫克
504 团
阿瑟尔特
马斯河
赫拉弗
504 团 1 连
英里

厄克特

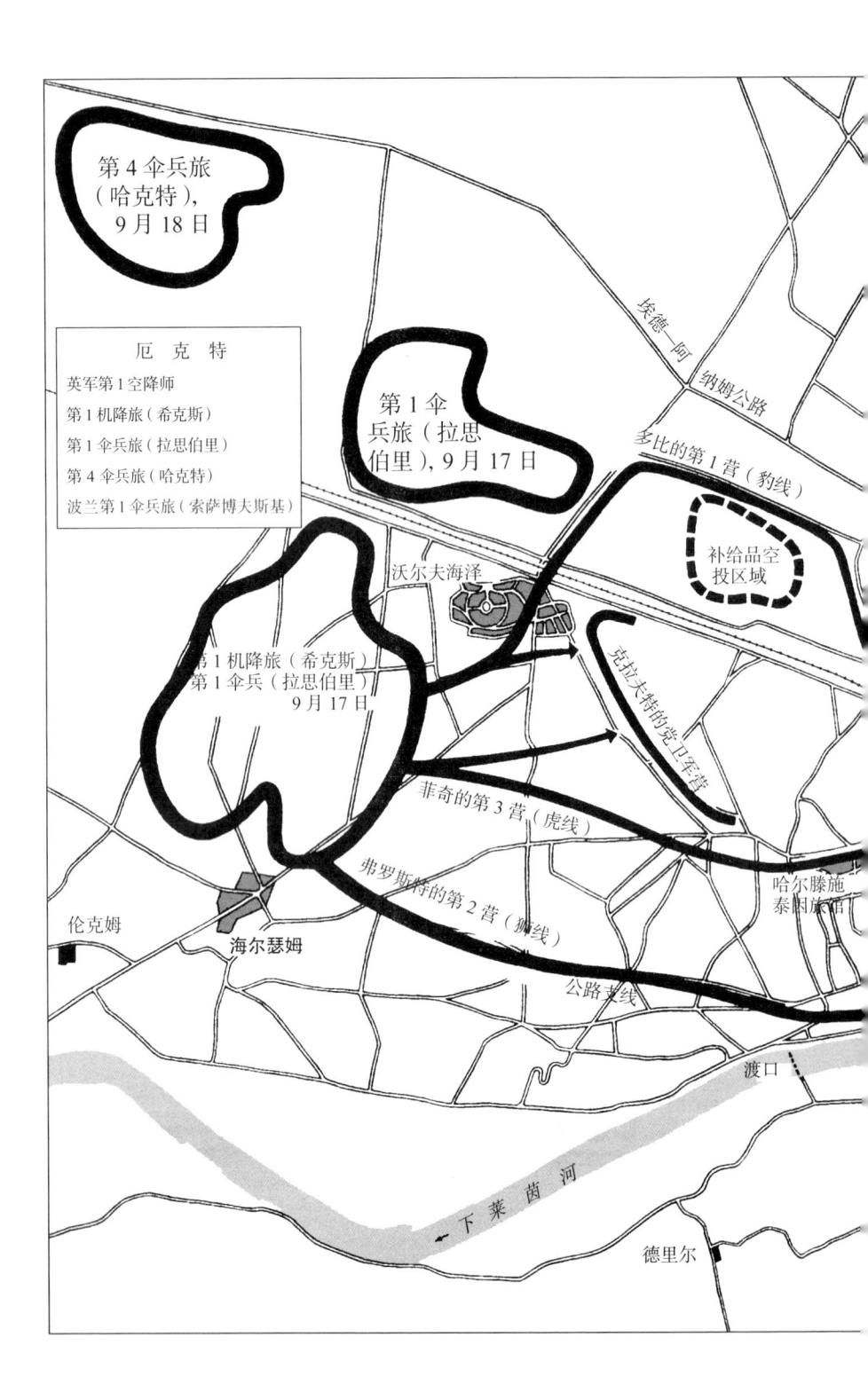

英军第1空降师
第1机降旅（希克斯）
第1伞兵旅（拉思伯里）
第4伞兵旅（哈克特）
波兰第1伞兵旅（索萨博夫斯基）

第4伞兵旅（哈克特），9月18日

第1伞兵旅（拉思伯里），9月17日

埃德—阿纳姆公路

多比的第1营（豹线）

补给品空投区域

沃尔夫海泽

克拉夫特的党卫军营

第1机降旅（希克斯）
第1伞兵（拉思伯里）
9月17日

菲奇的第3营（虎线）

弗罗斯特的第2营（狮线）

哈尔滕施泰因旅馆

伦克姆

海尔瑟姆

公路线

渡口

下莱茵河

德里尔

阿纳姆,进攻发起日,1944 年 9 月 17 日

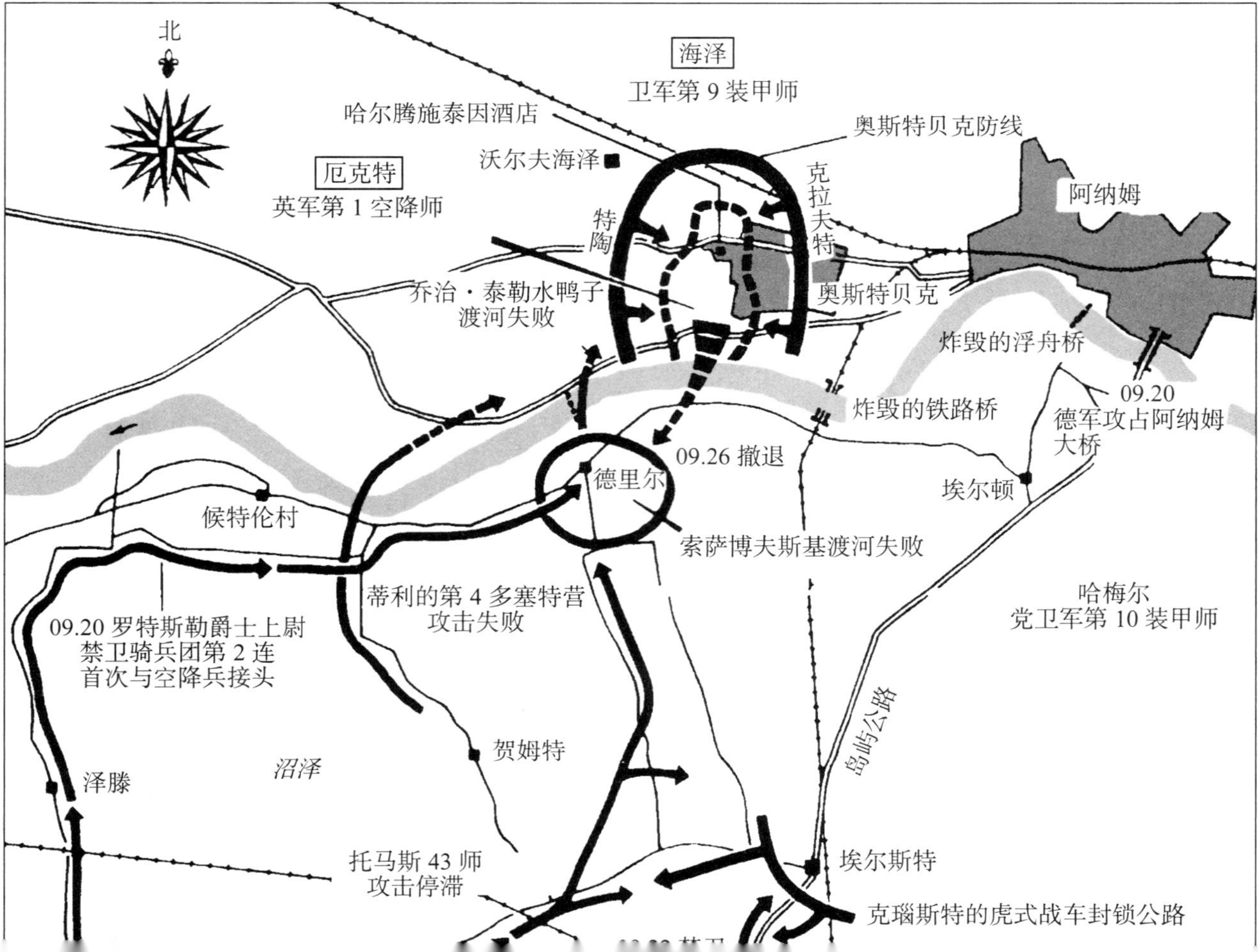
北
海泽
卫军第 9 装甲师
哈尔腾施泰因酒店
厄克特
英军第 1 空降师
沃尔夫海泽
奥斯特贝克防线
克拉夫特
阿纳姆
特陶
乔治・泰勒水鸭子
渡河失败
奥斯特贝克
炸毁的浮舟桥
炸毁的铁路桥
09.20
德军攻占阿纳姆
大桥
09.26 撤退
德里尔
候特伦村
埃尔顿
索萨博夫斯基渡河失败
哈梅尔
党卫军第 10 装甲师
蒂利的第 4 多塞特营
攻击失败
09.20 罗特斯勒爵士上尉
禁卫骑兵团第 2 连
首次与空降兵接头
岛屿公路
贺姆特
沼泽
泽滕
托马斯 43 师
攻击停滞
埃尔斯特
克瑙斯特的虎式战车封锁公路

援救英军第1空降师

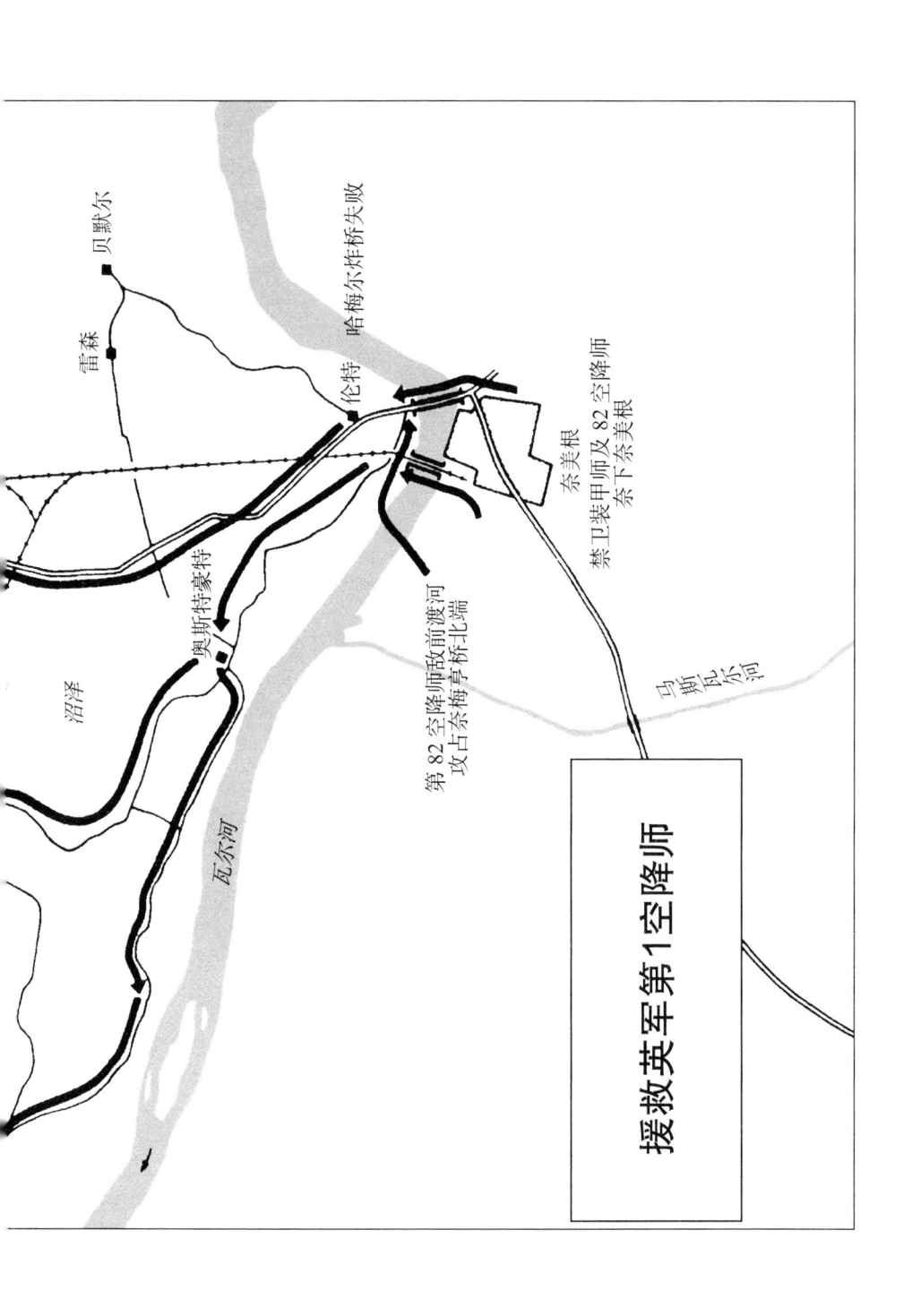

哈策尔

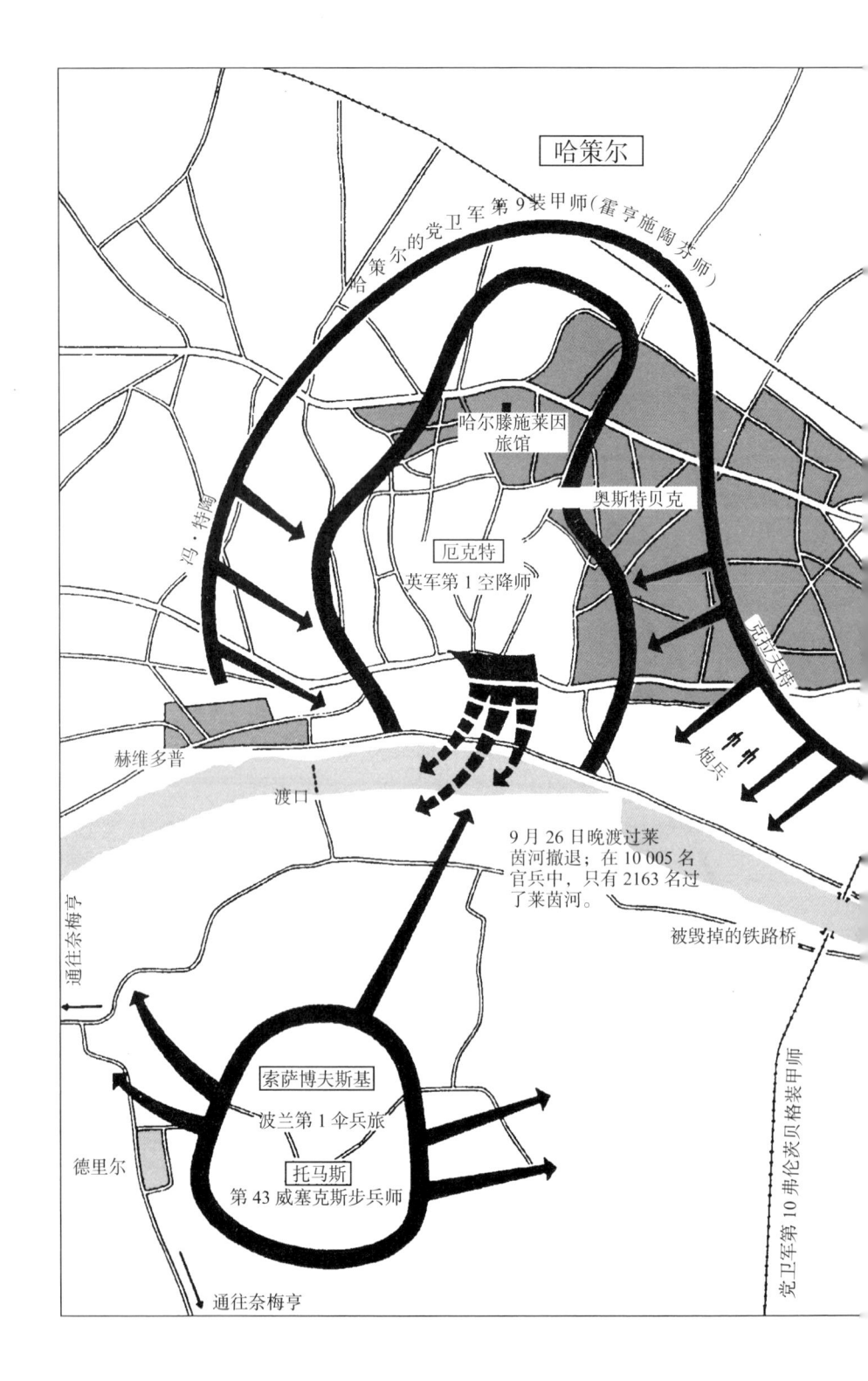

哈策尔的党卫军第9装甲师(霍亨施陶芬师)

冯·特陶

哈尔滕施莱因旅馆

奥斯特贝克

厄克特
英军第1空降师

炮兵

赫维多普

渡口

9月26日晚渡过莱茵河撤退；在10 005名官兵中，只有2163名过了莱茵河。

通往奈梅亨

被毁掉的铁路桥

索萨博夫斯基
波兰第1伞兵旅

托马斯
第43威塞克斯步兵师

德里尔

通往奈梅亨

党卫军第10弗伦茨贝格装甲师

比特里希
党卫军第 2 装甲军

阿 纳 姆

被毁掉的浮桥

下莱茵河

阿纳姆大桥

从奥斯特贝克环形防线撤离，
1944 年 9 月 26 日

哈梅尔

前往埃尔斯特和奈梅亨

美第9集团军进攻柏林计划

- 荷兰
- 加第1集团军 克里瑞
- 费尔登
- 法林波斯特
- 英军战区
- 357战俘营 英军战俘12,000人
- 贝尔森
- 贝尔森集中营 关有56,000人
- 英军第2集团军 邓普赛
- 战区分界线
- 奥斯纳布鲁克
- 蒙哥马利第21集团军群
- 布莱德雷第12集团军群
- 汉诺威
- 铁钉线　图钉线
- 鱼线
- 希尔德斯海姆
- 明斯特
- 比勒费尔德
- 高速公路
- 帕德博恩
- 狗线
- 鼠线
- 艾恩贝克
- 胡桃线　樱桃线
- 攻击停止线
- 杜伊斯堡
- 埃森
- 多特蒙德
- 美第2装甲师攻占柏林 计划与阶段线
- 莱茵河
- 鲁尔包团圈 德军俘虏325,000人
- 杜塞尔多夫
- 卡塞尔
- 美军第1集团军 霍奇斯
- 巴特布兰肯堡　HQ

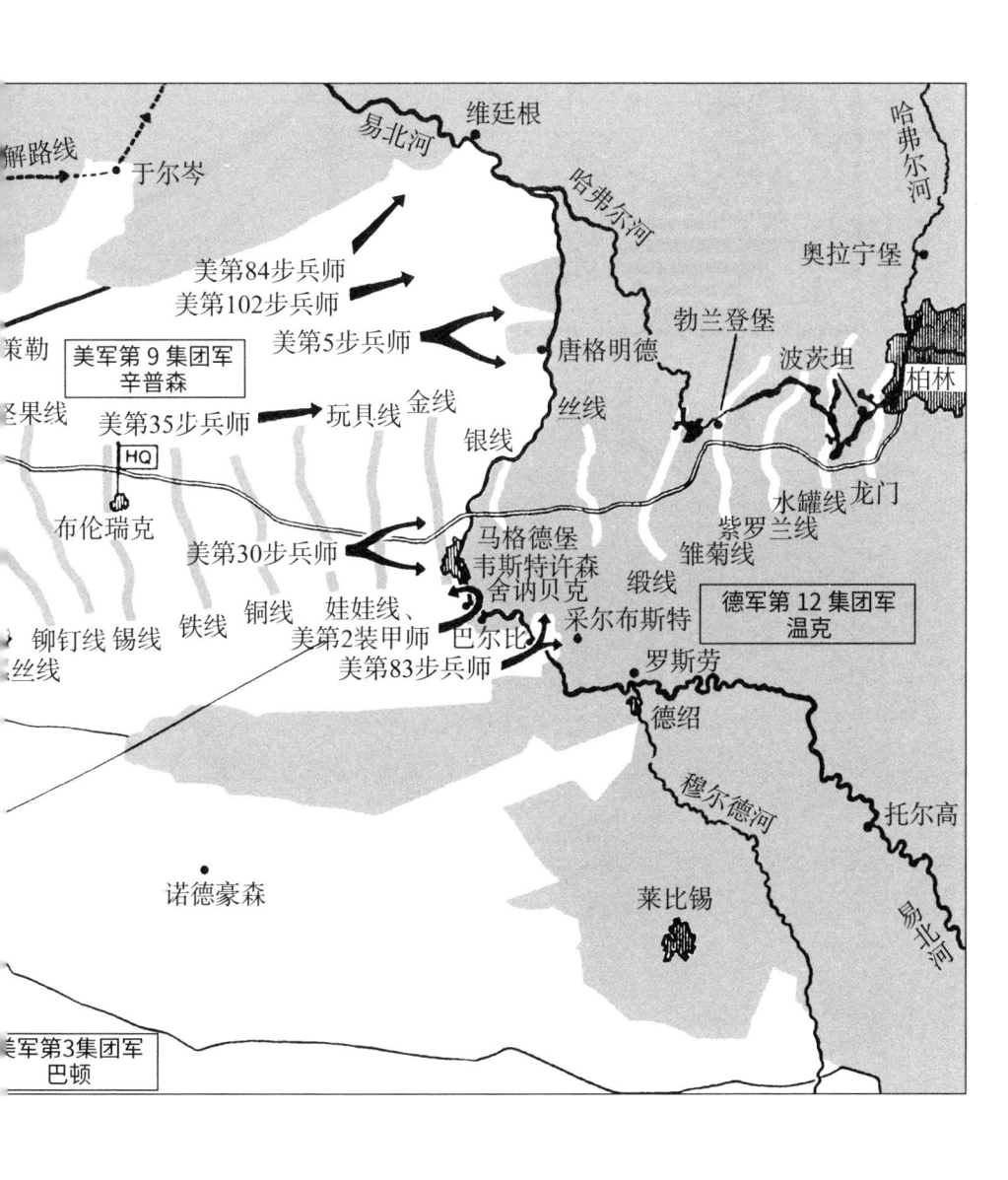

维廷根
易北河
哈弗尔河
哈弗尔河
解路线
于尔岑
奥拉宁堡
美第84步兵师
美第102步兵师
勃兰登堡
美第5步兵师
波茨坦
柏林
策勒
美军第9集团军
辛普森
唐格明德
坚果线
玩具线 金线
丝线
美第35步兵师
银线
水罐线
龙门
HQ
紫罗兰线
布伦瑞克
雏菊线
美第30步兵师
马格德堡
韦斯特许森
缎线
舍讷贝克
采尔布斯特
德军第12集团军
温克
铆钉线 锡线
铁线 铜线
娃娃线
美第2装甲师 巴尔比
美第83步兵师
罗斯劳
德绍
穆尔德河
托尔高
诺德豪森
莱比锡
易北河
美军第3集团军
巴顿

北海
波罗的海
柏林
战后德国
英美法苏预定占领图
德军西北集团军群
布施
普里兹瓦克
易北河
维廷根
于尔岑
英军第 2 集团军
邓普西
哈弗尔河
西线盟军4.15前线
策勒
易
北
河
施滕连尔
唐格明德
蒙哥马利第21集团军群
英军第2集团军
加军第2集团军
美军第9集团军
辛普森
汉诺威
5.7前线
布伦瑞克
高速公路
布莱德雷第12集团军群
美军第1集团军
美军第9集团军
美军第3集团军
美军第15集团军
德军第12集团军
温克
马格德堡
舍讷贝克
巴尔比
采尔布斯特
哈尔伯施塔特
西线盟军4.15前线
德绍
诺德豪森
至卡塞尔
哈勒
美军第1集团军
霍奇斯

柏林战役示意图

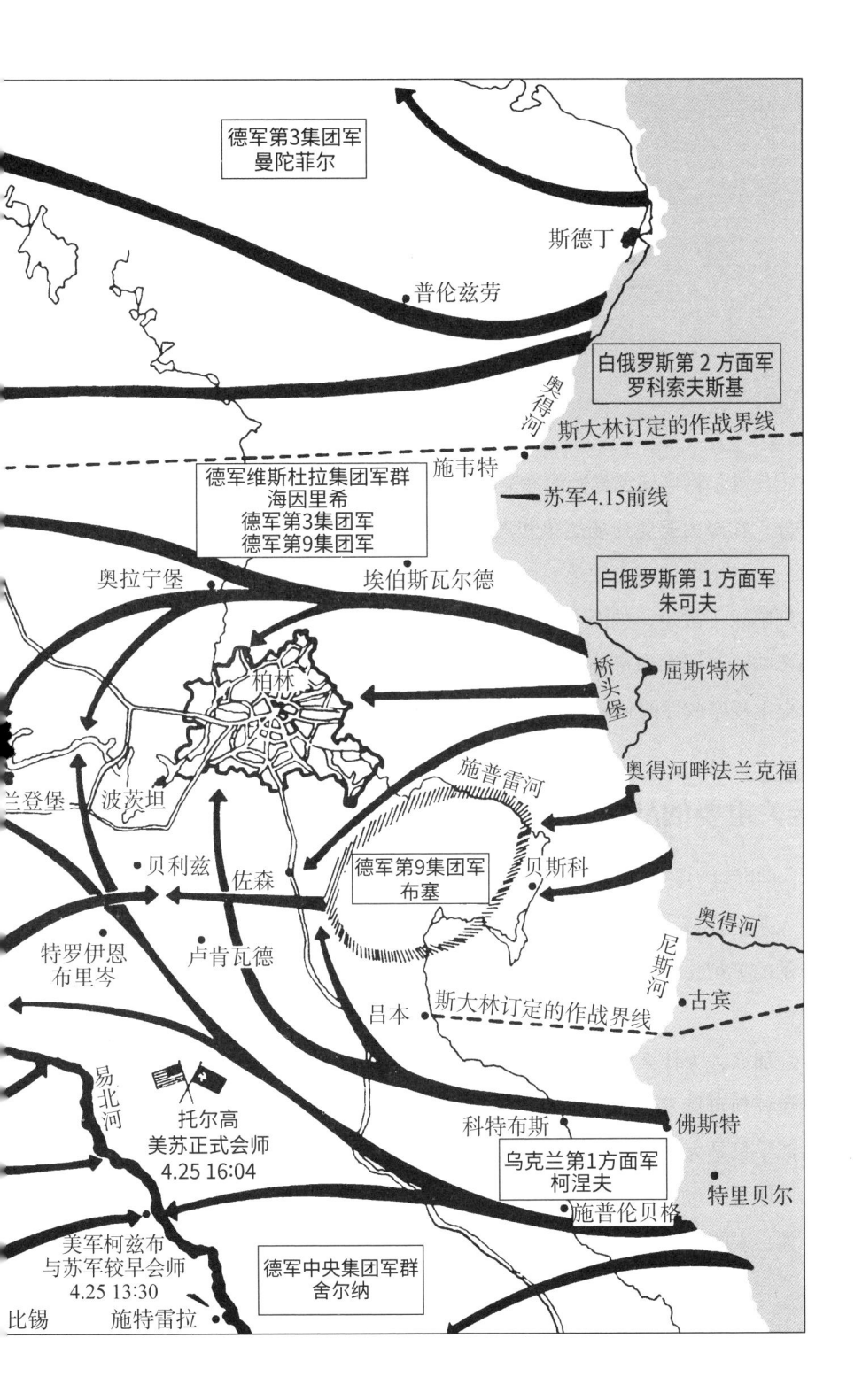

- 德军第3集团军 曼陀菲尔
- 斯德丁
- 普伦兹劳
- 白俄罗斯第2方面军 罗科索夫斯基
- 奥得河
- 斯大林订定的作战界线
- 施韦特
- 苏军4.15前线
- 德军维斯杜拉集团军群 海因里希
- 德军第3集团军
- 德军第9集团军
- 奥拉宁堡
- 埃伯斯瓦尔德
- 白俄罗斯第1方面军 朱可夫
- 桥头堡
- 屈斯特林
- 柏林
- 奥得河畔法兰克福
- 施普雷河
- 兰登堡
- 波茨坦
- 贝利兹
- 佐森
- 德军第9集团军 布塞
- 贝斯科
- 特罗伊恩布里岑
- 卢肯瓦德
- 奥得河
- 吕本
- 斯大林订定的作战界线
- 尼斯河
- 古宾
- 易北河
- 托尔高 美苏正式会师 4.25 16:04
- 科特布斯
- 佛斯特
- 乌克兰第1方面军 柯涅夫
- 施普伦贝格
- 特里贝尔
- 美军柯兹布与苏军较早会师 4.25 13:30
- 德军中央集团军群 舍尔纳
- 比锡
- 施特雷拉

二战欧洲战场全过程

丘吉尔将这场灾难性的冲突称为"不必要的战争",这一描述恰如其分。在努力避免这场战争和遏制希特勒的过程中,英国和法国政策的一个基本弱点在于缺乏对战略因素的了解。因此,他们在最不利的时刻陷入了战争,进而引发了一场本可避免的灾难,从而造成了深远的影响。英国看似奇迹般地幸存了下来,但实际上是因为希特勒犯了历史上侵略成性的独裁者屡屡犯过的错误。

至关重要的战前阶段

回顾过去,对双方而言,致命的第一步显然是德国于1936年重新进入莱茵地区。对希特勒来说,此举具有双重战略优势:它为德国在鲁尔的关键工业重地提供了掩护,同时也为他提供了进入法国的潜在跳板。

那么,为什么没有制止这一举动呢?主要是因为法国和英国急于避免任何可能发展成战争的武装冲突风险。由于德国重新进入莱茵地区似乎只是为了纠正一种不公正的行为(尽管方式错误),因此他们更加不愿意采取行动。特别是英国人,往往将其视为政治步骤而非军事步骤,未能看到其战略意义。

在1938年的行动中，希特勒再次从政治因素中获得战略优势：德国和奥地利人民渴望联合，德国国内对捷克对待苏台德地区德国人的态度表示强烈不满；西方国家也普遍认为，德国在这两个问题上一定程度的正义性。

但是，希特勒在3月进军奥地利，使捷克斯洛伐克的南翼暴露无遗——对他来说，捷克斯洛伐克是他制定东扩计划的障碍。9月，他通过战争威胁和由此产生的慕尼黑协定，不仅确保了苏台德地区的归还，而且使捷克斯洛伐克陷入了战略瘫痪。

1939年3月，希特勒占领了捷克斯洛伐克的其余部分，从而包围了波兰的侧翼——这是一系列"不流血"演习中的最后一环。在希特勒采取这一步骤之后，英国政府又采取了一个致命的轻率举动：突然向波兰和罗马尼亚提供保证，而这两个国家在战略上都处于孤立状态。英国政府没有首先从俄国那里获得任何保证，而俄国是唯一能够给予它们有效支持的国家。

从时间上看，这些保证必然会起到挑衅的作用；而我们现在知道，在希特勒做出这一挑战性姿态之前，他并没有立即进攻波兰的打算。由于这些保证被置于英法联军无法进入的欧洲部分地区，它们提供了一个几乎无法抗拒的诱惑。这样，西方列强就破坏了它们唯一的战略基础，而这种战略正是它们现在的劣势实力所决定的。因为它们不但不能以强大的阵线来抵御西方的任何进攻，反而使希特勒有机会轻易地打破薄弱的阵线，从而取得最初的胜利。

现在，避免战争的唯一机会在于争取俄国的支持，而俄国是唯一能够直接支持波兰、从而威慑希特勒的力量。然而，尽管形势紧迫，英国政府的步骤却拖拖拉拉、半心半意。除了他们自己的犹豫不决之外，波兰政府和东欧其他小国也反对接受俄国的军事支持——因为这些国家担心，俄国军队的增援将等同于入侵。

面对英国支持波兰的新局面,希特勒的反应却截然不同。英国的激烈反应和加倍的军备措施令他震惊,但并未产生预期的震慑效果,反而事与愿违。他的解决方案受到了他从历史中得出的英国人形象的影响。在他看来,英国人头脑冷静、理性,他们的情绪稳定,因此除非能够获得俄国的支持,否则他们做梦也不会代表波兰参战。因此,他竭力克制对"布尔什维主义"的仇恨和恐惧,集中精力与俄国修好,确保俄国弃权。这一转变比张伯伦的转变更令人吃惊,其后果也同样致命。

8月23日,里宾特洛甫飞抵莫斯科,条约正式签署。同时签署的还有一份秘密协定,根据该协定,波兰将由德国和俄国瓜分。

希特勒迅速采取的一系列侵略行动使人们产生了强烈的情绪,在这种情绪的影响下,该条约的签订使战争成为定局。英国人在承诺支持波兰后,感到他们不能袖手旁观,否则就会丧失荣誉,也会为希特勒更广泛的征服开辟道路。而希特勒不会放弃他在波兰的目标,即使当他意识到这涉及到一场全面战争时也是如此。

就这样,欧洲文明的列车驶入了漫长而黑暗的隧道,直到六年后才从隧道中驶出。即便如此,胜利的灿烂阳光也被证明是虚幻的。

战争的第一阶段

1939年9月1日,星期五,德国军队入侵波兰。两天后,即9月3日,星期日,英国政府向德国宣战,以履行其早先对波兰的承诺。六小时后,法国政府也勉强跟随英国采取了同样的行动。

不到一个月的时间,波兰便被攻陷。而在短短九个月内,西欧大部分地区也被战争的波涛所淹没。

波兰能否坚持更长时间?法国和英国是否本可以采取更多措施来

减轻德国对波兰的压力？从现今已知的军事力量数据来看，这两个问题的答案似乎都是肯定的。

1939年时，德国军队尚未做好全面战争的准备。波兰和法国的兵力总计相当于150个师，其中包括35个预备师，尽管其中一些部队需要留驻法国海外。相比之下，德国仅有98个师，其中36个师尚未完成训练。在德军驻守西部边境的40个师中，只有4个师是训练有素、装备齐全的现役师。然而，希特勒的战略使法国陷入困境：他只能通过快速进攻来减轻对波兰的压力，但法国军队并不擅长这种作战方式。法国的老式动员计划在兵力部署上进展缓慢，而其依赖的重炮直到第16天才能投入使用。届时，波兰军队的抵抗已经土崩瓦解。

波兰因其不利的战略地位而遭受重创——她就像一条被夹在德国"两颚"之间的"舌头"，而波兰的战略更是将大部分部队部署在"舌尖"附近，使局势雪上加霜。此外，这些部队在装备和战术思想上都过于陈旧，仍大量依赖骑兵——面对德国坦克时，这些骑兵显得无能为力。

当时，德军仅准备了六个装甲师和四个机械化师，但在古德里安将军的热情推动和希特勒的支持下，他们对高速机械化战争新理念的运用已走在世界前列。德国还建立了一支远超其他国家的强大空军，而波兰和法国都严重缺乏空中力量，甚至无法有效支援和掩护自己的地面部队。

因此，当波兰的西方盟国还在按部就班地进行战备时，波兰已经见证了德国新闪击战术的首次展示的成功。9月17日，红军越过波兰东部边境，这对波兰来说是致命一击，因为她几乎没有任何部队可以抵抗这次突如其来的第二次入侵。

波兰迅速沦陷后，随之而来的是长达六个月的平静期——迷惑于表面现象的旁观者称为"假战争"。更准确的称呼应该是"幻象之冬"。

在这段时间里，西方国家的领导人和公众制定了攻击德国侧翼的幻想计划，并公开讨论这些计划。

实际上，法国和英国并不可能单独发展出足以战胜德国的力量。当时，德国和俄国在共同边界上对峙，他们最大的希望就是这两个互不信任的盟国之间发生冲突，从而将希特勒的注意力引向东面而非西面。这种情况在一年后成为了现实，如果西方盟国没有过于急躁——民主国家往往如此——这种情况可能还会更早发生。

他们大声威胁要攻击德国的侧翼，这激起了希特勒的反击欲望。他的第一步就是占领挪威。从缴获的希特勒会议记录中可以看出，直到1940年初，他仍认为"保持挪威的中立是德国的最佳选择"，但在2月份，他改变了主意："英国人打算在那里登陆，而我想在他们之前到达那里"。4月9日，一支小规模的德国入侵部队抵达挪威，打乱了英国控制这一中立地区的计划，并占领了主要港口。此时，挪威人的注意力集中在英国海军在挪威水域的推进上。

希特勒的下一步行动是在5月10日对法国和低地国家发动进攻。去年秋天，当盟军拒绝了他击败波兰后提出的和平建议时，他就开始为此做准备——他相信击溃法国是迫使英国接受和平建议的最佳机会。然而，恶劣的天气和将军们的疑虑导致这一计划从11月起一再推迟。1月10日，一名携带计划文件的德国参谋在飞往波恩的途中遭遇暴风雪，迷失方向后降落在比利时。这一失误导致攻势被推迟到5月，并且计划也被重新制定。这对盟军来说是非常不幸的，而对希特勒来说则是暂时的幸运，同时也改变了整个战争的前景。

旧计划的主要推进路线原本是通过比利时中部运河沿岸地区，这几乎必然会导致与英法联军最精锐部队发生正面冲突，并很可能以失败告终，进而动摇希特勒的威信。然而，曼施坦因提出的新计划让盟军完全措手不及，打破了他们的平衡，造成了灾难性的后果。当盟军正按照计划向比利时推进，准备在那里和荷兰一起迎击德军的首次进攻时，德军的大批坦克——七个装甲师——却出人意料地穿越了丘陵密布、树木繁茂的阿登地区，而盟军最高统帅部此前认为那里是坦克无法通过的。德军几乎未遇抵抗就越过了马斯河，突破了盟军战线的薄弱环节，然后从比利时盟军的背后向西横扫至英吉利海峡沿岸，切断了盟军的通讯线路。这一行动在德军大部分步兵尚未投入战斗之前就决定了战局的关键。英军勉强从敦刻尔克通过海路逃出，而比利时军队和大部分法军则被迫投降。这场灾难的后果是无法弥补的，因为在敦刻尔克战役后一周，当德军向南进攻时，剩余的法军已无力抵挡。

然而，这场震惊世界的灾难原本是可以轻易预防的。装甲部队在到达英吉利海峡之前，本可以以类似的兵力集中进行反击，阻止德军的进攻。但是，尽管法国人拥有比敌人更多和更好的坦克，他们却按照1918年的方式将坦克分成小队使用。如果法国人没有贸然进入比利时，使他们的防线变得如此薄弱，或者更早地将预备队调集到马斯河沿线，他们本可以更早地在那里阻止德军的进攻。但法军司令部不仅误判阿登地区为坦克无法通过的区域，还估计对马斯河的任何进攻都将是1918年式的固定突击，认为德军到达后需要近一周的时间准备，因此法军有充足的时间调集预备队。然而，装甲部队于5月13日一早抵达河边，并于当天下午猛攻渡口。"坦克时间"的行动速度让过时的"慢镜头"战术大跌眼镜。

这种闪电战的速度之所以成为可能，只是因为盟军领导人没有掌握这种新技术，因此不知道如何应对。如果能在德军的进军路线上布满雷区，闪电战在到达马斯河之前就可能被阻止。即使没有地雷，也可以通过砍伐通往马斯河的林道两旁的树木这一简单的权宜之计来减缓德军的进攻速度。如果未能及时清除树木，将会对他们的战机产生致命的影响。

我的一位法国朋友当时负责马斯河上的一个区，他恳求最高统帅部允许他采取上述措施，但被告知必须保持道路畅通，以便法国骑兵前进。这些骑兵如期推进到阿登地区，但在德军坦克的追击下，他们以更快的速度溃退。

法国灭亡后，人们倾向于将其归咎于法国士气低落，并认为法国的灭亡是不可避免的。这是一种谬论，是"本末倒置"。法国士气的崩溃只是在军事突破之后才发生的，而军事突破本来是很容易避免的。直到1942年，所有军队才学会如何遏制闪电战的攻击，但如果他们在战前就学会的话，很多事情就不会发生了。

战争的第二阶段

英国现在成为了纳粹德国唯一的积极反对者。然而，它却处于最危险的境地：在军事上几乎毫无作为，同时又被敌人绵延2000英里的海岸线所威胁。

英军之所以能够到达敦刻尔克并避免被俘，是因为希特勒采取了令人费解的行动——让他的装甲部队停战两天。当时，他们距离最后一个逃生口只有十英里，而且几乎无人把守。这一停战命令出于复杂的动机，包括戈林希望德国空军能够独占最后胜利的虚荣愿望。

尽管英军大部安全脱险，但他们失去了大部分武器装备。虽然返回的16个师的幸存者正在重新集结，但只有一个师装备精良，能够保卫国家。而舰队则驻扎在遥远的北方，德国空军无法到达。如果德国人在法国沦陷后的一个月内选择任何时候登陆英国，那么抵抗他们的机会都不会太大。

然而，希特勒和他的军方首脑们并没有为入侵英国做任何准备，也没有为他们打败法国后的这一显然至关重要的后续行动制定任何计划。他满怀希望地期待英国会同意媾和，却让至关重要的一个月溜走了。即使对这一点感到失望，德国的准备工作也是半心半意的。当德国空军在"不列颠之战"中未能将英国空军赶出天空时，陆军和海军的首脑们实际上很高兴有这样一个借口来中止入侵计划。更值得注意的是，希特勒本人也愿意接受暂停入侵的借口。

他的私人谈话记录显示，这部分原因在于他不愿意摧毁英国及其大英帝国，因为他认为英国和大英帝国是世界稳定的基石，并且他仍然希望与英国和大英帝国成为合作伙伴。但是，除了这种犹豫之外，他还有一种新的冲动。希特勒的注意力再次转向东方。事实证明，这是保留英国的关键因素。

如果希特勒集中力量击败英国，英国的灭亡几乎是必然的。尽管他错过了通过直接入侵征服英国的最佳时机，但他本可以通过空中和潜艇的联合压迫来扼制英国的命脉，逐步使英国陷入饥饿并最终崩溃。

然而，希特勒认为，在俄军在德国东部边境集结，对德国陆地构成威胁的情况下，他不能冒险将资源全部投入到海空作战中。因此，他认为只有进攻并击败苏联，才能确保德国后方的安全。他对苏联的意图更加怀疑，因为他一直深恶苏联的共产主义。

他还说服自己，一旦英国不再寄希望于苏联干预战争，就会同意和平。实际上，他认为如果不是苏联煽动英国继续战斗，英国早就寻求和平了。7月21日，希特勒召开了第一次会议，讨论草拟入侵英国的计划，并透露了自己的想法："斯大林正在与英国调情，让他继续参战，目的是为了争取时间，夺取他想要的东西，因为他知道一旦和平到来，就无法得到这些。"由此得出结论："我们的注意力必须转向解决苏联问题。"

尽管直到1941年初他才做出明确决定，但计划已经开始实施。入侵行动于6月22日开始，比拿破仑的日期提前了一天。装甲部队迅速压制了苏军，不到一个月的时间里，向苏联境内推进了450英里，相当于莫斯科四分之三的距离。但德军未能到达那里。

他们失败的关键因素是什么？秋天的泥泞和大雪是显而易见的障碍。更重要的是，德军低估了斯大林从苏联内地调来预备队的能力。他们预计会遇到200个师，到8月中旬已经击败了这些师。但此时，又会有160个师出现在战场上。当德军在泥泞中向莫斯科推进时，他们发现又有新的军队挡住了去路。另一个关键因素是，尽管自苏维埃革命以来取得了巨大的技术进步，但苏联的基础设施仍然非常落后。这不仅是因为士兵和人民的非凡耐力，还因为其道路设施的落后。如果苏联的道路系统与西方国家相当，那么它可能就会像法国一样迅速被攻陷。然而，即使如此，如果装甲部队在夏天不等步兵，直接开往莫斯科，入侵也可能成功——古德里安曾这样建议，但被希特勒和军队的高级将领否决了。

事实证明，苏联的冬天给德军带来了巨大的压力和损失——他们未能完全恢复过来。然而，在1942年，希特勒显然仍有胜利的机会，因为苏联红军严重缺乏装备，斯大林对苏联红军的控制也因最初的惨败而出现动摇。希特勒的新攻势迅速推进到高加索油田的边缘——俄罗斯的军事机器依赖于这些油田。但希特勒在高加索和斯大林格勒两个目标之间分散了兵力。他在反复攻击"斯大林之城"的过程中耗尽了军力，并沉迷于这座象征着反抗的城市。冬季来临时，他禁止军队撤退，这导致了苏联新组建的军队年底到达斯大林格勒时，成功包围并俘虏了进攻斯大林格勒的德军。

斯大林格勒的灾难给德军留下了一条更长的战线，这是他们用有限的兵力无法守住的。正如将军们所建议的，撤退是唯一的挽救办法，但希特勒固执地拒绝批准撤退。他听不进任何意见，始终坚持"不撤退"。这种机械的口号无法改变战局，只能使每次撤退最终都以惨败告终,并且因为拖延而付出更大的代价。

希特勒的军队日益承受着战略过度扩张的恶果——拿破仑正是因为这样的战略过度扩张而走向灭亡。1940年,墨索里尼趁着法国的崩溃和英国的虚弱加入战争,将战火蔓延至地中海,这进一步加重了希特勒的负担。这一举动为英国提供了一个反击的契机,在这个区域,英国的海上力量得以发挥其影响力。丘吉尔迅速抓住了这一机会,尽管有些过于急切。英国在埃及的机械化部队虽然规模不大,却迅速击败了北非过时的意大利军队,并征服了意大利在东非的殖民地。这支部队本可以继续向的黎波里推进,但因为需要在希腊登陆而被迫暂停——这一准备不足的仓促行动被德军轻松击退。然而,意大利在北非的崩溃导致希特勒派遣了隆美尔率领的德国增援部队前往那里。但由于希特勒的注意力集中在苏联,他只派出足够的兵力来支援意大利人,而未能全力夺取地中海的东、中、西大门——苏伊士、马耳他和直布罗陀。

因此,实际上他只是消耗了德国的实力,最终使隆美尔的反攻未能成功,导致北非战事的拖延超过两年。德军现在沿着地中海两岸和整个西欧海岸线展开,同时试图在苏联纵深地区坚守一条危险的广阔战线。

1941年12月,日本的参战暂时延缓了战略过度扩张的必然结果,延长了战争。但从长远来看,这对希特勒的前景更为致命,因为它将美国的力量引入了战争。日本在珍珠港的突然袭击使美国太平洋舰队瘫痪,暂时使得日本人能够攻占盟军在西南太平洋的阵地——马来亚、缅甸、菲律宾和荷属东印度群岛。然而,在这种快速的扩张中,他们的兵力远远超出了他们守住战果的基本能力。因为日本是一个资源有限的小岛国。

战争的第三阶段

一旦美国的力量得到发展，俄罗斯也幸存下来并增强了自己的实力，轴心国——德国、意大利和日本——的失败就变得不可避免，因为它们的联合作战潜力远不如对手。唯一的不确定因素是：战争将持续多久，胜利将多么彻底。对于从侵略者转变为守卫者的轴心国来说，最大的希望就是通过拖延时间来争取更好的和平条件，直到"巨人"感到厌倦或发生内讧。然而，这种长期抵抗的机会取决于战线的缩短。轴心国的领导人都不愿意通过主动撤退而"丢面子"，因此他们死守每一个阵地，直到阵地崩溃。

战争的第三阶段并没有出现真正的转折点，而是一系列浪潮般的攻势。

在苏联和太平洋地区，这些进攻更容易推进，因为在这些地区，不断增长的武力优势与广阔的机动空间相结合。而在南欧和西欧，由于空间更为狭窄，这些进攻遭遇了更大的阻力。

1943年7月，英美军队首次重返欧洲大陆，希特勒和墨索里尼将军队调往突尼斯，希望在那里建立一个桥头堡，阻止盟军从埃及和阿尔及利亚的会合。然而，突尼斯变成了一个陷阱，德意军队全军覆没后，西西里岛的防线几乎全线崩溃。但当盟军于1943年9月从西西里岛向意大利本土推进时，他们在这一狭窄多山的半岛上的进展变得缓慢而艰难。

1944年6月6日，盟军主力在英国集结，准备跨越英吉利海峡入侵诺曼底。如果他们能在岸上建立一个足够大的桥头堡，以便集结兵力并突破德军的封锁线，那么成功就近在眼前。因为一旦他们突破，整个法国都将为他们的机械化军队敞开大门，而大部分德军并未实现机械化。

因此，除非德军能在最初的几天内将入侵者赶回海中，否则他们的防御将注定崩溃。最终，由于盟军空军的压制性干扰，德军装甲预备队的行动遭到了致命的延误，在这个战场上，盟军空军的优势是德国空军的 30 倍。

即使诺曼底登陆在海滩上被击退，盟军拥有的巨大空中优势也足以导致德国的崩溃。直到 1944 年，战略空中轰炸作为陆地入侵的替代手段，远未达到人们的预期，其效果也被过分夸大了。对城市的狂轰滥炸并未显著减少军需品的生产，同时也没有像预期的那样摧毁敌方人民的意志，迫使他们投降。因为总体上，他们被残暴的领导人紧紧控制，个人不可能向空中的轰炸机投降。但在 1944—1945 年，空中力量得到了更有效的引导——以越来越高的精确度和瘫痪性效果，打击敌人抵抗力量的关键战争生产中心。同样，在远东，空中力量的有效运用使得日本在无需原子弹的情况下就已经崩溃。

一旦形势逆转，盟军前进道路上的主要障碍就是他们自己设置的——他们的领导人提出的"无条件投降"这一不明智且短视的要求。这对希特勒来说是最大的帮助，使他能够维持对德国人民的控制，对日本的战时政府也是如此。如果盟国领导人能够更明智地就和平条件提供一些保障，希特勒对德国人民的控制可能在 1945 年之前就已经动摇。早在三年前，德国广泛开展的反纳粹运动的特使们就向盟军领导人透露了他们推翻希特勒的计划，以及许多准备加入这场起义的高级军官的名字，条件是盟军能就和平条件提供一些保障。但他们没有得到任何回应或保障，因此他们自然难以获得对"黑暗中的一跃"的支持。

因此，为了追求对手的"无条件投降"，所谓的"无谓的战争"被无谓地延长了，数百万人的生命被无谓地牺牲，而最终的和平只是带来了新的威胁和对另一场战争迫在眉睫的恐惧。